Erro e Interpretação na Teoria
do Negócio Jurídico

TÍTULO:	ERRO E INTERPRETAÇÃO NA TEORIA DO NEGÓCIO JURÍDICO (Reimpressão)
AUTOR:	A. FERRER CORREIA
EDITOR:	LIVRARIA ALMEDINA – COIMBRA
DISTRIBUIDORES:	LIVRARIA ALMEDINA ARCO DE ALMEDINA, 15 TELEF. 239 851900 FAX 239 851901 www.almedina.net 3004-509 COIMBRA – PORTUGAL LIVRARIA ALMEDINA/PORTO R. DE CEUTA, 79 TELEF. 22 2059773 FAX 22 2039497 4050-191 PORTO – PORTUGAL EDIÇÕES GLOBO, LDA. R. S. FILIPE NERY, 37-A (AO RATO) TELEF. 21 3857619 FAX 21 3844661 1250-225 LISBOA – PORTUGAL LIVRARIA ALMEDINA ATRIUM SALDANHA LOJA 31 PRAÇA DUQUE DE SALDANHA, 1 TELEF. 21 3712690 atrium@almedina.net 1050-094 LISBOA LIVRARIA ALMEDINA/BRAGA CAMPUS DE GUALTAR UNIVERSIDADE DO MINHO TELEF. 253 678822 braga@almedina.net 4700-320 BRAGA
EXECUÇÃO GRÁFICA:	TIPOGRAFIA LOUSANENSE, LDA. – LOUSÃ
DATA:	OUTUBRO 2001
DEPÓSITO LEGAL:	171173/01

Toda a reprodução desta obra, seja por fotocópia ou outro qualquer processo, sem prévia autorização escrita do Editor, é ilícita e passível de procedimento judicial contra o infractor.

A. FERRER CORREIA

Professor da Faculdade de Direito de Coimbra

ESTUDOS JURÍDICOS

I

Erro e Interpretação na Teoria do Negócio Jurídico

4.ª Reimpressão

ALMEDINA

COIMBRA – 2001

À memória de meus Pais

Nota à 2.ª edição

Porquê esta reedição de uma obra a quase trinta anos de distância do seu aparecimento a público? Que interesse haverá em chamar para ela de novo a atenção dos nossos juristas?

Um estudo de direito positivo, como este que agora se reedita, tem normalmente uma vida limitada: limitada à duração do próprio sistema legal sobre que versou. E dir-se-ia que, estando o nosso trabalho de 1939 estreitamente vinculado ao velho Código Civil de 1867, a abrogação deste diploma o terá feito caducar certa e inexoràvelmente. Mas não aconteceu assim. Pelo contrário: a publicação e entrada em vigor do novo Código veio conferir àquele estudo uma inesperada actualidade. A explicação é simples.

Certo, era como estudo de direito civil português vigente que Erro e Interpretação *se apresentava. Contudo, não era empresa fácil demonstrar a sua rigorosa fidelidade à dogmática em cuja ambiência fora gerado o nosso Código de oitocentos e mesmo ao quadro de valorações jurídico-políticas em que principalmente se inspirara o legislador de então. Perfeitamente se compreende e aceita que para muitos, os fiéis de uma concepção historicista e subjectivista da interpretação das leis, algumas das mais importantes conclusões da obra fossem algo de difìcilmente admissível no plano do Código Civil ao tempo em vigor. E se as teses de* Erro e Interpretação *não ficaram até hoje letra morta nem mesmo nesse plano, se, ao invés de repudiadas, elas foram em geral bem recebidas pela doutrina e não desdenhadas pela prática jurídica, isso se deve seguramente ao jacto de que nos anos trinta já a referida teoria histórico--subjectiva tinha perdido entre nós grande parte do seu prestígio. Foi em princípios desse decénio que Manuel de Andrade publicou* o seu ensaio sobre a teoria da interpretação das leis, e sabe-se a profunda influência que esse estudo poderoso exerceu no nosso meio. Quanto aos mais jovens, àquela vaga de jovens juristas que subia, todos abraçámos com mais ou menos firme determinação, com entusiasmo maior ou menor, a directiva objectivista-actualista que ali se propunha.

Erro e Interpretação *tinha de ser obra do seu tempo e não podia furtar-se à influência das correntes do pensamento jurídico dominantes no seu tempo. Não podia, portanto, deixar de corresponder àquela directiva. Como tão-pouco podia deixar de reflectir outras ideias mais, que no campo da metodologia jurídica surgiam por essa época, no horizonte da doutrina nacional, com o sabor das coisas novas — e o ar das conquistas definitivas. Reacção contra o logicismo rectilíneo e formal da escola clássica, combate ao conceitualismo, adesão à revisão metodológica de um Ph. Heck e à Jurisprudência dos Interesses... Foi deste húmus, de uma atitude mental condicionada por tais elementos, que nasceu, em 1939,* Erro e Interpretação na Teoria do Negócio Jurídico.

Era, pois, inevitável um certo desfasamento entre o espírito geral da obra e o do sistema que ela pretendia interpretar e servir. Para alguns, dir-se-ia que Erro e Interpretação *estava para além do seu tempo — ou que vinha antes do tempo. E, com efeito, as escassas normas do Código Civil de 1867 concernentes ao erro e à interpretação dos contratos eram forma insuficiente para sequer conter a vasta problemática que nele se versava. De qualquer modo, os pontos de vista nele defendidos interessavam tanto ao conhecimento e aplicação do direito vigente como à sua reforma.*

Com a publicação do novo Código, o panorama modificou-se. É agora finalmente que o nosso livro passa a jogar certo com a índole e o espírito dos textos vigentes, seja qual for a perspectiva utilizada para a sua interpretação. A problemática, o quadro dos conceitos, as mesmas valorações jurídico-políticas de um e outros são no geral idênticos. Mais: o Código consagrou abertamente, em larga medida, como se mostrará no apêndice, as conclusões do nosso estudo.

Quase se poderia dizer, forçando a nota, que a vida de Erro e Interpretação na Teoria do Negócio Jurídico *começa agora...*

Daí a presente reedição.

Uma palavra ainda para exprimir a Rui de Alarcão o reconhecimento do autor pela colaboração prestada no trabalho de cotejar as principais soluções preconizadas no livro com as disposições do novo Código Civil — de cujo anteprojecto, nesta parte, ele foi brilhante artífice — em ordem a poder traçar-se o quadro das correspondências e dos desvios entre umas e outras.

Coimbra, Setembro de 1967.

Prefácio

Estudam-se neste livro alguns dos problemas mais interessantes e complexos que se levantam na órbita da teoria jurídica do erro.

Sem dúvida, poucos serão os capítulos da parte geral do direito civil que mais vivamente do que este tenham atraído a atenção e os cuidados dos juristas. Mas poucos serão também aqueles — todos o reconhecem — em que se revele mais precária a unidade e a clareza dos resultados até hoje obtidos através da investigação doutrinal. Para isto muito tem contribuído a obscuridade e a imperfeição dos textos dos códigos civis de tipo francês onde se dispõe acerca dos efeitos do erro na formação dos contratos. No entanto, a própria doutrina alemã, não obstante ter por base disposições legais muito mais completas e elucidativas, está longe ainda de tocar a fase terminal do seu desenvolvimento: aquela em que, obtida unanimidade de vistas entre os autores responsáveis quanto aos pontos essenciais da teoria que à face do direito legislado é possível construir, se chega a deslocar a discussão para um terreno puramente político ou de crítica à lei em vigor.

Tudo indícios, por certo, da extrema complexidade dos problemas que na teoria do erro é necessário defrontar. Mas tudo a justificar também mais uma tentativa de pôr e resolver com exactidão alguns desses problemas.

Pretendeu o autor, neste trabalho, chamar particularmente a atenção dos juristas para as fundas conexões que vinculam a teoria do erro à teoria da interpretação do negócio jurídico. Posto em evidência por DANZ, *este ponto foi depois largamente retomado e esclarecido pelos civilistas alemães posteriores, e bem pode dizer-se não haver, dentre os modernos, um só estudo monográfico de autor germânico consagrado ao problema do erro, que não seja ao mesmo tempo estudo sobre a interpretação das declarações de vontade.*

Muito justificadamente, aliás: pois, com efeito, ainda que mais nenhum contacto houvesse entre os problemas da interpretação e do erro, havia sempre, a servir de traço de união entre eles, a circunstância importantíssima de muitas vezes só depois de resolvido um problema de interpretação poder ser posta e abordada a questão do erro e das suas consequências jurídicas.

Todavia, não é exagero asseverar que o estudo das relações entre o erro e a interpretação se encontra ainda por fazer nos países latinos. Certo que não pode julgar-se terem os autores não alemães ignorado até hoje a existência daquelas relações e o interesse de as pôr a claro. Não raro se encontra, nos tratados de civilistas italianos (e mesmo de portugueses), uma referência expressa a tais problemas. Mas, em regra, nada mais se encontra do que uma referência incidental; e, de todo o modo, o que debalde se procuraria nos autores latinos é a preocupação de resolver em conjunto, *dada a sua interdependência, os problemas centrais da teoria do erro e da teoria da interpretação das declarações de vontade. Parece-nos evidente, contudo, que só poderá defrontar com segurança aquele primeiro problema quem possuir ideias claras sobre o segundo.*

Era também intenção do autor não fechar o seu trabalho sem nele inserir um estudo, tão desenvolvido quanto possível, sobre o fundamento e o conteúdo daquela especial obrigação de indemnizar que — em seu entender — deve ser posta a cargo do contraente enganado nos casos de anulação do negócio jurídico com fundamento no erro. As circunstâncias impediram-no, todavia, de fazer a tal problema mais do que uma simples referência. Mas é seu propósito aproveitar a primeira oportunidade que se lhe ofereça para suprir, num futuro trabalho, esta lacuna tão sensível daquele que agora torna público.

ÍNDICE-SUMÁRIO

Introdução

Indicação sumária do objecto do estudo. — 1. Sua determinação mais rigorosa; caracterização do negócio jurídico dentro do sistema das acções jurídicas em geral (págs. 19-24). — 2. Situam-se fora dos limites deste trabalho todos os casos de desacordo «consciente» entre a vontade e a declaração (pág. 24). — 3. De divergência entre a declaração e a vontade pode falar-se, não só quando há desarmonia entre os efeitos a que o declarante dirige a sua conduta e aqueles de que a declaração é susceptível em si própria, mas também quando falta, da parte do agente, toda a vontade de emitir uma declaração. Casos em que nem sequer pode dizer-se querido o próprio acto que tem objectivamente um sentido de declaração jurídica (págs. 24-26). — 4. Razões que tornam admissível a tentativa de se fazer o estudo, em plena autonomia, do erro por virtude do qual se produz desacordo entre o querido e o declarado (págs. 26-28). — 5. Também se não compreendem nos limites do objecto deste trabalho os casos de erro acerca do conteúdo duma declaração alheia (págs. 28--31). — 6. O problema da divergência entre o declarado e o querido só vai estudar-se aqui em frente do negócio jurídico de natureza patrimonial (pág. 32).   Págs.   19-32

CAPÍTULO I
Erro e declaração de vontade

§ 1.º

1-2 Doutrina dominante entre os autores latinos quanto ao problema da influência jurídica dum desacordo involuntário entre a declaração e a vontade. O *erro-obstáculo* (causa de nulidade absoluta do negócio jurídico) e o *erro-vício-da-vontade* (causa de simples nulidade relativa) (págs. 33-35). — 3. Na lei civil portuguesa não existe qualquer disposição que, por importar evidentemente o repúdio daquela doutrina, torne desnecessário entrar a fundo no debate entre os seus contraditores e os seus sequazes. Este debate, aliás, não é estranho aos próprios civilistas portugueses, que se têm pronunciado sobre ele de diferentes maneiras (págs. 36-41). — 4. Determinação, guiada por critérios psicologísticos, dos conceitos de erro-obstáculo e erro-motivo ou vício da vontade (págs. 41-44). — 5-6. Principais argumentos invocados pelos adeptos da doutrina clássica em defesa da sua tese. Argumento da vontade (págs. 44-51). — 7. Argumentos exegéticos (págs. 51-52). — 8. Crítica da doutrina exposta. Em tese, tal doutrina é condenável, mesmo quando apreciada nas suas expressões mais atenuadas (teoria da *culpa in contrahendo,* teoria da responsabilidade) (págs. 53-58). — 9. Apreciação das grandes premissas teóricas em que a doutrina clássica é apoiada. *a)* A declaração não pode ser concebida como o simples indício ou sinal revelador da existência da vontade (págs. 58-63). — 10. *b)* O respeito pelo princípio fundamental do direito dos contratos não impede que sejam atribuídos efeitos jurídicos a uma declaração sem vontade (pàgs. 63-66). — 11. São desprovidos de valor os argumentos tirados pelos voluntaristas dalgumas disposições dos códs. civis de tipo francês (põe-se o problema, em particular, à face do nosso próprio cód. civil.) (págs. 66-73) — 12. Pode ainda provar-se, de modo positivo, que a vontade do conteúdo da declaração não constitui elemento indispensável à validade do negócio jurídico. — Os casos de reserva mental *expontânea* (págs. 73-79). — 13. A reserva mental como atitude de defesa ante a violência ilícita. — A vontade de fundar a confiança da outra parte na firmeza da palavra dada, como elemento em que possìvelmente deve fazer-se residir a causa de se ficar jurìdicamente vinculado (págs. 79-87) — 14. Mostra-se que a esta vontade de fundar a confiança da outra parte tem de ser equiparada a simples consciência de que a declaração possui idoneidade para isso (págs. 88-90). — 15. Todavia, não é ainda neste elemento que pode situar-se a causa da vinculação à face do direito. O que deve julgar-se essencial à validade das declarações jurídicas é o actuar o agente sabendo (ou aparentando saber) que está a emitir uma declaração de vontade, que está a fazer a outrem uma promessa (págs. 91-96). — 16. A verdadeira natureza das declarações de vontade constitutivas de negócio jurídico. — Conclui-se que todo o desacordo inconsciente entre o declarado e o querido só pode ser causa, *em princípio,* duma simples nulidade relativa (págs. 97-100). — 17. Enuncia-se o problema de saber se ao erro, por cuja influência se produz desarmonia entre o querido e o declarado, não podendo atribuir-se a força, à face da lei portuguesa, de provocar a nulidade absoluta do negócio jurídico, pode imputar-se o efeito da nulidade relativa da declaração (págs. 100-103). — 18. Exame dos arts. 657.º e segs. do cód. civil. Verifica-se que as normas dos arts. 661.º e 662.º convêm igualmente a casos de erro nos motivos, erro na intenção e erro na expressão da vontade (págs. 103-117). — 19. Verifica-se também não haver razões para sujeitar a outros preceitos legais, que não os arts. 661.º e 662.º, alguns casos de desacordo inconsciente entre a vontade e a declaração (págs. 118--121). Págs. 33-121

§ 2.º

1. Do erro sobre o conteúdo da declaração de vontade (que pressupõe a consciência, da parte do agente, de estar fazendo a outrem uma promessa) distingue-se o erro acerca do sentido «de declaração» da conduta voluntàriamente observada (págs. 122--123). — 2. Possível eficácia jurídica do erro desta última espécie: a simples nulidade relativa da declaração não querida como tal e a completa ausência de toda a vinculação jurídica do declarante apenas aparente (págs. 123-124). — 3. Estado da doutrina a respeito do problema. As teorias *objectiva* e *subjectiva* e a teoria intermédia ou *da culpa*. As duas primeiras, em tese geral, são inaceitáveis (págs. 125-130). — 4. Solução proposta por v. Tuhr. Crítica (págs. 131-133). — 5. A teoria da culpa é a preferível *de jure constituendo* (págs. 133-136). — 6-7. À face da lei portuguesa, o erro sobre o sentido da conduta como declaração de vontade não pode considerar-se um erro do consentimento. *De jure constituto* deve, portanto, aceitar-se a solução proposta pela teoria subjectiva pura: considerar inexistente todo o negócio jurídico quando o aparente declarante não tomou consciência do significado objectivo do seu acto (págs. 136-138). — 8. O elemento que objectivamente confere a uma conduta voluntária qualquer o carácter de declaração ou promessa jurídica, é o ser ela significativa de que por seu intermédio o agente contrai uma obrigação *à face do direito* (págs. 139-146). — 9. A declaração deve julgar-se absolutamente nula, segundo os princípios da lei civil portuguesa, quando o declarante, sem ignorar embora que fazia a outra pessoa uma promessa vinculativa, tiver procedido sem a consciência e sem a vontade de se vincular à face das normas do direito (págs. 146-149). Págs. 122-149

CAPÍTULO II

Erro e interpretação

§ 1.º

I. *Posição do problema*

1. Do facto de se ter considerado inaceitável a doutrina clássica do erro-obstáculo, não resulta que faltem todas as razões para se distinguir, no domínio do erro capaz de ter efeitos sobre a vida do negócio jurídico, uma figura autónoma (pág. 150).
2. Pode afirmar-se, pelo contrário, que o *erro sobre o conteúdo da declaração de vontade,* em virtude da própria natureza do seu objecto, é susceptível duma teoria específica. Isto resulta das estreitas relações que o ligam com a teoria da interpretação do negócio jurídico. Para se poder construir uma teoria do erro sobre o conteúdo da declaração de vontade, torna-se indispensável entrar primeiro no problema central da teoria da interpretação: qual é, no seu tipo abstracto, o *sentido* das declarações de vontade que o direito considera decisivo? (págs. 151-154). Págs. 150-154

II. *A interpretação das declarações de vontade*

1. Diferentes espécies de interpretação. Nada exclui, *a priori,* que a interpretação das declarações de vontade seja pura interpretação gramatical, ou interpretação histórica, ou interpretação objectiva. Só ao direito compete estabelecer qual seja, no seu tipo abstracto, o sentido decisivo das declarações jurídicas (págs. 155-158). — 2. À face da lei portuguesa, o escopo da interpretação (que não é, seguramente, fixar o sentido «literal» das expressões utilizadas) não pode fazer-se residir na descoberta da vontade interior do declarante. Com efeito, as declarações jurídicas podem valer e ser aplicadas com um alcance diverso do que lhes foi atribuído pelo seu autor (págs. 158-161). — 3. Entretanto, não é inconciliável com esta conclusão o reconhecer-se à vontade, durante a fase da interpretação do negócio jurídico, uma certa influência positiva. O facto de dever admitir-se que a interpretação se não dirige à descoberta do sentido «subjectivo» das declarações, não impede, pelo contrário, que se atribua poder deci-

sivo à real vontade do declarante, na medida em que ela se tiver tornado «reconhecível» para a outra parte (págs. 161--164). — 4. Nem impede tão-pouco que se considere prevalente o sentido subjectivo, quando este sentido for aquele que o declarante se podia representar como o sentido objectivo da sua declaração (págs. 164-166). — 5. Responsabilidade do declarante pelo significado objectivo da declaração de vontade. Diferentes pontos de vista donde a declaração litigiosa pode ser interpretada. Trata-se de saber se o intérprete deve operar com a *hipótese* dum *declarante* ou dum *declaratário razoáveis,* ou se não deverá, antes, confiar-se ao juízo dum *terceiro desinteressado* e *imparcial* (págs. 166-168).—6. Doutrina de DANZ. Crítica (págs. 168-173). — 7. Doutrinas objectivistas puras. *a)* Doutrina de TITZE. Crítica (págs. 174-180). — 8. *b)* Doutrina de FRANZ LEONHARD. Crítica. — Toda *a teoria objectivista pura* tem de julgar-se inaceitável (págs. 180-185). — 9. Em matéria de interpretação, deve atender-se, em princípio, às *reais* possibilidades de compreensão das duas partes. O sentido decisivo das declarações de vontade deve simultâneamente coincidir com aquele que o declarante podia julgar acessível à compreensão do declaratário e com aquele que, aos olhos deste último, melhor parecia traduzir as reais intenções do primeiro. Muitas vezes sucede, contudo, haver desacordo entre estes dois sentidos objectivos. Qual deles preferir, em tal hipótese? (págs. 185-188). — 10. *a)* Solução proposta pela *teoria da impressão do destinatário.* Sua crítica (págs. 188-195). — 11. *b)* Solução preconizada por LARENZ (págs. 196-199). — 12. Solução do autor (págs. 199-200). — 13. O intérprete deve procurar aquele dos possíveis significados da declaração que o seu destinatário podia julgar conforme às reais intenções do declarante; mas o sentido assim encontrado só poderá ser definitivamente atribuído à declaração litigiosa, na medida em que o próprio declarante também devesse orientar-se por ele. Se esta última condição se não verifica, a declaração de vontade, *ambígua* como é, terá de ser julgada nula (págs. 200-201). — 14. Hipótese de as duas partes terem atribuído *casualmente* à declaração o mesmo sentido. Hipótese de o declaratário haver reconhecido, nas expressões falsas ou ambíguas, a real vontade do declarante. — Solução adoptada (págs. 201-205). — 15. Resumo das conclusões possibilitadas pelas investigações precedentes (pág. 205). — — 16. A doutrina que em matéria de interpretação do negócio jurídico pode ser considerada preferível *de jure constituendo* é também a que deve julgar-se válida à face da lei portuguesa (págs. 205-206). — 17. A responsabilidade do declarante pelo sentido objectivo da sua declaração não pode supor-se condicionada, em princípio, ao facto de o declaratário entender na verdade a declaração recebida no sentido que lhe podia e devia atribuir. Entretanto, aquela responsabilidade deve cessar, reunidas que sejam certas condições, no caso excepcional de se verificar desacordo entre o sentido «objectivo» da declaração e o sentido de que a outra parte a julgou portadora, por um lado, e entre aquele primeiro significado e a vontade do declarante, por outro (págs. 206-214). — 18. Põe-se o problema de saber se a validade da doutrina, que manda interpretar as declarações de vontade do ponto de vista do seu destinatário, pode considerar-se extensiva a todo o domínio dos negócios jurídicos de natureza patrimonial — I. Verifica-se que tal doutrina se encontra sujeita a importantes limitações no domínio dos negócios formais (págs. 214-218). — II. Pelo contrário, ela é inteiramente aplicável — contra a opinião de muitos — aos chamados contratos gratuitos (págs. 218-224). — III. Em matéria de testamentos, porém, vale a teoria de que a interpretação se dirige à descoberta da verdadeira intenção do testador. Mas não é incondicionalmente que o conteúdo da declaração testamentária pode afeiçoar-se à real vontade do *de cujus* — Demonstra-se que, em matéria de disposições de última vontade, a teoria subjectivista é também a que melhor se adapta ao espírito das disposições do nosso código civil respeitantes ao problema (págs. 224-234). Págs. 155-234

§ 2.º

III. *O erro sobre o conteúdo da declaração de vontade*

1. Só pode falar-se, em sentido jurídico, dum erro do declarante acerca do conteúdo da sua declaração de vontade, quando o significado realmente querido não coincidir com aquele que se impuser à outra parte como tal. — Alcance da regra: *falsa demonstratio non nocet.* — Carácter específico do erro acerca do sentido da declaração de vontade (págs. 235-239). — 2. A nulidade do contrato em caso de ambiguidade, desacordo ou imperfeição das declarações, não é imputável ao erro (págs. 239-243). — 3. Solução adoptada para os casos em que, nos negócios formais, o acordo casual ou deliberado dos contraentes não puder considerar-se expresso nas declarações de vontade. — Carácter da nulidade proveniente dum erro acerca do conteúdo da declaração, nos testamentos (págs. 243-245). — 4. Regime do erro na declaração tornado

reconhecível para a outra parte (págs. 245-250). — 5. Restrições a que deve submeter-se a doutrina aprovada em caso de erro na declaração tornado reconhecível (págs. 251-257).
Págs. 235-257

§ 3.º

1. O conceito de erro na declaração de vontade. Através da interpretação só pode tratar-se de reconhecer eficácia à vontade que o declarante quis exprimir na declaração feita, para a levar ao conhecimento da outra parte (págs. 258-263). — 2. Pelas mesmas razões, só pode ser havido como erro sobre o conteúdo da declaração aquele que importar divergência entre a imagem que da sua vontade negocial o declarante tiver querido oferecer à compreensão da outra parte, e aquilo que ele aparentemente destinou a ser entendido por esta. — O erro na declaração não pode, nestes termos, ser puramente definido como erro acerca dos efeitos de direito. — A integração do negócio jurídico e o erro (págs. 264--277). — 3. Casos em que o declaratário se apercebe da verdadeira vontade «negocial» do declarante, diferente da declarada e voluntàriamente não expressa (págs. 277-281). — 4. O conceito de erro sobre o sentido ou alcance do declarado não exprime a ideia da impropriedade da declaração emitida para realizar a vontade «mediata» do declarante. Todavia, quando o declaratário se apercebe da existência dum conflito irredutível entre a declaração recebida e a vontade mediata do seu autor, seria admissível que tal declaração tivesse de ser julgada nula logo durante a fase interpretativa do negócio jurídico. Não é esta, contudo, a doutrina do nosso cód. civil (págs. 281-290). — 5. Exposição sumária do regime jurídico a que deve considerar-se sujeito, à face do direito civil português, o erro sobre o conteúdo da declaração de vontade. — I. Casos em que o erro provoca a nulidade absoluta do negócio jurídico. — II. Casos em que simplesmente é causa duma nulidade relativa (págs. 290--293). — 6. Exposição e crítica da doutrina segundo a qual só o *error excusabilis* pode ser juridicamente relevante. A *culpa* da parte do declarante enganado como fundamento da obrigação de indemnizar ao outro contraente o seu *interesse negativo* (págs. 293-299).
Págs. 258-299

APÊNDICE

I

Confronto das conclusões do estudo precedente com o regime consagrado no novo Código Civil, tanto em matéria de erro como de interpretação dos negócios jurídicos.   Págs. 301-311

II

Principal bibliografia sobre o erro e a interpretação dos negócios jurídicos posterior à 1.ª edição.   Págs. 313-315

Introdução

Pretendemos fundamentalmente pôr em exame neste trabalho o problema da influência que será capaz de exercer sobre a vida do negócio jurídico um desacordo inconsciente entre a vontade e a declaração.

1. Quando no conjunto de factos, que segundo o direito objectivo constituem os pressupostos necessários do efeito jurídico, se destaca uma acção humana, as relações que ligam esta acção e aquele efeito não revestem sempre a mesma natureza. Acção e consequência jurídica podem antes comportar-se, uma em face da outra, de diferentes modos (¹).

Umas vezes sucede que todo o significado jurídico da acção imputável se esgota e resume na circunstância de os efeitos legais estarem ligados a um certo resultado exterior, que esteja preso por uma relação de causalidade material àquela acção e que tenha sido mesmo voluntàriamente provocado pelo agente. O direito, colocado em frente duma situação de facto que foi gerada pela conduta dum indivíduo, intervém a fixar a alteração jurídica que deve acompanhar

---

(¹) Não pretendemos elaborar aqui ou, só que seja, esboçar um sistema das acções jurídicas. É nosso intento chamar tão-sòmente a atenção do leitor para a série de gradações que a importância jurídica duma acção voluntária *lícita* pode revestir nos diferentes «quadros» (ou tipos: *die Tatbestände*) legais; para deste modo se chegar a apreender, fácil e claramente, o significado do problema que nos propusemos tratar. Mas nem sequer deve julgar-se que as categorias aparentemente autónomas de acções jurídicas, a que no texto fazemos em seguida uma breve referência, sejam as únicas possíveis. — Sobre o sistema das acções jurídicas (à face, naturalmente, do direito civil alemão) cfr.: MANIGK, *Willenserklärung und Willensgeschäft* (Berlim, 1907), §§ 152 e segs., e *Das System der juristischen Handlungen im neuesten Schrifttum*, págs. 1-36 (in *Jherings Jahrbücher*, t. 47, 1933); VON TUHR, *Der Allgemeine Teil des deutschen bürgerlichen Rechts* (1914), II, 1.ª parte, § 48 (págs. 103-123); HENLE, *Lehrbuch des bürgerlichen Rechts* (Berlim, 1926), I *(Allg. Teil)*, págs. 31 e segs. V. também SERGIO SOTGIA, *Aparenza giuridica e dichiarazioni alla generalità* (Roma, 1930), págs. 255-60.

essa modificação voluntàriamente operada no mundo exterior. Mas, ao definir os efeitos que devem ligar-se à referida situação de facto, o direito persegue fins próprios: organiza a regulamentação que mais convém à face de considerações de certa índole, sem curar — nem directa nem indirectamente — do escopo último a que o agente tenha dirigido a sua conduta.

O exemplo clássico desta categoria de acções jurídicas é representado pela confusão e pela especificação (arts. 2299.º e segs. cód. civ. português). Quem unir ou confundir objecto seu com objecto alheio, tornar-se-á dono da coisa adjunta contanto se verifiquem os mais pressupostos do art. 2299.º ([1]). Ora, é manifesto não estar o efeito jurídico da aquisição da propriedade numa relação tal com o acto da confusão que seja possível dizer-se ter sido este acto praticado justamente em vista da produção daquele efeito. Na verdade, quem confunde duas coisas de que se julga proprietário (quando é certo só uma delas lhe pertencer) não pode ter agido para o fim de se tornar dono de coisa alheia. Do mesmo modo, também é inconcebível que o autor da confusão (estando de boa-fé) tenha actuado em vista de perder o seu direito de propriedade sobre um dos objectos confundidos. E, no entanto, este é, segundo a lei, um dos efeitos possíveis da sua conduta (cit. art. 2299.º).

Trata-se pois aqui, indubitàvelmente, de efeitos jurídicos que estão na dependência duma acção humana imputável, mas que se não produzem por ter o agente operado em vista de os provocar e sim apenas porque a lei, em obediência a claras considerações de ordem económica, os julgou mais necessários e convenientes. O mesmo se diga acerca da especificação ([2]).

Por vezes acontece também — diversamente — estar a produção do efeito jurídico tão só ligada à não verificação do resultado de

---

([1]) [Pela extrema dificuldade de proceder doutro modo, mantivemos sem alteração todas as citações do Código Civil de 1867. De resto, não resultará daqui inconveniente apreciável, uma vez que no Apêndice todos os problemas centrais do livro serão esquemàticamente analisados à luz das disposições do novo Código.]

([2]) Art. 2302.º: «Se alguém em boa-fé der nova forma, por seu trabalho e indústria, a qualquer objecto móvel pertencente a outrem, fará seu o objecto transformado, se a coisa não puder ser restituída à sua primeira forma, ou se o não puder ser sem perda do valor criado pela especificação».

facto a que certa manifestação ou declaração de vontade foi pelo seu autor dirigida. Para estes casos — de que é exemplo a interpelação para o pagamento feita ao devedor — valem considerações substancialmente idênticas às desenvolvidas acima. Entre a conduta voluntária que é elemento essencial do *Tatbestand* e os efeitos jurídicos previstos na lei, não há nenhuma relação de meio para fim: a manifestação de vontade não tem o sentido de ter sido emitida para que os efeitos dela dependentes na verdade se produzissem. O fim a que se dirige a declaração de interpelação é obter do devedor a prestação prometida. Os efeitos jurídicos deste acto, se o devedor não cumpre, são os efeitos da mora *debitoris*. Ora, é evidente que o ficar o devedor constituído em mora representa consequência puramente legal, que não depende de o credor ter contado com ela, que se verifica mesmo no caso de o declarante a ter de todo ignorado. Entre os efeitos jurídicos decretados pelo direito objectivo e a declaração de vontade que eles pressupõem, não há ainda aqui, portanto, nenhuma relação intrínseca: esses efeitos produzem-se *por causa* da declaração, sem dúvida, mas não se produzem *em harmonia* com a declaração.

Certamente, a particular forma que nestes casos reveste a conduta voluntária, que é elemento necessário do quadro legal, obriga a pôr aqui um problema com o qual antes nos não tínhamos encontrado e que aparenta ser aquele mesmo a que aludimos no início deste trabalho: o problema de saber qual a significação jurídica que deverá ser atribuída ao facto de haver desacordo entre o conteúdo objectivo da declaração feita e a real vontade do declarante. Para voltarmos ao nosso caso, é preciso atender a que a interpelação é provida de consequências jurídicas (os efeitos da *mora debitoris*) em atenção à vontade que por ela o credor manifesta de obter o cumprimento imediato da obrigação estipulada. *Quid juris,* então, se a vontade manifestada pelo interpelante não corresponde à sua vontade real? Deverá apesar disso entender-se que o devedor, se não satisfaz a prestação que lhe foi pedida, entra de toda a maneira em mora? Deverá entender-se — isto é — que a validade da interpelação não é impedida nem sequer tornada precária pelo facto de faltar ao interpelante a vontade que ele manifestou? ([1]).

([1]) Sobre esta questão cfr. MANIGK, *Willenserklärung,* pág. 739.

Nós queremos, todavia, estudar o problema da divergência inconsciente entre a declaração e a vontade sob um outro aspecto. Queremos tão sòmente ocupar-nos daquela divergência que se traduz numa desarmonia entre a real vontade do declarante e os efeitos jurídicos da sua declaração. Ora, tal divergência só pode revestir-se de importância para o direito na medida em que a declaração de vontade, com ser pressuposto essencial dos efeitos jurídicos, se apresentar investida da função de directamente modelar esses efeitos; quando entre a declaração e as suas consequências legais houver uma harmonia intrínseca, não apenas uma simples coincidência arbitràriamente fixada pelo direito objectivo; quando — para dizer tudo — a declaração — toda a declaração — tiver o sentido de haver sido emitida justamente para que certos efeitos jurídicos (aqueles que na realidade lhe são atribuídos) se produzissem [1].

E há, realmente, um domínio em que a declaração de vontade reveste esta natureza: é o domínio dos negócios jurídicos.

O negócio jurídico é o meio que o direito objectivo põe à disposição dos particulares para estes conseguirem através dele a livre regulamentação das suas relações [2]: é um acto da autonomia privada.

---

[1] Ou quando, pelo menos, os efeitos ligados pelo direito à declaração de vontade tiverem o sentido de ser ajustados ao fim *prático* visado pelo declarante; quando — noutros termos — o direito atribuir à declaração precisamente os efeitos que são adequados à tutela da vontade ali expressa. Pois ainda aqui pode falar-se duma divergência, embora apenas mediata, entre a vontade e os efeitos jurídicos, dado haver harmonia essencial entre a vontade declarada e estes efeitos.

[2] Como o conceito de negócio jurídico é um conceito científico, uma construção, não um conceito legal, não pode ter nada de imperativo a delimitação dos negócios jurídicos a que nos referimos no texto. A esta pode ser preferida uma outra por força da qual venham a ser incluídas na categoria dos negócios jurídicos declarações de vontade da natureza da interpelação. Nada o impede. Todavia, quando se trata de classificar as acções jurídicas em várias categorias, só pode tratar-se de reunir no mesmo grupo aquelas que, em razão das suas afinidades substanciais, reclamam um tratamento jurídico fundamentalmente idêntico, e de separar com todo o cuidado umas das outras as que não têm em comum nada de essencial (no ponto de vista da sua valorização jurídica) e que devem ser por isso submetidas a diferentes princípios de direito.

Ora, se há elemento que à consideração do jurista se apresente revestido de capacidade para caracterizar, dentro da massa das acções jurídicas,

Efectivamente, por seu intermédio é reconhecido à vontade o poder de livremente afeiçoar os efeitos de direito. Sem dúvida, trata-se aqui dum poder que é concedido à vontade pelo direito objectivo, não dum poder originário, inerente à sua própria essência, não precisado de reconhecimento legal; mas um poder, em todo o caso, que não é menos verdadeiro por ter a sua base na lei. À vontade, actuando através da declaração, pertence determinar livremente (dentro de

---

um certo núcleo ou agrupamento delas, esse elemento reside com certeza na particularidade que algumas destas acções revestem de constituirem meios oferecidos pelo direito objectivo aos indivíduos para estes alcançarem a regulamentação jurídica das suas relações que mais lhes convier, que mais e melhor satisfaça os seus legítimos interesses tais como eles próprios os avaliarem. Pois, na verdade, dada a relação em que mùtuamente se encontram acção e consequência jurídica nestes modelos legais — o efeito jurídico directamente conformado pelo conteúdo da declaração, o efeito jurídico colocado na dependência da vontade — compreende-se muito bem que a isto tenha de corresponder uma disciplina jurídica autónoma, diversa, em muitos pontos essenciais, daquela a que forem submetidas as acções voluntárias não caracterizadas por este elemento. (O que logo a seguir vai ser dito no texto, acerca do aspecto particular que neste domínio reveste uma falta de harmonia entre a declaração e a vontade, ajuda a frisar esta ideia).

Para designar aquela especial categoria de acções voluntárias que desempenham a função de modelarem directamente os efeitos de direito, é que a expressão «negócio jurídico» costuma ser de preferência empregada. Nós também a utilizamos neste trabalho exclusivamente com esse alcance. No fim de contas, é mesmo só isto — a ideia que faz do negócio jurídico quem emprega esta expressão — o que no fundo interessa saber (v. WIND-SCHEID, *Diritto delle Pandette*, trad. italiana de FADDA e BENSA, § 69, nota 1). — No sentido indicado no texto, quanto ao conceito de negócio jurídico: MANIGK, *Das Anwendungsgebiet der Vorschriften für die Rechtsgeschäfte* (Breslau, 1901), págs. 19 e segs., e *Willenserklärung und Willensgeschäft*, § 153, págs. 637 e segs.; v. TUHR, *Allg. Teil*, II, 1.ª, págs. 106, 143 e segs.; HENLE, *Allg. Teil*, págs. 36 e segs.; LEHMANN, *Allgemeiner Teil des B. G. B.* (4.ª ed.), págs. 134 e segs.; FERRARA, *La Simulazione assoluta (Rivista di diritto commerciale*, 1908, t. VI, pág. 466). Contra, TESAURO, *Atti e negozi giuridici* (Pádua, 1933), *passim* e particularmente págs. 11-32. Mas das considerações desenvolvidas por este autor não resulta — nem poderia resultar — que num certo grupo de manifestações de vontade se não dê o caso de as consequências jurídicas serem determinadas pelo conteúdo da declaração; nem que este facto não traduza realmente uma atitude particular do direito à face da vontade dos indivíduos.

certos limites imperativos) os efeitos jurídicos (princípio da autonomia privada); visto ser na verdade pelo conteúdo da declaração que se determinam caso por caso (quanto ao essencial) os efeitos de direito.

Mas se é só indirectamente, por intermédio da declaração, que a vontade tem o poder de modelar as consequências jurídicas, daqui advém ser possível que entre as consequências de que a declaração é em si mesma capaz e aquelas a que se dirigia a vontade do declarante haja desarmonia. Pode muito bem acontecer, de facto, que o conteúdo concreto da declaração não traduza fielmente, em certa hipótese, a vontade do seu autor. E como na base do direito dos negócios jurídicos está justamente o princípio da autonomia da vontade — entendida esta expressão de harmonia com o sentido que já pusemos em evidência —, é natural (se não for necessário) que esta anomalia revista uma significação jurídica particular.

2. Importa agora inquirir como é concebível (e possível) esta divergência entre os efeitos que a declaração em si mesma tem idoneidade para provocar e aqueles a que se dirige a vontade do declarante.

Tal divergência pode ser, antes de mais nada, consciente. De facto, é possível que o declarante, conhecendo o alcance objectivo da sua declaração, a influência jurídica que ela por si mesma é adequada a exercer, confie todavia alcançar por seu intermédio um resultado diverso (único querido).

Por vezes acontece também que o declarante não toma consciência da impropriedade da declaração para reflectir a sua vontade. Tal situação verifica-se quando as representações do agente acerca do conteúdo da declaração emitida eram falsas; quando, por outras palavras, o declarante sofreu um erro acerca desse conteúdo. É a esta última forma de divergência entre o declarado e o querido que limitamos o objecto do nosso estudo.

3. Temos falado até aqui dum dissídio entre a declaração e a vontade no sentido duma desarmonia entre os efeitos a que o declarante dirige a sua conduta e aqueles de que a declaração é susceptível em si própria. O interesse oferecido pelo problema da diver-

gência entre o querido e o declarado não se esgota, entretanto, dentro destes limites.

Com efeito, a declaração pode estar em desacordo com a vontade por mais alguma coisa do que o seu conteúdo concreto: pelo seu próprio sentido de declaração de vontade. É fácil acontecer, efectivamente, que uma qualquer conduta voluntária se apresente aos olhos de terceiros como encorporando a vontade do agente de provocar certa alteração da sua esfera jurídica, sem na verdade o agente ter querido tal coisa: sem ele ter querido fazer qualquer declaração. Aqui, a divergência não é entre o conteúdo concreto da declaração e a vontade do declarante. Aqui, a desarmonia verifica-se entre o sentido que o agente atribuiu à sua conduta (sentido jurìdicamente indiferente) e o sentido aparente dela como declaração de vontade jurídica. O agente actuou sem tomar consciência do particular significado da sua conduta; mas conduziu-se objectivamente como se estivesse animado do propósito de fazer uma declaração de vontade. Nesta medida pode falar-se também aqui duma divergência entre o declarado e o querido ([1]).

Finalmente, a expressão «desarmonia entre o declarado e o querido» pode empregar-se — e muitos o fazem, na verdade — para designar uma terceira possibilidade de conflito entre o elemento objectivo e o subjectivo das declarações jurídicas: a falta da própria vontade de realizar o acto que constitui a aparência duma declaração. É fraco, no entanto, o interesse teórico que oferece o estudo deste caso. Sem com isto se correr o risco de antecipar noções que só mais tarde deverão ser esclarecidas, pode observar-se desde já pressupor com certeza o conceito de negócio jurídico como requisito mínimo (dado o lugar que ao negócio jurídico pertence na série dos factos geradores de efeitos de direito) uma acção humana voluntária. Na verdade, é precisamente dentro da categoria dos factos jurídicos constituída pelas acções voluntárias que o negócio jurídico se situa. O negócio jurídico é, antes de mais nada, uma acção voluntária dum sujeito de direitos. Todo o negócio jurídico falta, portanto, se nem

---

[1] Esta forma de divergência entre a declaração e a vontade pode igualmente ser intencional. Só queremos ocupar-nos neste lugar, entretanto, da que for devida a erro, embora possamos ser levados a fazer uma ou outra referência mais lata à primeira, se isso parecer necessário.

sequer o próprio acto pelo qual a sua aparência objectiva foi criada pode imputar-se à vontade do agente ([1]).

4. Pôr o problema do significado jurídico dum dissídio inconsciente entre a declaração e a vontade, é, assim, pôr o problema de saber qual é a influência jurídica que pode ser exercida por um erro que o declarante tenha sofrido acerca do alcance da sua declaração (ou acerca do sentido da sua conduta) no momento de a emitir. Donde resulta não ser à elaboração da teoria jurídica do erro em toda a sua plenitude ([2]) que este trabalho é consagrado.

A declaração emitida pode reflectir plenamente o meu pensamento e todavia ser verdade que eu a emiti sob a influência dum erro acerca duma situação de facto ([3]) ou acerca dum dever-ser jurídico ([4]). Determinar se este defeituoso conhecimento (ou ignorância) dos factos ou do direito se reveste de importância jurídica e em que medida, é também problema que à luz do princípio da autonomia da vontade assume um relevo considerável e digno de estudo. Apesar disso, aqui, neste trabalho, só por incidência curaremos dos erros que não implicam desarmonia entre a declaração e a vontade.

As razões que tornam admissível esta tentativa de se fazer em plena autonomia o estudo do erro que implica divergência entre o declarado e o querido, estão já parcialmente contidas em precedentes considerações. É pelo conteúdo da declaração que se determina

---

([1]) Esta razão puramente conceitual, em que fundamos aqui a solução da inexistência jurídica do negócio quando nem mesmo puder falar-se dum acto voluntário que seja como tal imputável ao aparente declarante, não é única. Adiante (cap. I, § 2.º, nota) veremos como aquela solução pode também justificar-se dum outro ponto de vista.

([2]) Só falamos aqui, claro está, do erro que exerce a sua influência perturbadora no momento da formação dos negócios jurídicos.

([3]) Ex.: Arrendo uma casa em Lisboa por um ano convencido erròneamente de que obtive lá um emprego do Estado; compro por elevado preço o prédio do meu vizinho na suposição de que existe aí uma nascente de águas minerais.

([4]) A institui no seu testamento a B herdeiro da metade dos seus bens, afirmando que só o não institui herdeiro universal «porque a lei lhe impõe o dever de guardar para os irmãos (únicos parentes próximos que de facto lhe sobrevivem) a outra metade do seu património».

a maior parte (e a mais importante) dos seus efeitos jurídicos. A declaração apresenta-se como um meio de que o declarante se utilizou para alcançar certas consequências apetecidas, certa alteração da sua esfera jurídica. Se acontece que ele a julgou idónea a provocar uma alteração jurídica diversa (ou se nem sequer teve em vista uma alteração jurídica qualquer como efeito da sua conduta), produz-se uma situação que tem de ser considerada gravemente anómala à face do princípio que está na base de todo o direito contratual: o de que o Estado intervém, aí, para assegurar a realização dos fins livremente perseguidos pelos indivíduos, o de que os particulares são senhores de reclamar a intervenção do direito na medida e pela forma por eles desejadas.

Se, pelo contrário, a vontade, que através da declaração reclama ser protegida, obtém satisfação plena, por acontecer que se chega a efectivar a alteração jurídica querida pelo agente, então pode perguntar-se ainda — é certo — se isso basta a tornar possível a realização do fim último da vontade do declarante. Mas, embora o agente tenha errado ao ajuizar acerca dos resultados mediatos, indirectos da declaração projectada e depois emitida, isso não impede que a intervenção vinculativa do direito se tenha verificado justamente dentro dos limites por ele reclamados e queridos [1].

Ora, compreende-se muito bem que o direito valorize diferentemente estas duas formas de a declaração não trazer consigo a realização do desejado. Em primeiro lugar, pela razão que já está implícita nas considerações imediatamente anteriores. Se o direito objectivo intervém, vinculando, no momento e nos limites em que é chamado, concebe-se que ele se desinteresse até dos motivos do apelo que lhe

---

[1] Imagine-se, por ex., que B, querendo adquirir terrenos onde possa apascentar os seus gados, compra a C uma grande propriedade rústica que afinal se vem a mostrar imprópria para tal fim. Do contrato concluído não resultam para B as consequências esperadas. Os meios empregados não possibilitaram a realização do fim último a que ele dirigiu a sua conduta. Todavia, não poderá dizer-se que a intervenção do direito se não tenha verificado aqui dentro da medida desejada. O resultado directo da declaração contratual de B, a alteração jurídica que dela foi consequência imediata, são o mesmíssimo resultado, a mesmíssima alteração que constituiram o objecto da vontade que B quis exprimir.

foi dirigido. Pois não corresponde a situação jurídica criada de novo à vontade de quem objectivamente a provocou?

Por outro lado, a variedade dos motivos da mesma volição é inapreensível. Querer respeitar o princípio da autonomia da vontade até ao extremo de atribuir influência a todo o vício que no processo volitivo se tenha insinuado desde a origem, é não ter dúvida em vibrar golpe não leve nem pouco fundo na tão necessária *certeza* das relações jurídicas: visto aquela influência não poder deixar de se exercer sobre a validade do acto pelo qual elas se constituem. E é aceitar também, do mesmo passo, fazer pouco caso dos legítimos interesses do destinatário da declaração. As investigações a que este proceda no sentido de descobrir se porventura o declarante não terá agido sob a influência dum erro, estarão tanto mais votadas ao insucesso quanto menos certo for o seu objecto. Ora, quais terão sido os fins em vista dos quais o agente se determinou a querer a alteração jurídica declarada?

Pelo contrário, quem pergunta se acaso o declarante não estará em erro acerca dos efeitos da declaração emitida, o que procura é determinar as relações que ligam duas entidades das quais uma lhe é imediatamente dada: a vontade contida na declaração. Ao invés, é raro que seja criada pelo declarante uma aparência da sua vontade mediata suficientemente forte para nela se confiar.

É, pois, natural que todo o ordenamento jurídico razoável submeta a um regime em muitos pontos autónomo os casos de dissídio inconsciente entre a declaração e a vontade, à face daqueles em que tão-sòmente puder falar-se dum erro sob a influência do qual se formou no espírito do agente a vontade declarada.

5. Se é apenas ao estudo das várias formas de divergência inconsciente entre a declaração e a vontade que tencionamos dirigir as nossas investigações, deixamos necessàriamente de lado, além dos referidos no número anterior, ainda os casos de erro acerca do conteúdo ou alcance duma declaração *alheia*. Queremos aludir, como é óbvio, ao erro que tenha sofrido o destinatário duma declaração de vontade no momento e no acto de tomar conhecimento do seu conteúdo. O problema de saber se um tal erro não será também causa duma influência jurídica qualquer, é indubitável que merece igualmente ser defrontado e resolvido. Mas, de toda a

maneira, a sua resolução há-de sempre operar-se em ordem a considerações diversas daquelas que forem decisivas para se liquidar a questão dos efeitos do erro pròpriamente dito; em obediência a princípios jurídicos diferentes daqueles que dominam — como vimos — o problema da possível influência jurídica dum desacordo não querido entre a declaração e a vontade.

É desde logo evidente que todo o erro do declaratário acerca do conteúdo da declaração recebida só poderá ter como tal influência jurídica sobre a própria declaração mal interpretada. Com efeito, a figura do «mal-entendido» é sem dúvida comum a todos os negócios jurídicos, tanto unilaterais como bilaterais ([1]). Trata-se sempre — diga-se mais uma vez — de o destinatário duma declaração de vontade adquirir um defeituoso conhecimento do seu conteúdo. Ora, nos negócios unilaterais não pode de certo falar-se dum mal-entendido que venha a exercer uma influência jurídica qualquer sobre a declaração de vontade de quem o sofreu.

Mas se toda a influência do erro do declaratário só pode recair, por definição, sobre a própria declaração mal interpretada, é evidente que o problema da possível relevância jurídica dum tal erro se tem de pôr em termos absolutamente autónomos. Além, quando se tratava de desacordo entre o querido e o declarado, o problema era apurar se a vontade (a vontade do declarante, naturalmente) constitui momento jurìdicamente relevante (e em que medida) no quadro de pressupostos do negócio jurídico (no seu *Tatbestand*). E vimos que este problema tirava precisamente a sua luz, o seu relevo parti-

---

([1]) Há uma certa doutrina — é verdade — que pretende atribuir a este mal-entendido uma significação particular no campo dos contratos. Para os autores que a defendem, o erro do destinatário duma proposta contratual pode importar, em certos casos, a exclusão do mútuo-consentimento e, portanto, a nulidade absoluta do contrato. Mas veremos adiante, no § 1.º do 1.º capítulo, que esta doutrina é inexacta. Das considerações que nesse § desenvolveremos e sobretudo daquelas que havemos de formular no cap. II acerca da interpretação dos negócios jurídicos, há-de brotar (ao menos de modo implícito) a ideia de que todo o significado particular, que o mal-entendido pode revestir nos contratos, se traduz na circunstância de ele vir a ser causa, por vezes, dum verdadeiro erro do aceitante acerca do sentido da sua aceitação. Mas nesses casos — como é manifesto — não será já o mal--entendido e sim o erro que interessará considerar.

cular, do próprio conceito de negócio jurídico, do princípio da autonomia da vontade que está na base de todo o direito contratual. O direito intervém, neste campo, a revestir de obrigatoriedade jurídica a *lei* referida em certa declaração de vontade, para satisfazer o apelo que lhe foi dirigido pelo autor desta declaração. Por isso, se a intervenção estadual se verifica em medida diversa da querida, produz-se uma situação que é certamente anómala, que à face dos princípios gerais do direito dos contratos (em sentido amplo) carece de ser remediada.

Mas a posição do declaratário é muito diversa daquela que para o declarante resulta da actuação destes princípios. O declaratário, em caso de erro, só pode alegar não ser a alteração jurídica consequente à declaração de vontade mal interpretada (e justamente por isso) a mesma alteração que ele esperava se produzisse; e pretender que este resultado constitui anomalia à face do princípio que leva a subordinar-se ao requisito da *declaração* a relevância jurídica duma vontade de efeitos de direito.

Efectivamente, se em princípio se requer seja declarada, para adquirir relevância, toda a vontade de efeitos jurídicos, não é isso senão porque a lei, ponderando que a produção desses efeitos afecta directamente a esfera jurídica doutra ou doutras pessoas, considera necessário que o interessado faculte a estas pessoas o meio de elas tomarem directamente conhecimento da modificação que vai ocorrer ([1]). E é precisamente a tais pessoas que a declaração de vontade deve ser dirigida.

([1]) É realmente por isto que se justifica a necessidade de ser *declarada* (isto é: de ser levada directamente ao conhecimento doutros indivíduos) toda a vontade de efeitos jurídicos. Não tem decerto nenhum valor a consideração de que só pode ser revestida de eficácia jurídica a vontade que se tenha manifestado em factos exteriores (SAVIGNY, *Traité de droit romain*, trad. francesa, vol. 3.º, pág. 270). De facto, se a impossibilidade de se atribuirem efeitos jurídicos positivos a uma vontade não declarada assentasse apenas na circunstância de ser impossível adequar as consequências jurídicas a uma entidade desconhecida, indeterminável, — à vontade deveria lògicamente reconhecer-se este poder modelador quando ela, embora não expressa numa declaração, se tivesse contudo exteriorizado de modo concludente noutros factos exteriores comprováveis. Outras circunstâncias objectivas quaisquer podem realmente tornar legítima a conclusão de que certo indivíduo *quer* esta

Mas acontece que nem sequer este elemento do *endereço* da declaração aos interessados é em geral considerado suficiente para que a declaração de vontade se torne eficaz. A eficácia da declaração costuma em regra subordinar-se (em tese e à face dos diferentes sistemas de direito) a mais um elemento: a efectiva *recepção* da aeclaração de vontade por parte do seu destinatário (teoria da recepção, consagrada no § 130 do cód. civ. germânico) ou mesmo a real *percepção* do seu conteúdo, o acto de o declaratário tomar conhecimento da declaração que lhe foi dirigida (teoria da percepção) (¹).

Logo, se por qualquer razão não imputável à sua vontade o destinatário não chega a ser informado da declaração que lhe foi endereçada, é sem dúvida de pôr o problema de saber se este facto, quando não obste inteiramente à validade do negócio jurídico (como aconteceria por força do chamado sistema da percepção), não reagirá em todo o caso sobre a eficácia da declaração já nascida num momento anterior. E daqui até inquirir se um erro de interpretação ou de percepção do declaratário não terá qualquer influência sobre a validade da declaração mal interpretada, não vai senão um passo.

O problema da possível influência jurídica do mal-entendido, sendo dominado como é pelo princípio que justifica o subordinar-se ao requisito da declaração toda a relevância duma vontade de efeitos de direito, põe-se em termos absolutamente diversos dos que são próprios do problema do erro. Assim como há uma teoria do erro, assim pode haver também uma teoria do mal-entendido (²) (³).

---

ou aquela alteração jurídica. Cfr. *infra*, cap. I, § 1.º, n.ᵒˢ 9 e 15. V. Manigk, *Anwendungsgebiet*, pág. 19. — Com isto não fica prejudicada a questão de saber se a todo o negócio jurídico é essencial uma declaração de vontade. V. *infra*. No texto partimos tão-sòmente do pressuposto de que a lei, *em princípio*, subordina toda a relevância duma vontade de efeitos jurídicos ao requisito da sua declaração.

(¹) Cfr. Carrara, *La Formazione dei contratti* (Milão, 1915), págs. 197, 270-316.

(²) Nesta consideração fundamental é baseada a clássica monografia de Titze «*Die Lehre vom Missverständniss*» (A teoria do mal-entendido), Berlim, 1910. V. especialmente os caps. 1.º e 2.º da parte 1.ª e o cap. 1.º da parte 2.ª.

(³) Mais adiante — no cap. II — verificaremos em todo o caso ser o «mal-entendido» susceptível ainda assim, em certa hipótese, dum significado

6. Por último queremos prevenir que todas as considerações que vão seguir-se só postulam a sua validade para os negócios jurídicos de índole patrimonial. De facto, os argumentos com o auxílio dos quais procuraremos demonstrar a conveniência e a equidade da posição por nós escolhida quanto ao problema dos efeitos jurídicos do erro, não é seguro para nós que possam conservar o seu valor tão depressa abandonarmos o campo daqueles negócios jurídicos por que se constituem, modificam ou extinguem relações patrimoniais. Por outro lado, é natural que o particular carácter dos princípios que dominam todo o direito da família não deixe de se reflectir também nestas matérias de que empreendemos fazer aqui o estudo, justificando e até mesmo impondo para elas a necessidade dum regime *jurídico autónomo*.

---

jurídico diverso daquele que lhe assinalamos neste lugar. Isto acontece quando à divergência entre o sentido «decisivo» da declaração e o sentido que por erro lhe atribuiu o declaratário, acresce um desacordo entre a vontade expressa pelo declarante e a sua real vontade.

CAPÍTULO I

ERRO E DECLARAÇÃO DE VONTADE

§ 1.º

1. Vamos então procurar resolver o problema de qual seja por lei — por lei portuguesa — a influência que um dissídio inconsciente entre o «declarado» e o «querido» pode exercer sobre a vida do negócio jurídico.

De falta de harmonia entre a vontade e a declaração pode logo falar-se — já o sabemos — quando nem mesmo a própria conduta que objectivamente se apresenta como declaração de vontade foi querida [1]. Contudo, dado não poder levantar grandes dúvidas a

---

[1] O mesmo se diga quando a aparente declaração não tem como suporte um acto voluntário da pessoa de quem parece provir, sendo realmente imputável à intervenção duma pessoa diversa. E isto tanto no caso de se tratar duma conduta em nome alheio *(A, fazendo-se passar por B, celebra em nome deste um contrato com C)* como na hipótese de o verdadeiro declarante criar involuntàriamente a aparência de que a sua declaração tem por autor outro indivíduo. À pessoa que parece ser o declarante é evidente não poder imputar-se, em nenhum dos dois casos, a aparência jurídica criada por um terceiro. Com efeito, falta da sua parte uma conduta voluntária que possa servir de base de imputação. E também não pode pensar-se em considerar vinculado aquele que é responsável pela criação da aparência: pois não é esse, mas sim o outro, o aparente declarante. Caso a todos os títulos idêntico a estes é aquele em que nem sequer o verdadeiro agente tomou consciência de estar emitindo uma declaração de vontade em nome doutrem. Exs. de cada uma das duas últimas situações aludidas: 1.ª) *A* faz chegar ao poder de *B* uma proposta que este, aliás muito justificadamente, mas contra as previsões do declarante, toma como sendo de

regulamentação jurídica deste caso — como noutro lugar advertimos —, podemos omitir-lhe aqui mais desenvolvidas referências.

A segunda forma de divergência entre a vontade e a declaração é a que consiste em não ter o aparente declarante querido aquela determinada acção que voluntàriamente praticou como declaração de vontade. O agente não actuou em vista de provocar qualquer resultado jurídico, até podendo acontecer que não tenha sequer tomado consciência de estar fazendo a terceiros, com a sua conduta, uma notificação ou participação qualquer (cfr. *infra*). E como a acção praticada alude por si mesma a que o seu autor visa obter com ela certa alteração da sua esfera jurídica (cfr. *infra*), verifica-se aqui, sem dúvida, uma desarmonia entre o «querido» e o «declarado».

No entanto, embora o estudo desta forma de divergência entre a declaração e a vontade devesse, em boa lógica, seguir imediatamente o da primeira, fá-lo-emos preceder do exame da terceira figura que aquela divergência pode revestir: o desacordo entre o conteúdo *concreto* da declaração emitida e a real vontade do declarante. E procedemos assim, visto a atitude ainda hoje dominante entre os autores dos países latinos quanto à solução deste último problema ser de tal natureza, que o compartilhá-la traz forçosamente consigo a necessidade duma atitude idêntica quanto à solução do primeiro. Será, pois, conveniente, antes de mais nada, proceder à determinação dessa atitude e fixar-lhe os fundamentos, a ver se a deveremos adoptar ou repelir.

2. A doutrina mais espalhada entre os autores latinos acerca da questão de saber que influência jurídica deve ser adstrita a um erro que importe desarmonia entre a vontade e a declaração, é aquela que o considera em princípio causa da nulidade absoluta do negócio jurídico. Ao contrário dos simples erros determinantes da intenção,

---

punho de *D*; 2.ª) sem conhecimento de *B* e na total ignorância do valor objectivo da sua conduta, *A* pratica o acto (faz aparecer uma luz vermelha á janela da casa onde ambos residem) que, nos termos do acordo concluído entre *B* e *C*, deve significar a adesão do primeiro à oferta contratual do segundo.

que não impedem o negócio concluído de viver, apenas o ameaçando de ser anulado no caso de se verificarem certas condições, todo o erro daquela espécie tem a virtude de se opor em absoluto à validade do negócio jurídico: é um verdadeiro *erro-obstáculo*. A sua eficácia não depende, portanto, de nenhum acto de vontade da parte de quem o sofreu, senão que a própria lei lha atribui para se produzir incondicionadamente e até mesmo contra os desejos ulteriores do enganado. O enganado não tem um direito de escolha entre manter o negócio jurídico de conteúdo inicialmente não querido e promover a sua anulação: pois o ser o negócio nulo (não apenas anulável) é uma pura consequência *ex-lege*. Daqui o não estar sujeita a prazo a declaração de nulidade do negócio viciado; daqui o ele não ser susceptível de convalescença através de adequada manifestação de vontade do declarante; daqui também, finalmente, a possibilidade de o reconhecimento judicial do vício ser pedido por qualquer interessado, que não apenas por quem sofreu o erro, ou ser mesmo feito oficiosamente pelo juiz.

Deverá, então, admitir-se a categoria dum *erro-obstáculo* (no sentido que acabamos de analisar) que tenha de ser oposta à categoria dos erros simplesmente determinantes da intenção? Isto conduz à necessidade de apreciar detidamente, nas suas proposições fundamentais e nas suas premissas, a doutrina a que fizemos referência, doutrina que, sendo tradicional, ainda hoje parece ser a dominante — repita-se — nos países latinos de elaboração científica mais adiantada (França e Itália) ([1]).

([1]) Por ela se têm manifestado, além de muitos outros: SCIALOJA, *Volontà e responsabilità nei negozi giuridici* (Roma, 1885), *passim;* GIORGI, *Obbligazioni*, III, n.ᵒˢ 262 e segs., IV, n.ᵒˢ 39 e segs.; VENZI, in PACIFICI--MAZZONI, *Instituzioni*, IV, págs. 280 e segs.; IDEM, *Diritto civile italiano* (IV ed., 1929), págs. 125 e segs.; COVIELLO, *Manuale*, I (3.ª ed., 1924), §§ 116, 119 (principalmente págs. 378 e segs.); RUGGIERO, *Instituições* (trad. port. de ARY DOS SANTOS), I, págs. 255 e segs.; DANTE CAPORALI, in *Dizionario pratico del diritto privato*, vol. 2.º, palavra «erro», pág. 876 e seg.; CHIRONI e ABELLO, *Trattato*, I, págs. 479-80; FERRARA, *La Simulazione nei negozii giuridici*, págs. 24 e segs.; MESSINEO, *Teoria dell'errore ostativo* (1915), *passim;* STOLFI, *Diritto civile*, I, 2.ª parte (1931), págs. 686 e segs.; DUSI, *Istituzioni di diritto civile italiano* (1929), I, págs. 133 e 136 e segs. (só em princípio); BUTERA, *Della Simu-*

3. Mas antes de prosseguir — visto neste trabalho termos fundamentalmente em vista determinar qual é o regime da lei portuguesa para os casos de divergência entre o querido e o declarado — apreciemos se a doutrina que vai ser posta em exame terá algumas probabilidades de defesa à face do nosso código civil; se, noutros termos, não haverá no direito português alguma disposição que a invalide *in limine,* desde logo tirando o maior interesse para nós ao debate entre os seus defensores e os seus críticos.

Ora, a um primeiro contacto com aqueles dos preceitos da lei portuguesa que podem ter interesse para a solução do problema, é força admitir não ser totalmente inconcebível que a doutrina clássica tenha encontrado nesta lei a sua consagração.

---

lazione nei negozi giuridici (1936), pág. 6-20 (só de modo implícito), — em Itália; e POTHIER, *Traité des obligations,* n.º 17; DEMOLOMBE, *Cours de Code Napoléon* (3. ed.), vol. 24, págs. 84 e segs.; HUC, *Commentaire,* vol. 7, págs. 32 e segs.; LAURENT, *Droit civil* (3. ed.), vol. 15, págs. 557 e segs.; CROME, *Parte generale del diritto privato francese* (trad. ital. de ASCOLI e CAMMEO), págs. 260 e segs.; AUBRY et RAU, *Droit civil français* (5. ed.), vol. 4.º, §§ 343 e 343 *bis;* BAUDRY-LACANTINERIE, *Précis de droit civil* (11.ª ed.), vol. 2.º, págs. 18 e segs.; COLIN et CAPITANT, *Cours élémentaire de droit civil français* (1915), II, págs. 292 e segs.; DEMOGUE, *Traité des obligations* (1923), I, t. 1.º, págs. 409 e segs.; GAUDEFFROY, *L'Erreur obstacle* (1924), *passim;* JOSSERAND, *Les mobiles dans les actes juridiques* (1928), pág. 47 e segs., — na França. Para o direito espanhol cfr., no sentido da doutrina do texto (embora só parcialmente), VALVERDE Y VALVERDE, *Tratado de derecho civil español,* I, págs. 486-87. — Deve aqui observar-se, no entanto, não serem todos estes autores representantes da doutrina segundo a qual ao erro que importa desarmonia entre o declarado e o querido deve ligar-se o efeito da nulidade absoluta do negócio jurídico. A formulação mais rigorosa e mais recente da doutrina do erro-obstáculo é realmente esta. Mas foi só depois duma evolução longa de muitos anos que se tornou possível chegar até ela. Inicialmente o erro-obstáculo foi concebido, nas doutrinas francesa e italiana, tão só como uma circunstância impeditiva do consentimento, do acordo das vontades das partes contratantes. Só quando se passou da teoria do contrato para a teoria geral do negócio jurídico é que surgiu a necessidade de substituir paralelamente a teoria do consentimento e dos seus vícios por uma teoria da vontade e dos vícios da vontade. Só então começou a tomar vulto a ideia de que toda a falta de correspondência, essencial e devida a erro, do conteúdo da declaração com a vontade, devia ter o efeito de tornar absolutamente nulo o negócio jurídico. Sobre a evolução do conceito de erro-obstáculo nas dou-

As únicas disposições de carácter geral de todo o código que se referem ao erro como causa de nulidade dos negócios jurídicos, são as dos arts. 656.º e segs. E, como particularmente se vê do art. 689.º, é manifesto ser essa nulidade causada pelo erro uma simples nulidade relativa ou anulabilidade do negócio jurídico. Mas os arts. 656.º e 657.º falam em «consentimento prestado por erro» e em «erro do consentimento»; dando por isso a entender que as várias modalidades do erro previstas nos artigos seguintes oferecem todas a particularidade de pressuporem um consentimento viciado mas existente, real. E, com efeito, tanto o erro sobre a causa, o objecto ou as suas qualidades como o erro acerca das pessoas ([1]) são figuras clássicas de erros que sòmente viciam a vontade, sem a excluir: ideia — como veremos — que representa o ponto de partida para a elaboração da teoria do erro-obstáculo.

Daqui resulta pois — parece — não conter a lei regulamentação *directa* para os casos justamente incluídos por muitos autores na categoria dos erros que excluem a vontade ou impedem a verdadeira vontade de se manifestar. E não deverá, então, recorrer-se aos

---

trinas francesa e italiana, cfr. MESSINEO, *ob. cit.*, págs. 59-88. — A doutrina que assinala a todo o dissídio inconsciente entre o conteúdo da declaração e a vontade a virtude de causar a nulidade plena do negócio jurídico, teve o seu período de maior esplendor na Alemanha durante a vigência do direito comum. Cfr. SAVIGNY, *Traité de droit romain* (trad. francesa), vol. III, §§ 135 a 140 e apêndice VIII, e WINDSCHEID, *Pandette*, vol. I, parte 1.ª, §§ 75-78. O cód. civil alemão hoje em vigor determina expressamente, pelo contrário, que a mera anulabilidade do negócio jurídico seja todo o efeito causado pelo erro que importe desarmonia entre a declaração e a vontade. Realmente, é do seguinte teor o preceito do § 119, al. 1.ª do referido código: «Todo aquele que, ao emitir uma declaração de vontade, estava em erro sobre o seu conteúdo ou não queria mesmo emitir uma declaração desse conteúdo, poderá impugná-la quando for de aceitar que ele a não teria emitido se conhecesse a situação e apreciasse razoàvelmente os factos». Cfr. SALEILLES, *Déclaration de volonté* (1901), págs. 11 e segs.

([1]) Só o erro sobre a identidade do objecto e da pessoa não é doutrina unânime — mesmo entre os adeptos da teoria tradicional — que seja um erro-vício. Entretanto, partindo das premissas em que fundamentalmente assenta aquela teoria — e que só adiante conheceremos —, não julgamos representar ilogismo o adscrever-lhe esta natureza. Neste sentido, por ex.: COVIELLO, *Manuale*, I, pág. 280. Contra: MESSINEO, *Teoria*, págs. 246 e segs.

princípios gerais de direito a fim de se estabelecer o regime jurídico desses casos? E, posto que sim, não imporão esses princípios gerais que todo o erro-obstáculo tenha como efeito a nulidade absoluta, insanável, imprescritível do negócio jurídico? — Eis-nos assim colocados em pleno seio do debate. Força é, portanto, penetrar nele a toda a profundidade.

O estado da doutrina portuguesa, a respeito do problema de que empreendemos tratar, justifica também — se é mesmo que a não reclama imperiosamente — a tentativa de se projectar sobre ele luz tão clara quanto possível.

Entre os autores nacionais encontramos adeptos e contraditores da doutrina do erro-obstáculo. Deve mesmo reconhecer-se que duas das mais sérias e importantes tentativas de determinação dos efeitos jurídicos do erro, que em Portugal têm sido feitas, se orientaram no sentido dualista: o erro obstáculo — causa de nulidade absoluta, o erro dos motivos (ou erro-vício) — causa de simples nulidade relativa. Referimo-nos aos estudos dos Profs. BELEZA DOS SANTOS e CABRAL DE MONCADA, o do primeiro inserto, a título acidental, na sua monografia sobre a simulação ([1]), o do segundo constituindo capítulo das conhecidas *Lições de Direito Civil* ([2]). Também REIS MAIA se pronunciou entre nós pela teoria tradicional ([3]), não deixando igual-

---

([1]) *A Simulação em direito civil*, vol. 1.º, págs. 6 e segs. O prof. BELEZA, para firmar a doutrina que distingue no plano jurídico entre o erro-obstáculo e o erro-vício da vontade, segue aproximadamente o caminho que é próprio dos autores italianos, sobretudo FERRARA e COVIELLO. As críticas que mais adiante formos dirigindo à teoria tradicional serão, por isso, também válidas quando particularmente referidas à atitude do prof. BELEZA DOS SANTOS.

([2]) Vol. 2.º, págs. 279-287. A posição do prof. MONCADA neste assunto é particularíssima. Noutro lugar a apreciaremos com o devido cuidado.

([3]) Cfr. *Direito geral das Obrigações*, Parte I, págs. 86-89. REIS MAIA admite realmente a categoria do erro-obstáculo, que tem por efeito tornar o contrato absolutamente nulo, e filia tal efeito no facto da exclusão do mútuo-consenso que esse caso particular do erro importa. Para este autor, erro-obstáculo é o erro sobre a identidade do objecto e o erro sobre a natureza do contrato. Daqui se vê — daqui e do que mais adiante será dito acerca do essencial da doutrina clássica — quanto é imperfeito o pensamento deste

mente de merecer citação, como fervoroso adepto dela, AZEVEDO SOUTO (¹).

Mas não são em menor número nem menos autorizados os autores nacionais que atribuem ao erro, em princípio, unidade de efeitos jurídicos. O que acontece é ser esta, das duas que entre nós têm sido sustentadas, a doutrina mais imperfeitamente fundamentada e menos desenvolvida. Com efeito — e em primeiro lugar —, dos escritores que a adoptam há desde logo alguns—como DIAS FERREIRA (²) — que parecem ignorar de todo a doutrina contrária: aquela que dá autonomia, no plano jurídico, a um erro-obstáculo por oposição a um erro-vício. Para estes autores nem mesmo se chega a pôr qualquer dificuldade: o erro na formação dos negócios jurídicos ocasiona apenas, segundo a lei, uma simples nulidade relativa.

Em segundo lugar, deve reconhecer-se que aqueles mesmos, que afrontam o debate entre sequazes e contraditores da teoria tradicional, o fazem bastante ligeiramente, assentando depois a sua própria teoria em bases de valor muito duvidoso (³). No fundo, o pensamento essencial comum a estes autores é o de que as normas do cód. civil relativas ao erro não se vê que hajam de valer só para os casos de *vícios* da vontade, sendo evidente que abrangem também a figura do chamado erro-obstáculo (⁴). Só o Prof. TAVARES — para

---

civilista relativamente ao nosso problema. Todavia, deve reconhecer-se que a atitude da generalidade dos autores franceses e de muitos italianos não é mais esclarecida.

(¹) *Defeitos da vontade em direito civil, passim.* Esta obra representa apenas uma defesa das ideias de MESSINEO e a tentativa de as adaptar ao nosso direito.

(²) *Código Civil Anotado,* II, págs. 161 e segs.

(³) Partilham da atitude indicada em último lugar no texto: GUILHERME MOREIRA *(Inst.,* I, § 36, págs. 409-422, especialmente 410-11 e 417-18); prof. JOSÉ TAVARES *(Princípios,* 2.º vol., págs. 485-488); dr. CUNHA GONÇALVES *(Tratado,* IV, págs. 294 e segs.).

(⁴) Deve, no entanto, notar-se que a atitude do dr. CUNHA GONÇALVES não tem de característico só aquele pensamento. Os arts. 656.º e segs. são para este autor indistintamente aplicáveis — é certo — ao erro-vício da vontade e ao erro-obstáculo. Mas são aplicáveis ao erro-obstáculo enquanto são aplicáveis ao erro sobre a natureza do contrato, sobre a identidade do objecto e sobre a causa da obrigação. (É o conceito de erro-obstáculo comum na dou-

quem, de resto, todo o erro-obstáculo parece ser o erro na expressão de vontade ([1]) — apresenta, em reforço do seu ponto de vista, outra consideração: a de ser princípio fundamental (expresso em que norma?!) «que a nulidade proveniente do erro, quer este se dê na formação da vontade, quer na sua declaração, só pode ser alegada

---

trina francesa. Mas veja-se DEMOGUE, *Traité*, I, t. 1.º, pág. 410). No que diz respeito, porém, ao erro na declaração pròpriamente dito, isto é, ao erro que consiste em escrever-se ou dizer-se uma coisa diversa do que se queria escrever ou dizer, já o dr. CUNHA GONÇALVES não faz intervir os arts. 657.º e segs. mas sim o art. 665.º (erro de cálculo aritmético ou de escrita). O erro na expressão da vontade não é pois causa, na opinião deste jurisconsulto, da nulidade do contrato, nada mais fazendo do que originar um direito a obter a devida rectificação (*ob. e vol. cits.*, págs. 322-27).

Não se julgue que esta doutrina é no fundo tão absurda como à primeira vista parece. Por ela não se considera causa de nulidade — é certo — um erro que importa sem dúvida desarmonia entre o declarado e o querido. E isto parece injustificável. Mas atenda-se a que, pela doutrina do dr. GONÇALVES, o contraente enganado fica muito mais seguramente protegido do que pela própria doutrina clássica: visto lhe ser possível rectificar a declaração que não corresponde à sua vontade. Todavia, a concessão deste direito de rectificação só se entende nos casos em que, à face da própria declaração em si e das circunstâncias concorrentes, seja possível reconstituir a real vontade do declarante, que por lapso não foi correctamente expressa. Do que se lê a pág. 323 do vol. IV do referido *Tratado* sobre os erros de escrita, conclui-se mesmo que o pensamento do dr. C. GONÇALVES não é diferente deste. Ora, assim entendida, a doutrina do referido autor contém uma ideia seguramente exacta e do maior alcance: a de que é pela verdadeira vontade que se determina o conteúdo da declaração, sempre que a outra parte a reconheceu (ou podia ter reconhecido) nas expressões falsas ou defeituosas. Cfr. *infra*, cap. II. De lamentar é só que o dr. C. GONÇALVES não tenha tirado desta ideia (a qual parece realmente ter presidido ao desenvolvimento da sua doutrina) todas as consequências de que ela é susceptível. Assim, quando trata dos erros na transmissão da vontade e dos erros de interpretação (que ele não considera erros do consentimento), este jurisconsulto omite toda a referência à possibilidade de a declaração valer com o sentido querido, apesar do erro (ob. cit., págs. 235 e segs.). — Não se diz aqui — é bom notar — que a doutrina do dr. GONÇALVES, mesmo só enquanto se refere aos erros de expressão, seja completamente exacta. Apenas se quer pôr em evidência a circunstância de ela conter uma ideia aproveitável, que não é comum à maioria dos autores.

([1]) O que se não ajusta — diga-se já — ao moderno conceito do erro-obstáculo. V. *infra*.

por quem do erro é vítima; donde se conclui que a ineficácia do acto, em virtude do erro, é sempre a simples rescindibilidade ou anulabilidade...» (¹). Mas todos vêem que isto não prova nada. Se o erro só puder ser invocado por quem dele for vítima, é evidente que, então, ele será causa apenas de nulidade relativa. Mas a nulidade relativa será o efeito único do erro na formação do negócio jurídico?

Mostrado assim que as disposições do nosso código civil relativas ao erro nos contratos não repudiam *in limine* a doutrina tradicional, e que, além disso, esta doutrina não deixou mesmo de fazer carreira entre nós (embora não possa considerar-se aqui como a *communis opinio*), retomemos o curso interrompido das nossas considerações a ver se lhe conseguimos captar a principal fundamentação.

4. Todo o erro por força do qual é destruída a relação de identidade que normalmente existe entre a *intenção* (vontade dos efeitos) e os efeitos a que a declaração alude pelo seu conteúdo (²) (³) — gera, portanto, a nulidade absoluta do negócio jurídico.

Ora, aquela relação de identidade falta com certeza no caso (o

---

(¹) Vol. cit., pág. 488, nota 2.

(²) Assim se exprime MESSINEO (*ob. cit.*, pág. 237), autor em que a doutrina tradicional encontrou a sua formulação mais aperfeiçoada. Já prevenimos que este conceito de erro-obstáculo não é comum à generalidade dos autores (sobretudo latinos) que se têm manifestado pela tese tradicional, embora todos partam em regra da mesma ideia quando se trata de dar uma adesão a esta tese. Mesmo entre os defensores mais esclarecidos da doutrina clássica não é difícil aceitar-se a categoria dum erro-obstáculo. Comparem-se, por ex., MESSINEO (cap. VIII) e COVIELLO *(Manuale,* I, § 119, pág. 381); dos dois, só o primeiro admite que o erro sobre a identidade da coisa ou da pessoa seja em princípio um erro-obstáculo. (Mas é preciso notar que só tem de falar-se duma divergência entre ambos a propósito do caso tratado por MESSINEO a págs. 250 e segs.).

(³) O mesmo efeito deve atribuir-se, nos termos da doutrina a que nos estamos referindo, ao erro por força do qual se verifique um «desacordo» entre as vontades das partes contratantes (dissentimento), desacordo embora não acompanhado por qualquer divergência entre cada uma das duas declarações contratuais e a vontade do seu autor. É claro que esta hipótese pressupõe necessàriamente um negócio jurídico bilateral, um contrato. Cfr. *infra*, nota.

mais simples de todos) em que a declaração emitida não é igual à declaração projectada; em que o agente, depois de ter correctamente individualizado o meio adequado a exprimir a sua vontade, acaba — inconscientemente — por se utilizar de meios de expressão impróprios para tal fim. Quando isto acontece, diz-se que o declarante foi vítima dum *lapso:* em lugar de escrever ou dizer «proponho comprar-te o objecto x» (como queria), referiu-se na sua declaração, sem disso tomar consciência, ao objecto y. E é precisamente nesta falta de consciência que consiste aqui o erro. O erro não se apresenta, nestes casos, sob a forma dum *falso juízo,* não é um erro que o declarante cometa no momento de julgar *(error in judicando)* mas um erro que ele sofre no momento de agir *(error in faciendo),* não um erro teorético mas um erro mecânico ([1]). Trata-se — diga-se mais uma vez — de o agente não tomar consciência da forma concreta da sua conduta.

— Entre a vontade dos efeitos e o conteúdo da declaração falta outrossim a referida relação de identidade quando, sendo a declaração emitida a mesma que o declarante quis emitir, ela carece no entanto de idoneidade, contra as previsões do seu autor, para manifestar as suas verdadeiras intenções. Isto acontece — e só é possível mesmo então — todas as vezes que o declarante avaliou defeituosamente o alcance objectivo da declaração emitida, a qual, considerada à luz duma norma objectiva qualquer, parece dirigir-se a um efeito jurídico na verdade diverso do querido pelo agente. O erro surge-nos aqui sob a forma duma representação inexacta acerca do real sentido das expressões conscientemente utilizadas ou em geral do acto praticado, e, portanto, das suas consequências jurídicas. Por via dele o declarante serve-se, voluntária e conscientemente, dum meio que não é adequado a tornar possível a realização da sua vontade ([2]).

([1]) ZITELMANN, *Irrtum und Rechtsgeschäft* (Leipzig, 1879), apud TITZE, *Missverständniss,* págs. 5 e segs. Cfr. MESSINEO, *Errore ostativo,* cap. III, págs. 89 e segs., e cap. IV, págs. 142 e segs. — ZITELMANN encontrou a expressão «*Irrtum im Bewusstsein*» (erro na consciência) para caracterizar aquela figura do erro a que no texto nos referimos.

([2]) Segundo a terminologia de ZITELMANN (v. o cit. passo de TITZE), o erro é aqui na intenção *(Absichtsirrtum),* por «intenção» se querendo aludir

Pelo contrário, entre a declaração e a vontade já falta toda a divergência quando o erro é tão-sòmente relativo a representações que não são daquelas pelas quais se individualiza o objecto da vontade, que não são elementos da intenção ([1]). Isto pode dizer-se das representações de predicados que se atribuem ao resultado já determinado individualmente, ao resultado que o agente se propõe conseguir. «Tais representações, que contêm um juízo sobre a escolha feita, podem explicar por que foi que se tomou a decisão, mas é lógica e psicològicamente um contra-senso considerá-las elementos da intenção. Se compro este vaso que tenho diante dos olhos, compro-o necessàriamente com as qualidades que possui e só com essas. Que

---

à vontade do resultado a que o declarante dirige imediatamente a sua declaração, sejam quais forem os motivos que o determinaram a querer esse resultado (cfr. MESSINEO, ob. cit., cap. VIII, págs. 231 e segs.). Para melhor esclarecimento, pode dizer-se que o erro é da espécie figurada no texto quando o agente, em face dos efeitos que a declaração emitida é adequada a provocar, os não reconhece como sendo os *mesmos* que ele se propôs conseguir. Imagine-se, por ex., que A, querendo constituir com B uma relação jurídica que se enquadra no tipo legal do arrendamento, declara a este B a sua vontade de celebrar com ele um contrato de enfiteuse, por avaliar defeituosamente o sentido jurídico desta expressão. Ou suponha-se que, no momento de subscrever um documento de assunção de fiança, o faço (por erro acerca do seu conteúdo) convencido de se tratar de simples carta na qual o meu senhorio é notificado da minha vontade de rescindir o contrato de arrendamento entre nós firmado. Cfr. ainda MESSINEO, pág. 143 — Ao erro exclusivo da intenção deve equiparar-se, segundo este último autor, aquele que, consistindo numa interpretação defeituosa da proposta contratual recebida, determina a formação no espírito do destinatário duma vontade que está em desacordo com a vontade declarada do proponente, e leva, ao fim, a ser emitida uma aceitação que só aparentemente coincide com a proposta mas que está em plena harmonia com a vontade do seu autor. Se não pode falar-se aqui dum erro na intenção (o conteúdo da resposta e a vontade do aceitante coincidem plenamente), deve falar-se dum erro que exclui o consentimento. E embora a sua natureza psicológica o identifique com os erros da categoria a que no texto fazemos em seguida referência, é forçoso assinalar-lhe a virtude (justamente porque ele impede o acordo das vontades dos contraentes) de causar a nulidade absoluta do contrato. Cfr. MESSINEO, ob. cit., págs. 132 e segs.

([1]) V. VENEZIAN, *Errore ostativo, in Opere Giuridiche*, I (1919), pág. 479 e segs., onde se expõe e critica o fundamental do pensamento de ZITELMANN a este propósito.

ele tenha uma das qualidades que lhe atribuo e que realmente não possui, não pode ser a isso que se dirige a minha intenção» (¹). O objecto da vontade só pode ser constituído por uma situação a realizar de futuro, por um «acontecer». Eu posso querer o resultado económico que consiste na entrada de certo objecto no meu património; mas não posso querer que esse objecto seja de ouro: pois aquilo que é de latão não pode tornar-se de ouro. Um indivíduo pode querer matar a pessoa que perante ele se encontra, e querer matá-la por supor tratar-se do filho do seu grande inimigo *F...*; mas é um contra-senso lógico dizer-se: o agente *quer* que essa pessoa seja o filho de *F*. A representação desse indivíduo como sendo o filho do seu inimigo não constitui mais do que o «motivo» da sua vontade de o matar (²).

Todo o erro que só exprimir desarmonia entre as representações mentais assim independentes da intenção e a realidade, deixando intacta a própria vontade do resultado a que a declaração se dirige tem uma natureza psicológica que bem se pode traduzir com a expressão: erro-motivo.

5. Todavia, por mais exacta que seja esta análise da natureza psicológica do erro nas suas relações com a vontade e a acção voluntária, dela não resulta por sua própria força nada que, com a energia dum imperativo inexorável, comande o seu aproveitamento imediato para fins jurídicos. Se psicològicamente o fenómeno do erro, longe de revestir a mesma fisionomia, se apresenta sob diversa configuração e com diferente natureza segundo os casos, isso que valor tem, só por si, para fundamentar ou, ao menos, propor a tese dos que distinguem, no plano jurídico puro, entre um erro-obstáculo e um erro-determinante da vontade?

Certo, há quem pretenda, partindo da consideração de que a lei só disciplina expressamente os casos a que convém a qualificação psicológica de erro-motivo, chegar logo à conclusão de não ser essa disciplina legal aplicável por analogia aos chamados casos de diver-

---

(1) VENEZIAN, pág. 480. Cfr. também MESSINEO, pág. 231 e segs.

(²) Cfr. JACOBI, *Theorie der Willenserklärungen*, pág. 58 e segs., onde a doutrina de ZITELMANN vem igualmente exposta e criticada.

gência entre declaração e vontade, já que esse recurso supõe real analogia das situações e toda a semelhança falta entre o erro da primeira espécie e o da segunda. Mas aqueles que assim procedem ([1]) não baseiam a sua conclusão apenas sobre aquele argumento (em verdade de nenhum valor) ([2]), fazendo intervir aqui, para proibir o

---

([1]) V., por ex., COVIELLO, *Manuale*, I, pág. 381, e VENZI, in PACIFICI, nota i, pág. 283. Seria, contudo, falsear a verdade pretender caracterizar o pensamento destes autores (e dos muitos mais que se situam na mesma linha) só através do argumento citado no texto, que por eles é realmente aduzido. MESSINEO é que parece considerar aquela razão como impressionante e até mesmo decisiva por si só (*ob. cit.*, pág. 115). A diferenças de natureza devem corresponder diferenças de efeitos — afirma este autor; ora, dado que o direito conhece esta duplicidade de efeitos (a nulidade absoluta e a relativa) e dado ser manifestamente iníquo «proporcionar o mesmo meio de reacção tanto a quem exprimiu um intento não real como àquele que, embora ferido por erro, não comprometeu todavia a relação de identidade entre o intento e o meio de manifestação» — a cada uma destas situações deve atribuir-se sua unidade de consequências jurídicas. — Não pode, entretanto, esquecer-se residir o fundamento essencial da doutrina de MESSINEO no papel por ele atribuído à vontade no campo dos negócios jurídicos. V. adiante no texto.

([2]) É manifesto que esse argumento carece em verdade de todo o valor. Ele só poderia ter algum sentido contanto se verificasse uma condição essencial: que todos os casos de erro incluídos por ZITELMANN em cada uma das duas categorias propostas fossem por natureza semelhantes na sua configuração psicológica. Ora, esta condição não se verifica: na primeira categoria — a dos erros que excluem a vontade — estão incluídos casos que pela sua natureza psicológica são essencialmente diferentes dos mais que lá se encontram, e que, a uma análise bem pouco profunda, se mostram ao contrário estreitamente aparentados com os da segunda categoria (os erros determinantes da intenção). Na verdade, é indubitável que o *Absichtsirrtum* dos autores alemães (de ZITELMANN) tem a natureza psicológica dum erro-motivo. Recorde-se que o erro na intenção é um erro sobre o conteúdo ou alcance da declaração de vontade. O agente, que se propõe alcançar certo fim, conclui que o meio adequado à satisfação da sua vontade é emitir uma declaração de certo conteúdo e em dadas circunstâncias; e acaba por querer praticar o acto que no seu juízo tem a referida aptidão. O declarante quer emitir *aquela* declaração de vontade porque a julga apta a trazer consigo a realização dos fins queridos. Se realmente tal idoneidade lhe falta, então é indubitável que a vontade da declaração concebida pelo agente se formou sob o signo dum erro. O declarante não teria querido a declaração que acabou por fazer se não fossem as falsas representações que teve acerca do seu real conteúdo,

recurso à analogia, uma consideração diversa: a de que a intenção constitui elemento essencial dos negócios jurídicos, elemento cuja

---

e, portanto, das suas consequências jurídicas. Houve aqui um erro na formação ou, melhor, na motivação da vontade do agente. E não se concebe que o simples facto de ele ter viciado apenas a vontade da declaração, não a vontade dos efeitos, seja bastante para modificar a sua natureza psicológica.

Também quase todos os autores alemães, que mais recentemente se têm dedicado ao problema, reconhecem ao erro sobre o conteúdo da declaração de vontade (figura pela moderna doutrina germânica decisivamente substituída ao erro na intenção de ZITELMANN) a natureza dum erro-motivo. E, para distinguir o erro sobre o conteúdo daquele que recai sobre elementos estranhos à declaração (o qual é irrelevante à face do cód. civ. germânico, § 119), propõem para este último a designação de «erro simplesmente motivador da vontade». Neste sentido, entre outros: TITZE, *Missverständniss*, pág. 8, nota 4, e SCHIMDT, *Der Motivirrtum im Testamentsrecht* (Breslau, 1933), págs. 10 e segs. — Todavia, o facto de ser também «motivador» o erro acerca do conteúdo da declaração não significa que a análise psicológica não faculte elementos que tornem possível distinguir entre os erros desta última espécie e os simplesmente determinantes da intenção. (Pela admissibilidade da distinção, no plano psicológico: TITZE, pág. 7, e v. TUHR, II, 1.ª, pág. 569). O que acontece é não poder partir-se dessas diferenças — em verdade não essenciais — para atribuir ao erro na intenção uma natureza psicológica diversa daquela que é própria do outro erro-motivo.

Dos autores latinos, MESSINEO parece ter sido o que pela primeira vez se viu a braços com a dificuldade de reduzir todos os casos de erro às duas categorias psicológicas de erro na expressão e na determinação da vontade (a primeira abrangendo só as figuras pròpriamente ditas de dissídio entre vontade e manifestação: o *Irrtum im Bewusstsein* de ZITELMANN), sem ter de reservar para a segunda as hipóteses clássicas do *Absichtsirrtum* (cfr. *ob. cit.*, pág. 91 e segs.). A dificuldade julgou MESSINEO resolvê-la fazendo intervir o elemento da vontade do conteúdo ou dos efeitos da declaração (elemento até aí aparentemente desprezado pelos autores latinos) e integrando na categoria dos «obstáculos» os erros na formação ou determinação desta última vontade (pág. 94 e segs.). Mas com isto não conseguiu — é claro — demonstrar que a natureza psicológica do erro na formação da vontade da declaração fosse diversa da que é própria do erro-motivo, demonstração que, aliás, se impunha em face das suas observações de pág. 115.

A natureza psicológica do erro, que provoca divergência entre a vontade da manifestação e a própria manifestação, já é, pelo contrário, outra. Aqui, como já noutro lugar o tentámos pôr em evidência, não se trata dum falso juízo acerca da declaração projectada ou dos seus efeitos, mas dum fazer

falta, na ausência de disposição expressa em contrário e por comando dos princípios gerais de direito, determina a nulidade absoluta daqueles ([1]).

o agente alguma coisa de diverso do que queria fazer; não duma volição acerca da qual pode julgar-se que ela não teria surgido se não fosse precedida duma representação determinada, mas dum agir de cuja forma concreta se não toma consciência. Se ao erro pròpriamente dito — diga-se uma vez mais — quiser chamar-se erro teorético *(falsa opinio)*, a natureza do erro na expressão não ficará mal caracterizada com a designação de «erro mecânico» (ZITELMANN). — Não deve, por isso, acolher-se a tentativa de reduzir todo o erro, mesmo o erro na declaração, ao conceito de erro-motivo. Com razão combate SCHMIDT (ob. cit., págs. 11-12) o ponto de vista de R. LEONHARD a este respeito. LEONHARD (v. o seu *Lehrbuch*, pág. 470 e segs., cit. pelo mesmo SCHMIDT), ao analisar o facto do erro na expressão, parece concentrar as suas atenções sobre a circunstância de o declarante, ao emitir a declaração viciada, julgar que por esse meio faz ao mundo exterior uma comunicação apropriada aos fins tidos em vista; quando o verdadeiro é ser outra a realidade. E por tal caminho chega este autor a concluir que também aqui se verifica o caso de ser emitida uma declaração que o não seria se não fosse a presença de certa representação errónea. Ora, isto só pode ser exacto em certo aspecto, aliás indiferente. Sem dúvida, pode dizer-se que o declarante, nestes casos, ainda actua convencido de estar pondo a condição necessária e suficiente do efeito querido; e que ele se absteria de agir se não fosse tal convicção errónea. Mas veja-se que esta convicção do declarante já pressupõe o não tomar ele consciência da forma concreta da sua conduta. É porque o declarante não toma consciência das palavras que profere ou escreve, dos actos que realiza, etc., que ele vem a atribuir à sua conduta um valor que lhe não pertence. Logo, o essencial é isto: este agir em estado de inconsciência acerca da forma concreta da própria actividade (ZITELMANN, pág. 430); não o pensar o agente que vai empregar (ou está empregando) os meios adequados à produção do efeito querido.

A única maneira de respeitar as diferenças de natureza psicológica que separam umas das outras as várias figuras do erro, era portanto distinguir, do erro na expressão da vontade, todos os mais erros que podem alcançar o declarante no momento de agir.

([1]) Neste sentido, de modo expresso ou apenas implícito, a totalidade dos autores cits. a pág. 35, nota 1. É verdade que muitos deles, limitando aos contratos a esfera das suas investigações, não falam da «vontade» mas do «consentimento», do «acordo das vontades», como elemento essencial à sua existência. Mas nós já prevenimos que íamos procurar a expressão mais adiantada, mais rigorosa da doutrina; e não há dúvida de que o ponto de vista de reduzir ao conceito de «dissentimento» o conceito de «erro-obstáculo» se

É que, realmente, nenhuns efeitos pode o direito ligar a uma declaração cujo conteúdo não corresponda à vontade do declarante. A declaração privada de vontade é facto inteiramente despido de significação jurídica. «Os contratos — e, de modo geral, os negócios jurídicos — representam um meio que o direito oferece aos homens para estes através dele regularem, de modo conforme aos próprios interesses, as suas relações» ([1]).

Se, por isso, o ordenamento jurídico intervém a decretar que se produzam os efeitos na declaração designados como queridos, é justamente por esses efeitos terem sido queridos pelo declarante, é por consideração para com a sua real vontade, que ele supõe coincidente com a declarada até prova em contrário. Os negócios jurídicos valem enquanto por eles se manifesta uma vontade dirigida à produção do efeito legal ([2]). A vontade é, aqui, a verdadeira força criadora do direito; não representando a declaração mais do que o sinal exterior da sua existência ([3]).

A constituição duma relação jurídica de que eu seja um dos sujeitos, a minha vinculação a uma norma consequente à declaração de vontade que emiti, é, pois, coisa que se concebe sòmente sob condição de ter sido querida. Se o direito interviesse a ligar a uma declaração de vontade os efeitos nela objectivamente designados mas na realidade não queridos pelo declarante — ou por serem outros os

---

encontra hoje ultrapassado. Contra ele se pronunciou vigorosamente MESSINEO (ob. cit., págs. 118 e segs.). Entre muitos outros, COVIELLO (Manuale, I, págs. 379-381) e RUGGIERO (Inst., I, págs. 254-255), concebendo o erro-obstáculo como divergência involuntária entre vontade e declaração, já falam expressamente da «vontade» como elemento essencial dos negócios jurídicos

À teoria que considera indispensável à existência do negócio jurídico o acordo da vontade com a declaração, dá-se precisamente o nome de *teoria da vontade*.

([1]) VENEZIAN, ob. cit., pág. 476.

([2]) Cfr. WINDSCHEID, *Pandette*, I, parte 1.ª, § 69 e *Wille und Willenserklärung*, Leipzig, 1878, pág. 8 *(apud* KELSEN, *Grenzen zwischen juristischer und soziologischer Methode*, Tübingen, 1911, pág. 31).

([3]) «A vontade tem de ser pensada como a única coisa importante eficaz; mas, como facto interior e invisível que é, ela carece dum sinal exterior que a torne reconhecível por outros; e este sinal, por cujo intermédio a vontade se manifesta, representa-o precisamente a declaração» (SAVIGNY, *Traité de droit romain*, III, pág. 270).

tidos em vista ou por não se ter formado no sujeito nenhuma real volição de efeitos jurídicos —, ele pôr-se-ia em conflito com a razão abstracta da sua intervenção neste domínio. Portanto, se não quiser renunciar-se a bem apreender essa razão, tem de se interpretar a lei no sentido da total inexistência duma declaração sem vontade. «O direito obriga-me *porque* ou obriga-me *se* eu quero comprar, e a minha aceitação (da oferta recebida), embora voluntária, quando desacompanhada do intento que na declaração está expresso, não dá nenhum fundamento à intervenção dele» (¹).

Se, pois, a vontade é aquilo que verdadeiramente decide dos efeitos de direito e se a análise psicológica revela ser possível que se verifique, por erro, uma desarmonia ou divergência entre a vontade dos efeitos e o conteúdo da manifestação, — a este erro assim gerador duma tão grave anomalia deve imputar-se, por comando lógico inexorável, a consequência jurídica da nulidade plena da declaração por ele afectada. Nenhuma outra conclusão poderia em verdade harmonizar-se com as premissas donde se procede aqui. Delas decorre também, em linha recta, a extensão com a qual deve admitir-se a categoria do erro como causa de nulidade absoluta dos negócios jurídicos. Se é a falta da vontade dos efeitos indicados na declaração, quando devida a erro, que decide da nulidade absoluta, então essa nulidade tem de acompanhar todos os casos de erro exclusivo da intenção, de harmonia com os resultados que a análise psicológica deste fenómeno tenha facultado (²).

(¹) Ainda VENEZIAN, pág. 478. É precisamente neste autor — o mais firme e resoluto dos opugnadores latinos da doutrina clássica — que se encontra a melhor exposição do argumento da «vontade» referido no texto. Para ele remetemos, por isso. — Cfr. também MESSINEO, *ob. cit.*, págs. 35 e segs.

(²) Em face disto, vem naturalmente ao espírito a pergunta de se é porventura ainda o erro o elemento que verdadeiramente decide aqui da nulidade, ou se este efeito não deriva antes da desarmonia entre a intenção e a declaração. E a resposta que também naturalmente acorre é a de que só deve ver-se no erro a circunstância que tornou possível aquela desarmonia e portanto a explica, sendo a ausência da vontade a verdadeira causa da nulidade do negócio jurídico. Assim o admitia SAVIGNY, que não hesitava em considerar aqui o erro como a causa tão-só aparente ou *imprópria* desta nulidade (*Traité*, III, pág. 275 e segs., e apêndice VIII, n.º XXXIV). Mas este ponto de vista de SAVIGNY não fez carreira. Em caso de divergência inconsciente entre o

6. Em outro argumento, que do anterior se distingue tão só por subtil *nuance,* costuma ainda ser fundamentada a doutrina tradicional do erro-obstáculo.

Partindo-se do princípio de estar o direito dos contratos ao serviço da vontade, de constituir a protecção da vontade dos indivíduos o escopo principal da intervenção do direito neste domínio, conclui-se que, então, se assim é, «o efeito jurídico só deve produzir-se quando a pessoa (o declarante) o deseja» ([1]).

Como se vê, trata-se aqui novamente do clássico argumento da vontade, com a diferença de ser posto agora em terreno político. Há pouco falava-se de necessidade lógica: da razão abstracta da intervenção do direito no domínio contratual, do próprio conceito de negócio jurídico, da concepção da vontade como grandeza geradora dos efeitos deste, arrancava-se a conclusão de ser inconcebível um negócio jurídico cujo conteúdo não correspondesse à vontade das partes. E este raciocínio tinha implícito em si o pensamento de que tudo quanto significasse um exceder, por força legal, estes moldes, um quebrar a lei positiva esta cadeia lógica, significaria ao mesmo tempo e sem apelo a subversão da estrutura-suporte da teoria do negócio jurídico. O jurista, em tal emergência, não seria por certo livre de desprezar o preceito legal, de proceder como se ele não existisse: mas o que seria era forçado — e só então o seria — a construir um sistema novo que se firmasse em princípios diversos.

Agora, em vez de se tocar esta tecla, vibra-se a nota da oportunidade, da conveniência: quer-se atender sobretudo à vontade pri-

---

declarado e o querido, é pròpriamente ao erro que, em regra, se imputa o efeito da nulidade absoluta do negócio jurídico. Cfr., neste sentido, COVIELLO, *ob.* e *vol. cits.,* pág. 379, nota 1, e MESSINEO, *ob. cit.,* págs. 167 e segs. Efectivamente, se fosse a falta da vontade e não o erro que gerasse a consequência da nulidade absoluta da declaração — argumentam estes autores —, a mesma consequência deveria ser ligada a todo o dissídio entre o querido e o declarado, qualquer que fosse a sua causa. E, no entanto, é válido o negócio jurídico afectado de reserva mental (cfr. *infra*). — Esta observação não deixa de ser justa. Mas é precisamente dela que pode partir-se (como o veremos adiante) para lançar à doutrina da vontade a objecção mais grave e decisiva.
    ([1]) ZITELMANN, *Irrtum und Rechtsgeschäft,* pág. 237, apud LEONHARD. *Der Irrtum als Ursache nichtiger Verträge* (Breslau, 1907), I. pág. 115.

vada, é ao querer individual que julga dever atribuir-se o peso decisivo — e este «dever ser assim» entende-se que o postulam os próprios princípios gerais de direito, implícitos em todo o sistema jurídico? Então, nenhuma solução mais conforme com este requisito, em matéria de dissídio entre declaração e vontade, do que a expressa na fórmula: *sine voluntate, nullum negotium*... Nenhum negócio jurídico pode existir sem o suporte duma real vontade dos seus efeitos: eis aí proposição que, além de ser a única compatível com a própria índole do sistema jurídico, com os princípios gerais que lhe constituem a super-estrutura, é ainda aquela de que pode esperar-se uma utilidade maior, por ser através dela que melhor se realiza o escopo precípuo de todo o direito contratual: a protecção da vontade privada, a concessão da tutela do Estado para se realizarem os fins económicos e sociais que os indivíduos se propõem em vista da satisfação das necessidades da sua vida.

7. Importa agora acrescentar, descendo assim até ao plano do direito legislado, que esta doutrina clássica ou tradicional do erro-obstáculo tem sido sempre mais ou menos apoiada, dentro de cada sistema jurídico, em argumentos puramente exegéticos (e mesmo históricos), como se os seus defensores no fim de contas acabassem eles próprios, por duvidar do valor decisivo das grandes premissas teóricas em que fundamentalmente alicerçam a sua construção.

Assim, é costume basear a validade da doutrina clássica, à face dos códigos civis de tipo francês, em duas considerações principais. A primeira — à qual já fizemos acidentalmente referência — consiste em pretender-se que nesses códigos ([1]) apenas se encontram previstas e reguladas, de modo directo, figuras do erro simplesmente determinante da intenção ([2]); o que torna possível submeter o erro-obstáculo ao regime que mais se harmonize com os princípios gerais do direito dos contratos. Pela segunda põe-se em realce a circunstância de a lei atribuir inequìvocamente um papel fundamental à intenção dos contraentes; como se infere das normas que fixam o

---

([1]) Só temos aqui em vista os códigos francês, português e italiano.
([2]) Cód. italiano, arts. 1109.º-1110.º, *code civil*, art. 1110.º, cod. português, arts. 657.º-662.º.

conceito de contrato e enunciam os seus elementos essenciais ([1]) e daquelas que determinam o escopo a que deve dirigir-se a actividade interpretativa do juiz ([2]).

Deste complexo de disposições desprende-se claramente a ideia de que o «acordo das vontades», o «consentimento», é requisito essencial à existência de todo o contrato; o mesmo devendo dizer-se da «intenção» relativamente aos restantes negócios jurídicos. E, como é doutrina tradicional representar a falta dum dos elementos essenciais à existência do negócio jurídico defeito que totalmente o paralisa no seu nascimento ([3]), a consequência dum erro que exclua a vontade ou que (nos contratos) impeça o acordo das vontades terá de ser a nulidade absoluta, insanável do negócio. Não há que discutir acerca de saber se esta é ou não a solução preferível; porventura seria mais aceitável a doutrina dos que entendem dever conceder-se ùnicamente à parte enganada o direito de impugnar a sua declaração, doutrina que é também a consagrada nalguns códigos modernos. Nem por aceitar isto, todavia, está o intérprete menos vinculado a admitir, como solução legal, a que distingue entre um erro-obstáculo e um erro-motivo ou vício da vontade ([4]).

([1]) O cód. civil — raciocinam os autores italianos — define o contrato como «o *acordo* de duas ou mais pessoas em vista de constituir, modificar ou extinguir entre elas uma relação jurídica» (art. 1098.º). Por outro lado, um dos requisitos da «validade» dos contratos, conforme se deduz do art. 1104.º, é constituído pelo consentimento válido dos contraentes. Isto parece mostrar ter o legislador querido distinguir entre casos de «consentimento inexistente» (o consentimento como elemento essencial do conceito de contrato) e casos de «consentimento nulo» (o consentimento livre de vícios como condição de validade).

([2]) Cfr. arts. 1131.º cód. italiano, 1156.º *code civil*, 684.º cód. português.

([3]) Messineo, *Teoria dell'errore*, pág. 310.

([4]) Esta é, por ex., a posição de Venzi: cfr. Pacifici-Mazzoni, *Ist*. IV, pág. 280 e segs., nota i. Venzi mostra-se particularmente penalizado por não ter o cód. italiano consagrado a doutrina do § 119 cód. alemão. — No sentido do texto, com maiores ou menores variantes e vigor mais ou menos acentuado, todos os escritores italianos cits. a pág. 35, nota 1. Particularmente ortodoxa é a atitude de Ferrara, *Simulazione*, pág. 24 e segs. Cfr. também Messineo, págs. 280 e segs., 307 e segs. A posição dos escritores franceses é acentuadamente idêntica. Para o nosso direito cfr. a cit. *Simulação* do prof. Beleza dos Santos, págs. 45-53 (1.º vol.).

8. Exposta e fundamentada assim a doutrina tradicional do erro como causa de invalidade dos negócios jurídicos, importa agora emitir sobre ela um juízo de valor. Juízo que, em primeiro lugar, faremos incidir sobre a própria tese que por ela se afirma, sobre a sua conveniência ou inconveniência, a sua equidade ou iniquidade, — e que depois alargaremos também às várias razões em que a têm procurado apoiar os seus defensores: a ver se, não sendo embora a *melhor*, sob certo aspecto, a solução proposta pela doutrina tradicional para o problema da eficácia jurídica do erro, a impõem todavia motivos ante os quais o jurista deva inclinar-se.

Ligar a todo o chamado erro-obstáculo o efeito único da nulidade absoluta do negócio jurídico, constituiria solução a todas as luzes inconveniente e até mesmo profundamente injusta. Em verdade, por ela seria desferido golpe não leve sobre a tão necessária *certeza* das relações jurídicas. Ao mesmo tempo, o princípio do respeito pela *confiança* na palavra recebida, factor indispensável de todo o progresso económico e social, e o próprio princípio ético da *boa-fé* sofreriam abalo de que dificilmente poderiam restabelecer-se. Proclamar insanàvelmente nula a declaração ferida por erro, proclamá-la nula como consequência inevitável e irremovível de facto que só tem realidade na vida interior dum contraente, para o qual a outra parte não contribuiu, do qual ela não teve nem podia ter a mais leve suspeita — é adoptar estranha atitude de favor por aquele dos dois interessados que, em princípio, menos atenções merece.

É preciso não esquecer que, das duas partes em presença, foi no declarante que teve origem consciente o processo cujo resultado final veio a ser a formação no espírito do declaratário duma confiança legítima na seriedade da declaração recebida e na sua idoneidade para reflectir as verdadeiras intenções de quem a emitiu. Aquele que recebe uma proposta de contrato, ou há-de fiar-se em que ela exprime com exactidão a vontade do seu autor, ou há-de então recusar aceitá-la. Mas é só aceitando que ele satisfaz o convite do proponente. E não será justo, em tais circunstâncias, lançar à conta deste último, em princípio, o peso duma responsabilidade pela confiança voluntàriamente gerada no espírito da outra parte, forçando-o a manter (embora *talvez* sob reserva dum direito de impugnação) a sua palavra?

Sem dúvida, a legitimidade dos interesses do declaratário não passou despercebida aos próprios defensores da teoria da vontade, que vieram todos, ao cabo de curta evolução, a libertar-se em parte do extremismo de SAVIGNY, afirmando o princípio de que não é justo nem razoável deixar aqueles interesses desprovidos de qualquer tutela. E em duas soluções fundamentais tomou corpo esta atitude dos voluntaristas. A primeira respeita em absoluto o dogma de que não há negócio jurídico onde falta a vontade do conteúdo da declaração ([1]); e consiste em considerar-se o declarante enganado tão--sòmente responsável pelos danos que a sua conduta tiver causado à outra parte. É a teoria da *culpa in contrahendo*, elaborada por JHERING nos fins do século XIX ([2]) ([3]). Pela segunda afirma-se definitivamente válido o negócio jurídico sempre que o erro invocado por um dos contraentes seja indesculpável. A declaração de vontade ferida por erro só poderá ser nula (em obediência ao princípio dogmático que está na base da construção) quando for lícito afirmar que uma pessoa de inteligência e diligência normais, colocada na situação concreta que foi a do declarante, teria naturalmente errado como ele

---

([1]) Contanto o declarante — é preciso dizê-lo — se não tenha apercebido desta deficiência da sua declaração de vontade. De facto, não houve nunca voluntarista que contestasse a validade da regra da irrelevância jurídica da «reserva mental». Cfr. *infra*.

([2]) JHERING, *De la culpa in contrahendo ou des dommages-intérêts dans les conventions nulles ou restées imparfaites*, in *Oeuvres choisies* (trad. de MEULENAERE), vol. II, págs. 1 e segs.

([3]) Segundo esta teoria, os danos que o enganado deve indemnizar são todos aqueles — e sòmente esses — que o outro contraente tenha sofrido em virtude da frustração da sua espectativa; todos os prejuízos — por outras palavras — que para ele tiverem decorrido do facto da sua confiança na validade do negócio nulo, visto que tais prejuízos os não teria esse contraente de sofrer se não fosse ter confiado na eficácia da convenção celebrada. O que portanto se protege, com esta acção de indemnização assim concedida ao contraente cuja espectativa se frustrou, é sòmente o seu *interesse negativo*. seja, o interesse que ele tem em ser restituído à situação económica de que disfrutaria se não fossem as vãs espectativas que lhe fizeram conceber. Sobre os conceitos de interesse contratual negativo e positivo cfr. H. A. FISCHER, *Der Schaden nach B. G. B.*, cap. I, § 6, obra que nós traduzimos para português sob o título: *A Reparação dos danos no direito civil* (Coimbra, 1938).

errou. De contrário, o declarante responde pelo conteúdo objectivo não querido da sua declaração. Estas são as linhas essenciais da chamada teoria da responsabilidade, a cujas proposições quase todos os voluntaristas aderiram (¹).

Das duas tentativas expostas de se não deixar sem protecção os legítimos interesses da parte que não sofreu o erro, a primeira é manifesto que só muito imperfeita e precàriamente realiza esse fim. Não pode esquecer-se que o declaratário tem um interesse legítimo na execução do negócio jurídico que é afirmado nulo. Ora, tal interesse é inteiramente votado ao desprezo na teoria da *culpa in contrahendo.* O seu próprio *interesse negativo,* aliás, só pode ser ressarcido na medida em que a outra parte possuir um património, donde seja possível desintegrar o equivalente pecuniário dele.

Quanto à teoria da responsabilidade, não há inconveniente em admitir que as soluções por ela propostas têm o mérito de constituir o reconhecimento formal, dentro de medida muito apreciável, da legitimidade dos interesses representados pela parte contrária àquela que sofreu o erro. E, por outro lado, que toda a responsabilidade do declarante pelo sentido objectivo da sua declaração deva desaparecer quando ele não tiver podido contar com esse sentido, parece representar um verdadeiro imperativo da nossa consciência jurídica (²).

Mas a verdade é que a teoria de que nos ocupamos, determinando a vinculação definitiva e irremediável do declarante enganado, nos casos de erro indesculpável, ao conteúdo objectivo não querido

---

(¹) Esta afirmação é sobretudo válida para os civilistas italianos. V. os autores citados em nota 1 de pág. 35, que quase todos são adeptos da teoria da responsabilidade. Cfr. particularmente FERRARA, *ob. cit.,* págs. 20 e segs.; COVIELLO, *Manuale,* I, pág. 382; MESSINEO, *Errore ostativo,* págs. 295 e segs. Dos nossos juristas, é vigoroso partidário desta teoria o prof. BELEZA DOS SANTOS *(Simulação,* I, págs. 33 e segs. e 56). Em sentido contrário se manifesta o prof. MONCADA, *Lições,* 2.º, págs. 247 e segs.

(²) Adiante, quando tratarmos o problema das relações entre a teoria do erro e a teoria da interpretação do negócio jurídico, versaremos mais de espaço este ponto. Aí veremos apresentar-se a questão, que agora no texto sòmente se aflora, deste modo: é legítimo imputar-se à declaração, a fim de lhe determinar os efeitos jurídicos, um sentido diverso daquele que o declarante lhe podia e devia atribuir?

da sua declaração, cai em manifesto exagero. Do facto de se reconhecer que as legítimas expectativas concebidas pela outra parte tornam a situação desta imperiosamente necessitada de tutela, não decorre por força a conclusão de que esta tutela deve assegurar-se considerando-se o negócio jurídico viciado irreclamàvelmente válido. A solução de se conceder à vítima do erro um direito de impugnação do negócio, condicionado à presença de certos pressupostos essenciais e de vida limitada ao decurso dum certo lapso de tempo, — não deixa de ser adequada à defesa do próprio interesse positivo do outro contraente; e, por outro lado, tem a vantagem de não ser uma solução demasiadamente dura — como a da teoria da responsabilidade — para o contraente que errou. Ou não deve estabelecer-se diferença entre os casos de má-fé e os de simples culpa, ao menos quando a culpa não for totalmente grosseira?

A teoria da responsabilidade não contém, pois, uma decisão inteiramente justa do conflito de interesses que se trata aqui de resolver [1]. Negar ao contraente enganado, em caso de culpa, todo o direito de se prevalecer do erro sofrido, como se em vez de ter errado ele próprio tivesse querido induzir em erro o destinatário da sua declaração, — é continuar a resolver o problema unilateralmente. Vincular o declarante a manter a palavra voluntàriamente dada, é sem dúvida necessidade imperiosa em face da situação da parte que não errou nem podia ter conhecido o erro da outra. Mas vinculá-lo para sempre, sem apelo nem agravo, a cumprir o que não quis nunca prometer, forçá-lo sem recurso a suportar de futuro o peso duma situação porventura insustentável só porque a sua casual inadvertência foi causa directa de outros conceberem a expectativa de tal situação — eis aí o que não nos parece justo.

A solução que julgamos mais equilibrada (e portanto preferí-

---

[1] Não curamos aqui das objecções formais que à teoria da responsabilidade podem ser opostas, e que são por demais conhecidas. Visto a sorte desta teoria estar naturalmente ligada à do princípio da vontade em que assenta, a refutação que adiante faremos deste princípio há-de necessàriamente trazer consigo também a destruição dela. — Neste lugar só nos interessava pôr em foco a circunstância de nem a teoria volitiva nem nenhuma das soluções intermédias que a supõem conduzirem a uma decisão aceitável — tanto quanto possível justa e conveniente — do conflito de interesses em exame.

vel, em tese geral) é a que consiste em considerar-se o negócio jurídico só relativamente nulo nos casos de divergência inconsciente entre o declarado e o querido. Assim, com este regime (adoptado como princípio geral mas susceptível das excepções que a necessidade e a justiça forem ditando), já se confere protecção razoável aos legítimos interesses da outra parte na execução do negócio jurídico, contanto não seja demasiado largo o prazo que se conceda ao enganado para invocar o seu erro, nem deixe de se condicionar o direito de o fazer à verificação de certas condições objectivas, que preservem o outro contraente do perigo de ver alegado contra si um erro de presença absolutamente inesperada, com o qual nem de longe era lógico contar ([1]). Por outro lado, esta solução não impede, antes pressupõe, que o interesse negativo do destinatário da declaração nula seja objecto de tutela jurídica nos casos em que o interesse positivo não obtiver satisfação. Na verdade, aquele interesse, tal como anteriormente o definimos (em nota 3 da pág. 54), satisfaz-se na medida em que a parte impugnadora do negócio jurídico indemnizar a outra de todos os prejuízos (danos positivos e lucros cessantes) que tiver sofrido por haver confiado em vão na validade da declaração recebida ([2]).

([1]) Claro que não é problema fácil a determinação destas condições, bem podendo os sistemas variar quase conforme as cabeças conselheiras. Nós omitimos dar o nosso parecer a este respeito, já porque parece realmente muito difícil preferir, em termos absolutos, uma solução a outra de entre as possíveis, já porque, afinal, neste trabalho visamos fundamentalmente o escopo de elaborar uma teoria do erro que seja válida para o nosso direito legislado, não o de contribuir de modo directo para a criação de direito novo. Só por incidente da exposição é que no texto abordamos o problema em atitude diversa da que escolhemos. — Como adiante se verá, o sistema do nosso direito nesta matéria (a das condições objectivas da relevância do erro) não deixa de obedecer às sugestões do texto. Menos rígido é o regime do cód. civ. alemão (§ 119).

([2]) Como se vê, não há contradição entre esta atitude e a que tomámos ao apreciar a teoria da *culpa in contrahendo*. Por esta teoria, a acção de reparação dos danos negativos é o único meio de defesa que se concede à parte que não errou. De harmonia com a doutrina do texto, pelo contrário, a tutela conferida pelo reconhecimento desta acção é, por assim dizer, uma tutela de segunda ordem, que só tem de ser actuada na medida em que falharem os restantes meios de defesa postos à disposição do declaratário: a alegação

Mas a solução mais conveniente nem sempre é a solução válida á face de certo sistema de direito. E, se os argumentos teóricos que os sequazes da doutrina da vontade têm aduzido em apoio da sua tese se mostrarem irrefutáveis, outro remédio não ficará a ninguém senão aceitar as proposições dessa doutrina. Contanto, é claro, não contenha o particular sistema jurídico que se considera norma que a essas proposições tire toda a validade. — Entremos, por isso, na segunda parte da nossa crítica.

9. A teoria volitiva considera, pois, a vontade como a grandeza verdadeiramente geradora dos efeitos jurídicos e a declaração como o simples indício ou sinal da sua existência [1]. É esta concepção da declaração de vontade que está na base da doutrina segundo a qual não há negócio jurídico quando entre o declarado e o querido (sem conhecimento do declarante) falta a correspondência normal. Efectivamente, se a declaração não é mais do que um indício da vontade, compreende-se bem que lhe não seja atribuído nenhum significado autónomo; pressupondo antes o seu aproveitamento para fins jurídicos a real existência do querer que através dela parece manifestar-se.

Mas esta ideia fundamental não tem grandes probabilidades de ser exacta. Não parece que se deva conceber a declaração como o simples indício ou sinal da existência da vontade. A mais do que isso, ela oferece ao exame a particularidade de ser uma conduta voluntária do sujeito que se observa para o fim de provocar certas representações no espírito doutra ou doutras pessoas (ou seus destinatários), e, sobre elas, um certo estado de confiança; para o fim de convencer terceiros de que o declarante quer sèriamente sujeitar-se a uma determinada alteração da sua esfera jurídica.

Em face da declaração recebida, o declaratário não pode só pensar que no espírito do declarante se formou e existe certa von-

---

de que já decorreu o prazo marcado por lei para o exercício do direito de impugnação do negócio, ou a de que se não verifica na hipótese um ou outro dos pressupostos legais da relevância do erro. — A doutrina que desenvolvemos acima é, *grosso modo*, a que se encontra consagrada no cód. civ. germânico. Cfr. §§ 119, 122.

[1] V. os passos de SAVIGNY e WINDSCHEID citados mais acima.

tade de efeitos jurídicos, mas pensar também que o declarante agiu precisamente para o informar desse facto e assim obter dele certa conduta futura (¹). A declaração de vontade tem a natureza duma *notificação*. Compreende-se, por isso, muito bem que a este elemento objectivo, em face da real vontade que por ele se executa, seja atribuída uma certa autonomia; que o direito condicione ao simples acto da sua criação o intervir, forçando o declarante a responder pelo que declarou, pela aparência da sua vontade (²).

Pode realmente perguntar-se — é certo — se a todo o negócio jurídico será elemento essencial uma declaração de vontade, ou se porventura não terá de admitir-se uma particular categoria de negócios jurídicos, que apresentem de específico o ter como suporte objectivo uma simples conduta do sujeito que apenas pareça reflectir, com maior ou menor brilho, a sua vontade de certa alteração jurídica; sem que essa conduta exteriormente traduza o propósito do agente de comunicar a outrem a intenção nela manifestada. Se este particular tipo de negócios jurídicos tiver de ser admitido (³),

---

(¹) Não pretende dizer-se que este carácter das declarações de vontade jurídicas seja tudo quanto baste a definir a sua natureza específica. Adiante veremos — *infra* n.º 16 — que a declaração jurídica tem de conceber-se como algo diverso duma simples notificação ou comunicação; mas isso não exclui que ela seja também, e antes de mais nada, uma verdadeira notificação dirigida a outros. Por agora — dado o fim que pretende obter-se com as considerações do texto — interessa-nos apenas acentuar este seu indiscutível carácter.

(²) Cfr. *infra*, n.ºˢ 13 e segs., onde se põe e resolve o problema dos pressupostos da vinculação jurídica à palavra dada. No texto, como se entende, apenas se quer pôr em relevo a ideia de que as funções de facto exercidas pelo elemento objectivo da declaração de vontade, em lugar de excluírem, sugerem até que a esse elemento se atribua um significado jurídico autónomo.

(³) Aos estudos de ALFREDO MANIGK deve a moderna ciência alemã do direito civil a elaboração completa da teoria destes negócios jurídicos (os *Willensgeschäfte*, por oposição aos *Erklärungsgeschäfte*). V. particularmente *Willenserklärung u. Willensgeschäft*, a obra onde MANIGK trata estes problemas com maior desenvolvimento e mais a fundo. Veja-se também a sua cit. monografia sobre a moderna sistemática das acções jurídicas *in Jherings Jahrbücher*, 47, págs. 1 a 107. — A opinião que distingue entre duas categorias de negócios jurídicos, conforme à intervenção do direito seja necessária ou não

então é facto poder falar-se, na medida em que o for, de simples *indícios* ou sinais exteriores da existência no agente de certa vontade ou propósito. As acções voluntárias ([1]) em que o seu elemento objectivo se concretizar não farão, nesse caso, mais do que justificar a presunção — falível — de que certa alteração jurídica é querida pelo sujeito. Ninguém terá o direito de fundar sobre tal aparência de vontade a sua confiança, visto nada reflectir que o agente, com a conduta observada, se tenha querido dirigir a outras pessoas a fim de nelas provocar quaisquer expéctativas. Tudo quanto fosse um vincular aí o sujeito (embora apenas provisòriamente) a sofrer as consequências jurídicas que só aparentemente quis provocar, seria, pois, injustificável. Nos negócios jurídicos desta categoria, se a hipótese da sua existência se confirmar, faltará um *declaratário* cujo interesse na certeza da declaração seja preciso proteger. Em vão se procuraria, portanto, uma razão sólida que justificasse aí a responsabilidade do agente pelos limites da aparência criada ([2]).

Mas será realmente de admitir, ao menos no que se refere ao nosso sistema de direito, esta categoria de negócios jurídicos? A conclusão afirmativa parece viável, como o demonstram as seguintes considerações.

---

uma declaração de vontade, parece poder considerar-se hoje dominante na Alemanha. Cfr., por ex., von Tuhr, *Allg. Teil*, II, 1.ª, págs. 404 e segs.; Oertmann, *Kommentar, Allg. Teil*, pág. 337; Lehmann, *Allg. Teil*, págs. 142 e segs. Mas não são poucos nem pouco autorizados os autores discordantes, como se conclui, por ex., da leitura de Oertmann. De resto, entre os próprios partidários da distinção referida está longe de reinar o acordo quando se trata de determinar as consequências que traz consigo aquela posição de princípio.

([1]) Os autores alemães costumam empregar expressões como *Willensbetätigungen* (actos executivos), *reine Willensäusserungen* (simples manifestações de vontade) para designar estas acções voluntárias do sujeito que apenas reflectem a sua vontade de certa alteração jurídica, sem constituírem notificação ou participação dela a um destinatário. Aos negócios jurídicos cujo elemento fundamental consiste numa *Willensbetätigung* é que vem a adaptar-se a designação, criada por Manigk, de *Willensgeschäft*.

([2]) V. Tuhr, *ob. e vol. cits.*, págs. 406 e segs.; Lehmann, *ob. cit.*, pág. 142 («visto o acto executivo se não dirigir a outras pessoas, não se vê por que razão há-de vincular-se o agente à impressão que noutros indivíduos a sua conduta casualmente despertou»).

Se a lei torna em princípio dependente da sua declaração a relevância duma vontade de efeitos jurídicos, isso tem a sua base no reconhecimento de que, afectando a produção daqueles efeitos a esfera jurídica doutras pessoas, surge nestas pessoas um interesse legítimo em que nada de novo aconteça sem que o interessado, por um acto livre de vontade, as notifique da alteração que vai ocorrer. A necessidade da declaração pressupõe um interesse que outros tenham nessa declaração (¹). Faltando tal interesse, compreende-se que o direito consinta em condicionar a produção dos efeitos queridos à simples manifestação, qualquer que ela seja, da vontade deles.

E nem a completa ausência deste interesse é pressuposto lógico da desnecessidade da declaração. Pode acontecer, de facto, que o exigir o direito uma declaração de vontade dirigida aos interessados, como requisito indispensável à produção de certos efeitos jurídicos, constitua, em certa medida, uma exigência que aos próprios olhos daqueles se apresente como prejudicial. O seu interesse em que determinada alteração jurídica não ocorra enquanto lhes não for concedida a possibilidade directa de dela tomarem conhecimento, pode ser superado pelo interesse que igualmente tenham na regulamentação definitiva, tão rápida quanto possível, de certa situação presente. E concebe-se muito bem que a lei, *maxime* quando este último interesse coincida com um verdadeiro interesse geral, se contente nesse caso com uma exteriorização qualquer da vontade dos efeitos jurídicos de que se trata, para autorizar a produção de tais efeitos.

Ora, estas condições parecem justamente verificar-se na hipótese da aceitação simples da herança (arts. 2021.º e segs. cód. civil). É do interesse de todos aqueles, a quem a solução do problema afecta, que a questão da aquisição definitiva da herança pelo herdeiro chamado seja resolvida tão ràpidamente quanto possível. Por isso a lei (art. 2027.º), em vez de tornar aquele efeito sempre dependente duma expressa declaração de aceitação, contenta-se com uma simples

---

(¹) Cfr. MANIGK, *Willenserklärung*, § 116 e segs. Partindo da ideia que no texto exprimimos um tanto dogmàticamente, este autor chega a construir um verdadeiro sistema dos seus *Willensgeschäfte*. V. sobretudo o § 127, a págs. 552.

aceitação tácita, isto é, com uma aceitação que apenas *se manifeste* em factos concludentes, em actos do herdeiro donde necessàriamente se deduza a intenção de aceitar *(gestio pro herede)* mas que não têm de parecer praticados com um fim de declaração desta vontade. E, porque assim é, não pode nenhum interessado fundar em tal aparência a sua confiança, senão sujeitando-se ao risco de errar e de sofrer as consequências disso; ao herdeiro sendo sempre lícito pôr na devida luz as suas reais intenções e mostrar o nenhum fundamento da conclusão que a sua conduta possibilitou.

Todavia, por mais exacta e natural que pareça esta interpretação do art. 2027.º, § 2.º cód. civil (¹), é força reconhecer que ela não é a única possível. Não está demonstrado que a aceitação tácita da herança tenha como único suporte objectivo, nos termos da lei, uma conduta do herdeiro que apenas traduza, com a indispensável clareza, a sua vontade de aceitar. É perfeitamente possível entender a disposição legal em exame como se ela, em vez de falar de aceitação tácita, falasse de declaração tácita de aceitação; e, nesse caso, já seria muito mais viável do que a exposta a doutrina segundo a qual o direito (nos negócios jurídicos) subordina sempre a sua intervenção à presença duma conduta voluntária que pareça visar um verdadeiro fim de manifestação duma vontade de efeitos jurídicos.

Aplicando esta doutrina à hipótese de que tratamos, pode concluir-se que, só havendo aceitação quando houver declaração da vontade de aceitar dirigida aos interessados (embora declaração tácita), a confiança destes terá sempre uma base objectiva adequada em que possa apoiar-se. E nada justificará, portanto, que se lhe não conceda a protecção normal. De resto, o interesse dessas pessoas em que seja arrumada, tão ràpidamente quanto possível, a questão da aquisição definitiva da herança pelo herdeiro, é suficientemente protegido — pode ainda argumentar-se — pela norma do art. 2041.º

(¹) É a mesma interpretação proposta por MANIGK para o § 1943 do cód. civil germânico, onde se dispõe não poder o herdeiro repudiar a herança depois de a ter aceitado. Cfr. a cit. obra deste autor *(Willenserklärung)*, § 117, pág. 519 e segs. Neste § e nos seguintes indicam-se, se bem que não de maneira taxativa, os diversos casos concretos em que o autor julga poder falar (à face do seu código civil, é claro) dum enlace entre os efeitos jurídicos e uma simples execução de vontade.

do Código, que lhes permite recorrer ao juiz a fim de ao herdeiro ser marcado um prazo razoável dentro do qual declare se quer ou não aceitar. E não há, por consequência, razões que justifiquem aqui um desvio tão importante dos princípios gerais sobre que tradicionalmente se constrói a teoria do negócio jurídico.

O problema tem de ficar aqui em aberto. A sua decisão deverá ser reservada para quem se propuser construir a teoria geral do negócio jurídico, em vez de se limitar tão-sòmente, como nós, ao estudo dalgumas questões que na órbita desta teoria se levantam. Aliás, como de início limitámos o objecto das nossas investigações ao problema da divergência involuntária entre a *declaração* e a *vontade*, não temos de nos ocupar aqui dos casos em que falte uma verdadeira declaração no *Tatbestand* do negócio jurídico. Se esses casos existirem (questão que só uma análise minuciosa da lei permitirá resolver), eles estão naturalmente fora do conceito de negócio jurídico de que partimos ao iniciar o nosso estudo: o negócio jurídico como declaração de vontade.

Por outro lado, da circunstância de se admitir uma categoria de negócios jurídicos cujo elemento objectivo seja constituído por alguma coisa de menos complexo e menos significativo do que uma declaração de vontade, pode realmente derivar — é natural mesmo que derive — a exactidão das proposições da doutrina clássica do erro dentro dos limites dessa categoria. Mas o que dali não resulta, com certeza, é qualquer acréscimo de solidez da posição dos voluntaristas, quanto ao caso normal em que uma declaração de vontade é elemento indispensável do negócio jurídico.

10. A declaração não pode, portanto, definir-se como o simples sinal revelador da existência da vontade. Dado o carácter de notificação que reveste, é natural que o direito lhe confira autonomia, tornando-a por si própria (quer dizer: independentemente da realidade da intenção que por ela se exprime) causa de efeitos jurídicos.

Mas será que o respeito pelo princípio que está na base de todo o direito contratual («a intervenção do Estado neste domínio visa o escopo de assegurar a realização dos fins livremente perseguidos pelos indivíduos») imponha, sob pena de incoerência lógica, a não atribuição de efeitos jurídicos a uma declaração sem vontade?

Nìtidamente, não impõe. Como salta aos olhos de todos, confunde-se aqui a razão abstracta da intervenção do direito no campo das convenções privadas e das determinações unilaterais de vontade com a causa da vinculação jurídica do declarante à palavra dada. A atribuição de efeitos de direito às declarações dos particulares, dentro da esfera dos negócios jurídicos, é realmente coisa — ninguém o contesta — que traduz o desejo do Estado de abandonar à livre iniciativa dos indivíduos a regulamentação das suas relações. Por isso se não compreenderia que ficasse sem defesa, irremediàvelmente vinculado, aquele que, ao emitir uma declaração de vontade, se propusesse a constituição de relações jurídicas na realidade diferentes das que objectivamente parecem desejadas ([1]). Mas que a eficácia jurídica duma declaração sem vontade seja resultado lògicamente inarmonizável com o princípio da autonomia individual, lògicamente impossível de conciliar com o reconhecimento deste princípio, — é, na verdade, pura afirmação. De resto, nem falta já a consagração legislativa *clara, incontroversa* desta pretensa ruptura insanável com os cânones da lógica jurídica. O código civil alemão, como é sabido, expressamente equipara nos seus efeitos (a pura anulabilidade do negócio) todo o erro que possa ferir o autor duma declaração de vontade. E, todavia, ninguém ainda concluíu daqui ser outra, que não a afirmada pela doutrina clássica, a razão abstracta da intervenção do direito no domínio contratual à face deste código.

Uma coisa é o direito abandonar à livre iniciativa dos indivíduos a regulamentação das suas relações, em vez de a fixar ele mesmo, em moldes rígidos e invariáveis, ou em vez de ligar a produção do efeito legal com a pura enunciação mecânica de fórmulas mais ou menos significativas; — uma coisa é isto, outra coisa é ele deter-

---

([1]) Cfr. VENEZIAN, *ob. cit.*, págs. 489-490. O reconhecimento de ser aquela a razão abstracta da tutela jurídica no domínio contratual, obriga a não transpor, de facto, determinados limites na concessão de eficácia a um negócio sem vontade (sem a vontade dos seus efeitos). Em tese geral, e afastada a possibilidade de pessoa diferente do declarante ser admitida a invocar o erro daquele, deve reputar-se lògicamente necessário que o princípio da nulidade do negócio jurídico gerador de efeitos não queridos valha, sempre que razões mais fortes — razões de utilidade e de justiça — não proponham o seu abandono.

minar os termos dentro dos quais a vinculação jurídica do promitente à sua promessa deve considerar-se verificada. Neste segundo momento, o direito não pode deixar de se propor fins próprios, autónomos, diversos do escopo visado pela sua intervenção no campo das convenções privadas, e até mesmo, em certa medida, em antinomia com ele. Pois a protecção incondicionada da vontade individual do declarante é coisa que não se consegue — como já noutro lugar advertimos — sem pesado sacrifício da necessária *certeza* das relações jurídicas, fundo desprezo pelo valor da *confiança* como elemento condicionador de todo o progresso económico, total abandono do princípio ético da *boa-fé,* tão amplamente reconhecido, de resto, nos domínios do direito privado. Estranho seria, não que o direito se recusasse a só consentir na atribuição do efeito sob condição de este ter sido realmente querido pelo declarante, mas sim que ele, no momento de determinar as condições da vinculação do agente à palavra dada, não tomasse em conta a situação do declaratário (inteiramente digna de tutela) e as necessidades do comércio jurídico.

Com isto se responde também desde já àquela razão, aduzida pelos voluntaristas, que nós vimos consistir na repetição em terreno político do clássico argumento da vontade. O meio mais adequado para se realizar o fim de conceder à vontade individual o máximo de protecção, será — não vale a pena contestá-lo ([1]) — o de subordi-

---

([1]) Embora seja verdade que a contestação não é aqui difícil. De facto, o regime mais adequado para realizar o princípio da autonomia individual não parece ser aquele que, em caso de desarmonia entre o declarado e o querido torna a validade da declaração dependente dum arbítrio que não é o do seu autor. Mas, se em vez de falarmos do regime idealmente adequado para garantir a actuação daquele princípio, falarmos do regime que, de entre os que têm existência legal, é mais apto a realizar esse fim, já o argumento dos voluntaristas criticado no texto passará a ter um sentido. O que se pergunta agora é qual dos dois regimes merece preferência daquele ponto de vista: se o regime da nulidade incondicionada da declaração, portador do risco de o declarante ver uma vontade diferente da sua obstar à ineficácia do negócio jurídico (porventura contra a sua actual vontade), — se o regime da simples nulidade relativa dela, que traz consigo o perigo de a declaração se tornar definitivamente válida, independentemente da vontade do declarante, apesar do erro. Posta a questão assim, nós damos o nosso acordo à doutrina tradicional. Efectivamente, julgamos que o risco de se perder todo o direito a reclamar a anula-

nar toda a eficácia das declarações à presença no declarante duma real vontade a ela dirigida. Mas, como este não pode ser o único fim do direito na sua função de prover as declarações privadas com o elemento da obrigatoriedade jurídica; como as declarações dos particulares, além de valerem a *favor*, é desejável que, em certa medida, valham mesmo *contra* a vontade dos seus autores, — nada há que recomende o recurso incondicionado a esse meio.

Se, portanto, a vontade psicológica realmente for elemento essencial dos negócios jurídicos, no sentido de não haver negócio jurídico, mesmo anulável, sem a presença no declarante duma vontade conforme à declarada, ou sem existir entre as vontades das duas partes (nos contratos) o indispensável acordo (mútuo consentimento), não será isso porque a própria força do princípio que está na base do edifício do direito contratual o imponha, sob pena de incoerência lógica invencível, senão apenas porque *certo* ordenamento jurídico positivo o prescreva, de modo expresso ou implícito, como regime legal. Com efeito, não se trata de consequência lògicamente pedida pela própria estrutura abstracta de todo o sistema jurídico vasado nos moldes tradicionais, mas de solução que este ou aquele legislador será livre de seguir. O problema é, pois, de interpretação da lei.

11. Passemos agora a examinar a razão mais séria (ao menos aparentemente) em que a tese clássica tem sido apoiada: a de ser a real vontade dos efeitos (jurídicos ou empíricos), à face de certos sistemas legislativos, elemento essencial dos negócios jurídicos.

ção do negócio jurídico por ter decorrido entretanto, sem conhecimento do interessado, o prazo legal (art. 689.º cód. civil português) ou por se não verificar na hipótese uma das condições materiais da relevância do erro (arts. 660.º-662.º) indispensáveis ao exercício do poder de anulação — que este risco é mais grave, mais pesado do que o perigo de se ver declarado nulo, contra a nossa vontade actual, o negócio que celebrámos sem na realidade querermos os seus efeitos legais. Se as duas espécies indicadas de nulidade só com restrições realizam, assim, o princípio da autonomia privada, entendemos ser a primeira em todo o caso muito mais adequada do que a segunda (a relativa) à afirmação deste princípio. Não o entende assim VENEZIAN, *Opere*, I, pág. 482 e segs.

E quem aceite como boa esta afirmação e não queira discutir depois o valor daquele ensinamento tradicional por cujos termos a nulidade absoluta do contrato é consequência legal inevitável da falta de qualquer dos seus elementos essenciais, — quem aceite aquilo e não discuta acerca disto, não poderá evidentemente deixar de curvar-se ante as proposições da doutrina da vontade em matéria de erro. Agora, o problema apresenta-se assim: falta na lei a regulamentação expressa dos casos de erro que exclui a vontade; mas a vontade — conforme se deduz da análise das normas que fixam o conceito de contrato, indicam o escopo da actividade interpretativa do juiz e atribuem ao erro-vício o efeito de *anular* a convenção — é elemento essencial dos negócios jurídicos; e a falta dum elemento essencial, por consenso unânime, implica a nulidade absoluta deles; logo, o erro que exclui a vontade é causa de nulidade absoluta.

Contra todas as aparências, o raciocínio é falso: porque é falsa, pelo menos, uma das suas premissas, como o vai mostrar uma breve análise do nosso sistema jurídico [1].

Deixemos de lado a afirmação de que o erro exclusivo da vontade não tem regulamentação legal directa. Aceitemo-la mesmo, por agora. E procuremos determinar se realmente a vontade interna, a vontade psicológica do declarante, representa grandeza de tal modo essencial no processo constitutivo do negócio jurídico, que sem ela — *nullum negotium*. Como acontece, por exemplo, com o elemento

---

[1] Ao ponto a que chegámos, já é impossível, de facto, conservarmo-nos no plano que transcende este ou aquele sistema particular de normas. Por outro lado, o nosso estudo quer ser de direito português. Esta a razão por que entramos agora em contacto com a realidade da nossa própria lei. Sendo de notar que este contacto é por enquanto fugaz, não definitivo: por ele só visamos invalidar uma doutrina, não apresentar desde já a solução legal na sua forma e fundamentos. Efectivamente, mostrar que o erro exclusivo da intenção, à face de certo ordenamento jurídico, não pode ser incondicionadamente causa de nulidade absoluta dos contratos, não é possibilitar sem mais a conclusão de que ele seja por força causa de nulidade relativa. Até podia dar-se o caso de a lei o considerar, em certo aspecto, irrelevante: solução em verdade iníqua mas possível. Devendo notar-se que a circunstância de ser relevante, sob determinadas condições, um puro erro nos motivos, não bastaria para *in limine* a precluir. Pois toda a relevância do chamado erro-obstáculo não poderia residir na sua relevância para fins de interpretação do negócio jurídico? V. *infra*.

da *forma,* nos casos em que a sua presença é excepcionalmente requerida.

Ora, nenhuma das razões que costumam ser aduzidas no sentido de dar uma base positiva à doutrina que vê um requisito indispensável à existência do negócio jurídico na vontade psicológica dos seus efeitos, nenhuma dessas razões apresenta valor. O simples facto de a lei definir o contrato como «o acordo de duas ou mais pessoas» e de incluir o mútuo consenso no número dos seus elementos essenciais, não possibilita por si só a conclusão de faltar um contrato válido no caso de ausência do consentimento: por consentimento se entendendo aqui a real harmonia das vontades das partes contratantes.

Sem dúvida, a significação mínima da palavra «consentimento» é a de objectivo acordo entre as declarações dos contraentes; e não há, com certeza, contrato se eu quero e declaro querer comprar a B o prédio x e B quer e declara querer vender-me o prédio y ([1]). E o consentimento ainda pode reputar-se excluído — vê-lo-emos — no caso de uma das duas declarações de vontade só objectivamente ser tal, isto é, de ela ter sido emitida sem a consciência de por esse meio se contribuir para a formação dum vínculo obrigatório. Mas, que é o que igualmente impõe ou sugere, deste ponto de vista puramente formalístico, a conclusão de faltar também o mútuo consenso nas hipóteses em que a harmonia das declarações é completa e em que cada uma foi emitida «em vista de constituir, modificar ou extinguir uma relação jurídica»? Pois não poderá o «acordo das vontades», a que se refere a lei, ser o simples acordo das «aparências de vontade criadas pelos contraentes»? Não é, pelo menos, o mero significado linguístico da palavra «consentimento» que o impede. Por este caminho não consegue provar-se a impossibilidade de subsistir, embora a título precário, um negócio jurídico cujos efeitos não hajam sido realmente queridos por um dos declarantes.

Não é mais sólido o argumento que consiste em afirmar-se residir o escopo da interpretação dos negócios jurídicos na reconstituição da real vontade das partes. Teria valor, sim, se a lei não

---

([1]) Mesmo que deste dissentimento aberto se não apercebam ambas as partes ou só uma delas.

pudesse deixar de ser interpretada naquele sentido. Tendo a actividade interpretativa do juiz por fim, nos termos da lei, a fixação da real vontade do ou dos declarantes, então a vontade psicológica seria, por certo, a grandeza decisiva no quadro de elementos constitutivos do negócio jurídico ([1]); e sempre que, por via de interpretação, se apurasse a ausência da vontade (a vontade dos efeitos declarados) ([2]), a consequência lógica seria a declaração de nulidade do negócio. Mas, que na lei (na lei portuguesa) esteja claramente consagrado um método de interpretação dos negócios jurídicos, é coisa, pelo menos, muito duvidosa.

O art. 684.º do cód. civ. manda realmente considerar nulo o contrato sempre que não seja possível apurar qual foi a intenção dos contraentes acerca do seu principal objecto; e quando isso não seja possível de apurar nem à face dos termos, natureza ou circunstâncias do contrato, nem à face do uso, costume ou lei. A determinação do objecto do contrato pressupõe assim, nos termos do artigo, a fixa-

---

([1]) O que se diz no texto precisa de ser completado do seguinte modo. No sentido que aqui nos interessa, a vontade psicológica só seria elevada à dignidade de grandeza decisiva, no conjunto de elementos que formam o negócio jurídico, se o escopo da interpretação fosse procurá-la incondicionadamente para incondicionadamente a revestir de validade. Sem condições, não é preciso dizer: mas sob condição única dum mínimo de expressão verbal. Com efeito, os próprios defensores do método objectivista da interpretação dos negócios jurídicos (salvo um ou outro de atitude mais ortodoxa: v. adiante) aceitam que o sentido por mim atribuído à minha declaração valha, contanto o destinatário dela o tenha conhecido ou, ao menos, podido conhecer. O que constitui especialidade do método subjectivo puro (sem agora aqui fazer entrar uma forte corrente doutrinal alemã, que a si mesma se intitula subjectivista, mas que só o pode ser em aspecto para nós por enquanto indiferente [v. adiante]), é a possibilidade duma declaração valer, em homenagem ao princípio volitivo, com um significado diverso daquele que a outra parte (ou um terceiro) nela podia captar, mas ainda assim um significado não de todo exorbitante do quadro dos sentidos possíveis *daquela* expressão verbal.

([2]) A esta conclusão, dado o que fica exposto em nota anterior, só poderia o juiz chegar se verificasse a impossibilidade de fazer coincidir o sentido querido com um dos possíveis significados verbais da declaração; ou se, concluindo embora que nenhum destes significados correspondia de facto à real vontade do declarante, não tivesse elementos para proceder à reconstituição desta vontade.

ção prévia da vontade dos contraentes: o objecto do contrato é aquele que as partes quiseram que fosse. E daqui parece fácil concluir que, então, a vontade (a vontade real) é efectivamente aquilo de que na interpretação se vai à procura; não havendo contrato quando nenhum êxito tiver a actividade interpretativa. Contudo, deve ponderar-se que o essencial ainda fica aqui por dizer.

O art. 684.º não é forçoso que nos diga mais do que isto: o contrato não é nulo só porque o seu objecto principal não fica plenamente individualizado através das referências directas que por ambas as partes lhe foram feitas nas declarações; em tal caso, há que procurar reconstituir por outros meios a vontade dos outorgantes acerca deste ponto. E se for possível fixá-la, esse (o subjectivo) será então o sentido *jurídico* da *lex contractus*. Mas isto não representa provadamente nada que, no seio do método objectivista de interpretação dos negócios jurídicos, não seja de modo expresso afirmado. Os sequazes desta corrente não contestam ([1]) dever o real acordo das vontades dos contraentes prevalecer mesmo sobre a desarmonia exterior das declarações. E o artigo, limitando-se a elucidar-nos, de harmonia com o seu teor verbal, sobre o efeito que deve seguir a verificação da impossibilidade de se determinar a intenção das partes acerca do objecto do contrato, não nos diz uma palavra sobre o que tenha de passar-se quando, sendo possível determinar a real vontade de cada um dos contraentes, se tiver de concluir pela existência dum completo desacordo entre elas.

Quer dizer: nada impede admitir que o legislador, partindo só do caso de não ter sido o objecto do contrato cabalmente individualizado nas declarações, tenha previsto apenas dois dos resultados possíveis da investigação que propõe: o apuramento da *comum* intenção dos contraentes (hipótese de real acordo das vontades) e a impossibilidade desse apuramento. Ora, outro pode ser o êxito da actividade interpretativa: a verificação de ter cada um dos contraentes atribuído um significado diverso à sua própria e à declaração da outra parte. Por este motivo perde toda a significação decisiva — decisiva para a questão da preferência por um dos métodos — a prescrição

---

([1]) Não o contestam, pelo menos — nem têm de contestar —, todos os sequazes dela. V. o que dizem adiante no cap. sobre interpretação.

de se tentar reconstituir a real vontade dos contraentes. Na verdade, qual deverá ser a atitude do juiz quando se verificar aquela terceira hipótese? Terá de decretar pura e simplesmente a nulidade do contrato? Ou só o deverá fazer quando essa investigação «acerca da vontade» não permita fixar que um dos contraentes entendeu como podia e devia a declaração do outro, manifestando depois claramente a sua própria intenção? Por outras palavras: a obscuridade do texto é vencida pela luz das intenções; mas o apuramento da vontade interna do declarante pode revestir uma das declarações contratuais com um sentido jurídico que a outra parte (ou um terceiro) nela não tivesse de considerar implícito? ([1]).

Não o diz o contexto do art. 684.º. Não diz que sim nem que não — é preciso notar. Certo, o aconselhar-se o intérprete a procurar a vontade nos próprios termos, natureza ou circunstâncias do contrato e até a reconstituí-la com o auxílio de presunções legais e de facto (usos e costumes), é coisa que parece significar a entrada a passo firme em pleno domínio da doutrina objectivista; a qual também assinala à interpretação o escopo de determinar a vontade, mas a vontade reconhecível, a vontade dalgum modo reflectida na declaração, o sentido que o destinatário dela (ou um julgador razoável e imparcial) lhe podia e devia considerar imanente. Mas os subjectivistas também não têm de proceder de modo diverso. Procurar reconstituir a vontade através da análise dos termos e das circunstâncias do contrato, fazer mesmo intervir aqui presunções de vária ordem (na ausência doutros elementos mais concludentes), não faz que o escopo desta actividade deixe de residir na tentativa de captação do facto psicológico do querer ([2]). Traço específico do método objectivista representa-o só ([3]) a possibilidade de uma declaração valer jurìdicamente com um sentido diverso do que lhe atribuiu o seu autor. E o que pretendemos frisar uma vez por todas é que o art. 684.º nos não dá, pelo seu teor verbal, elementos para respon-

---

([1]) V. nota 1 de pág. 69.

([2]) Cfr. o ensaio do prof. ANDRADE sobre a teoria da interpretação das leis, págs. 48-49.

([3]) Não quer afirmar-se que não haja outros; mas este é *o que decide*. Veja-se o cap. II deste trabalho.

der à pergunta de se esta situação pode apresentar-se à face dos princípios do direito português ([1]) ([2]).

Mas não vá julgar-se que, assim entendido, o artigo perca toda a significação. Além do alcance positivo que já lhe atribuímos — o de dispor que a mera obscuridade das palavras não basta para tornar nulo o contrato, — ele tem ainda o sentido de conter uma resposta para a pergunta de se toda a dúvida insolúvel acerca de quaisquer pontos das declarações contratuais determina a nulidade delas, ou se, pelo contrário, esta é tão-sòmente gerada por obscuridades relativas a certos desses pontos (art. 685.º).

O art. 684.º — que, aliás, forma com o seguinte o grupo das únicas disposições de carácter geral de todo o código relativas ao assunto — não resolve, assim, o problema de qual seja por lei o escopo da interpretação das declarações de vontade ou o seu

---

([1]) Não se julgue, entretanto, ser nossa opinião que só um preceito legal expressamente dirigido à resolução do problema do conflito entre declaração e vontade teria o alcance de fazer luz sobre o problema da interpretação dos negócios jurídicos. Certamente, os dois problemas — o do erro e o da interpretação — são em grande parte interdependentes, como mais adiante faremos notar com devido relevo e já resulta também do que temos escrito até agora. Mas — e por isso mesmo — nada impede que o encargo de decidir a questão na sua essência seja conferido a uma norma relativa à interpretação das declarações de vontade e não aos efeitos jurídicos do erro. Assim, ninguém poderia pôr em dúvida a consagração legal do método objectivista se na lei se encontrasse este preceito: «O sentido jurídico das declarações contratuais é aquele que a outra parte delas pode colher; tomando em conta todas as circunstâncias que possam contribuir para a determinação exacta da vontade do declarante.» (Outra questão é saber se este preceito resolveria todos os problemas que se levantam na órbita da interpretação ou se relacionam com ela). Tal como implicaria a adopção clara do método subjectivista artigo da lei que fixasse: «Na interpretação das declarações de vontade deve procurar-se a vontade real do declarante, sob condição única dum mínimo de expressão verbal. O sentido querido será o sentido jurídico da declaração».

([2]) Poderia pensar-se que esses elementos os fornece o art. 704.º do código, que vincula os contraentes tanto ao que está expresso no contrato como às suas consequências usuais e legais. Mas é fácil reconhecer que esta norma não tem de relacionar-se necessàriamente com a teoria da interpretação do negócio jurídico, bem podendo atribuir-se-lhe a função única de fixar o modo por que devem ser preenchidas as suas lacunas.

método. Trata-se dum preceito que, pelos seus possíveis sentidos verbais, admitirá aquela interpretação que parecer, em tese, a melhor.

Mas se assim é, àqueles que se firmam no terreno da interpretação para reforçarem o princípio de constituir a vontade interna elemento essencial dos negócios jurídicos, só fica o recurso de justificarem a sua preferência, no plano do direito legislado, pelo método subjectivista através da pura afirmação daquele princípio; ou, pelo menos, através da intervenção daquelas mesmas razões gerais donde é uso proceder-se para o afirmar. De qualquer maneira, o vício do raciocínio ficaria patente.

Menos ainda do que este — porque nem chega a impressionar — prova o argumento que pretende tirar-se da relevância jurídica do chamado erro-vício da vontade. Sem dúvida nenhuma, este facto testemunha alguma coisa: testemunha a consideração ligada pela lei à real vontade dos contraentes. Mas, de toda a evidência, não significa, não impõe, não tem mesmo de sugerir que sem vontade não possa haver contrato. Ou quererá dizer-se, com MESSINEO [1], que é «manifestamente iníquo proporcionar o mesmo meio de reacção tanto a quem exprimiu um intento não real como àquele que, embora ferido por erro, não comprometeu todavia a relação de identidade entre o intento e o meio de manifestação»?! A quem seguisse tal caminho, não seria descabido perguntar se há realmente diferença, no ponto de vista da situação dos interesses cuja protecção se reclama, entre o caso de se confundir o objecto *a* com o objecto *b* e por isso se emitir proposta dirigida à compra daquele, e o de se querer declarar: «compro o objecto *a*» — mas, por lapso invencível, dizer-se: «compro o objecto *b*».

12. Além de tudo isto e para decidir duma vez a questão, é fácil demonstrar que a vontade interna não é elemento essencial à existência do negócio jurídico no sentido da doutrina tradicional; que — noutros termos — não são raros os casos de provadamente a lei recusar a sanção da nulidade absoluta para a falta total da vontade dos efeitos na declaração designados como queridos.

---

[1] *Ob. cit.*, pág. 115.

Para nos convencermos disso, basta considerar o que se passa com os negócios jurídicos afectados de *reserva mental*. A reserva mental constitui uma hipótese típica de divergência ou dissídio entre a declaração e a vontade. O que nela há de específico, relativamente aos casos de erro, é o facto de aquela divergência ser consciente ou voluntária: o declarante afirma submeter-se aos imperativos *conhecidos* de certa lei contratual sem na realidade querer tal coisa, sem querer sujeitar-se às consequências a que a sua declaração alude; sabendo que está criando a aparência exterior duma vontade que efectivamente lhe falta (¹). A única maneira de se respeitar o princípio afirmado pelos sequazes da teoria volitiva (ao conceito de negócio jurídico é essencial o elemento da harmonia entre o conteúdo da declaração e o da vontade) seria, pois, considerar nula a declaração nos casos de reserva mental do declarante. Contudo, é doutrina pacificamente recebida pelos civilistas de todos os países não ser a divergência consciente entre a declaração e a vontade causa de quaisquer efeitos jurídicos. A irrelevância plena da reserva mental constitui

---

(¹) O declarante não quer ficar sujeito às consequências indicadas na declaração emitida. Mas se o não quer, é forçoso, pelo menos, que admita a possibilidade de tais consequências não chegarem a produzir-se, de ele não ficar adstrito a suportá-las. Ora, tal estado de espírito só é concebível — se o declarante toma consciência de que a sua declaração se dirige exteriormente a provocar efeitos jurídicos — sob condição de ele julgar que à intervenção vinculativa do direito é indispensável qualquer pressuposto que se não verifica na hipótese: a observância de certas formalidades externas, a integral capacidade de exercício de direitos dos contraentes, *a própria vontade do conteúdo da declaração* que ele não tem. Mas parece-nos erro considerar essencial ao conceito de reserva mental o pensar o declarante, ao emitir a sua declaração, que esta será nula por ter faltado nele a vontade dos seus efeitos. Julgamos ser este o ponto de vista de HENLE, que a pág. 47 da sua *Vorstellungs und Willenstheorie* (Leipzig, 1910) remata assim uma notável série de observações sobre o conceito de reserva mental: a figura da reserva mental pode portanto definir-se como «a expectativa (ou esperança: *die Hoffnung*) do declarante de que, em virtude da ausência da sua vontade, se não produzirá a consequência da vinculação *(der Bindungserfolg)*». Nós pensamos, pelo contrário, que basta a *expectativa* do agente de que os efeitos da sua conduta se não produzirão *em virtude de qualquer circunstância* (expectativa acompanhada do *desejo* de que as coisas se passem assim, naturalmente) para a construção do conceito de reserva mental.

dogma respeitado pela unanimidade dos autores ([1]). Será, então, de morte o golpe desferido pela aceitação deste princípio na validade da teoria tradicional?

Não o têm julgado assim os seus defensores. Sempre se procurou, antes, conciliar a regra da irrelevância da reserva mental com a proposição básica da teoria da vontade. E o caminho seguido para se atingir este fim foi o de imputar a validade da declaração, em caso de dissídio consciente entre o declarado e o querido, a razões absolutamente excepcionais, relacionadas com a estrutura singular que é própria desse caso e portanto desprovidas de força ultrapassados que sejam os limites que lhe são impostos pela sua própria natureza.

Assim, tem-se procurado pôr em realce a circunstância de os casos de reserva mental encorporarem sempre um elemento especí-

---

([1]) E não se trata apenas de os autores dos diferentes países aceitarem esse princípio como o melhor em tese geral, mas de o reputarem consagrado, expressa ou implìcitamente que seja, nas leis civis respectivas. Como exemplos de códigos e projectos de códigos que de modo expresso afirmem a validade da declaração emitida sob reserva mental (não conhecida da outra parte), podemos citar o cód. civ. alemão (§ 116) e o proj. de cód. civ. húngaro de 1913 (§ 771). Pelo contrário, nenhum preceito directo contém a este propósito o cód. suíço das obrigações. Neste último sentido, todas as legislações de tipo francês, como a nossa. Não é, todavia, impossível encontrar no cód. civ. português fundamento positivo para a regra da irrelevância jurídica da reserva mental. Assim, o art. 695.º proíbe a invocação de erro ou coacção a quem para eles haja contribuído. Mas se àquele que afirma a outro a sua vontade de certa alteração jurídica, para si reservando ausência (julgada relevante) dessa vontade, fosse reconhecido o direito de invocar posteriormente a reserva mental feita, permitir-se-ia, sem dúvida, que alguém tirasse partido da sua tentativa dolosa (quando não seja mais) que o art. 695.º proíbe. — No preceito *ético-jurídico* do art. 695.º do código situa o prof. CABRAL MONCADA, em termos idênticos aos que ficam expostos, a base positiva da irrelevância da reserva mental. Cfr. *Lições de Direito Civil*, 2.º, pág. 267. — Note-se que nos limitamos aqui a indicar um *possível* fundamento de direito positivo para a admissão daquela regra; não é que, em virtude da nossa própria posição no problema geral de que se trata aqui, nos sintamos precisados dele. V. texto adiante.

No que respeita ao ponto de saber se a regra da irrelevância da reserva mental já tinha consagração no direito romano, a doutrina não é pacífica. Em sentido negativo se pronuncia entre nós o prof. MONCADA (cits. *Lições*, 2.º, pág. 264, nota 1). V. bibliografia notada por este autor.

fico, não comum às restantes hipóteses de divergência entre a declaração e a vontade, e simultâneamente adequado a justificar a validade do negócio jurídico nas situações em que a sua presença excepcional se verifica. Esse elemento reside na *intenção de enganar:* aquele que emite uma declaração de vontade sob reserva mental de se não considerar ligado pelos seus imperativos, propõe-se sempre, como primeiro fim da sua conduta, induzir a outra parte no erro de supor que é perfeitamente a sério que ele, declarante, lhe dirige aquela declaração. Ora, a doutrina da vontade, reclamando para todo o dissídio essencial entre o declarado e o querido a consequência da nulidade absoluta do negócio, só tem em vista os casos normais em que a declaração serve ao declarante de meio para comunicar à outra parte o seu verdadeiro querer. Só aí, nesse domínio, é que a vontade real não manifestada (diferente da manifestada) merece protecção jurídica ([1]). A reserva mental, pelo contrário, supõe sempre uma conduta moralmente censurável; «o direito não pode consentir que alguém invoque, para delas tirar proveito, as suas mentiras» ([2]). A invocação de momentos que tenham o alcance de ilidir a presunção de vontade que a existência da declaração permite estabelecer, é excluída todas as vezes que ela representaria, se fosse admitida, uma imoralidade([3]).

Daqui resulta, na opinião dos defensores da teoria da vontade, não ser possível partir da consideração da figura da reserva mental para elaborar o conceito de negócio jurídico. Este conceito só pode ser construído sobre elementos que constituam e caracterizem os casos normais. E a intenção de enganar, que muito bem explica por si só o facto da validade da declaração quando houver reserva mental do declarante, é manifesto que não está presente naqueles casos ([4]).

Ser a declaração válida quando entre o conteúdo dela e o da vontade há uma divergência consciente, significando sem dúvida

---

([1]) Neste sentido MANIGK, *Irrtum und Auslegung,* págs. 50 e segs.

([2]) WINDSCHEID, *Pandette,* I, § 75, nota 1 c. Sobre esta justificação do princípio da irrelevância da reserva mental cfr. HENLE, *Vorstell. u. Will. theorie,* págs. 54 e segs.

([3]) SCHLIEMANN, *Lehre vom Zwange* (1861), *apud* HENLE, *ob. cit.*

([4]) Cfr. o mesmo MANIGK, *ob. cit.,* pág. 56 particularmente.

uma excepção à regra de que o declarado e o querido devem convergir, não invalida a doutrina de representar a real vontade do conteúdo da declaração (dos efeitos declarados) elemento essencial à existência de todo o negócio jurídico.

Nesta tentativa de conciliar as proposições fundamentais da teoria da vontade com o dogma da irrelevância da reserva mental, há de essencial o juízo pelo qual se afirma que toda a reserva mental constitui uma imoralidade. Mas é a validade deste juízo que resta demonstrar. Ora, as acções humanas não podem ser julgadas morais ou imorais em si mesmas, senão apenas em conexão com os fins em vista dos quais são praticadas. Mentir não implica sempre uma conduta moralmente reprovável. Se *A*, com o fito de afastar do suicídio o seu amigo *B* (doente e crivado de dívidas), lhe promete solenemente empréstimo de avultada quantia, reservando para si o propósito de fazer apelo à falta de seriedade da sua declaração tão depressa o estado moral e físico de *B* o consentir, não pode ninguém ver aqui, nesta conduta do declarante, um procedimento censurável, merecedor dum juízo de reprovação moral. Se a declaração de vontade de *A* não puder deixar de ser válida, não se entende que esta consequência possa justificá-la a intervenção dum princípio particular, só consentâneo com a índole específica dos casos de reserva mental. Impor ao declarante aqui uma responsabilidade *excepcional* pelo cumprimento da promessa feita em virtude do seu dolo, é manifestamente pressupor o carácter imoral da sua conduta; e é isto, é este juízo de reprovação que julgamos claramente injustificado.

Aos adeptos da teoria da vontade não resta senão o recurso de considerarem a declaração nula neste caso, apesar da reserva mental (da intenção de enganar) [1]. De contrário, a sua tentativa de justifi-

---

[1] Assim, JACOBI, *Theorie*, págs. 11-12, e KOHLER, *Lehrbuch des Bürgerlichen Rechts*, 1.ª parte, pág. 487. É de KOHLER a objecção de que, se é por constituir uma imoralidade que a lei proíbe ao declarante a invocação da sua mentira, não tem sentido recusar-se à outra parte o direito de alegar em seu favor a reserva mental cometida pelo autor da declaração. Mas esta objecção podem fàcilmente evitá-la os voluntaristas, aceitando de modo expresso a consequência que decorre das premissas donde procedem: o dever-se negar tão só ao declarante a possibilidade de apelar para o próprio dolo. E nem esta doutrina constitui novidade: defenderam-na já, na Alemanha

cação do regime particular que aceitam para as hipóteses de divergência conhecida entre a declaração e a vontade, falha. Contudo, a doutrina dominante nunca deixou de considerar verificados todos os requisitos essenciais ao conceito de reserva mental, com as consequências que isto determina, nos casos em que se comprova a presença da intenção de enganar por parte do declarante, embora a sua conduta tenha sido observada em vista dum fim perfeitamente louvável ([1]).

Mas se a reserva mental, qualquer que seja o seu fim, não obsta nunca à validade jurídica da declaração, que coisa, senão que a vontade dos seus efeitos não é elemento essencial à existência do negócio jurídico, pode significar isto?... senão que a validade das declarações, nos casos de reserva mental, em lugar de ser ditada por princípios excepcionais, incapazes de desenvolvimento, emana, antes, da própria essência da declaração de vontade jurídica, da própria causa normal da vinculação à face das normas do direito?

Entretanto, deve reconhecer-se faltar ainda carácter definitivo à conclusão que as nossas anteriores investigações possibilitaram. Na verdade, aos voluntaristas não está por enquanto vedado o caminho de tirarem àquela conclusão todo o valor, aceitando que só em caso de conduta moralmente censurável deve funcionar o princípio da

---

(antes do código civil do império), DERNBURG, REGELSBERGER, EISELE. Cfr. HENLE, *ob. cit.*, pág. 55.

([1]) Esta doutrina pode ser considerada a doutrina comum, tanto na Alemanha e na Itália, como entre nós. *Vide*, por ex.: von TUHR, *Allg. Teil*, II, 1.ª parte, pág. 556; PLANCK, *Kommentar*, § 116; COVIELLO, *ob. cit.*, pág. 370; RUGGIERO, *Inst.*, 1.º, págs. 253 e 257; Dr. C. GONÇALVES, *Tratado*, IV, págs. 293-94; prof. JOSÉ TAVARES, *Princípios*, 2.º, págs. 480 e segs. (que assimila nos seus efeitos os casos de reserva mental aos de falta de seriedade da declaração). Neste último sentido se manifesta também o prof. MONCADA *(ob.* e *vol. cits.*, págs. 263 e segs.), o qual, por isso, deve igualmente incluir-se entre os que perfilham a doutrina comum. Se o princípio ético-jurídico do art. 695.º do código justifica, até, a solução de as declarações não emitidas a *sério* serem válidas, não se compreenderia que à reserva mental do declarante, não conhecida da outra parte, pudesse em certos casos atribuir-se eficácia jurídica. (A não ser, quando muito, naqueles em que a reserva, não significando uma conduta imoral do lado do declarante, fosse «reconhecível» para o destinatário da declaração).

irrelevância da reserva mental ([1]). A doutrina comum, de facto, pode muito bem estar errada. Estará? É fácil verificar que não.

13. Até aqui preocupámo-nos só com a chamada reserva mental «espontânea». Mas, se considerarmos de perto o que se passa nos casos em que uma declaração de vontade é extorquida por coacção, verificaremos que também aqui nos podemos encontrar com uma reserva mental bem caracterizada da parte do declarante coagido.

Todas as leis civis estabelecem o regime da pura nulidade relativa (ou anulabilidade) para os negócios jurídicos celebrados em estado de coacção, quase todas ([2]) só expressamente se referindo até à violência moral. E desta última circunstância partem em geral os autores para submeter ao instituto da nulidade absoluta os casos de violência física *(vis absoluta)*. Aqui — diz-se — falta a própria vontade de realizar o acto da declaração (a *Handlungswille* dos alemães), nem sequer existindo a simples aparência objectiva duma declaração de vontade; e o negócio jurídico não pode emergir do nada ([3]). Nas

---

([1]) No que particularmente respeita ao nosso direito, esta orientação não seria impedida pela norma do art. 695.º do código a quem nela quisesse filiar a regra da ineficácia da *reservatio mentalis*. De facto, a atitude de ver no art. 695.º a consagração legal do princípio ético de que ninguém pode tirar proveito do próprio dolo e mesmo, talvez, da própria culpa (prof. MONCADA), não tem de obstar a que se conceda àquele que mentiu no exclusivo interesse do enganado (ou em estado de necessidade) o direito de invocar a sua mentira para fins de desvinculação.

([2]) Cfr. códs. civis francês (arts. 1108.º, 1111.º-15.º e 1117.º), italiano (arts. 1108.º, 1111.º-14.º), alemão (§ 123) e cód. suíço das obrigações (arts. 29.º-31.º e 126.º).

([3]) Neste sentido, a unanimidade dos autores estrangeiros. Assim, dos italianos, entre outros: COVIELLO, *ob. cit.*, págs. 393-94; BARASSI, *Istituzioni*, § 40, VI; FUNAIOLI, *La teoria della violenza nei negozi giuridici*, pág. 19.

Apesar de o art. 666.º do nosso código expressamente se referir ao emprego da força física, parecendo, assim, não consagrar aquela doutrina, a validade da *communis opinio* para o nosso direito foi sustentada por G. MOREIRA *(Instituições)*, I, págs. 426 e segs.). O prof. JOSÉ TAVARES *(ob. cit.*, II, págs. 513 e segs.) e o dr. C. GONÇALVES *(Tratado, IV*, págs. 332-33), pelo contrário, fundando-se no preceito do referido art. 666.º, decidem-se pela solução da unidade de consequências jurídicas de toda a violência. Mas não têm razão. Na verdade, é desde logo concebível que o art. 666.º, enquanto

hipóteses de violência moral *(vis compulsiva)*, pelo contrário, a vontade não é excluída mas tão-sòmente *viciada:* por isso, a consequência disto fixa-a a lei na simples nulidade relativa do negócio.

Ora, esta afirmação *(quamvis si liberum essem noluissem, tamen coactus volui)* não é exacta. Ou melhor: só é exacta enquanto se refere à pura vontade de emitir a declaração ([1]).

Examinemos uma hipótese típica de violência moral ilícita: ameaçado de grave perigo por *B*, *A* aceita subscrever o documento que lhe é apresentado, pelo qual se obriga a fazer àquele *B* uma certa prestação. O exame deste caso fàcilmente nos levará a concluir, ao cabo de curta análise, que a situação psicológica do coagido, em face do acto voluntário pelo qual emitiu (ao menos na aparência) uma declaração de vontade e das suas consequências jurídicas, longe de ser invariável, pode revestir sucessivamente cada uma das seguintes formas: 1.ª — O coagido convenceu-se de bastar a subscrição do documento para satisfazer o violentador; visto presumir que este sabia ser-lhe impossível querer sèriamente obrigar-se nos termos da declaração. 2.ª — Entre o mal de aceitar as propostas de *B* (de consentir em certa alteração da sua esfera jurídica) e aquele com o qual este *B* o ameaça, *A* resolve escolher o primeiro; ao emitir a declaração de vontade pedida, com perfeita consciência das obrigações que por ela contrai, o coagido nem sequer pensa na possibilidade de mais tarde invocar a coacção contra si exercida para se furtar ao vínculo contratual assumido. 3.ª — *A,* ao apor a sua assinatura no documento

---

se refere ao emprego da força física, só tenha em vista os casos em que a violência física se exerce apenas para fins e com efeitos de intimidação (não de constrangimento material absoluto) e ainda aqueles em que a própria ameaça do mal é acompanhada e reforçada por uma *amostra* do mal ameaçado. V. FUNAIOLI, *ob. cit.*, págs. 26, nota 4, e 27. Também o prof. MONCADA é partidário entre nós da doutrina comum *(ob. e vol. cits.,* págs. 322 e segs.).

([1]) Como o fez salientar, sobretudo, MANIGK, *Anwendungsgebiet,* pág. 281. No entanto, as observações que MANIGK desenvolve neste lugar só têm o mérito de pôr em foco o erro de se entender que a vontade do conteúdo da declaração não deixa de estar presente nos casos de *vis compulsiva.* Mas dizer, com o autor citado, que a única vontade cuja ausência não pode aqui ser afirmada é a simples «vontade da acção», constitui também erro manifesto. E a vontade da declaração como tal? — Cfr. HENLE, *ob. cit.,* págs. 64 e segs., 69-70.

que lhe é apresentado, reserva para si o propósito de alegar em juízo a violência sofrida e assim destruir todo o valor aparente do título firmado, tão depressa o cumprimento das obrigações nele referidas lhe for exigido (¹).

Esta última hipótese é, pois, uma hipótese típica de reserva mental. E a primeira é, sem dúvida, uma hipótese em que falta inclusive a vontade de induzir a outra parte em erro acerca da verdadeira intenção do declarante; nada mais sendo querido do que o acto material da subscrição do documento. Aqui, visto faltar no agente a própria consciência de emitir uma declaração de vontade, de fazer a outrem uma promessa (cfr. *infra*, § 2.º), o negócio jurídico incorporado no documento subscrito tem de ser absolutamente nulo. Ao conceito de declaração de vontade, de facto, — à face do nosso sistema de direito — é essencial um elemento subjectivo cuja presença aqui se não verifica. — Sobre isto nada mais podemos dizer por enquanto.

Posta de lado esta hipótese e postos de lado também alguns casos em que ainda se não trata de verdadeiras declarações de vontade jurídicas, por ser a intenção do violentador tão-sòmente dirigida à obtenção da posse de bens materiais (dinheiro ou outros valores) ou à extorsão de meios que lhe facilitem em juízo a prova (mentirosa) de ter sido emitida em seu favor certa declaração constitutiva de negócio jurídico (²)—, postos de lado estes casos, justifica-se real-

---

(¹) Cfr. JACOBI, *Theorie*, págs. 65 e segs.; HENLE, *ob. e lug. cits.* em nota anterior; e KOHLER, *Lehrbuch*, I, pág. 487. Também admite a possibilidade desta hipótese v. TUHR, II, 1.ª, pág. 556, nota 12. V. autores aí citados. Cfr. igualmente OERTMANN, *Allg. Teil*, pág. 379.

(²) Cfr. JACOBI, *ob. e lug. cits.*, e HENLE, *ob. cit.*, pág. 70. — Não encontramos em regra nos autores (sobretudo nos civilistas não alemães) vestígios, ao menos, da preocupação de não submeter ao regime da nulidade relativa os casos de violência moral que sejam caracterizados pelos elementos apontados no texto. Assim, dos vários exs. de declarações de vontade extorquidas por coacção que FUNAIOLI apresenta a pág. 26 da monografia já citada, os dois primeiros não são manifestamente de verdadeiras declarações jurídicas. Um deles consiste no clássico: «bolsa ou vida!» Ora, como é evidente, o sujeito activo da violência nada mais procura obter aqui, com a sua ameaça, do que a posse da bolsa; limitando-se o coagido, pela sua parte, a entregar-lha. Nenhuma declaração de vontade dirigida à transmissão da propriedade da

mente o regime da pura nulidade relativa decretado por lei para as declarações extorquidas por coacção. Com efeito, dado o violentador ter visado obter uma verdadeira declaração de vontade, é natural supor que ele só quis não executar a ameaça feita na medida em que firmou a sua confiança na seriedade da declaração recebida ([1]). E não poderá negar-se que as circunstâncias se encarregam muitas vezes de justificar esta confiança.

Mas o regime da nulidade relativa compreende-se por isto ([2]), não porque nos casos de coacção moral exista sempre (em lugar de estar ausente, como nos de erro-obstáculo) uma vontade dos efeitos declarados que só tenha de específico o ser uma vontade viciada ([3]). Efectivamente, das duas hipóteses consideradas aqui, só numa é possível dizer-se que o declarante acabou por querer sujeitar-se ao vínculo obrigatório proposto, mas que o não teria querido se não fosse a coacção. Na outra falta em absoluto a vontade dos efeitos declarados ([4]).

---

bolsa, mesmo que tão só aparente, pode descobrir-se no fundo desta extorsão. Não há, pois, aqui um negócio jurídico anulável.

([1]) Mais ou menos neste sentido, JACOBI, págs. 67, 68 e 70.

([2]) Por isto só, não: o elemento indicado no texto não pode ser mais do que uma das condições necessárias da validade relativa da declaração, em caso de violência ilícita. Cfr., aliás, o que se diz logo adiante no texto.

([3]) Como se sabe, este é o fundamento que em regra se atribui à doutrina comum, segundo a qual a coacção só torna anulável o negócio jurídico.

([4]) É certo não ser esta afirmação subscrita em paz mesmo por aqueles que ao estudo da coacção têm dedicado particulares atenções. Subscreve-a, na verdade, SCHLIEMANN, *Lehre vom Zwange, apud* JACOBI, *ob. cit.*, pág. 67. Mas este autor, partindo embora da base indicada, chega à conclusão, aparentemente paradoxal, de não residir a causa da nulidade por motivo de violência senão «no facto de ao conteúdo da declaração não corresponder a vontade». Se assim é, parece só haver para SCHLIEMANN uma forma de violência anti-jurídica: aquela que apenas induz o violentado a querer praticar o acto da declaração; o que se afigura claramente inexacto. — Mas em tão grosseiro erro de análise psicológica não cai o autor a que nos estamos referindo. SCHLIEMANN — se bem compreendemos o seu pensamento através das referências que lhe fazem JACOBI e FUNAIOLI *(ob. cit.*, pág. 165-67) — não faz senão afirmar que, em face da simples declaração do coagido: «aceito a herança, compro, vendo, etc.» — nós não podemos saber se ele efectivamente quis aceitar a herança, comprar, vender, etc., ou se ùnicamente quis proferir aquelas palavras despojando-as do seu verdadeiro sentido. O facto de a declaração

E note-se ser impossível aqui, de toda a evidência, o recurso a quaisquer razões excepcionais que, justificando o regime da pura nulidade relativa para todos os casos de coacção, simultâneamente deixassem a salvo a integridade do princípio dogmático segundo o qual é elemento indispensável ao conceito de negócio jurídico a ideia duma completa harmonia entre o conteúdo da declaração e a vontade. Se os negócios jurídicos celebrados em estado de coacção

---

ter sido extorquida por ameaça, torna impossível o concluir-se do conteúdo objectivo daquela para a existência duma vontade correspondente. A simples prova de que a declaração foi obtida com o auxílio de violência moral força-nos a um *non liquet* acerca da vontade e, portanto, à decisão — *no plano jurídico* — de que falta toda a vontade dos efeitos. — Assim considerada, não há na teoria de SCHLIEMANN qualquer contradição a respeito do ponto que nos interessa aqui. E sem agora cuidarmos de a pôr em exame na parte referente a essa presunção de ausência de vontade a que conduz (contra a legitimidade dela, FUNAIOLI, págs. 167-68), digamos só que, se a razão da nulidade por violência ilícita reside de facto nesse *non liquet* a que se é compelido, então parece que tal nulidade deveria ser plena, absoluta, não sòmente relativa, por faltar aqui uma base bastante sólida e forte para justificar a confiança da outra parte (cfr. JACOBI, pág. 67).

Já FUNAIOLI, contudo, não hesita em afirmar (a pág. 167 e segs., 170-71) ser a vontade formada sob o signo da violência «uma vontade não aparente mas real (claro!), reforçada por uma intenção íntima harmónica». Note-se que, para este autor, toda a vontade é «vontade de declaração da ideia»; de sorte que todo o conflito entre vontade da declaração e vontade dos efeitos (ou do conteúdo) só poderia ser — neste domínio como em todos os outros — conflito entre uma vontade e um *quid* «que como tal se não caracteriza»: a intenção íntima do agente... Mas nem sequer uma divergência assim entendida seria possível para FUNAIOLI. O coagido, colocado na iminência de sofrer um mal maior, convence-se de que é necessário «consentir». O mais que poderá acontecer é estar ele persuadido de que a sua intenção seria outra se não fosse a ameaça. Ora, falar dum conflito entre a intenção presente e aquela que existiria se a coacção cessasse, é coisa claramente absurda; porque esse conflito supõe uma relação entre uma entidade conhecida e uma entidade desconhecida, presumida, hipotética...

A falsidade da tese de FUNAIOLI deduz-se, por si mesma, da exposição feita. Constitui erro manifesto negar-se a possibilidade, lógica e psicológica, de o agente dirigir a sua vontade tão-só ao acto da declaração, não querendo, em lugar de querer, a' validade jurídica desta; ao passo que a própria declaração como que retrata e reproduz em si esta última vontade. Por outro lado, é incontestável ser a vontade «mediata» (vontade do declarado, dos efeitos declarados) uma verdadeira vontade em sentido psicológico.

hão-de valer, embora de vida precária, independentemente de ter o violentado querido tudo quanto esteja para além da própria declaração em si —, tal coisa não poderá justificar-se senão assentando-se em que o direito vincula, *pelo menos,* contanto voluntàriamente se dê a um terceiro uma base forte bastante para ele fundar a sua confiança na seriedade da promessa recebida. Em que outra razão, de facto, a não ser esta, basear a validade provisória das declarações sem vontade extorquidas por violência? Na reserva mental do coagido? Mas nesta reserva não pode ver-se uma atitude censurável, que ao direito pertença reprovar ([1]), que possa olhar-se como o fundamento duma responsabilidade anómala pela manutenção da promessa. Se na lei estivesse latente o princípio de que a validade dos negócios jurídicos assenta, caso por caso, na real vontade dos efeitos declarados, então a hipótese da violência ilícita forneceria, até, base singularmente adequada à particular afirmação dele. Pois aqui, com a falta de vontade do lado do declarante, concorre um facto ilícito cometido pela outra parte, seja, pela pessoa cujo interesse costuma ser invocado quando se procura defender, *de lege ferenda,* a solução da nulidade relativa como efeito único de todo o erro na formação dos negócios jurídicos.

Mas se assim é, não pode deixar de julgar-se exacta a doutrina pela qual se afirma a irrelevância da reserva mental mesmo quando o declarante não tenha observado uma conduta moralmente censurável. E a explicação tentada pelos voluntaristas para o facto da validade definitiva da declaração nestes casos tem de considerar-se improcedente.

Havia ainda, é certo, um meio de a salvar: era repelir a doutrina comum que submete à disciplina legal específica da coacção todos os casos de coacção anti-jurídica — exceptuados os de *vis absoluta*—, passando a fazer-se intervir neste domínio, como se faz no do erro, o princípio de que não há negócio jurídico sem vontade ([2]). Mas

---

([1]) Neste sentido, por ex., HENLE (*ob. cit.,* págs. 67-68).

([2]) Esta orientação, parece-nos, constituiria franca novidade nos países latinos. Na Alemanha — julgamo-lo — também a doutrina dominante, quase geral (se não absolutamente unânime) é a do tratamento jurídico uniforme de todos os casos de *vis compulsiva* (§ 123 cód. civ.). V. autores citados em nota 1 da pág. 81. OERTMANN *(Allg. Teil,* pág. 379) é que ainda põe em dúvida

seria isto legítimo? Ponhamos o problema em frente das disposições do nosso código.

O art. 666.º declara nulo o contrato «sendo o consentimento extorquido por coacção». E o próprio art. 656.º já dispõe que «o consentimento prestado por dolo ou coacção produz nulidade...». Para começo, não parece que fosse mal encaminhada a doutrina que em matéria de coacção quisesse afirmar a validade do dogma da vontade. Mas daí também não passaria. Duas considerações de peso ditariam, sem apelo nem agravo, a sua falência.

Com efeito, se imaginarmos dois homens de igual firmeza moral e idêntica estruturação psicológica, dotados ainda por cima de vigor intelectual do mesmo expoente, e os supusermos agora submetidos, nas mesmas condições pessoais e de meio, cada um deles à influência duma força individual estranha que vise determinar-lhes a conduta futura num mesmo sentido, — podemos emitir o seguinte juízo sobre a potência dessas forças: foi mais poderosa aquela que conseguiu dobrar a resistência encontrada até ao ponto de amoldar inteiramente a vontade do violentado aos desejos do violentador. Foi mais intensa a coacção que obteve esta plenitude dos resultados queridos do que aquela que tão só conseguiu do coagido uma simples vontade de emitir a declaração pedida. E poderia então admitir-se que à maior violência correspondesse o menos enérgico efeito jurídico?!

Por outro lado, de dois indivíduos que sofrem a ameaça do mesmo mal, deve julgar-se mais *fraco* aquele em quem a sugestão operou tão fortemente que entendeu preferível o mal de contrair a obrigação proposta (sem pensar no lenitivo duma possível anulação do negócio) ao mal ameaçado. Dos dois, este indivíduo é aquele que, idealmente, de maior protecção necessita. E deve então conceder-se ao outro a tutela jurídica mais enérgica?!

De resto, a possibilidade duma interpretação restritiva do art. 666.º, no sentido sugerido, iria, até, claramente de encontro à *razão* da nulidade nesse artigo estabelecida. O *porquê* da nulidade, nos casos de ameaça anti-jurídica, não reside no estado de coacção

---

a legitimidade daquela doutrina, reconhecendo embora ter ela por si o texto do § 116 e não apresentando, além disso, quaisquer razões aptas a fundamentar opinião diversa.

do violentado: reside mas é no facto de a outra parte([1]) ter provocado esse estado de coacção com o fim de levar o coagido a consentir no negócio jurídico proposto ([2]). Não se trata aqui, portanto, duma simples homenagem à vontade, como em matéria de erro, antes duma sanção para o facto ilícito da violência. Se assim não fosse, na verdade, deveria ser anulável o contrato firmado entre *A* e *B* quando se provasse ter *B* «consentido» em estado de coacção, não gerado, é certo, pela violência da outra parte, mas perfeitamente conhecido desta; coisa que o art. 666.º não permite ([3]). Efectivamente, se aqui se tratasse duma homenagem ao princípio da vontade, nenhuns limites diferentes dos reclamados pelo respeito devido à boa-fé do outro

---

([1]) Ou um terceiro, é certo (art. 666.º). Todavia, o art. 666.º deve interpretar-se tendo em conta o disposto no art. 663.º (dolo). E o art. 663.º só considera causa de nulidade, em termos diferentes dos estabelecidos nos arts. 659.º e segs., o erro que procede de dolo do outro contraente ou de terceiro com *interesse directo* no contrato. Significa isto que é irrelevante, para efeitos de anulação do negócio jurídico, o dolo (embora causal) de terceiro que nele só tenha um interesse indirecto. Ora, como o parece entender o prof. MANUEL ANDRADE (v. as *Lições de Direito Civil* deste prof., coligidas e publicadas pelo aluno *Silva Machado,* do 2.º ano jurídico, a pág. 144 e segs.), esta disposição do art. 663.º só se compreende enquanto se julgar que o erro, proveniente de dolo de terceiro, causa a nulidade apenas daquela parte do contrato que directamente se refere a este terceiro, de que este terceiro é único beneficiário. Doutro modo, por que exigiria a lei um terceiro com *interesse directo* no contrato? E, assentando-se nisto relativamente ao art. 663.º, nenhuma razão justificaria que doutrina diversa fosse a consagrada no art. 666.º. Portanto, só a coacção de terceiro com interesse directo no contrato será relevante; e sê-lo-á apenas para fins de anulação do contrato na parte em que este for directamente relativo a esse terceiro. — Esta doutrina, a que nós aderimos, representa inovação. Para citar apenas dois dos mais autorizados civilistas portugueses contemporâneos, o prof. TAVARES *(Princípios,* 2.º, págs. 508-512) e o prof. MONCADA *(Lições,* 2.º, págs. 316-320 e particularmente nota 1 de pág. 319) desconhecem-na em absoluto.

([2]) Com efeito, como o observa E. JACOBI para o § 123 do cód. germânico, muitas declarações de vontade emitidas em estado de coacção são perfeitamente válidas. Válida é, inclusive, a declaração que se faz só por errôneamente o declarante se julgar, em virtude de ameaça presumida mas irreal, forçado a emiti-la. — Assim, FUNAIOLI, pág. 51.

([3]) Ou, quando muito, que ele só permite quando a coacção for de terceiro com interesse directo no contrato; v. nota 1.

contraente deveriam ser impostos à possibilidade de alegação do vício.

Mas se aqui se não trata essencialmente de proteger a vontade senão de *castigar,* por via de direito civil, o facto ilícito dum contraente, seria ilógico desintegrar, da massa dos casos a que o art. 666.º convém, um certo número de situações para as submeter a princípios jurídicos diversos. Pois nesses casos a nulidade já não seria por causa da violência mas por causa da falta de vontade; já não teria o carácter duma sanção. E se se pretendesse que sim, que este carácter o não perderia ela, conviria fazer então este reparo (de resto já implícito nas considerações de págs. 85-86): a violência que tivesse obtido melhor êxito seria agravada com a sanção menos enérgica...

É, pois, impossível de conciliar com o regime positivo da figura da reserva mental a doutrina de ser a vontade psicológica (vontade dos efeitos) elemento indispensável à vida de todo o negócio jurídico. A causa de se ficar vinculado à promessa feita não reside nessa vontade: há-de residir em facto que permita a integração na *regra,* na *normalidade* dos próprios casos de reserva mental.

Ora, se considerarmos de perto estes casos, verificaremos, logo a um primeiro contacto, que neles se dá em geral a circunstância de haver harmonia entre as representações mentais que o declarante quis despertar no espírito da outra parte e as representações efectivamente despertadas. O declarante, com a sua conduta (e seja qual for o fim último a que a dirige), propõe-se conseguir que o declaratário acredite na seriedade, na firmeza da declaração feita. E não poderá situar-se neste elemento, nesta «vontade de fundar a confiança» que aqui encontramos presente — visto ser impossível justificar a validade da declaração, emitida sob reserva mental, através do recurso a princípios excepcionais — não poderá situar-se aqui a causa *normal* de toda a vinculação jurídica? Pois não se compreende muito bem que, *em regra,* cada um fique vinculado à sua palavra desde que voluntàriamente a tenha dado a outrem? ([1]) Não será isto justo e conveniente?

([1]) Tal é o pensamento central da sugestiva e interessante teoria de ERNST JACOBI. Dela só podemos agora dizer que tem a vantagem, sobre a teoria tradicional, de explicar realmente o facto da vinculação jurídica nos

14. Entretanto, a doutrina que julgasse essencial ao conceito de negócio jurídico (e portanto, lògicamente, também à sua própria existência) a vontade do efeito que a declaração é adequada a provocar no espírito da pessoa a quem o seu autor a dirige, contendo embora já uma explicação da realidade muito aproximativa, ainda não seria de todo exacta. Por explicar ficariam ainda todos os casos em que o efeito da vinculação jurídica é ligado a declarações, que não foram emitidas para o fim de provocar no espírito dos seus des-

---

casos com que temos deparado até aqui no texto. Cfr. *Th. der We.*, 1.ª parte, *passim*, mas especialmente págs. 3-24. Segundo JACOBI, é daqueles que, apesar de todas as evoluções, permanecem os mesmos na sua pureza original, insusceptíveis de modificação, o princípio de que fica vinculado todo aquele que, em assuntos sobre os quais tem o poder de decidir, dá a sua palavra consciente e voluntàriamente a outrem (pág. 14). A teoria de JACOBI, que no seu essencial reafirma um já velho pensamento de HÖLDER («eu não devo ficar obrigado à prestação enquanto quero prestar mas enquanto despertei intencionalmente noutrem, com a declaração de querer prestar, a expectativa da prestação» — *Institutionen*, 1877, pág. 34, *apud Theorie der We.*, pág. 5), foi vivamente criticada por MANIGK (*Irrtum*, pág. 115, nota 1) e não parece ter obtido grande favor na doutrina alemã. Antes de JACOBI, também KOHLER tinha concebido já a hipótese da *reservatio mentalis* como caso perfeitamente normal do ponto de vista jurídico (cfr. *Jherings Jahrb.*, XVI, págs. 91 e segs. e XXVIII, págs. 172 e segs., cits. no *Lehrbuch des Bürg. Rechts*, I, págs. 487--488). Para KOHLER, os efeitos jurídicos não se produzem por serem queridos; a vontade destes efeitos não é elemento essencial ao conceito de negócio jurídico. Essencial, além da vontade do acto por cujo intermédio uma comunicação será feita a outros, é a vontade do resultado espiritual da declaração *(der Geisteseffekt der Erklärung)*; seja, a vontade de provocar no espírito doutra pessoa a impressão de que se lhe promete uma certa conduta futura. Cfr. HENLE, *Vorstell. u. Will. theorie*, pág. 23 e segs., 62 e segs., onde se expõe a parte central do pensamento de KOHLER). Sempre que a presença deste elemento subjectivo se verifique, a declaração de vontade produz todos os seus efeitos. Querer emitir uma declaração de vontade — diz, em resumo, este autor — e não querer ao mesmo tempo a produção dos efeitos jurídicos que a essa declaração estão ligados, é pôr-se em conflito com a lei. «Assim como ninguém pode cometer um delito sem se tornar punível *(strafbar)*, assim ninguém pode dar existência a uma declaração constitutiva de negócio jurídico *(rechtsgeschäftliche)* e simultâneamente pretender que os seus efeitos jurídicos se não produzam» *(Lehrbuch*, I, págs. 487-488). O não querer o declarante as consequências jurídicas da sua declaração é facto de todo indiferente.

tinatários qualquer confiança na seriedade delas; em que não pode, portanto, falar-se duma vontade, mas tão-sòmente duma previsão, desse resultado.

A, comerciante, desejoso de se apresentar aos olhos de *B* como homem de negócios honesto e desinteressado e assim o atrair para a esfera dos seus clientes, delibera responder na sua presença em sentido afirmativo à proposta de contrato que recebeu da parte de *C*, não sem acentuar com vigor as reais desvantagens que para ele derivam de tal aceitação. Íntimamente reserva, contudo, o propósito de logo a seguir levar por outra via ao conhecimento de *C* — para o caso, incerto mas provável, de a resposta afirmativa chegar entretanto ao seu destino — a sua vontade de não ficar vinculado aos termos do contrato aceito. O desejo do declarante, neste caso, não é que o destinatário venha realmente a fundar a sua confiança na seriedade da declaração que lhe endereça. Ele deseja até — e considera mesmo isso, em certa medida, possível — que *C* não chegue a tomar conhecimento da sua resposta afirmativa; mas prevê que este resultado *não querido* se verifique, apesar de tudo, em consequência da acção projectada.

B combinou com *D* que a sua eventual vontade de aceitar a proposta de contrato deste último, lhe seria comunicada pelo aparecimento, em certo dia, duma bandeira azul à janela da sua residência. No dia marcado, e quando *B* já resolveu não aderir à resposta recebida, sobrévem na localidade onde residem ambos os pré-contraentes um acontecimento festivo, que o determina a içar à janela a bandeira azul apenas para colaborar nas manifestações do geral regozijo. Ao fazê-lo, *B* não deixou de prever que *D* avistaria *certamente* a bandeira, interpretando isso *talvez*, nos termos do acordo (e com perfeita legitimidade), como o sinal da esperada aceitação; mas não quis nem desejou que as coisas se passassem assim.

Seria vão, como todos vêem, procurar em qualquer destes casos a vontade do declarante de fundar a confiança doutrem na seriedade aparente da declaração emitida. Ao conceito de vontade — ninguém o ignora —, além do elemento da representação mental e outros, é ainda essencial o elemento do *desejo*. Nem tudo quanto se prevê como resultado possível ou necessário da própria conduta é querido. Todavia, *A* no primeiro caso e *B* no segundo ficam vinculados sem dúvida ao sentido das suas declarações ([1]). Mas se o ficam, é que à validade inicial do negócio jurídico não pode ser indispensável nada além da pura consciência de ter o acto projectado idoneidade para gerar, no espírito doutras pessoas, a convicção de que o agente quer sujeitar-se, em face delas, a uma certa alteração da sua esfera jurídica ([2]) ([3]).

([1]) Na verdade, como proceder para os não considerar vinculados? Se o próprio dolo que se opõe à violência é irrelevante, seria incompreensível não bastar à vinculação jurídica a consciência de que se vai necessàriamente originar a confiança alheia na firmeza da nossa declaração. Sem querer embora causar este resultado, o declarante aceita-o, conforma-se com ele, prefere o mal de induzir outra pessoa em erro ao mal de se abster da conduta que terá, necessária ou mesmo só possìvelmente, aquele efeito. Há clara analogia entre estes casos e os casos de reserva mental pròpriamente dita. O facto de só aqui o declarante agir *para o fim* de originar no espírito doutra pessoa um certo estado de confiança, não acrescenta nada de importante à situação. Mesmo que se aceitasse basear a irrelevância da reserva mental no carácter imoral da conduta observada — seguindo-se, assim, na esteira da doutrina clássica —, seria impossível excluir o efeito da vinculação nos casos em que o agente apenas *prevê* a possibilidade de, com o seu acto, induzir em erro outra pessoa acerca das suas reais intenções. *Toda a teoria da vontade em direito civil não pode ser mais do que uma teoria da representação* (MANIGK, *Willenserklärung*, pág. 273; *Irrtum u. Auslegung*, pág. 40). Não interessa ao direito que o declarante invoque uma «falta de vontade», mas que demonstre ter sofrido um erro. E o erro não é a ausência da vontade, é a *ausência duma representação*.

([2]) Só queremos frisar no texto que em nenhum dos elementos subjectivos até agora passados em revista pode situar-se a causa da vinculação jurídica. De todos os elementos vistos, só aquela «consciência» do declarante pode julgar-se essencial à validade do negócio. Mas não se diz que o elemento subjectivo do negócio jurídico não possa ter uma conformação diferente (v. n.os seguintes), nem mesmo que a causa normal de toda a vinculação jurídica não resida numa pura «objectividade», numa simples «aparência», alicerçada em todo o caso sobre o suporte duma acção voluntária do sujeito imputável. Cfr. *infra*.

([3]) Neste sentido, JACOBI, cuja teoria é apta ainda para abraçar os casos semelhantes aos apontados no texto: «Com a vontade de praticar o acto da declaração, deve estar ligada a consciência de despertar no espírito da outra parte, através da declaração... a confiança de que o declarante quer o efeito jurídico» (*Theorie*, pág. 14). Como se vê, JACOBI não tem dúvida em equiparar, no seu significado jurídico, a simples previsão à vontade. A teoria

15. A título puramente provisório, as declarações de vontade podem, assim, considerar-se eficazes enquanto o declarante sabe que é possível despertar, com a sua conduta, a confiança doutrem na sua vontade de certos efeitos jurídicos. Resta agora saber se a esta conclusão pode ligar-se valor definitivo.

Na medida em que por ela se exprime a invalidade da teoria que situa a causa normal da eficácia jurídica das declarações na própria vontade psicológica dos seus efeitos (a vontade do declarado), o rigor daquela conclusão é brilhantemente confirmado pelos resultados da análise do conceito legal de consentimento. Que é este «consentimento» que a lei, nos contratos, exige seja mútuo, comum a ambos os contraentes (art. 643.°, 2.° cód. civ.), para que possa haver contrato válido? — Hipótese: Esse consentimento não é senão o acto voluntário de se consentir, quer dizer, o acto através do qual nos submetemos aos imperativos duma *lex contractus* de certo conteúdo, o acto da emissão duma declaração de vontade.

E a hipótese afigura-se realmente exacta. Parece contrariá-la — é verdade — a simples comparação do art. 643.°, 2.° com os arts. 647.° e 648.°: pois destes preceitos aparenta brotar a ideia de que o consentimento deve conceber-se em separado do facto da sua manifestação; deve conceber-se — isto é — como um *quid* puramente subjectivo, como uma *vontade,* não como um *acto voluntário.* E o conceito hipotético que esboçámos parece justamente caracterizar-se por constituir uma superação do binómio: declaração — vontade.

Não é, entretanto, assim. O consentimento pode ser na verdade o acto de se prestar o consentimento, de se aprovar a constituição duma relação jurídica. Contudo, eu quero que certos efeitos jurídicos se produzam, quero submeter-me às normas de certa lei contratual ainda antes de praticar o acto que incorpora e realiza essa vontade. E a esta minha vontade, como momento puramente subjectivo, convém ainda a qualificação de consentimento: de consentimento que carece de ser manifestado. A hipótese continua, portanto, de pé. Resta comprová-la.

---

de KOHLER, a que atrás nos referimos (em nota 1 de pág. 87), é que não tem elasticidade bastante para se harmonizar com a conclusão a que nos foi possível e necessário chegar no texto.

Para isso imaginemos o seguinte caso: *A* dirige a *B* proposta de certo contrato de compra e venda. *B* delibera aceitar, e, ainda antes de responder nesse sentido ao proponente, declara, na frente de terceiras pessoas totalmente desinteressadas, a sua resolução de aderir à proposta recebida. Se *A* é informado casualmente dessa conversa e sucede que *B*, antes de responder, muda de ideia, resolvendo agora não aceitar a oferta, pretenderá alguém ver aqui um contrato que se tenha vàlidamente aperfeiçoado? O proponente poderá alegar que a declaração feita por *B* a terceiros constitui expressa e clara manifestação do consentimento, nos termos do art. 647.°? A resposta tem de ser negativa. E, contudo, que é o que falta aqui? O acordo das vontades? Não falta: porque o acordo formou-se e subsistiu por algum tempo, como o próprio *A* o confessa. Nem falta tão-pouco a necessária manifestação do consentimento, tomada esta palavra no sentido (falso) que agora estamos a supor-lhe atribuído: pois o pretendido aceitante, ao fazer a sua declaração em frente de terceiros, até pensou que eles informariam logo dela o proponente; coisa que o não incomodou muito, uma vez que estava disposto a contratar. Além duma verdadeira manifestação do consentimento, podemos também falar aqui, portanto, da consciência que o declarante tomou de estar manifestando a sua vontade.

O «mútuo-consenso» do art. 643.°, 2.° não pode, assim, ter o sentido de «real acordo das vontades». E o «consentimento» de cada um dos contraentes, pela mesma razão, não é igual a «vontade do efeito». Qual será, então, o seu significado?

Procuremos um elemento que falte verdadeiramente no caso em exame, e vejamos se essa falta é capaz de nos explicar a não formação aí do vínculo contratual. Ora, o que dali está ausente é com certeza a vontade do declarante de se vincular à palavra dada, de se submeter a uma *lex contractus*. Ou antes: essa vontade pode mesmo ter-se formado já no espírito daquele; mas o que falta é *um acto praticado com a consciência de por ele se estar consentindo na validade duma lei contratual; com a consciência de se estar criando a condição necessária suficiente da vinculação ao conteúdo dessa lei por obra e graça do direito* [1].

---

[1] E, quando este elemento subjectivo não falte, o que falta é sempre a *aparência* dele. Ou não haverá diferença, *do lado de fora*, entre eu dizer

Há quem pretenda — é certo — explicar a não formação do vínculo contratual, no caso em exame e nos parecidos, pela intervenção dum elemento diverso. O direito só quer tomar em consideração aquela vontade que dados exteriores concorram a caracterizar como uma vontade definitiva, firme, inequìvocamente certa. Ora, só a acção consciente e livre, relativamente à qual certa vontade (certa intenção) exerce as funções dum motivo — diz ZITELMANN ([1]) — possibilita emitir um juízo seguro sobre a certeza dela. «Para que a intenção exista, é força que se verifique o acto para o qual a própria intenção é motivo» ([2]).

Se quiséssemos empregar termos psicològicamente mais rigorosos, poderíamos dizer, para exprimir a mesma ideia, que a intenção (vontade mediata ou dos efeitos) só existe enquanto se pratica o acto destinado a realizá-la.

Mas esta afirmação é sem dúvida inexacta. Psicològicamente, à essência da volição não pertence o próprio acto pelo qual o fim desejado se realiza. Eu posso querer (não apenas desejar: *querer*) ir amanhã ao concerto; se daqui até lá mudo de resolução e decido ficar em casa, ser-me-á impossível negar que em certo momento se formou em mim, com carácter inteiramente definitivo, a vontade de assistir ao concerto. A circunstância de se actuar realmente em vista do fim proposto não se concebe que possa prestar algum proveito quando se trata de caracterizar o facto de consciência da volição. O que distingue a vontade do simples desejo não é o praticar-se realmente uma acção que seja apta (em nosso juízo) a fazer-nos alcançar o fim desejado: é o querer praticar-se tal acção, é o decidir-se praticá-la ([3]) ([4]).

---

a *B*, pessoa totalmente desinteressada no assunto, que resolvi, definitiva e irrevogàvelmente, aceitar a proposta de *C*, e comunicar isso mesmo ao próprio *C?*

([1]) *Irrtum*, pág. 248, *apud* JACOBI, *Theorie*, pág. 9.
([2]) Cfr. JACOBI, mesmo lugar.
([3]) V. PFÄNDER, *Fenomenologia de la voluntad* (trad. esp. da *Phänomenologie des Wollens)*, págs. 124 e segs.
([4]) Para ZITELMANN, ao invés, (cfr. ainda o mesmo JACOBI, pág. 9) a decisão de fazer alguma coisa de futuro não é uma verdadeira decisão. Um «eu quero» que não passa logo à execução é só um «eu quereria...» Os

Se o direito não liga, pois, efeitos de negócio jurídico à pura vontade interior desses efeitos, embora claramente manifestada (ou ao puro acordo das vontades dos contraentes), não pode ser isso devido a que a realização do acto destinado a efectivar o fim desejado seja elemento tão essencial à própria natureza do facto da volição que deva pensar-se não haver vontade, mas simples desejo, antes de se realizar esse acto. É certo — repetimos — supor o facto de consciência da volição, como elemento essencial, a volição da série dos meios ordenados ao fim desejado e, por força, a volição duma acção própria (ou duma omissão) que intervenha em qualquer momento dela. Nada impede, contudo, — voltando ainda ao caso que serviu de ponto de partida às nossas considerações — que suponhamos o nosso pretendido aceitante, no momento de revelar a terceiros as suas intenções, — e assim o fizemos então, na realidade — já firmemente resolvido a enviar ao proponente, em ocasião oportuna, a sua declaração de aceitação. Entretanto, as palavras proferidas durante a conversa que manteve com pessoas diferentes do interessado não o vinculam com certeza.

Tornando às criticadas observações de Zitelmann, ainda se poderia talvez colher delas a ideia de que não é a própria vontade mediata, como facto psicológico, que deve ser julgada inexistente enquanto não for praticado o acto dirigido a executá-la; acontecendo tão--sòmente que o direito, por óbvias razões de certeza, se contenta apenas com a intenção já manifestada no acto que se pratica para o fim de a satisfazer.

---

motivos que obstam à execução imediata são mais fortes do que os outros. Por isso, o resultado desta luta de motivos só erradamente se exprime pela afirmação: «eu quero fazer isto tal ou tal dia»; na realidade, esse resultado é: «eu não quero agir». — Todos vêem quanto isto é falso. O facto da volição supõe, com certeza, a crença na possibilidade de se realizar por si (por forças próprias) o desejado. (Cfr. Pfänder, ob. cit., págs. 120 e segs., e Schreier, Die Interpretation der Gesetze und Rechtsgeschäfte, pág. 14). É, pois, manifesto que eu não posso querer mas tão só desejar ir hoje ao concerto, se decido que o preço das entradas no concerto de hoje é demasiado alto para a minha bolsa. Mas posso querer hoje ir lá amanhã, por ser informado de que os bilhetes estarão amanhã mais baratos. A minha decisão de ir amanhã ao concerto é verdade que supõe, exprime até a decisão de não ir lá hoje; mas com isso não deixa de ser uma verdadeira decisão.

Deve frisar-se, no entanto, não ser seguro que o direito subordine sempre a relevância da «intenção» (vontade de efeitos jurídicos) à presença deste elemento objectivo. Como noutro lugar o pusemos em evidência já, pode talvez admitir-se, ao lado da categoria dos negócios jurídicos cujo elemento fundamental reside numa declaração de vontade, a categoria daqueles que são constituídos pela simples *manifestação* ou *exteriorização* duma vontade real, e em que, portanto, não tem de falar-se desse *quid* representado pela acção subjectivamente destinada a executá-la.

De resto, e sem olhar agora aos negócios jurídicos desta última espécie (de que não curamos no presente trabalho), pode muito bem admitir-se serem realmente razões de certeza que impõem a necessidade de à intenção acrescer o *plus* do acto dirigido a realizá-la, para que os efeitos jurídicos queridos se produzam realmente. Mas o aceitar-se isso não exclui, como é óbvio, que o direito exija na verdade esse elemento novo, diverso da simples vontade dos efeitos, como condição indispensável de toda a eficácia jurídica. Nem exclui outrossim que nele se faça consistir o *quid* que, em última análise, decide desta eficácia e a explica, contanto ele seja em si próprio adequado a suportar o peso de tal responsabilidade. Ora, que eu fique vinculado porque e enquanto me submeto conscientemente a uma lei contratual qualquer, não é nada — parece — que represente alguma coisa de chocante para o nosso sentimento jurídico.

Aliás, se o «consentimento» de que a lei fala não fosse justamente o acto voluntário da emissão duma declaração de vontade, ficaria por determinar a base positiva que impede falar-se dum negócio jurídico, mesmo anulável (salvo casos excepcionais), onde faltar a presença daquele elemento [1]. Na realidade, inúmeras circunstâncias objectivas doutra ordem podem autorizar, com a mesma firmeza, a conclusão de que o agente se propõe alcançar uma certa alteração da sua esfera jurídica. Seria, pelo menos, arbitrário exigir sempre a verificação daquele elemento a que nos temos referido.

Não a vontade dos efeitos mas a simples consciência de que se está emitindo uma declaração de vontade, de que se está criando a condição necessária e suficiente do efeito legal, ou a condição

---

[1] Ou a sua aparência objectiva. Cfr. *infra*.

necessária e suficiente para que outra pessoa legìtimamente nos considere vinculado a seu respeito, é, pois, tudo quanto, em matéria de elemento subjectivo, pode julgar-se essencial à validade das declarações jurídicas. Saber o agente que vai fundar, com o seu acto, a confiança doutrem na sua vontade de certa alteração jurídica não é, assim, quanto basta, em matéria de elemento subjectivo, para se ter uma declaração de vontade jurídica e, portanto, um *negotium juris*. Uma declaração de vontade produtiva de efeitos jurídicos só existe quando puder dizer-se que o declarante agiu com a consciência de se estar vinculando definitivamente aos olhos do declaratário, de estar fazendo a outrem uma promessa ([1]). Neste sentido deve corrigir-se aquela teoria da confiança a cuja formulação chegámos no fim do número anterior ([2]).

([1]) Quando *puder dizer-se* que o declarante agiu com a consciência de fazer uma promessa, escrevemos. De facto, do que se diz no texto não brota a conclusão de que a simples *aparência objectiva* de ter o declarante agido nesse estado de espírito não seja bastante para fundar a vinculação jurídica. Quando dizemos que, para haver uma declaração de vontade, não basta o saber apenas o agente que vai fundar com o seu acto a confiança doutrem na sua vontade de certas consequências jurídicas, deixamos ainda de pé o problema que consiste em apurar se a falta dum outro elemento subjectivo diferente deste não pode preenchê-la a simples aparência exterior da sua presença. Esta questão só pode ser decidida noutro lugar.

([2]) Como sabemos, foi em JACOBI que esta teoria da confiança encontrou a sua melhor expressão. Este autor parece realmente não se ter apercebido da possibilidade de faltar o vínculo obrigatório apesar da existência do elemento subjectivo que ele julga decisivo (a vontade de fundar a confiança) e da sua clara manifestação. Cfr. *The. der We.*, págs. 9-10. Mas cfr. também págs. 15-18. Das considerações que JACOBI desenvolve neste lugar, em vista de mais rigorosamente chegar à determinação do elemento subjectivo que decide da vinculação jurídica, não é assim lá muito seguro concluir que ele se não tenha apercebido disto: da necessidade de o declarante saber que a outra parte vai julgar que ele visa o fim de ficar definitivamente vinculado, com a sua declaração, à face do direito. Assim, a pág. 18 lê-se: «...as partes (cada uma das partes) têm de querer provocar no espírito do outro contraente *(im Anerklärten)* a representação de que se propõem alcançar um efeito prático em terreno jurídico, sob a égide do direito» *(im Wege Rechtens)*. Ora, como resulta do que escrevemos no texto, isto não basta, no aspecto subjectivo, para que o vínculo contratual se feche. Mas já dalguns passos de págs. 15-16 parece ressaltar que o autor traduz a fórmula: «vontade de fundar a confiança doutrem na existência em nós da

16. A própria natureza lógica das declarações jurídicas nos mostra, aliás, ser o elemento «vontade do declarado» perfeitamente dispensável para a construção do seu conceito.

A teoria dominante concebe a declaração de vontade, naquilo que ela tem de específico para o direito, como a afirmação ou participação de que o declarante quer certos efeitos (jurídicos segundo uns, práticos ou empíricos segundo outros)([1]); e os efeitos jurídicos produzem-se justamente porque e enquanto são queridos (teoria da vontade) ou porque e enquanto a declaração os designa como tal (teoria da declaração). Esta é uma das possíveis bases da doutrina que julga inexistente todo o negócio jurídico em caso de desacordo involuntário entre a declaração e a vontade ([2]).

Ora, surpreender a verdadeira natureza das declarações jurídicas não é senão, decerto, explicar o facto da vinculação jurídica do declarante à sua palavra. Porque a coisa realmente notável com que deparamos aqui é, na verdade, esse ficar o declarante ligado uma vez por todas aos termos da sua declaração. Mas esta particularidade todos podem ver que a não explica o conceber-se simplesmente a declaração de vontade como a notificação ou participação de que o declarante quer alcançar certos efeitos. Se por esta vontade se entende a vontade do acto, da conduta prometida, então permanece enigmática a razão pela qual o agente há-de ficar obrigado a seguir essa conduta. Só por ter em certo momento afirmado que a queria seguir?

---

vontade de certos efeitos jurídicos» nestes termos: «vontade de, com a declaração a emitir, despertar na outra parte a convicção de que aceitamos por ela submeter a nossa conduta futura a uma norma de alcance jurídico». Entretanto, como está implícito no que escrevemos acima, não há coincidência entre uma fórmula e outra.

([1]) V., por ex., v. TUHR, *Allg. Teil*, II, 1.ª, pág. 400: a declaração de vontade é «um acto praticado para o fim de levar ao conhecimento doutras pessoas *(zur Kenntniss der Mitwelt)* um facto da vida espiritual». No mesmo sentido, e de modo ainda mais explícito, MANIGK, in *Willenserklärung*, págs. 190-91: «Declaração de vontade é a manifestação da qual uma pessoa se utiliza para o fim de comunicar (a outrem) uma sua vontade de efeitos jurídicos» *(zum Zwecke der Kundgebung eines Geschäftswillens)*.

([2]) O outro possível ponto de partida desta doutrina consiste — como vimos acima (n.º 9) — em conceber-se a declaração como um simples indício da vontade.

Mas, quando eu afirmo puramente que quero comportar-me no futuro deste ou daquele modo, ninguém dirá que violo uma obrigação assumida se depois delibero comportar-me de maneira contrária. Tal coisa só me poderá ser imputada se for lícito dizer-se que, conduzindo-me como me conduzi, *eu quebrei uma promessa feita.*

Nem se julgue que, no caso das declarações jurídicas, se dê apenas a circunstância de o direito intervir decretando vinculativa a notificação que por si, pelo seu sentido, a tal vinculação não alude. Pois é indubitável que a declaração de vontade contém em si própria uma referência a essa vinculação jurídica. E, se a não contiver, então não será capaz de interessar o direito ([1]). A declaração de vontade possui por si mesma carácter vinculativo; e este traço específico é que o concebê-la como a pura afirmação da vontade duma conduta futura não basta a explicar.

Nem seria tão-pouco bastante para isso pensar a declaração como significativa da vontade dessa vinculação jurídica; entender, isto é, que a natureza particular das declarações jurídicas nos é dada por constituírem elas a comunicação ou participação de que o declarante quer vincular-se. Com efeito, se a declaração constitutiva de negócio jurídico não representasse mais do que isso por si própria, se ela significasse apenas a declaração de que certo facto se passou no espírito do declarante, só a contradiria, só se poria em conflito com ela tudo quanto fosse um afirmar posteriormente este último que tal facto nunca se havia verificado ou um agir com base nesse pressuposto. E, todavia, é certo que a declaração *aponta* para essa coisa que representa o ficar-se definitivamente vinculado a fazer a prestação prometida. Porquê? Por que é que o ficar eu adstrito à minha declaração constitui facto explicável pelo próprio sentido

---

([1]) O que é reconhecido, hoje, pela quase totalidade dos autores alemães. Assim: von Tuhr, *ob. cit.*, pág. 401; Manigk, *Irrtum u. Auslegung*, pág. 105. O próprio Danz não contesta que «das declarações de vontade deva resultar... *uma vontade de obrigar-se»;* sòmente acentuando que o ser ou não uma determinada conduta constitutiva de *negócio jurídico* «depende exclusivamente da interpretação conforme aos usos sociais» *(La interpretación de les negocios juridicos* [trad. esp. de Roces], nota 1 de pág. 21). Cfr. infra, § 2.º, n.º 8.

dela, harmónico com a sua natureza específica? Porque a declaração de vontade jurídica tem o carácter duma *promessa;* porque os efeitos nela declarados não o são tanto como efeitos *queridos* mas sobretudo como efeitos que *devem produzir-se;* porque as declarações de vontade não representam um juízo acerca dum «ser», um juízo de facto, antes afirmam um «dever-ser», postulam uma «validade»: não dizem que o declarante quer vincular-se, senão que ele se vincula, se obriga a realizar ou a não realizar determinada acção ([1]).

Mas, se a declaração de vontade jurídica é fundamentalmente uma promessa, não pode julgar-se seu elemento essencial nada que não diga directamente respeito a esta particular natureza, nada cuja falta deixe intacto o seu carácter de «promessa». E, como é evidente, não pode dizer-se que *não promete* aquele que, querendo na verdade prometer, está contudo em erro acerca do conteúdo da sua declaração. O declarante submete-se aqui — é verdade — a uma lei diferente da querida. Mas, se os efeitos declarados se produzem não por serem queridos e sim porque, nos termos da declaração, devem produzir-se, — nenhuma condição essencial à validade da lei notificada falta nesta hipótese.

Evidentemente, todo o legislador é livre de decretar nula a «promessa» cujo sentido concreto não coincidir com o que lhe atribuiu o declarante; de decretar a nulidade — isto é — para os casos de divergência entre o efeito querido e o efeito constante da declaração ([2]).

Mas o que ninguém poderá fazer é deduzir esta nulidade absoluta da declaração «sem vontade» da falta de qualquer elemento essencial ao conceito dela. E se, em todo o caso, esta consequência

---

([1]) «A declaração de vontade não e, portanto, a declaração dum querer ou duma intenção, mas declaração de que uma certa coisa deve valer» *(die Willenserklärung ist... Geltungserklärung)* — diz LARENZ *(Die Methode der Auslegung des Rechtsgeschäfts,* Leipzig, 1930, pág. 45). Para as observações notàvelmente agudas deste autor *(ob. cit.,* págs. 34-69) remetemos quem deseje aprofundar o problema da natureza das declarações de vontade jurídicas. LARENZ parece ser o autor que mais recentemente e mais a fundo escavou esse problema.

([2]) V. ainda LARENZ, *ob. cit.,* págs. 52-53.

estiver prescrita na lei, isso significará apenas que o direito se recusa a imputar ao declarante efeitos jurídicos diferentes dos queridos. Com isto muda o problema claramente de sede.

Se a harmonia entre a declaração e a vontade do declarado não é, portanto, elemento essencial à existência do negócio jurídico, visto não residir naquela vontade a causa da vinculação do declarante à face do direito, — nenhum argumento de ordem geral pode justificar a doutrina que atribui ao erro exclusivo da intenção o efeito da nulidade absoluta das declarações jurídicas. E como esta doutrina, por outro lado, se não encontra expressamente consagrada na lei, acontecendo além disso militarem contra ela sérias razões de utilidade e justiça, é preciso pô-la definitivamente de parte por falsa e indesejável. Não é o simples facto de haver desarmonia inconsciente entre o conteúdo da declaração e o da vontade que torna o negócio jurídico absolutamente nulo. O erro que gera aquela desarmonia de nada mais pode ser causa, em princípio, do que duma simples nulidade relativa.

*
* *

17. Entretanto, uma coisa é provar, à face da lei, que o erro não pode ser causa de nulidade absoluta pelo simples facto de importar divergência entre o declarado e o querido ([1]), outra coisa é

([1]) Contra a exactidão destas conclusões ficam ainda, contudo, de pé os argumentos em que o prof. CABRAL DE MONCADA filia, à face da lei portuguesa, a validade da distinção entre o erro-obstáculo e o erro-motivo ou vício-da-vontade. Esses argumentos, ao menos aparentemente, são, de facto, diversos daqueles em que a doutrina clássica — como vimos — é em geral fundamentada. Em matéria de divergência entre o querido e o declarado, o prof. MONCADA não aceita, como teoria geral, nenhuma das teorias consagradas: nem a da vontade, a da responsabilidade ou a da *culpa in contrahendo*, nem a da declaração ou da confiança (*Lições*, II, págs. 250 e segs.). *«Não há na nossa lei um princípio único em nome do qual decidir* —, para todos os casos de divergência entre a declaração e a vontade, na fórmula acima referida de: «declaração menos vontade» — *a qual destes elementos* (vontade, declaração, responsabilidade...) *se deve dar preferência.* Nem

demonstrar, à face da mesma lei, que todo o erro seja em princípio causa de nulidade relativa.

---

sempre a lei atende de preferência a um, nem sempre atende ao outro. Antes: o critério de preferência que ela estabelece *varia de caso para caso, consoante não só a índole do acto jurídico de que se trata, como consoante os princípios ético-jurídicos que lhe servem a ela de inspiração dentro de cada grupo de relações sociais»* (pág. 258).

Pois bem: que solução dar ao caso, dentro deste ponto de vista geral, em que a declaração diverge da vontade sem disso se aperceber o declarante? (Para o prof. MONCADA, a divergência inconsciente entre o declarado e o querido só se verifica quando o erro é na própria expressão da vontade; devendo a estes casos assimilar-se os de *desinteligência* ou *desentendimento* entre as partes, nos contratos [págs. 280 e segs.]). Há que distinguir duas hipóteses: se a errada declaração é fàcilmente *rectificável,* o acto será, feita a rectificação, válido *(falsa demonstratio non nocet);* se a verdadeira vontade do declarante é *irreconstituível,* então o acto será necessàriamente nulo (págs. 284-85). E porquê esta última solução? Porque neste caso (não sendo a verdadeira vontade reconstituível) temos uma vontade sem declaração e uma declaração sem vontade; «e sacrificar a esta última o declarante seria pois... ir de encontro ao princípio ético-jurídico consignado no art. 14.º» (quem, exercendo o próprio direito, procura interesses, deve, em colisão e na falta de providência especial, ceder a quem pretende evitar prejuízos).

Salva a devida consideração pela autoridade deste jurista, não nos parece que a doutrina do prof. MONCADA, nesta matéria do erro, possa considerar-se aceitável. Efectivamente, se a nulidade absoluta da declaração sem vontade fosse justificada pela norma do art. 14.º do código, afigura-se-nos que, então, só ao contraente enganado (não também a qualquer pessoa interessada e muito menos à outra parte) deveria pertencer o direito de pedir o reconhecimento judicial da nulidade. Por outro lado, o preceito do art. 14.º tanto justificaria a nulidade absoluta da declaração sem vontade como a daquela que, sendo querida no seu conteúdo, tivesse sido apesar disso emitida sob a influência dum erro (erro-vício). Contudo, a nulidade, neste último caso, é tão-sòmente relativa (art. 689.º); não obstante também aqui ser verdade que o contraente, que pede a anulação do acto, pretende em regra apenas evitar prejuízos; procurando a outra parte, que se opõe a esse pedido, realizar interesses. Aliás, o próprio prof. MONCADA reconhece estar o princípio ético-jurídico do art. 14.º também na base dos preceitos legais (arts. 657.º e segs.) que apenas admitem o declarante enganado a pedir, dentro de certo prazo, a anulação do contrato (págs. 260 e 314). Logo, o referido princípio não pode justificar o regime da nulidade absoluta para os casos de erro-obstáculo.

E, se o prof. MONCADA não quer fazer apelo à norma do art. 14.º para justificar a nulidade *absoluta* das declarações sem vontade, mas tão-só para

De tudo quanto até aqui observámos, no decorrer da exposição e crítica da doutrina clássica (¹), ressalta com força, é certo, a ideia de ser desejável que todo o erro essencial promova em princípio (e salvas as substanciais restrições que se afirmarem convenientes) a anulabilidade da declaração por ele afectada. E ressalta ainda que seria lògicamente inarmonizável com a razão abstracta da tutela jurídica no domínio contratual, tudo quanto fosse um conceder a lei validade incondicionada a um negócio jurídico «sem vontade». De resto, que esta solução extrema, injusta e inconveniente não está consagrada no nosso cód. civil, provam-no a todas as luzes as disposições dos arts. 657.º e segs. Mesmo aceitando, com a doutrina entre nós melhor fundamentada, não serem esses artigos directamente aplicáveis senão aos casos do chamado erro-determinante-da--vontade, o que pode logo afirmar-se, a um simples primeiro contacto com essas disposições, é que será impossível recusar influência jurídica ao pseudo erro-obstáculo. Na verdade, por que seria relevante sòmente o erro da primeira categoria?

Mas — continuemos — nem daqui nem do que se disse antes decorre necessàriamente a conclusão de ser todo o erro, à face da lei portuguesa, causa de nulidade relativa do negócio jurídico. Com efeito, como noutro lugar já incidentalmente se frisou (²), seria concebível um regime em que o erro exclusivo da intenção (no sentido tradicional) só fosse relevante para fins de interpretação das declarações de vontade (³). Vamos, então, ver se na lei portuguesa é pos-

---

justificar a nulidade delas (seja qual for a natureza que essa nulidade revista), fica então em suspenso o problema de saber por que são absolutamente nulos (e não apenas anuláveis) os negócios jurídicos que foram celebrados sob a influência dum erro-obstáculo. Justamente por faltar o acordo entre a vontade e a declaração? Mas por que motivo não há-de poder ser válida (embora a título provisório) uma declaração que por erro não corresponde à vontade real do seu autor?
(¹) V. sobretudo págs. 39-42.
(²) Pág. 67, nota 1.
(³) O regime seria este: sempre que o juiz, tomando em conta todas as circunstâncias individuais conhecidas da outra parte (ou que esta poderia ter fàcilmente conhecido), apurasse que o declarante atribuíra à sua declaração, por erro, um sentido diverso do normal, o significado querido seria então o significado jurìdicamente decisivo. Por outro lado, se a análise daque-

sível encontrar fundamento para a doutrina segundo a qual todo o erro, em princípio, é causa de nulidade relativa.

18. O problema põe-se à face dos artigos 657.º e segs. do código. E, como já noutro lugar foi acentuado, não pode deixar de entender-se (art. 689.º) que os efeitos do erro naqueles artigos regulado consistem na pura nulidade relativa do negócio jurídico (¹), aquela expressão tomada no sentido que todos conhecem.

Em frente dos preceitos dos arts. 657.º e segs. do código, a única atitude legítima do intérprete consiste em inquirir se acaso esses preceitos alcançam todo o domínio do erro, por forma a poder formular-se o juízo de não conter a lei civil portuguesa lacunas nesta matéria e a este propósito; e, eventualmente, na hipótese de se confirmar a doutrina comum (que nega essa possibilidade), em perguntar se essas normas, fixada a sua esfera directa de validade, não poderão, porventura, servir — e em que medida — para fixar a disciplina do restante domínio do erro nelas não previsto. Ter-se-á — por outras palavras — de averiguar, a dar-se esta segunda hipótese, se os arts. 657.º e segs., que apenas prevêem o caso de se apresentar uma ou algumas das possíveis modalidades do facto do erro, não será conveniente que valham também para casos diversos dos directamente regulados. E se tiver de concluir-se que sim, que isso é conve-

---

las mesmas circunstâncias permitisse estabelecer, sim, que o declarante tinha errado, mas não facultasse elementos com base nos quais fosse possível reconstruir a verdadeira vontade do agente, a declaração deveria ser considerada nula por impossibilidade de se lhe atribuir um sentido decisivo. Se o erro que importa desarmonia entre o querido e o declarado só fosse relevante dentro destes limites, talvez não pudesse falar-se de contradição entre isto — este regime — e o regime legal do erro determinante da vontade. Tudo dependeria da questão de saber sob que condições é este último erro, segundo a lei, jurìdicamente relevante.

(¹) Dizemos do negócio jurídico e não do contrato, apesar de aquelas disposições só ao contrato se referirem particularmente, por ser doutrina assente entre nós — e em todos os países cuja lei civil carece duma disciplina expressa do negócio jurídico — serem os preceitos de carácter geral relativos aos contratos susceptíveis de valer também, onde for possível, no campo dos negócios jurídicos unilaterais. Cfr. por todos ALVES MOREIRA, Inst., I, págs. 387-88 e 432. Para a Itália v., por exemplo, RUGGIERO, Inst., I, pág. 260, nota 1.

niente, nada obstará então a que eles se considerem aplicáveis por analogia a esses casos ([1]).

Vejamos pois, antes de mais nada, — até podendo acontecer que os resultados desta primeira investigação tornem desnecessária a segunda — se é possível entender-se que as normas dos arts. 656.º e segs. do código valem directamente para todo o domínio do erro ([2]).

Uma primeira consideração acode logo no sentido de ser isso possível, e até necessário, pelo menos dentro de medida muito apreciável ([3]). Os arts. 656.º e 657.º falam em «consentimento prestado por erro» e em «erro do consentimento». A amplitude do conceito de «erro do consentimento» ou na «prestação do consentimento» há-de, portanto, depender, em primeiro lugar, do próprio conceito legal de «consentimento». Isto é: sempre que, relativamente a certa manifestação de vontade, pudermos falar de consentimento no sentido da lei, aí poderemos reconhecer, em princípio, a existência dum erro do consentimento. Mas o consentir, quando não seja menos (v. *supra*, n.º 15), é o acto de emissão duma declaração de vontade. *Erro do consentimento* será, pois, em sentido amplo, *todo o erro que ferir o sujeito no momento de fazer a sua declaração*, contanto seja tal que a declaração não tivesse sido emitida na sua falta.

Ora, é fácil ver que dentro deste conceito cabem as três espécies

---

([1]) Dado ser arbitrária — como já noutro lugar salientámos — a afirmação dalguns autores de faltar a necessária identidade de natureza entre os casos de erro-vício-da-vontade e os casos de erro-obstáculo. Até podemos concluir, então, que aos erros incluídos pela maioria dos escritores nesta última categoria é que falta evidentemente a apregoada homogeneidade de natureza psicológica.

([2]) Como sabemos, esta opinião já tem sido entre nós sustentada, mas de maneira pouco satisfatória. Dos que se afirmam neste sentido, de resto, só o Prof. TAVARES (v. *supra*, págs. 39-41) aceita expressamente que os arts. 657.º e segs. valham também para os casos de erro na manifestação ou declaração da vontade; entretanto os mais típicos dentro da categoria do erro-obstáculo. Cfr., no mesmo sentido, o acórdão do Supremo Tribunal de Justiça de 13 de Julho de 1937 («os contratos podem ser rescindidos, por erro na declaração dos outorgantes, nos mesmos termos em que o são por erro sobre a vontade, sendo, assim, de aplicar-lhes o disposto no art. 689.º do cód. civil...»).

([3]) Para se apreender o sentido desta limitação repare-se, quando for altura disso, no que está escrito a pág. 107.

ou modalidades do erro distinguidas pela doutrina clássica. Cabe aí, evidentemente, o chamado erro nos motivos da intenção ou vício da vontade: pois é claro que eu *presto por erro o meu consentimento* se adiro à proposta de contrato que me foi dirigida na convicção errónea de confluirem, no objecto oferecido em venda, certas qualidades; e se, além disso, posso dizer que teria recusado a oferta no caso de ter havido exacto conhecimento dos factos.

Não é menos certo ser também o clássico «erro na intenção» um erro do consentimento no sentido indicado. Na verdade, aquele que dirige a um terceiro proposta dum contrato de enfiteuse, convencido de ser esta expressão «enfiteuse» apta a traduzir a sua real vontade dos efeitos do arrendamento, — é também indubitável que *consente* sob a influência dum erro. O erro é, ainda aqui, na prestação do consentimento.

Falta-nos agora considerar os casos de erro na declaração ou expressão da vontade, cuja natureza lógico-psicológica já noutro lugar procurámos definir (págs. 41-42). Dissemos então que este erro consistia, não num falso juízo acerca do sentido da declaração projectada ou numa falsa representação dos seus efeitos legais, mas num actuar o agente sem consciência da forma concreta da sua conduta. E, na verdade, não se trata aqui duma *falsa opinio*. Se, em vista da obtenção de certo resultado, eu julgo necessário e suficiente emitir declaração de conteúdo diverso, sem me aperceber, no momento de agir, dessa diversidade, é manifesto que não posso ter considerado a declaração emitida apta a realizar os fins visados: pois só é possível proferir-se um juízo verdadeiro ou falso acerca daquilo de que se toma prévio conhecimento. Doutro lado, pode bem acontecer que o único juízo aqui proferido tenha sido exacto: a declaração projectada era realmente apta à produção do resultado tido em vista.

Contudo, nada disto significa que não tenha sentido falar-se neste caso dum consentimento prestado por erro, *por causa de erro*. O não tomar o agente consciência da *forma concreta* do seu agir não implica que ele tenha agido inconscientemente: sem consciência de estar praticando uma acção, de estar emitindo uma declaração de vontade [1]. *De estar prestando um consentimento*. Por outro lado,

---

[1] Não desconhecemos, é certo, já ter sido afirmado (por BRINZ e HÖLDER, por ex., cits. em LEONHARD, *Irrtum*, I, págs. 146 e segs.) que nestas

é também certo que ele não emitiria aquela declaração de vontade se tivesse podido aperceber-se do seu real conteúdo. Mas o erro na expressão é justamente isso: o não tomar o agente conhecimento da forma concreta do seu agir. O erro na expressão ou manifestação da vontade é, por conseguinte, um erro do consentimento.

Dentro deste conceito cabe também, por maioria de razão, uma outra espécie particular do fenómeno do erro, que aparentemente se confunde com o erro na manifestação da vontade. Referimo-nos ao caso de se ter deliberado emitir declaração de certo conteúdo (a qual é, na realidade, idónea para se atingir o fim tido em vista), sucedendo que posteriormente a nossa atenção se fixa em expressão ou manifestação diversa, e se acaba, deste modo, por escrever ou dizer, consciente e voluntàriamente, coisa diferente do que primeiro se tinha resolvido — Ex.: A delibera propor a B a compra de certo prédio, que é conhecido, como ele o não ignora, pela designação de X; mas, porque visitou há poucas horas o prédio Y do mesmo dono, termina por atribuir àquele a designação própria deste, declarando-se, com plena consciência da forma concreta da declaração que emite, pronto a comprar o prédio Y [1].

Posto que tenha a particularidade de intervir num momento em que o declarante se tinha já decidido pelo meio adequado à realização dos seus fins, em que, na terminologia de MESSINEO, se tinha formado já no espírito daquele a vontade da declaração, o erro de que tratamos não deixa de se apresentar sob a forma dum falso juízo acerca do sentido ou valor do acto a praticar. Com efeito, dá-se aqui a circunstância de o declarante emitir uma declaração de von-

---

hipóteses se está em presença dum verdadeiro caso de perda momentânea total da consciência. Mas também não temos dúvida em dizer que esta afirmação é incapaz de resistir à mais elementar análise psicológica. O que pode acontecer é ela ser válida para muitos casos. Mas o problema, então, também não terá autonomia: tratar-se-á da questão de saber qual é o regime jurídico das aparentes declarações de vontade que não tiveram sequer como suporte uma acção voluntária. V. *supra* (Introdução) e *infra*, § 2.º, nota.

[1] Cfr. LEONHARD, *Irrtum*, I, pág. 148: «*In der Seele eines Zerstreuten bildet sich nicht immer zunächst eine richtig formulierte Äusserung, welche demnächst auf dem Wege von dem Geiste zu dem Munde entstellt wird, also «abirrt», sondern es verspricht sich jemand der Regel nach nicht anders, als indem er sich vorher «verdenkt».»

tade de cujo conteúdo toma perfeita consciência, só acontecendo não ser já essa declaração a mesma que a primeiramene querida. Mas não é nisto que reside o essencial. O essencial reside naquele falso juízo acerca da idoneidade da manifestação por fim utilizada para se atingirem os resultados tidos em vista. Tanto assim que, se não fosse tal juízo, o declarante teria remediado a tempo o seu lapso, as consequências do desvio da sua atenção para outro objecto, acabando por emitir, como se nada de anormal se tivesse passado, a declaração apropriada. — Logo, também aqui se dá o caso dum consentimento que se presta sob a influência dum erro.

Mas se estas são todas as formas típicas que o erro pode revestir, nas suas relações com a acção voluntária, e se todas elas podem ser incluídas no conceito de erro do consentimento, é possível concluir logo daqui que os arts. 657.º e segs. do código devem ser directamente aplicáveis ao erro de qualquer daquelas categorias que intervenha no momento da formação e celebração dum negócio jurídico. Isto não é dizer, todavia, que, por força da razão posta em relevo, todo o domínio do erro possa considerar-se directamente sujeito às normas contidas naqueles artigos. Pois há também um erro que consiste em se não atribuir ao acto praticado valor de declaração de vontade, de promessa jurídica, e suceder que esse sentido lhe é justificadamente imputado por outros. Aqui, é duvidoso se existe o consentimento; por isso não falamos agora, a este propósito, dum erro do consentimento ([1]).

Mas pondere-se que do erro acerca do sentido de promessa jurídica da conduta observada é impossível fazer, quer no ponto de vista lógico, quer no psicológico, categoria autónoma. Psicològicamente, como o chamado erro-nos-motivos e o clássico erro-exclusivo-da--intenção ([2]), ele tem a particularidade de ter sido *causal* para a determinação de vontade executada. Lògicamente, apresenta-se, como qualquer daqueles, sob a forma dum falso juízo acerca do valor, do alcance, do sentido que é próprio da conduta observada. O que portanto acima quis significar-se foi que podia concluir-se *dali* (das observações anteriores) serem os arts. 657.º e segs. do código aptos

---

([1]) Sobre esta figura particular do erro v. *infra*, § 2.º.
([2]) Erro exclusivo da intenção no sentido restrito de «*Absichtsirrtum*», é claro.

a colherem, sob o imperativo das suas normas, erros de todas as categorias possíveis.

Vejamos agora se as disposições dos arts. 657.º-662.º se harmonizam com este conceito amplo de erro do consentimento ou na prestação do consentimento. Vejamos, isto é, se a regulamentação concreta do erro nesses artigos ordenada convém a todo o erro que de qualquer maneira possa ferir o declarante no momento de fazer a sua declaração.

É desde logo evidente que aí se atribui relevância ao erro-*motivo* ou *vício*-da-vontade em sentido estrito: seja, ao erro-motivo que não importar também divergência entre o querido e o declarado. Para se concluir isso basta ler, com efeito, os arts. 659.º e 660.º (¹).

Se aquele que faz a outrem uma proposta de arrendamento dum prédio urbano declara expressamente que só contrata por julgar ter sido colocado, como funcionário que é de certa empresa privada, na terra da situação do prédio, sendo tal declaração também «expressamente aceita pela outra parte», — verificam-se aqui, sem dúvida, os requisitos a que o art. 660.º subordina a eficácia do erro-de-facto-sobre-a-causa, no caso de não haver sido realmente tomada a respeito do proponente qualquer medida de transferência. E os pressupostos do art. 659.º também não podem deixar de considerar-se verificados se um industrial, ao contratar com determinada companhia o seguro dos seus operários, o faz na persuasão errónea de ser a isso obrigado por comando expresso da lei (²). Ora, é manifesto que em

---

(¹) Art. 659.º: «O erro de direito acerca da causa produz nulidade, salvo nos casos em que a lei ordenar o contrário.»

Art. 660.º: «Se o erro acerca da causa for de facto, só produzirá nulidade, se o contraente enganado houver declarado expressamente que só em razão dessa causa contratava e esta declaração tiver sido expressamente aceita pela outra parte.»

(²) *Minime* se no momento de se firmar o contrato de seguro fica expressamente entendido que o industrial só em razão daquela causa contrata. É verdade que o art. 659.º não subordina a relevância do erro-de-direito-acerca-da-causa ao requisito a cuja verificação o art. 660.º sujeita toda a eficácia do erro-de-facto. Não nos parece, contudo, impossível defender a solução de que tanto o erro-de-facto como o erro-de-direito (quando acerca da causa) estão submetidos ao mesmo regime jurídico.

Na verdade, e ao menos a um primeiro contacto com estes preceitos legais, afigura-se a todos haver tanta razão para condicionar fortemente

nenhuma destas hipóteses o erro vulnera aquela relação de identidade que normalmente existe entre a vontade e a declaração.

E também não é difícil verificar que à norma do art. 661.º se ajustam perfeitamente casos típicos de erro na intenção, de desar-

---

a influência jurídica do erro-de-facto (sobre a causa) como a do erro-de--direito. Os interesses do outro contraente, que o legislador tutelou de forma tão enérgica com a prescrição do art. 660.º, não se vê que reclamem ou mereçam protecção menos firme e decidida quando o erro incidir sobre a existência ou alcance dum dever-ser jurídico. Doutro lado, parece também injustificável que o contraente enganado fique em melhor posição quando o seu erro foi «de direito» do que quando foi «de facto».

E será impossível entender a norma do art. 659.º de harmonia com o art. 660.º? Não parece que seja. O art. 659.º não é forçoso que nos dê resposta para outra pergunta além desta: o erro sobre a causa também produz a nulidade do contrato quando for *de direito?* É certo que esta questão já estava resolvida pelo art. 658.º, vindo, assim, a mostrar-se inútil (pois lhe não dá nenhuma utilidade o alcance positivo da frase: «salvo nos casos em que a lei ordenar o contrário») a disposição do art. 659.º. (Em todo o caso, sempre é possível pensar-se que o art. 658.º, *ensinando* poder o erro sobre a causa ser de direito ou de facto, podia muito bem ter por companheiro um artigo 659.º que dispusesse: «Só o erro de facto sobre a causa produz a nulidade do contrato...»). Mas, como quer que se entenda este último artigo, sempre um deles poderia suprimir-se sem dano: ou o art. 659.º, porque já no anterior se resolvesse o problema a que ele se refere (o de saber se também quando for *de direito* pode o erro acerca da causa ser relevante), ou o art. 658.º, porque do seguinte emanasse igualmente a ideia de que não só o erro de facto sobre a causa, mas também o de direito, anula a convenção. Mas se pode considerar-se que o art. 659.º não tem o sentido de conter uma resposta para a pergunta relativa às condições de relevância do erro aí previsto, — é claro que este problema continua de pé. E, continuando de pé, não vemos outro meio de o resolver que não seja o de aplicar por analogia ao erro-de-direito a norma do art. 660.º, directamente válida para o erro-de-facto.

Certo é, contudo, não ser esta a única maneira de atribuir um alcance razoável ao art. 659.º. Se a este artigo se imputar o sentido de dispor a influência jurídica de todo o erro de direito, então, se quiser adoptar-se uma solução admissível, não poderá deixar de entender-se que o art. 660.º é aplicável por analogia ao erro-de-direito-acerca-da-causa, na parte em que estabelece as condições objectivas sob as quais é relevante um erro de facto. Mas não será que o legislador, ao falar de erro de direito, só haja tido em vista certos casos de erro de direito, para os quais se justifique um regime diverso do que é prescrito para o erro de facto?

Quando um indivíduo celebra um contrato falsamente convencido de

monia entre os efeitos realmente designados como queridos e aqueles que, por meio da declaração emitida, o declarante se propunha originar. Na verdade, é doutrina comum, além de ser de pura intuição, que o *error in corpore* pode conceitualmente revestir até a forma

---

estar obrigado por lei a celebrá-lo, a situação do agente não é aqui inteiramente a mesma — pode dizer-se — que a que se verifica na hipótese de ser apenas acerca dum facto o erro sofrido. Se eu julgo ter obtido finalmente o emprego particular que me prometeram, essa convicção colocar-me-á, porventura, na necessidade de alugar imediatamente, na terra onde tenciono fixar-me com a família, uma casa. E se o contrato de arrendamento chega a efectuar-se, eu posso dizer depois — é certo — que contratei forçado por uma premente necessidade. Mas a situação do empresário, que contrata com uma companhia o seguro dos seus operários só por se julgar legalmente obrigado a fazê-lo, é porventura diversa. Aqui, a vontade do contraente enganado foi determinada por uma verdadeira «coacção jurídica» (CAPORALI, in *Diz. pr. del dir. priv.*, II, pág. 875): o declarante só se decidiu a emitir aquela declaração de vontade por supor que doutro modo violaria um expresso comando legal. E não será, então, justo atribuir influência jurídica a este erro de direito sofrido aqui por um dos contraentes, independentemente de ter o outro podido conhecê-lo?

Apesar da sua aparência sedutora, esta interpretação restritiva do art. 659.º não merece o nosso aplauso. Em verdade, não vemos que a situação dos interesses se apresente fundamentalmente modificada nas hipóteses idênticas à que imaginámos. Lá porque actuou convencido de só assim se frustrar a uma grave sanção legal, o enganado não merece uma tutela jurídica mais enérgica. Ele pode alegar — é certo — que, em seu juízo, a omissão do contrato estava necessàriamente ligada ao sofrimento de severas sanções legais; que só contratou, portanto, por se julgar compelido a fazê-lo. Mas a alegação que pode ser feita pelo inquilino no exemplo figurado acima não é afinal, diversa. Ele afirma também, com a mesma verdade, que só contratou por se julgar, em virtude do erro, *materialmente* compelido a contratar. Num caso como no outro, o erro forçou o interessado à conclusão de que a sua *conveniência* era celebrar o contrato que efectivamente veio a celebrar-se.

Além disso, esta interpretação restritiva do art. 659.º conduziria também ao resultado de se considerarem irrelevantes muitos erros de direito que, sem dúvida, obedecem ao requisito de serem «acerca da causa» (esta expressão entendida no sentido de «motivo» da determinação volitiva do agente). Imagine-se, por ex., que um comerciante de vinhos compra a um produtor uma certa quantidade de pipas, expressamente ficando entendido entre ambos que o comprador só contrata por supor ter liberdade de exportar para onde entenda o vinho comprado. Se acontece que uma disposição legal ignorada dos dois recusa aos particulares, em certo momento, o direito de exportação de vinhos nacionais, o comprador não poderá rescindir o contrato com base

dum erro na expressão da vontade ([1]); que, por outras palavras, não deixa de caber no conceito amplo do *error in corpore* o erro que apenas consistir num designar-se, por lapso, para objecto do contrato, uma coisa diversa daquela sobre que realmente se queria contratar ([2]).

---

na sua ignorância da lei, se ao art. 659.º for atribuído o alcance que chegámos a sugerir. Mas por que não há-de o erro de direito ser relevante nos mesmos termos em que o é o erro de facto?

A opinião para que nos inclinamos é, pois, a de considerar o preceito do art. 660.º, na parte em que ele estabelece as condições objectivas da relevância do erro de facto, aplicável por analogia ao erro de direito. Esta doutrina não tem sido até agora seguida pelos autores nacionais, que ensinam expressamente (uns) ou admitem de modo implícito (outros) ser a influência jurídica do erro-de-direito-sobre-a-causa mais ampla do que a do erro-de--facto. Assim: DIAS FERREIRA, *ob. cit.*, II, págs. 161-69; ALVES MOREIRA, *Inst.*, I, págs. 414-15; prof. TAVARES, *Princípios*, II, pág. 498; doutor CUNHA GONÇALVES, *Tratado*, IV, pág. 304; prof. MONCADA, *Lições*, II, pág. 292, nota 2. (Quanto ao prof. MONCADA, deve, entretanto, notar-se que ele entende a expressão «causa» do art. 659.º em sentido estrito ou técnico-jurídico: causa é a própria natureza ou índole jurídica do acto *(ob. e vol. cits.*, págs. 292 e segs.). O erro a que o art. 659.º se refere só pode ser, por conseguinte, o erro *circa indolem negotii*. Dado este conceito restrito de erro-de-direito--sobre-a-causa, por oposição ao erro-de-facto, já o dispensar-se relativamente àquele o pressuposto objectivo a que a lei vincula toda a relevância do segundo, não oferece o perigo de conduzir a resultados muito chocantes, do ponto de vista dos interesses do contraente não enganado. Mas a verdade é não haver nada que autorize esta outra interpretação restritiva do art. 659.º Os argumentos em que o prof. MONCADA a filia (argumentos de índole exegética), salvo o devido respeito, parecem-nos de todo irrelevantes. Aliás, depressa iremos ver que o *error in negotio* deve considerar-se sujeito, não ao art. 659.º, mas ao art. 661.º, como já GUILHERME MOREIRA o ensinava nas suas *Instituições*, I, pág. 421).

A doutrina de que o erro-de-direito-sobre-a-causa deve sujeitar-se ao mesmo regime jurídico do erro-de-facto (art. 660.º) parece merecer a aprovação do prof. MANUEL ANDRADE (cfr. as cits. *Lições de direito civil* deste prof., coligidas pelo aluno SILVA MACHADO, pág. 184).

([1]) V. RUGGIERO, *Instituições*, I, pág. 263: «Os pontos sobre os quais pode cair o erro, que vicia a vontade, são os mesmos sobre os quais pode cair o erro obstativo».

([2]) Ou, quando a entrega da coisa acompanhe a declaração ou ela própria constitua a declaração, num entregar-se coisa diferente da que se queria, por ex., doar. Assim, *A*, querendo fazer a *B* uma dádiva de 100 escudos, mete num sobrescrito, por distracção, 1000 escudos e envia-o ao mesmo *B*.

Por maioria de razão cabe, pois, naquele conceito o erro que se verifica quando da declaração duma das partes resulta como querido um objecto diferente daquele que o seu autor por ela entendia designar; quando, por outras palavras, o erro sobre o objecto é, antes de mais nada, um erro sobre o sentido da declaração ([1]). Ora, todos sabem já que este último caso é um caso típico de erro na intenção, de erro que impõe divergência entre a vontade dos efeitos na declaração designados, sem que, todavia, a declaração, no seu conteúdo concreto, deixe de ser querida. Se a norma do art. 661.º se ajustar, pois, a estas hipóteses de *error in corpore*, só uma interpretação restritiva dela podia ainda deixar espaço para uma categoria do erro--obstáculo que fosse válida à face da nossa lei.

E ajusta, sem dúvida. Se as condições sob as quais é relevante, nos termos do art. 661.º ([2]), o erro-acerca-do-objecto do contrato, se resumissem afinal nesta: em ter sido o erro reconhecível para a outra parte, — então ainda podia talvez ser-se levado a pensar que era impossível submeter à norma do art. 661.º um só caso de *error in corpore* que fosse ao mesmo tempo um erro na declaração. Na verdade, há uma doutrina (que nós adiante mostraremos ser em grande parte de aceitar) segundo a qual o erro na declaração, quando *reconhecível*, ou não é uma verdadeira causa de nulidade ([3]), ou é causa de nulidade absoluta do negócio jurídico, não podendo, por conseguinte, ter a influência fixada no art. 661.º. Mas, para afastar *in limine* aquela possível objecção, nós mostraremos não ser afinal da *reconhecibilidade* do *error in corpore* que depende a sua relevância jurídica.

([1]) Como, por ex., se uma casa é designada pela indicação dum número que lhe não pertence, um animal caracterizado por um nome que não é o seu (casa e animal não se encontrando presentes no momento em que a declaração é *directamente* feita ao seu destinatário), uma coisa individualizada por uma errónea localização espacial (o livro que está agora em cima da minha mesa já não é o que eu lá deixei ontem, contra o que supunha). V. von Tuhr, *ob.* e *vol. cits.*, págs. 572-73.

([2]) O erro sobre o objecto... «só produz nulidade havendo o enganado declarado, ou provando-se pelas circunstâncias do mesmo contrato, igualmente conhecidas da outra parte, que só por essa razão e não por outra contratara».

([3]) Nem mesmo um verdadeiro erro em sentido jurídico. Cfr. *infra*, cap. II.

Imaginemos, em vista disso, a seguinte hipótese: *A* propõe a *B*, antiquário, a compra dum quadro que encontra na loja deste, prevenindo o vendedor de que todo o seu interesse é despertado pela convicção em que está de ter sido o quadro pintado por um certo artista célebre. Se, depois de fechado e cumprido o contrato, *A* vem a apurar que estava em erro sobre a autoria da tela comprada, é evidente verificarem-se aqui todas as condições de que o art. 661.º faz depender a nulidade do negócio jurídico por causa de erro-sobre-as--qualidades-do-objecto. E, todavia, o erro do comprador pode não ter sido reconhecível para o dono do quadro ([1]).

Nem se diga que a questão está justamente em saber quais são, nos termos do art. 661.º, as condições materiais de relevância do erro sobre o objecto; e que, por isso, constitui procedimento inadmissível o afirmar *a priori* que estes ou aqueles casos são de *error in corpore* segundo a lei. Pois é verdade que, por mais que se discuta acerca do alcance duma disposição legal, há sempre em regra um domínio para o qual se está de acordo, por uma razão ou por outra, em se considerar válido o preceito. De resto, por ousado que se seja em matéria de interpretação das leis, o que não pode é pensar-se em atribuir a certa norma jurídica um alcance que claramente brigue com a sua significação verbal. E, com o exemplo apresentado acima, só tivemos em vista mostrar que o preceito do art. 661.º não coincide (nem para tal coincidência caminha) com este outro hipotético preceito: «o erro sobre o objecto só produz nulidade quando a outra parte dele se podia e devia ter apercebido».

Que critério terá guiado, então, o legislador no estabelecer os pressupostos da eficácia jurídica do erro sobre o objecto? Imaginemos que *B* recebe pelo correio a seguinte oferta de compra: «Informado de que v. possui um exemplar da 1.ª edição do livro tal, ofereço-lhe por ele X...»; e que *B* aceita a proposta, enviando o livro pedido ao comprador. Suponhamos agora que *A*, o proponente, ao fazer a sua oferta, julgou ser o livro possuído por *B* aquele mesmo exemplar que o autor da obra enriquecera com várias e valiosas obser-

---

([1]) Que também partilhou, por hipótese (desculpàvelmente), do erro do comprador.

vações escritas à margem de muitas páginas; convicção de cuja erroneidade só se apercebe depois. Será relevante este erro, nos termos do art. 661.º? Manifestamente, não é. Com efeito, nem sequer das circunstâncias do contrato podia o vendedor deduzir que A só contratava em virtude daquela razão.

Mas imaginemos que o erro do proponente só recaiu sobre o facto de pertencer à 1.ª edição da obra o exemplar possuído por B; que neste exemplar falta toda a referência à data ou ao número da edição, mas que o possuidor sempre ouvira dizer a quem sabia tratar-se realmente dum exemplar da edição originária. Poderá o contrato ser rescindido? Pode: pois de B não era ignorado que A só comprava por entender comprar um «1.ª edição» de certa obra literária. E, se o erro aqui sofrido pelo declarante tem significado jurídico, que elementos podemos nós colher daqui para enunciar a fórmula que possa traduzir o pensamento latente no art. 661.º acerca das condições de relevância do erro sobre o objecto? Estes elementos: que o *error in corpore (in ipsa re* ou *in qualitate),* para ter significação jurídica, precisa de consistir num falso juízo acerca dum facto que a outra parte se represente ou possa representar, *na sua forma concreta,* como sendo verdadeiro para o declarante.

Mas isto ainda não é tudo: o art. 661.º exige que dos termos ou das circunstâncias do contrato ressalte claramente *só* ter o declarante contratado por essa razão (só por essa e não por outra). Se A, ao propor a B a compra do relógio que este lhe exibe, declara estar convencido de ser esse relógio o mesmo que na véspera examinara na loja de certo ourives e logo apetecera, B (que na realidade acaba de adquirir o relógio no referido lugar) poderá mais tarde defender-se, com êxito, da acção de rescisão por causa de erro sobre o objecto que A propuser contra ele, alegando haver tido conhecimento, sim, de que o proponente, ao contratar, o fazia na convicção de ser aquele o mesmo relógio examinado na véspera em casa do ourives; mas ser também evidente, à face do novo exame a que então A o submetera, que para este não era essencial tratar-se do mesmo relógio apetecido antes: dado as circunstâncias desse exame haverem possibilitado a crença de não faltarem no objecto vendido, mesmo aos olhos do comprador, as qualidades mais salientes do objecto primeiramente desejado. Outra teria já de ser a solução se B houvesse de ter-se apercebido de que para *A* era realmente essencial a identidade do relógio objecto do contrato (¹).

A fórmula enunciada acima, como traduzindo o princípio determinante da relevância jurídica do *error in corpore,* precisa, pois, de ser completada deste modo: o *error in corpore* é relevante, nos termos e para os efeitos do art. 661.º, quando a outra parte puder ter pensado que o declarante se teria abstido de fazer aquela declaração, no caso de aos seus olhos aparecer como falso o juízo formulado (certa ou naturalmente formulado) acerca duma determinada qualidade ou da própria identidade do objecto do contrato. O que ainda pode ser expresso de modo diferente e porventura mais impressivo: o contrato será anulável, por causa de erro acerca do objecto, sempre que se tenha tornado visível que o contraente enganado ligava à exactidão dum *certo* juízo, sobre as qualidades ou a identidade do objecto do contrato, valor de pressuposto essencial.

Segundo esta interpretação, que é a interpretação *natural* do art. 661.º, a influência jurídica do erro sobre o objecto não depende, portanto, da sua reconhecibilidade. Para se verificarem os pressupostos do art. 661.º, basta — diga-se uma vez mais — que seja reconhecível isto: que o declarante se teria abstido de fazer aquela declaração se uma determinada opinião sua acerca de certo facto (e, mediatamente, acerca duma qualidade ou da própria identidade do objecto do contrato) se lhe revelasse errónea (²).

E é razoável que o legislador se tenha contentado com este pressuposto. Se o destinatário duma proposta de compra vê a sua atenção chamada para o facto de o proponente atribuir ao objecto desejado uma certa qualidade ou mesmo uma identidade determinada, é natural que lhe venha ao espírito — ao menos se ele próprio não partilha, de modo seguro, da convicção do proponente ou se não tem meios de fàcilmente se esclarecer a esse respeito — a ideia de se premunir contra o perigo que resultaria duma rescisão do contrato por erro, ou recusando-se de todo a contratar, ou só aderindo à proposta rece-

---

(¹) Essencial em virtude de ter o proponente um interesse afectivo, por exemplo, no relógio desejado.

(²) Por maioria de razão o contrato será anulável, nos termos do art. 661.º, se o erro acerca do objecto se tiver tornado reconhecível para a outra parte.

bida sob condição de o proponente renunciar ao direito de se prevalecer mais tarde de qualquer erro que porventura tenha sofrido (¹). Pode admitir-se que uma pessoa normal — procede, em regra, assim; e quando, em certo caso concreto, o contraente interessado, apesar da prevenção, não tiver adoptado uma destas atitudes, é lógico pensar até que ele acabou por se sujeitar conscientemente ao risco de ver mais tarde o seu contrato rescindido por erro da outra parte. É, por isso, inteiramente justificável que se conceda ao contraente enganado, nestas condições, o direito de obter a anulação do negócio jurídico. O seu interesse nesta anulação — a menos que o erro tenha sido completamente grosseiro — é aqui mais atendível do que o interesse da outra parte na manutenção do contrato.

Até aqui, para chegarmos a determinar, com o possível rigor, a fórmula que traduz as condições de relevância do erro sobre o objecto nos termos do art. 661.º, operámos só com casos que são habitualmente incluídos na categoria dos simples erros-vícios-da-vontade. Vejamos agora, finalmente, depois de encontrada aquela fórmula, se hipóteses semelhantes às enumeradas em notas 2 de pág. 111 e 1 de pág. 112 podem ou não sujeitar-se à norma daquele artigo.

É fácil concluir que sim. — *B* envia a *C* proposta de arrendamento da casa n.º 10 da rua...; e frisa particularmente que essa casa é dele, *B*, bem conhecida, por já em tempos a ter habitado também como locatário. Se agora *C*, que só há poucos meses adquiriu o prédio caracterizado na proposta por ser o n.º 10 da rua... e que, portanto, ignora naturalmente quais foram os seus anteriores habitantes, responde aceitando a oferta de *B*, — nada impede que este último impugne mais tarde o contrato, ao averiguar ter a casa desejada para sua habitação não o n.º 10, como errôneamente supunha, mas o n.º 15.

Com efeito, dá-se aqui o caso de o outro contraente ter podido pensar haver sido condição essencial da determinação de vontade do declarante o seu convencimento de ser verdadeiro o juízo proferido acerca de certo facto: o facto de ser o prédio n.º 10 da rua... o mesmo que ele já habitara como locatário. Para *C* tornou-se parti-

---

(¹) Renúncia que parece ser inteiramente válida, como se conclui, por arg. *a contrario*, do art. 668.º.

cularmente inteligível a circunstância de *B* ligar valor de pressuposto essencial à exactidão dum certo juízo; tornou-se reconhecível que *B* não teria feito aquela declaração se o prédio n.º 10 não fosse o mesmo que ele já habitara, e isto chegasse ao seu conhecimento.

Por outro lado, o erro sofrido aqui pelo declarante é manifestamente um erro-sobre-a-identidade-do-objecto: *B* julgou propor para objecto do contrato a celebrar uma coisa diversa da efectivamente indicada. Além disso, este *error in corpore* ataca — não há dúvida — a relação de identidade que normalmente existe entre a intenção e a declaração: a declaração foi querida como meio para a obtenção dum resultado diferente do nela referido; o erro aqui é, antes de mais nada, no sentido da declaração emitida.

Passemos agora aos casos do erro na expressão da vontade, a ver se a norma do art. 661.º, sem constrangimento da sua significação textual, os pode ainda abranger. — *A*, levado à coudelaria de *B* e colocado ante dois magníficos cavalos, reconhece o da esquerda como sendo o que na véspera ganhou uma importante corrida sob os seus olhos. Em vista disso, resolve oferecer a *B* pelo animal uma notável quantia; mas, no momento de fazer a oferta, indica por descuido o cavalo da direita — que ele na realidade não deseja — como sendo o que lhe interessa, simultâneamente anunciando ao proprietário (que ainda o ignorava) o feliz resultado do concurso hípico da véspera. E o contrato fecha-se, bem claro ficando acentuado que a razão do interesse do comprador reside tão-só no facto de aquele cavalo ter ficado vitorioso na corrida. Pergunta-se: haverá, na disposição do art. 661.º, alguma coisa que se não ajuste à especialidade desta hipótese? alguma coisa que exclua a possibilidade de o proponente, invocando o preceito desse artigo, impugnar o contrato firmado com base no erro sofrido? Veja-se que o mesmo raciocínio formulado para o caso anteriormente submetido a exame pode ser aqui repetido *ipsis verbis*. Pode, pois, afirmar-se que na hipótese se verificam todas as condições de relevância do erro requeridas pelo art. 661.º. Não deve, por isso, hesitar-se em julgar a norma deste artigo aplicável a qualquer espécie de *error in corpore*: erro nos motivos, erro na intenção, erro na expressão da vontade que seja.

Falta agora só dizer que vale naturalmente para o preceito do art. 662.º *(error in persona)*, na parte em que este manda observar o disposto no artigo precedente, o que se apurou valer para o art. 661.º.

19. Das observações até aqui desenvolvidas decorre, portanto, que o *error in corpore* e o *error in persona,* que ao mesmo tempo impuserem verdadeira desarmonia entre o declarado e o querido, geram, segundo a lei (arts. 661.º e 662.º do cód. civil), verificadas certas condições, a nulidade relativa ou anulabilidade do negócio jurídico.

Todavia, o desacordo entre a declaração e a vontade pode evidentemente deixar de referir-se à *coisa* sobre que se quer contratar ou à *pessoa* a quem a declaração é dirigida. Retomando um exemplo já bastas vezes citado, há sem dúvida desarmonia entre o querido e o declarado quando *A,* querendo celebrar com *B* um contrato de aforamento de certa propriedade sua, lhe envia proposta onde afirma, por erro acerca do significado jurídico da expressão «arrendamento», estar pronto a *arrendar-lhe* essa mesma propriedade. Se o contrato chega a aperfeiçoar-se, *A,* que pretendeu constituir para si uma situação de enfiteuta, fica apenas constituído na situação de arrendatário. Em que condições é, então, relevante o erro por força do qual isto aconteceu? o chamado *error circa indolem et naturam negotii?*

Entre nós têm sido defendidas a este propósito as duas soluções conceitualmente possíveis: a de considerar o *error in negotio* como um erro-de-direito-acerca-da-causa (art. 659.º) e a de o tratar como um verdadeiro erro-sobre-o-objecto (art. 661.º) ([1]). É fácil ver que a primeira solução não pode aceitar-se.

Se, no nosso caso, o proponente, de passo que sugere a celebração dum arrendamento, expressamente declara qual o sentido que atribui a esta palavra (declaração que torna objectivamente líquido ser no fim de contas o tipo legal adequado à realização da vontade

---

([1]) No primeiro sentido: doutor CUNHA GONÇALVES, *Tratado,* IV, pág. 301; prof. TAVARES, *Princípios,* II, págs. 491-92; prof. MONCADA, *Lições,* II, págs. 292 e segs. (DIAS FERREIRA considerava o *error in negotio* como um erro de facto acerca da causa. V. *Código Civil anotado,* II, pág. 163). Pela segunda solução pronunciou-se GUILHERME MOREIRA *(Inst.,* I, pág. 421), com o argumento (exactíssimo) de que o erro sobre a natureza do contrato se compenetra no próprio conteúdo desse contrato, devendo, portanto, entender-se sujeito ao art. 661.º («quando haja, em virtude de erro, doação em vez de venda, o conteúdo do contrato não será o mesmo»).

do declarante, não o arrendamento, e sim o aforamento), é indubitável não poder aqui considerar-se aperfeiçoado um contrato diverso do contrato de enfiteuse, se acontece que B aceita realmente a proposta recebida. E para isto nem sequer é necessário que B tenha aceitado de modo expresso a declaração de A; o resultado não se altera se a resposta contiver apenas um simples: «aceito» (¹). Queremos dizer que o erro acerca da natureza do negócio jurídico nunca pode ter a relevância fixada no art. 659.º (²) (³).

Nem se compreendia que tivesse. Se o art. 661.º é sem dúvida directamente aplicável a alguns casos de verdadeiro desacordo inconsciente entre a declaração e a vontade, seria pelo menos chocante que para outros destes casos se fizesse intervir um preceito diverso. Como já sabemos, o significado jurídico particular que reveste o erro, por força do qual se verifica desarmonia entre o declarado e o querido, vem-lhe da circunstância de ele ser um erro acerca dos efeitos da declaração de vontade. Ora, não custa atribuir à palavra «objecto» do art. 661.º o sentido amplo de «conteúdo do contrato», conjunto das suas consequências jurídicas. Deste modo,

---

(¹) Adiante, quando estudarmos o problema da interpretação do negócio jurídico, verificaremos que esta solução é sem dúvida exacta. Mas podemos considerar desde já que tudo quanto fosse um apoiar o juiz a sua decisão ùnicamente sobre o sentido normal da palavra «arrendamento», desprezando todos os elementos que o próprio contexto da proposta lhe fornece com vista à reconstrução da real vontade do proponente, — que tudo quanto fosse um proceder assim o julgador seria, decerto, iníquo e contra direito. O sentido jurídico duma declaração de vontade não pode seguramente colher-se apenas da consideração do significado normal duma palavra (seja qual for o papel que essa palavra desempenhe no discurso), devendo, antes, ser aquele que se desprenda do todo da declaração. Pelo menos nesta medida, é certo que *falsa demonstratio non nocet*.

(²) Que nós interpretamos — recorde-se — de maneira a não se admitir para o erro de direito um regime diverso do prescrito para o erro de facto (art. 660.º).

(³) Quando muito, poderia admitir-se que o *error in negotio* fosse relevante, nos termos do art. 659.º, nos casos em que, tratando-se dum negócio jurídico formal, a declaração expressa do contraente enganado, a que se refere aquele preceito, não constasse do documento. (Esta observação só pode compreender-se bem quando se tiver abordado o problema da interpretação nos negócios jurídicos formais. V. cap. II).

está em erro sobre o objecto do contrato quem julga submeter-se a um vínculo jurídico diferente daquele a que na verdade se submete; como acontece nos casos de erro acerca da natureza do negócio jurídico, bem como nas hipóteses em que, havendo coincidência entre a qualificação legal do contrato e a qualificação feita pelos contraentes, todavia um deles julgou a sua declaração ainda assim dirigida à produção de consequências jurídicas essencialmente diversas daquelas a que, pelo seu conteúdo objectivo, tal declaração alude.

Aliás, aplicar ao *error in negotio* (e, dum modo geral, ao erro sobre os efeitos jurídicos da declaração) o preceito do art. 659.º, seria desconhecer as razões que determinaram o legislador a sujeitar toda a influência jurídica do erro acerca da causa a condições muito mais rigorosas do que as estabelecidas para o erro acerca do objecto.

Essas razões, quais são? Já noutro lugar dissemos alguma coisa que não deixa de ser aproveitável a este respeito. Sendo infinitamente vários os motivos da mesma volição e não sendo ninguém forçado, ao emitir uma declaração de vontade, a revelar os fins em consideração dos quais a emite, seria gravemente prejudicial, do ponto de vista das necessidades do comércio jurídico, e até mesmo profundamente injusto, se a todo o contraente fosse imposto o dever de procurar, nas circunstâncias que precedem e acompanham a celebração do contrato, elementos que lhe permitissem reconstruir, com a possível certeza, as razões que porventura tivessem levado a outra parte a contratar. Só quando o contraente enganado tiver, ele próprio, posto à luz, através duma expressa declaração a isso dirigida, os motivos essenciais da sua conduta, é que pode realmente pensar-se em atribuir relevância a um erro que tenha viciado a formação da sua vontade contratual. Pois então já a outra parte é colocada em condições de poder dizer para si: «o declarante, para contratar, partiu da veracidade deste juízo; e será ele exacto?»

Entretanto, se é difícil, na ausência de expressa informação do declarante, inferir do conjunto de circunstâncias concorrentes e conhecidas os reais motivos da sua determinação volitiva, a tarefa já fica simplificada — assim o entendeu o legislador — quando ela consiste em inquirir qual foi a *qualidade* em consideração da qual o declarante se decidiu a contratar sobre *aquele* determinado objecto (¹). Deve, por isso, impor-se a cada contraente o dever de se entregar a uma análise cuidada das circunstâncias aparentes, a ver se lhe não será possível concluir qual foi o juízo formulado pela outra parte acerca do objecto do contrato que tenha sido a *causa* da sua *concreta* vontade de contratar. Se este dever não é cumprido, a consequência será ficar a parte culpada sujeita ao risco de ver o contrato rescindido mais tarde por erro acerca do objecto.

É certo que a invocação do erro é perfeitamente compatível com o cumprimento integral daquele dever. Mas isso só acontece quando a parte que se informou devidamente e chegou mesmo a uma conclusão positiva («foi por pensar isto e aquilo do objecto X que B me dirigiu esta proposta de compra») não toma depois as medidas adequadas à defesa dos seus interesses (cfr. *supra*).

Mas se todo o destinatário duma declaração contratual é forçado por lei a procurar informar-se, com base nas várias circunstâncias conhecidas, acerca de qual terá sido o juízo sobre o objecto do contrato que tenha determinado no espírito do declarante aquela concreta vontade de contratar, — o argumento da analogia (senão mesmo o de razão maior) há-de ditar a imposição a cada contraente do dever de recorrer aos mesmos meios, a fim de apurar quais foram os efeitos que a outra parte se propôs obter com a sua declaração de vontade. Pois, quando não seja mais, é com certeza tão fácil (ao menos teòricamente) procurar nas circunstâncias concorrentes elementos que habilitem a reconstruir a real vontade de efeitos jurídicos do declarante, como inquirir quais foram as propriedades (ou a identidade) que o agente atribuiu à coisa escolhida para objecto do contrato (²).

(¹) Neste juízo acerca das qualidades estamos agora a englobar o juízo acerca da própria identidade da coisa.

(²) Na mesma ou numa ideia parecida tem, decerto, o seu fundamento o regime do cód. civ. alemão, segundo o qual só é jurìdicamente relevante o erro acerca do conteúdo da declaração de vontade, devendo ser havido como tal também o erro que incidir sobre as qualidades da coisa ou da pessoa que no comércio sejam consideradas essenciais (§ 119).

§ 2.º

1. Verificámos acima que o «consentimento» não pode ser mais do que o acto consciente de emitir uma declaração de vontade. Importa agora averiguar se a significação daquele requisito essencial à validade dos contratos não será ainda de menor alcance.

Considere-se mais uma vez, efectivamente, que, além da vontade dos efeitos e da vontade da declaração como tal, deve ainda distinguir-se, na série dos diferentes momentos subjectivos que teòricamente precedem a emissão da promessa, a pura vontade da acção que há-de encorporá-la.

Certo, não pode julgar que actua em vista de constituir uma relação jurídica quem, em lugar de agir, fica inerte (¹). Mas a inversa é que é possível: eu posso praticar voluntàriamente uma acção que só aos olhos doutros, não aos meus próprios olhos, incorpore um sentido de promessa jurídica; que só exteriormente apareça — isto é — como um acto praticado com a consciência de se fazer uma declaração de vontade de certo conteúdo, de se ficar por ele jurìdicamente vinculado aos preceitos de certa lei contratual. E por que não há-de, então, ser isto mesmo o consentimento?... isto de se criar, por acção voluntária (²), a *aparência* de que se está fazendo, deliberada e cons-

---

(¹) Salvos, é claro, os casos de omissão jurìdicamente operante neste domínio, sejam, aqueles em que a própria omissão integra (para o declarante e em si) um sentido de promessa. Mas é evidente ser tão legítimo falar-se aqui dum acto de vontade como na hipótese de a energia psíquica desenvolvida no espírito do agente tomar corpo numa acção exterior, objectiva. Cfr. HENLE, *Allgemeiner Teil*, págs. 54-55.

(²) Com efeito, a simples voluntariedade do acto que constitui a aparência da declaração é requisito que nem os mais enérgicos, ortodoxos adversários da teoria da vontade (com excepção de BÄHR, cit. em LEONHARD, *Irrtum*, I, pág. 77) pensam em dispensar ao estabelecerem os pressupostos da declaração válida (embora impugnável). E, na verdade, compreende-se bem que o direito vincule ao valor objectivo da sua declaração quem actua em vista de fins jurídicos; ainda se compreendendo outrossim, de certo modo, a vinculação daquele que se limita a criar voluntàriamente a aparência duma declaração de vontade. Mas seria injustificável que, neste domínio dos negócios jurídicos, alguém tivesse de responder, embora em medida insignificante, pelas

cientemente, uma declaração de vontade? Trata-se do grave e controvertido problema da eficácia jurídica do chamado erro-sobre-o--sentido-de-declaração-da-conduta-observada.

2. Os casos que até aqui passámos em revista caracterizavam-se todos por neles se verificar um erro do declarante quanto aos efeitos da declaração emitida. A fim de constituir, modificar ou extinguir uma relação jurídica, A deliberava dirigir a B uma declaração de vontade. A declaração de facto emitida originava todavia no espírito de B uma representação não conforme à real vontade de A, ou porque este se tivesse conscientemente servido dum meio por erro julgado próprio para a comunicação dessa vontade, ou porque, em virtude de lapso incontrolável, A tivesse declarado o que realmente não queria declarar *(error in faciendo)*. Elemento comum a todas estas hipóteses era, assim, a vontade (pelo menos a consciência) de se emitir uma declaração, de se fazer a outrem uma promessa de valor jurídico.

Entretanto, os casos em que a confiança de terceiros reclama protecção não se esgotam no número daqueles que ficam com isto caracterizados. Independentemente de toda a consciência de se emitir uma declaração de vontade, é bem possível observar-se, em vista de quaisquer fins extra-contratuais, uma conduta que para terceiros constitua a aparência duma declaração jurídica a eles dirigida.

Esta situação pode apresentar-se tanto nas hipóteses em que o agente, com o seu acto, teve em vista dirigir-se a outro indivíduo para o notificar ou informar de certo facto, como naquelas em que ele deixou totalmente de atribuir à sua conduta qualquer significado de «comunicação» ou «declaração». Exemplo deste último grupo de casos é o do estrangeiro que entra num jardim público onde se efectuam concertos musicais, erròneamente convencido de que a entrada nesses lugares é gratuita, tal como acontece no seu próprio país. Imagine-se também que B, esquecido do acordo fir-

---

consequências dum acto involuntário ou inconsciente. O negócio jurídico pressupõe, por definição, uma acção humana voluntária. Neste sentido, para citar apenas dois dos autores que mais impressivos são a este respeito: OERTMANN, *Allg. Teil*, pág. 331; HENLE, *Allg. Teil*, pág. 54-55. V. também LARENZ, *Methode*, pág. 82.

mado com *A* pelo qual o aparecimento duma luz vermelha à janela do seu quarto, em certa noite, significaria aceitação da oferta contratual daquele, acende a luz vermelha na referida noite mas para fins muito diferentes dos previstos no acordo. Ou que *C* redige o projecto de aceitação da proposta contratual de *F* e o deixa em cima da mesa do escritório, onde o seu secretário mais tarde o encontra, fazendo-o logo chegar, com notável zelo, às mãos do destinatário, por supor tratar-se duma carta a expedir.

A hipótese já pertenceria ao primeiro grupo se *B* enviasse a *D* um simples convite para a abertura de certas negociações, mas em termos tais que este *D* muito justificadamente julgasse ter recebido uma proposta de contrato. Numa categoria intermediária pode ser incluído o exemplo clássico do «gesto de chamar um amigo», que naquele local — o local onde se está procedendo à venda em leilão de vinhos — tem o particular sentido «dum lanço de mais 5 escudos».

Pois bem: em que termos poderá o aparente declarante, nestes casos e nos muitos mais do mesmo género que é fácil imaginar, subtrair-se ao valor objectivo «de declaração» da sua conduta? Haverá, aqui, uma declaração de vontade que seja válida, embora sob reserva de o ser em condições precárias, por estar sujeita à impugnação com base no erro sofrido pelo seu autor? Ou será que este erro sobre o sentido de declaração do acto praticado importe a inexistência, a nulidade absoluta do negócio jurídico? ([1]).

([1]) O problema pode pôr-se ainda noutros termos. Toda a declaração de vontade jurídica é, antes de mais nada, portadora dum particular sentido através do qual ela se caracteriza e apresenta (conforme já vimos noutro lugar) como «promessa» de valor jurídico, como declaração de que por ela aceita o autor ficar jurìdicamente vinculado a observar de futuro certa conduta. Ora, em que condições pode imputar-se ao agente este sentido de «promessa jurídica» do seu acto? Em que condições atribuirá o direito a este sentido o poder de decidir, de converter em declaração jurídica a conduta que não foi querida como tal? O problema transforma-se, deste modo, num problema de interpretação. «A interpretação não tem só de apurar o significado, o alcance que a uma determinada declaração pertence, mas também de inquirir se uma certa conduta deve ser olhada como declaração jurídica...» (LARENZ, *Methode der Auslegung*, pág. 82). No mesmo sentido, MANIGK, *Irrtum u. Auslegung*, págs. 242 e segs.; *Jherings Jahrb.*, t. 47, págs. 92-106.

Mas é forçoso acrescentar que esta posição do problema não tem de impedir que as duas questões, assim compreendidas no objecto da teoria da

3. A doutrina ainda hoje está particularmente longe da harmonia quanto à solução deste problema (¹). Se um forte núcleo dos autores alemães se inclina hoje, com MANIGK à frente, no sentido da equiparação de todo o erro quanto aos seus efeitos sobre a vida do negócio jurídico, ainda há civilistas — e dos melhores como OERTMANN, HENLE, LEHMANN e NIPPERDEY (²) — que defendem o ponto de vista contrário. Apreciemos, pois, quais têm sido as principais soluções propostas para o problema enunciado.

Os efeitos do erro-sobre-o-valor-de-declaração da conduta observada são:

a) a nulidade absoluta, *ipso jure,* a inexistência jurídica do negócio aparente (teoria subjectiva);

b) a simples nulidade relativa da declaração sem vontade dentro dos limites da «culpa», isto é, sob condição de não ter o agente conhecido mas podido conhecer o significado objectivo da sua conduta (teoria da culpa ou intermédia);

c) a nulidade relativa sem restrições, ou antes, sob a restrição única da intercedência do conveniente nexo causal entre o acto voluntário do sujeito e a aparência jurídica criada (teoria objectiva).

---

interpretação, sejam diversamente solucionadas. Deste modo se justifica que tratemos no texto a primeira em plena autonomia.

(¹) Por doutrina entendemos aqui a germânica. Os autores latinos, de facto, são quase completamente omissos a este respeito, só por incidente se referindo, aqui ou ali, a questão de tanta relevância. Mas esta pobreza justifica-a em parte o facto de a grande maioria dos civilistas italianos e franceses — sobretudo italianos — terçar ainda armas, com todo o denodo, por aquela condenada doutrina que adstringe o efeito da nulidade absoluta do negócio jurídico a todo o erro-obstáculo. Os autores que seguem esta doutrina, e que constituem multidão, não têm realmente de se preocupar com o problema dos efeitos do erro-sobre-o-valor-de-declaração da própria conduta, visto esses efeitos não poderem ser mais enérgicos do que os da nulidade *ipso jure,* já atribuídos ao erro-obstáculo em geral. Os outros, com a desculpa de terem a atenção absorvida por outro aspecto da questão, não se têm preocupado também com o nosso problema, provàvelmente todos admitindo a evidência da sua solução, a tornar desnecessárias particulares investigações. — Cfr., por todos, MESSINEO, *ob. cit.,* pág. 240. Para se ficar bem elucidado sobre o estado actual da questão na Alemanha, veja-se OERTMANN, *Allg. Teil,* págs. 331 e segs.

(²) A doutrina de que estes autores são representantes pode mesmo considerar-se ainda hoje dominante na Alemanha.

A primeira doutrina teve em MANIGK o seu mais denodado campeão. Para MANIGK ([1]), declaração de vontade é «a manifestação da qual um indivíduo se utiliza para o fim de comunicar a outrem uma sua vontade contratual jurìdicamente relevante» ([2]). E isto é assim, no sentido de representar elemento essencial ao conceito de declaração de vontade esse querer comunicar-se a outras pessoas a existência em nós da vontade de certos efeitos ([3]). A aplicabilidade das regras legais que disciplinam os casos de conflito entre vontade e declaração e que supõem, portanto, uma real declaração de vontade, embora viciada, é assim inevitàvelmente excluída pela falta deste elemento. Não pode falar-se de declaração de vontade que careça de ser impugnada a propósito duma conduta individual, portadora aparentemente dum sentido declarativo, que não tenha sido observada para um fim de comunicação *(Kundgebungszweck)* duma vontade de efeitos jurídicos ([4]).

([1]) Já observámos que este autor sustenta hoje, mesmo como solução legal, a da total unidade, em princípio, do regime jurídico do erro. A doutrina que no texto passamos a expor defendia-a MANIGK em *Willenserklärung und Willensgeschäft*.

([2]) *Ob. cit.*, § 24, pág. 188. Esta definição das declarações de vontade, como é visível, deve imputar-se ao ponto de vista próprio dos partidários da «teoria da manifestação ou comunicação» *(Offenbarungstheorie, Kundgebungstheorie)*, a que já fizemos referência *(supra,* § 1.º, n.º 16). Mas convém observar que o essencial da doutrina sobre o erro-no-sentido-da-declaração, que no texto estamos em vias de expor, tem sido afirmado também por adeptos do ponto de vista contrário: o ponto de vista fundamental da chamada *Dispositionstheorie*. Assim, HENLE, *Allg. Teil*, pags. 208 e segs. À doutrina deste autor, que só considera requisito essencial das declarações válidas a «vontade da declaração», dá LARENZ *(ob. cit.,* pág. 38), por isso mesmo, o nome de «teoria da vontade da declaração» *(Erklärungswillenstheorie)*, para a distinguir da «teoria da vontade dos efeitos ou da vontade do negócio» *(Geschäftswillenstheorie)*. Como sabemos, esta última é a que subordina toda a validade das declarações jurídicas à harmonia entre a vontade dos efeitos e o conteúdo da declaração.

([3]) Outros — os adversários da teoria da manifestação — poderão dizer com maior rigor: falta toda a declaração de vontade (ou falta uma declaração válida) se o declarante não se apercebeu do valor jurìdicamente vinculativo da sua conduta.

([4]) Cfr. *ob. cit.*, §§ 23, 24 e 25. Todavia, a simples *consciência* de se emitir uma declaração de vontade basta, segundo este autor (pág. 269 e segs., § 47), para afastar a unidade absoluta do negócio jurídico.

É impossível desconhecer-se que esta doutrina pode invocar em seu favor um argumento notável, que porventura terá chegado mesmo para impressionar decisivamente, só por si, os muitos autores que a ela têm aderido. Esse argumento é o de faltar a analogia, no aspecto subjectivo, entre os casos em que, apesar do erro, sempre se quer emitir uma declaração de vontade, e aqueles em que se observa conduta dirigida a fins muito diferentes, sem mesmo se tomar consciência da sua aptidão exterior a funcionar como tal. No facto de sermos movidos a agir pelo desejo de despertar no espírito doutrem a convicção de que queremos ficar definitivamente ligados à nossa palavra, é realmente visível residir elemento que muito bem pode justificar a responsabilidade que se nos atribua. Não parece ser injusto ([1]) que eu, sendo livre na escolha do meio adequado a manifestar a minha vontade e sendo ainda, e sobretudo, livre enquanto me é possível (possibilidade teórica, bem entendido) renunciar aos meus projectos e não emitir nenhuma declaração, — carregue com o risco duma eventual divergência entre a aptidão objectiva do meio escolhido e aquela por que no meu foro íntimo o responsabilizei. Mas a justiça suportará que o mesmo risco se lance à conta daquele que simplesmente cria a aparência exterior duma declaração de vontade?

É manifesto que não suporta, sem mais nem menos. Nenhum ordenamento jurídico razoável poderá conter disposição que force, em princípio, todo aquele que pratica um acto qualquer da sua vida a prevenir que não entende por ele fazer uma declaração de vontade ([2]). Nada há que justifique o tornar-se responsável pela confiança gerada no espírito de terceiros o indivíduo que, no momento

---

([1]) Com este «não parece ser injusto» temos em vista reservar aqui a nossa opinião acerca do problema de saber se realmente a consciência de emitir uma declaração de vontade justificará que o declarante responda por *qualquer* dos possíveis sentidos da sua declaração. Cfr. *infra*. Contudo, seja qual for a conclusão em que a este respeito tivermos de assentar, ela não invalidará a ideia que se pressupõe no texto e que nos foi possível libertar através das investigações precedentes: responde, em princípio, pelo sentido *objectivo* da sua declaração quem actua com a consciência de emitir uma declaração de vontade. Assim o impõe, em princípio, a *justiça* e a *conveniência*.

([2]) Cfr. MANIGK, *Willenserklärung*, págs. 186 e 198.

de agir em vista da realização de fins perfeitamente lícitos (mas jurìdicamente indiferentes), deixou de tomar consciência das circunstâncias particularíssimas e inesperadas por virtude das quais o seu acto vai revestir exteriormente a forma duma declaração de efeitos jurídicos.

Mas esta observação fornece ao mesmo tempo a medida dentro da qual pode ser válida a teoria subjectiva. Pois a solução de se prender ao sentido objectivo da sua conduta quem agiu sem tomar consciência daquele sentido, só pode considerar-se injusta enquanto por ela ficar vinculado aquele que nem sequer podia prever, embora actuasse com toda a diligência necessária, a impressão que o seu acto iria produzir no espírito de terceiros.

Fora destes limites, não se vê que a teoria subjectiva continue a encontrar-se em boa posição. Por ela aceitar-se-ia tratar com imerecida benevolência quem manifestamente faltou ao cumprimento dum dever de atenção, de cautela moderada; e as necessidades do comércio jurídico reclamam que as violações desse dever não deixem de constituir o seu autor em responsabilidade (¹). Se eu vou assistir a um leilão numa terra estranha, depois de me terem enumerado todas as regras particulares que aí é de uso presidirem às operações desse género, e se, uma vez o leilão começado, eu levanto ostensivamente o braço para fazer sinal a um amigo que acabo de avistar, esquecido de que esse gesto tem, naquele local, o sentido duma oferta de mais tantos escudos, — não é injusto que o sentido objectivo da minha conduta me seja então imputado. Não será, pelo menos, mais injusta aqui esta solução do que em muitos outros casos onde ela é certamente válida, à face dos princípios que no parágrafo anterior desenvolvemos.

Com efeito (e contra a opinião de MANIGK a que nos atemos por agora), a consciência de se emitir uma declaração de vontade não pode considerar-se elemento cuja falta, sem alterar embora a situação dos interesses da outra parte (²), modifique ainda assim tão

---

(¹) V. LARENZ, *Methode*, pág. 90.
(²) Sem modificar a situação dos interesses da outra parte, escrevemos. Com efeito, seria erro manifesto afirmar a coincidência das hipóteses em que falta a vontade da declaração (no sentido que já conhecemos) com aquelas em que não é justificável a confiança depositada por terceiros na realidade

profundamente a posição do declarante, que torne justificável um regime jurídico autónomo (mais benévolo) para os casos em que se verificar. De facto, não é difícil mostrar haver uma analogia acentuadamente maior (do ponto de vista da situação do declarante) entre alguns dos casos em que ainda está presente a consciência de se emitir uma declaração jurídica e certos daqueles em que este elemento falta, do que entre os primeiros e as hipóteses normais da sua categoria.

Como normal não podemos deixar de considerar, antes de mais nada, o caso em que o agente actua justamente para que outros vejam na sua conduta uma declaração de efeitos jurídicos. E se o declarante, sem embora se propor esse resultado como um fim, todavia o prevê como consequência certa ou possível do seu acto e acaba por se conformar com essa ideia, tudo preferindo a omitir a acção projectada, — a situação continua a ser, em substância, a mesma. O agente não pode reclamar, neste último caso, um tratamento diverso daquele que no primeiro lhe é dispensado, visto a situação psicológica em que operou nas duas vezes não se prestar —aqui como no direito penal — a ser valorizada diferentemente.

Mas imaginemos agora que o declarante, sem desconhecer a

---

da aparência criada. MANIGK ainda procurou — é certo — demonstrar esta coincidência *(Willenserklärung,* págs. 195-98); mas reconheceu a breve trecho que se tinha enganado *(Irrtum,* págs. 109 e 243). E, na verdade, todos vêem logo não ser a falta da consciência ou da vontade de emitir uma declaração coisa que necessàriamente se manifeste no complexo das circunstâncias que a outra parte deve tomar em conta, antes de fundar a sua confiança na aparência que tem diante de si. — Imaginemos que o aparecimento dum sinal luminoso, em certa noite, à janela da casa de *B,* deve significar, nos termos do acordo firmado entre *B* e *A,* a adesão do primeiro à proposta contratual que recebeu do segundo. E suponhamos agora que, na referida noite, *A* avista o sinal combinado à janela da casa de *B.* Como é evidente, *A* tem, decerto, tantas razões para considerar aperfeiçoado, com esse facto, o contrato que propôs na hipótese de haver um simples erro de *B* quanto ao conteúdo concreto da sua aceitação, como no caso de *B* ter agido, ignorando emitir com a sua conduta uma verdadeira declaração de vontade.

A doutrina que no texto criticamos não é, pois, reforçada pela consideração de que os interesses do declaratário, faltando no pretendido aceitante a consciência de emitir uma declaração de vontade, sofrem modificação que os torna de todo ilegítimos.

aptidão do seu acto para revestir a aparência duma declaração de vontade aos olhos de terceiro, acredita, no entanto, poder intervir ainda a tempo de evitar que este terceiro, fundado na sua confiança, tome quaisquer medidas adequadas à execução do contrato ou, de todo o modo, pressupondo a crença legítima na perfeição deste; e que essa espectativa vem a ser frustrada pelos acontecimentos. Que analogia, tomando para ponto de referência a situação psicológica em que actuou o agente, aproxima este caso dos anteriores? Ali, o declarante não se absteve de praticar a acção que lhe é imputada *apesar de* saber que ia provocar com ela noutras pessoas legítimas espectativas; aqui, o agente só levou por diante o seu plano *por* estar convencido de que uma intervenção posterior e imediata da sua parte havia de restituir as coisas ao *statu quo ante*, sem deixar vestígios.

Eis aqui duas situações que se admitiria perfeitamente tivessem uma valorização diversa. Todavia, a lei vincula o agente tanto numa hipótese como na outra. Vincula-o, portanto, também em casos que, do ponto de vista da situação psicológica em que operou o declarante, se situam muito mais perto daqueles em que ao agente só pode censurar-se o ter infringido um dever de previsão, do que daqueles outros em que é lícito falar-se duma real intenção de enganar ou, pelo menos, dum expresso juízo de aceitação deste resultado. Se o agente fica vinculado na hipótese de previsão indicada em último lugar, não vemos motivo para ele o não ficar também quando, sem ter conhecido, tiver no entanto podido conhecer o significado objectivo da sua conduta. Por palavras diferentes: nós só aceitaríamos fazer da consciência de se emitir uma declaração de vontade o elemento sem o qual toda a vinculação jurídica deve cessar, se fosse possível distinguir entre casos e casos em que se verifica a presença desse elemento. Doutro modo, nada de essencial pode trazer ao julgamento da situação do declarante aquela consciência de se estar fazendo uma declaração de vontade.

A teoria subjectiva pura é, portanto, ao menos em tese geral, inaceitável ([1]).

([1]) Esta doutrina, que ainda hoje parece ser dominante na Alemanha (como já prevenimos), foi recentemente defendida por NIPPERDEY na última edição (1931) do *Lehrbuch* de ENNECCERUS *(apud* MANIGK, *Jher. Jahrb.,* 47,

4. Dado o que fica exposto, é fácil também ajuizar do valor duma outra doutrina, esta de v. TUHR, que com a antecedente apresenta não poucas afinidades, embora por outro lado não deixe igualmente de aproximar-se — e com decisão — do ponto de vista da teoria intermédia

Von TUHR ([1]), quando aprecia o problema de saber se é admissível a categoria das «declarações de vontade não queridas» (não queridas justamente no seu valor de declarações jurídicas), manifesta-se contrário à adopção de qualquer dos pontos de vista extremos que nele costumam ser defendidos, determinando-se por uma posição ecléctica. Na verdade, tanto a solução de MANIGK como a que lhe é diametralmente oposta enfermam, na opinião deste autor, de defeitos capitais. Aquela deixa totalmente desprotegido o indivíduo que, com boas razões, confiou na existência duma declaração de vontade a si dirigida; esta onera injustamente com o peso duma importante responsabilidade aquele que praticou um acto qualquer da sua vida, julgando-o desprovido de significação jurídica. Para v. TUHR, a única solução razoável consiste em apurar se sim ou não o agente actuou sabendo que fazia a outrem uma *comunicação* ou *participação (Mitteilung) de qualquer conteúdo*. Se falta este elemento, a consequência é não lhe poder ser imputada a sua conduta como declaração de vontade (nulidade absoluta). Se não falta, resta-lhe o único caminho da impugnação por erro. «Quem faz uma

---

pág. 58). No mesmo sentido se tinham manifestado já, além doutros (v. bibliografia cit. em v. TUHR, II, 1.ª, págs. 403 e 404, e OERTMANN, *Allg. Teil*, pág. 331): R. LEONHARD, *Irrtum*, I, pág. 129; SIEGEL, *Arch. f. civ. Praxis*, 111 (1914), págs. 12-21, 126 e segs.; OERTMANN, *ob. cit.;* Fr. LEONHARD, *Allgemeines Schuldrecht des B. G. B.* (1929), págs. 269 e segs. HENLE é também adepto da teoria subjectiva, como já incidentalmente se referiu, e segue até um caminho próprio, diverso do de MANIGK, para fundamentar a sua *Erklärungswillenstheorie*. Cfr. a cit. «Parte geral» deste autor, págs. 203 e segs. Deve, contudo, notar-se que as razões em que HENLE apoia a sua doutrina só podem ter valor para o direito do cód. civ. germânico. No mesmo sentido veja-se ainda LEHMANN, *Allg. Teil*, págs. 138 e segs.

Já sabemos que MANIGK modificou depois radicalmente a sua opinião primitiva a este respeito. V. *Irrtum u. Auslegung*, págs. 105 e segs.

([1]) Cfr. *Allg. Teil, vol. cit.*, págs. 403 e 404.

notificação a outrem, tem de responder pelos efeitos que o seu acto provocar no espírito do destinatário» ([1]).

A declaração de vontade, para ser válida, precisa, portanto, de consistir numa notificação consciente; mas não é forçoso que o declarante, no momento de agir, admita ser possível que a sua conduta manifeste exteriormente a vontade de certa alteração jurídica, que ele na verdade não tem. Por isso responde aquele que, confundindo duas cartas, envia a B uma proposta de contrato quando na realidade só lhe queria enviar um banal cartão de felicitações. Mas o gesto de erguer a mão para fazer sinal a um amigo é que nunca poderá ter o valor, sejam quais for as circunstâncias, duma proposta de arrematação dos objectos leiloados.

Esta doutrina de v. TUHR será aceitável?

Fácil é ver que este autor se deixou dominar, na sua construção, por uma e por outra das fundamentais considerações de que respectivamente partem os adeptos e os contraditores de MANIGK: o ponto de vista de não ser justo vincular fora de toda a medida aquele que, ao praticar um acto qualquer em vista de quaisquer fins, ignora em absoluto estar criando a aparência duma declaração de vontade contratual; e o ponto de vista dos interesses daquele que justificadamente encara como declaração de vontade a si dirigida uma conduta humana consciente. Von TUHR pretende, no fim de contas, como já o pretendera MANIGK, apresentar uma solução que realize, em dose óptima, a harmonia, o equilíbrio entre os dois interesses em presença e em conflito: o do aparente declarante e o do destinatário da aparente declaração.

Ora, assim considerada, todos vêem claramente que esta teoria não é menos arbitrária do que a anterior, se não é mesmo que o seja mais. Com efeito, por que não admitir a vinculação «à palavra dada» para além desse ponto limite representado pela consciência de se fazer a outrem uma comunicação de qualquer conteúdo? E por que não restringir ainda mais o domínio dessa responsabilidade pela declaração, alargando o número dos seus pressupostos? e regressando, assim, ao extremismo de MANIGK? É justo que fique vinculado ao valor de declaração da sua conduta aquele que dirige a outrem uma

---

([1]) *Ob. cit.*, pág. 404.

notificação qualquer? Mas o autor da comunicação é possível que não tenha mesmo podido prever que o seu destinatário a iria interpretar como declaração de vontade de certos efeitos jurídicos. Por outro lado, o indivíduo que observa simplesmente determinada conduta, sem por ela se propor levar ao conhecimento doutrem o que quer que seja, pode muito bem ser imputável de culpa por não ter previsto os efeitos de que ela veio a ser causa no espírito doutra pessoa. Não parece injusta a solução de se dar aqui prevalência aos interesses desta última.

A doutrina de v. Tuhr é, pois, claramente inaceitável. Não deve, entretanto, esquecer-se que o seu traço fundamental reside na preocupação de não imputar sem restrições, àquele que tão-só pratica um acto voluntário, o sentido objectivo «de declaração» da sua conduta. A legitimidade dos interesses da outra parte deve encontrar limites na própria situação particular daquele que dá causa à sua confiança. — Tomada nestes termos, a teoria de v. Tuhr já oferece bons elementos para uma solução justa do problema, muito embora seja condenável na sua rigidez.

5. Das observações precedentes decorre, portanto, ser pela teoria da culpa que nós, em tese geral, nos decidimos. A teoria objectiva pura — já o sabemos — é, na verdade, de todo inaceitável [1]. A ausência da culpa (seja, a impossibilidade de censurar-se o agente por se não ter apercebido do significado objectivo da sua conduta) tem de ser olhada como circunstância que modifica profundamente a situação dos interesses em conflito, ao contrário do que pudemos dizer da falta da vontade de emitir uma declaração.

Suposto um sistema jurídico que não contenha norma directamente aplicável à hipótese das chamadas «declarações não queridas» [2], é um problema de integração de lacunas que o intérprete

---

[1] Um dos mais firmes adeptos desta orientação é Danz (*Interpretación*, págs. 43-44, nota 1). Neste sentido: Hölder e Wedemeyer, citados por v. Tuhr, pág. 403, nota 20.

[2] Declarações «não queridas» — já o sabemos — não quer dizer «declarações involuntárias», quando por isto se entenda a involuntariedade do próprio acto que determina a aparência duma declaração de vontade. Não emite, com certeza, uma declaração de vontade, embora anulável, aquele

terá de solucionar aqui. O recurso à analogia torna-se indispensável. Mas o recurso à analogia supõe casos análogos, quer dizer, casos não essencialmente dissemelhantes, a sua estrutura considerada nos elementos que à face da lei os caracterizam. Ora, se a lei em questão tem normas que forçam o declarante a responder, num primeiro momento, pelo sentido objectivo da sua declaração ([1]), a aplicação analógica delas aos casos em que o agente podia e devia ter-se apercebido do significado da sua conduta, é coisa que os princípios gerais sobre analogia bastam a justificar.

Mas nada pode tornar admissível serem essas normas também aplicadas às hipóteses em que o agente ignorou sem culpa o sentido objectivo da sua conduta. Se falta a culpa — como já acima o pusemos em destaque —, não há nenhuma razão para decidir contra o aparente declarante o conflito de interesses (de resto igualmente respeitáveis) que aparece aqui. Eu posso ter atribuído à conduta de *B*, com toda a legitimidade, um sentido de promessa jurídica e nela fundado, em consequência, a minha confiança. Contudo, a legitimidade da expectativa por mim concebida não pode ser o único elemento decisivo. Se o fosse, deveria então bastar, para vincular *B*, a minha convicção, errónea mas justificadíssima, de ser do punho de *B* a proposta contratual que *C* me dirigiu em seu nome, depois de lhe ter falsificado a letra e a assinatura. Mas não basta, como todos reconhecem e o exige o mais rudimentar sentimento de justiça. É força, pelo menos, que o aparente declarante tenha contribuído, ele próprio, para a criação da aparência invocada.

Isto significa que o direito se recusa a não tomar em conta a situação daquele cuja responsabilidade pretende fundar-se, a fim de proteger a confiança de terceiros. Mas se assim é, se o direito se recusa a isso, a coerência exige que se não vá além da culpa quando

---

que, em virtude de perturbação nervosa invencível, faz com a cabeça um movimento que é por outra pessoa interpretado como a resposta afirmativa a uma oferta de contrato que esta pouco antes lhe fez. Quando se fala de declarações não queridas, no sentido do texto, tem-se em vista só a falta da vontade de emitir uma declaração.

([1]) Como veremos ser o caso da nossa lei civil. Isto, aliás, já decorre do que no § anterior pudemos dizer acerca do regime jurídico do erro que exclui a vontade do conteúdo da declaração.

se trata de tornar alguém responsável pelo sentido de declaração jurídica do seu acto. Pois não se deixa ver que o simples facto de brotar de mim, da minha vontade, aquilo que constitui o elemento objectivo, a aparência duma declaração jurídica, seja circunstância que torne a minha posição menos digna de ser protegida do que no caso acima referido ([1]).

Destas observações decorre também, paralelamente, ser ainda a solução por nós adoptada, para um sistema de direito da índole do que estamos a supor, a mais razoável e justa de todas as possíveis ([2]). Em tese geral, pode, assim, afirmar-se que o erro sobre o sentido de declaração da conduta observada só deve produzir a nulidade abso-

---

([1]) Como diz SIEGEL *(ob. e lug. cits.,* pág. 127), em nenhum sistema de direito existe norma por cuja força se tenha de responder, em princípio, pela aparência jurídica.

([2]) O princípio da culpa, como limite de toda a responsabilidade pela declaração, é afirmado com particular vigor por MANIGK *(I. u. A.,* págs. 250- -55; *Jherings Jahrb.,* 47, págs. 92-106) e JACOBI *(Th. der We.,* págs. 48-54), com base em razões de equidade. Apesar de a moderna tendência da doutrina alemã ser no sentido da limitação da responsabilidade do aparente declarante, não falta quem recentemente tenha afirmado o ponto de vista contrário. Assim, HILDEBRANDT, *Erklärungshaftung* (1931), págs. 195-96: «Existe uma declaração de vontade sempre que o seu (aparente) destinatário *(der Erklärungsgegner)* tenha podido concluir, da conduta do declarante e das circunstâncias concorrentes e segundo os ditames da boa-fé, para uma vontade de efeitos jurídicos da parte deste último». A razão disto reside, para HILDEBRANDT, na maior legitimidade do interesse daquele a quem a declaração «não querida» se dirige. Com efeito, o declarante tem nas suas mãos a possibilidade de só emitir declarações que estejam em harmonia com a sua vontade; enquanto a outra parte nada pode fazer senão concluir, através do exame da declaração e das circunstâncias concorrentes, para a existência naquele duma certa vontade contratual. — Todos podem ver quanto é unilateral esta posição de HILDEBRANDT. Contra ela valem as razões invocadas no texto a favor da doutrina oposta.

A teoria intermédia da culpa ganhou ùltimamente em LARENZ um valioso defensor. Cfr. *ob. cit.,* págs. 82 e segs. Já SEGRÈ, nos seus estudos sobre o conceito de negócio jurídico à face do direito alemão (que foram publicados pela primeira vez no volume XXIX [1900] da *Rivista italiana per le scienze giuridiche),* aludia ao «conhecer» ou «dever conhecer» o declarante o sentido de declaração da sua conduta, como requisito essencial de toda a eficácia do negócio jurídico. Cfr. *Scritti giuridici* de GINO SEGRÈ, I, págs. 310, 313, etc.

luta do negócio jurídico, quando o agente não pudesse ter-se apercebido daquele particular significado de que é portadora a sua conduta.

6. Mas isto é solucionar o problema em tese geral, sob o pressuposto único de tal solução ser proferida com base num sistema jurídico que directamente só regule os casos de divergência entre vontade e declaração em sentido estrito, forçando o declarante a responder aí pelo significado objectivo do que declarou; sujeitando-o a manter a palavra dada. E é verdade não haver nenhuma razão para se entender — já o sabemos e veremos ainda melhor *(infra,* cap. II) — que o nosso código civil se recusa a responsabilizar o declarante pelo alcance objectivo da sua declaração.

Mas o que se pergunta agora é se as normas da lei portuguesa, válidas sem dúvida para os casos de conflito entre «declaração» e «vontade do declarado», podem valer também — por analogia ou mesmo directamente — para alguns daqueles em que faltar de todo a consciência de se emitir uma declaração jurídica, conforme os princípios acima desenvolvidos.

Para responder a esta pergunta, impõe-se desde logo inquirir qual, dentre os arts. 660.º-662.º — os únicos preceitos deste grupo que estabelecem as condições de relevância do erro —, pode ser aplicável ao nosso caso. O art. 660.º elimina-o logo um primeiro e pouco fundo exame. Se ele disciplina, do erro que recair sobre os motivos da vontade da declaração, tão-só aquele que não for acerca dos efeitos ou do conteúdo desta ([1]), — ainda menos poderá valer para os casos de erro acerca do sentido da conduta como declaração de vontade. Se há na lei uma norma que seja destinada a solucionar os eventuais conflitos entre vontade e declaração, a essa terá de recorrer-se aqui. Ora, tal norma, como sabemos, existe: é o art. 661.º ([2]).

Contudo, o art. 661.º não se limita a atribuir certos efeitos — os efeitos da nulidade do contrato (relativa) — a determinada figura do erro: prescreve também, imperativamente, as condições sob as

---

([1]) *Supra,* págs. 118 e segs.
([2]) Do art. 662.º nem se fala, visto ele só ter o alcance de dispor que também o *error in persona* é relevante, nos termos dos artigos anteriores.

quais tal erro é relevante. Aplicar o art. 661.º, directamente ou por analogia, a certos casos de erro, há-de ser aplicá-lo, portanto, a casos em que essas condições de relevância possam verificar-se. Pois é inadmissível tomar deste preceito sòmente a parte em que nele se atribui eficácia a um erro do declarante.

Ora, o erro sobre o sentido da conduta como declaração de vontade não é impossível que venha a obedecer, nesta ou naquela hipótese, aos requisitos materiais do art. 661.º. Pode dizer-se que esses pressupostos se realizam quando das circunstâncias resulte só ter o declarante observado aquela conduta por não julgar emitir com ela uma declaração de vontade («só por essa razão e não por outra»).

Repare-se, entretanto, que a vinculação do agente ao sentido da sua conduta como declaração jurídica (sentido não desejado nem conhecido) é, antes de mais nada, vinculação a uma «aparência objectiva»: à aparência duma declaração de vontade. Mas a aparência, a simples materialidade duma declaração jurídica há-de abranger, por força, a aparência de ter o declarante querido fazer uma promessa, querido vincular-se às injunções de certa lei contratual. Se este elemento falta, na verdade, não se entende que haja de tornar-se sujeito duma relação jurídica quem em geral não agiu em vista de fins jurídicos, quem nem sequer pretendeu obrigar-se tão-só moralmente a observar determinada conduta. A vinculação do agente ao sentido objectivo de promessa do seu acto (embora provisória) só se compreende como meio dirigido ao fim de proteger a confiança doutrem. E aos casos de faltar a confiança têm de equiparar-se necessàriamente os de não haver confiança *legítima*.

Ora, quem atribui à conduta doutrem um sentido de declaração de vontade a si dirigida, em circunstâncias, todavia, de dever pensar que o agente não teve em vista emitir nenhuma declaração, — é manifesto que não pode invocar uma confiança legítima que tenha sido originada pela conduta do pretenso declarante. Falta, pois, aqui todo o fundamento para se imputar a este último o sentido que o primeiro colheu do seu acto. Mas se assim é, estes casos situam-se necessàriamente fora do domínio da nulidade relativa, onde se trata sempre de sujeitar o declarante, embora sob reservas substanciais, a efeitos jurídicos não queridos.

A norma do art. 661.º, por conseguinte, é claramente imprópria para regular os casos de erro acerca do sentido de declaração jurídica da conduta observada. Olhados sob certo aspecto — o aspecto da situação dos interesses —, alguns desses casos são, de facto, perfeitamente análogos àqueles em que não falta a vontade de emitir uma declaração. Mas a analogia acaba tão depressa estes últimos sejam examinados do ponto de vista de que os considerou o legislador.

7. Daqui se infere não ser o erro sobre o valor de declaração da conduta observada um erro do consentimento no sentido da lei portuguesa. E, como não pode pensar-se em considerá-lo irrelevante, a única solução ainda assim aceitável será fazê-lo causa de nulidade absoluta do negócio jurídico. De resto, não custa ver que tal solução é a solução válida à face da lei portuguesa.

No § 1.º deste trabalho seguimos o caminho de deduzir o conceito de «erro no consentimento» do próprio conceito legal de consentimento, tal como até aí o tinhamos podido libertar. Mas verifica-se agora que uma certa figura do erro não pode caber no conceito de «erro do consentimento» dos arts. 658.º e segs. E verifica-se mais ser inconcebível que um erro dessa espécie não tenha qualquer influência sobre a vida do negócio jurídico. É lógico pensar, portanto, que o legislador não regulou no lugar adequado os casos donde está ausente a consciência de se emitir uma declaração de vontade por considerar excluído aí o consentimento. E, se falta o consentimento do lado dum dos participantes na formação do elemento objectivo do contrato, o contrato é nulo (art. 643.º, 2.º).

Assim se revela, pois, confirmada a hipótese que formulámos acima ([1]) (o consentimento igual ao acto de se fazer conscientemente a outrem uma promessa de valor jurídico), hipótese acerca da qual nos não foi então possível eliminar todas as dúvidas ([2]).

([1]) § 1.º, n.º 15.
([2]) Deve, porém, observar-se aqui que o erro acerca do sentido de «promessa» da acção praticada não tem de considerar-se relevante quando não for essencial. Veja-se o que sobre a justificação disto dizemos abaixo (n.º 9). O que pode afirmar-se é que raramente um erro desta natureza deixará de obedecer àquele requisito; ou, pelo menos, que muito raramente conseguirá demonstrar-se a sua não essencialidade.

8. Falta agora examinar, para concluirmos esta ordem de considerações, um outro problema que se apresenta estreitamente ligado ao anterior.

Verificámos estar ausente toda a declaração jurídica quando o agente procede sem tomar consciência do sentido de declaração de vontade da sua conduta. Qual é, no entanto, definido com a maior precisão possível, este particular sentido imanente ao acto praticado que o seu autor precisa de ter conhecido a fim de ser lícito falar-se dum negócio jurídico?

Já vimos, noutro lugar, que a declaração de vontade jurídica tem de específico o aludir a uma vinculação assumida pelo declarante, o significar que o declarante se *obriga* por seu intermédio a fazer isto ou aquilo, e se obriga, naturalmente, à face duma norma. Sem dúvida alguma, é nisto, na sua natureza de promessa, que consiste o sentido específico da declaração negocial.

Mas até aqui temos ligado sempre à expressão «consciência de fazer uma declaração de vontade» o sentido de «consciência de se ficar vinculado, com a acção praticada, à face duma norma de direito». Ora, das nossas considerações anteriores não resulta que o simples querer o declarante vincular-se à face das normas da moral, das convenções sociais, etc., não seja bastante para se ter uma declaração jurídica. E o que vamos agora pôr em exame é justamente o problema de saber se a norma vinculante, à qual a declaração tem de se referir, carece de ser uma norma de direito, ou se não bastará, antes, que seja uma norma doutra natureza.

Qualquer destas duas soluções tem sido defendida, e qualquer delas apoiada em bons argumentos. Os adeptos da segunda ([1]) fazem

---

([1]) Esta doutrina é exposta, nas suas várias gradações, por HENLE, *Vorstell. u. Will. theorie*, págs. 271 e segs., e parece ter perdido há muito o predomínio na Alemanha. Cfr. v. TUHR, II, 1.ª, págs. 168 e segs., e *Allg. Teil des schweizerischen Obligationenrechts*, 1.ª metade (1924), pág. 132; MANIGK, *Irrtum*, págs. 100 e segs.; OERTMANN, *Allg. Teil*, págs. 375 e segs.; Fr. LEONHARD, *Allg. Schuldrecht*, págs. 260 e segs.; HENLE, *Allg. Teil*, págs. 39-40. Os seus mais vigorosos sustentadores foram LENEL, ISAY e DANZ *(Interpretación*, págs. 21 e segs.). Cfr. também SEGRÈ, *Scritti giuridici*, págs. 210 e segs.

Na Itália, a maioria dos civilistas é favorável à doutrina de que a declaração de vontade, para constituir negócio jurídico, só carece de ser dirigida a certos fins práticos (geralmente económicos) que o direito considere dignos

notar que a intervenção protectora do Estado, a revestir de obrigatoriedade o cumprimento das convenções privadas, é admitida sem relutância em muitos casos onde se afigura evidente não ter havido uma intenção das partes dirigida a qualquer escopo ou resultado de direito; onde as partes não procederam com a consciência de se

---

de tutela. Cfr. COVIELLO, *Manuale,* I (ed. de 1915), págs. 316-318; e consulte-se mais a bibliografia citada por GRASSETTI, *Rilevanza dell'intento giuridico in caso di divergenza dall'intento empirico* (Milão, 1936), pág. 7, nota 2.

Em França é dominante a doutrina contrária, que julga essencial à existência do negócio jurídico o dirigir-se a declaração a um ou vários efeitos de direito. Assim: PLANIOL, *Traité élémentaire de droit civil,* I, 10.ª ed., pág. 104; CAPITANT, *Cours,* I, 4.ª ed., págs. 60 e segs.; JOSSERAND, *Les mobiles,* etc., págs. 42 e segs.

Entre nós, pronunciou-se no sentido da doutrina que entre os autores italianos goza de predomínio o prof. BELEZA DOS SANTOS *(Simulação,* I, pág. 3, nota 1).

Deve, contudo, acentuar-se bem que nas doutrinas francesa e italiana o objecto de discussão é constituído pelo problema de saber se a declaração, para haver negócio jurídico, carece de exprimir uma vontade de efeitos de direito, ou se não bastará, antes, para isso que o declarante tenha em vista um fim prático qualquer, contanto que merecedor de tutela jurídica; não se versando pròpriamente, pelo menos em regra, o ponto de saber de que natureza há-de ser o vínculo a que a declaração tem de referir-se a fim de poder constituir um negócio jurídico. É isto, sem dúvida, uma consequência daquele erróneo ponto de vista que leva a conceber-se a declaração jurídica tão-sòmente como a «enunciação» ou «notificação» da vontade de certos efeitos. V. *supra,* § 1.º, n.º 16.

Diga-se ainda aqui que o ponto de partida da doutrina em vias de ser agora exposta e examinada no texto, é representado pela consideração — sem dúvida exacta — de que muitos dos efeitos do negócio jurídico não são imputáveis à vontade das partes, e de que a estas falta mesmo, na maioria dos casos, uma ideia clara acerca da qualificação jurídica das suas declarações. Mas, por mais rigoroso que isto seja, daqui não resulta a invalidade da teoria segundo a qual a declaração, para ser jurídica, tem de dirigir-se a um efeito de direito. Pois esta teoria — como se depreende do que se diz acima — só considera essencial ao conceito de negócio jurídico o exprimir a declaração que o seu autor procedeu com a vontade (ou mesmo só a consciência) de se obrigar jurìdicamente, de criar um vínculo jurídico. — Esta é, de facto, a forma que predominantemente reveste hoje, pelo menos na Alemanha, a chamada «teoria do efeito de direito» *(Rechtsfolgetheorie).* Cfr. os autores cits. no princípio desta nota e também GRASSETTI, *Rilevanza,* etc., pág. 4, nota 1.

moverem em terreno jurídico; onde as declarações trocadas não aludem por si mais do que a uma vinculação à face da moral, das regras de convivência social, etc. Ninguém afirma — é certo — que as partes não tenham o poder de limitar a obrigatoriedade dos seus acordos a um domínio diferente do jurídico ([1]). Mas o que se pretende é que basta a não exclusão da protecção jurídica para o direito poder intervir, para um negócio jurídico ter existência. A declaração, para ser jurídica, só carece de reflectir a vontade do declarante de se obrigar (embora não à face dos princípios jurídicos); contanto ao direito se apresente como digna de tutela a confiança firmada pela outra parte no cumprimento da promessa recebida ([2]).

Com efeito, a experiência da vida quotidiana ensina que frequentes vezes intervimos em contratos de cujo significado jurídico estamos longe de nos aperceber. Quem entra num eléctrico ou num *omnibus* não toma, em regra, consciência de que emite uma declaração de vontade contratual. Do mesmo modo, não se apercebe do valor jurídico da sua declaração quem recebe um livro ou qualquer objecto valioso das mãos dum amigo e se compromete a guardá-lo cautelosamente ([3]).

Ora, em todos estes casos se admite em regra a intervenção do direito. E não será isto razoável, visto a declaração traduzir aqui a vontade do declarante de se submeter para o futuro a uma determinada norma em favor da parte contrária, e de se lhe submeter tão séria e definitivamente como se ela fosse jurídica?

([1]) Assim, expressamente: DANZ, págs. 21, nota 1, 26, nota 2; SECRÈ, *ob. e lug. cits.*, págs. 206; JACOBI, *Th. der We.*, pág. 16. Exs.: *A* declara afiançar a dívida de *B,* mas acrescenta que não quer ficar jurìdicamente vinculado; ou acede apenas a fazer aquela declaração oralmente, explicando que a não faz por escrito por julgar que só esta tem valor à face do direito.

([2]) Nestes termos: LENEL, cit. em HENLE, *Vorstell. u. Will.theorie*, pág. 282. Este último elemento de que LENEL faz depender o valor jurídico duma declaração de vontade, permite-lhe defender a sua teoria contra a objecção de por ela se situarem dentro dos domínios do direito declarações (como a promessa de dar um passeio com um amigo, um convite para almoçar, etc.) que necessàriamente devem considerar-se como não obrigatórias do ponto de vista jurídico. Cfr. von TUHR, pág. 170.

([3]) JACOBI (págs. 13-19) pensa que não falta nestes casos a consciência de se ficar obrigado a seguir certa conduta porque o exige o direito e não só porque o exige a moral, a boa-cortesia, etc.

De resto, a este elemento, não a outro, tem de imputar-se a obrigatoriedade jurídica da declaração — se se quiser admiti-la aí — em mais dois casos onde manifestamente também falta a vontade do declarante de se vincular ou de vincular outrem à face do direito. Efectivamente, não pode ter esta vontade quem afirma (ou procede como se afirmasse) estar seguro de que em si ou na declaração emitida faltam alguns dos elementos a que o direito subordina a eficácia dela ([1]). Do mesmo modo, não exterioriza outrossim esta vontade quem declara duvidar do valor jurídico da sua promessa ([2]). E, todavia, em nenhuma base séria pode ser apoiada a solução de se negar eficácia jurídica a estas declarações. Que pode trazer de novo, ao caso de já existir a vontade firme de se contrair uma obrigação, a vontade de se ficar obrigado à face duma norma jurídica? Se o devedor declarou: «eu quero ficar vinculado», o direito intervém e diz: «tu deves ficar vinculado por meu intermédio» ([3]).

A esta teoria pode desde logo censurar-se o não se manter ela até ao fim na linha de conclusões imposta pelas premissas donde procede. Se o simples facto de a declaração fazer apelo a um complexo de normas quaisquer basta para fundar a vinculação jurídica, este efeito não deveria ser excluído, parece, nem mesmo por uma expressa intenção contrária das partes. Nesta última hipótese, pode continuar a subsistir a vontade do declarante de ficar tão sèriamente obrigado como se fosse à face do direito; e não tem de desaparecer a confiança da outra parte na inteira seriedade da promessa recebida. Mas estes dois elementos são os que decidem, nos termos da teoria exposta, da validade jurídica da declaração.

Se o direito intervém sem ser chamado, isso traz consigo a possibilidade certa de ele intervir em muitos casos em que o declarante teria excluído a sua intervenção se tivesse contado com ela. Logo, é que ele, intervindo, visa outros fins que não só o de prestar homenagem à vontade dos particulares. Intervém porque um interesse

---

([1]) *V. gr.*, por não terem sido observadas as formalidades legais; ou por ser o declarante incapaz (em seu juízo) relativamente àquele negócio jurídico.

([2]) Cfr. Secrè, *ob. cit.*, pág. 211.

([3]) Lenel, *Jherings Jahrb.*, 19, págs. 199, 202, *apud* Henle, *Vorstell. u. Will.theorie*, pág. 278.

superior ao simples interesse individual lhe comanda a intervenção; intervém, porventura, a fim de proteger a boa-fé nas relações entre os súbditos; a fim de revestir de obrigatoriedade o preceito moral: *pacta sunt servanda*. E por que motivo há-de, então, poder afirmar-se que o Estado renuncia a impor a sua tutela quando as declarações das partes tenham o sentido de a excluir?

Sem dúvida, dentro do direito contratual ocupam um lugar importantíssimo normas que se destinam a preencher os brancos do contrato, a integrar as suas lacunas, e que, portanto, têm o sentido de intervir só quando as partes expressamente as não excluam (normas supletivas ou dispositivas). E coisa idêntica poderia acontecer com a própria subsunção das relações da vida social ao direito. Contudo, para isso seria indispensável — aqui como ali — uma norma que tivesse o sentido de o dispor; ou, pelo menos, que tal sentido emergisse do complexo do sistema jurídico. Ora, é manifesto faltar aquela norma; e a teoria criticada não consegue fazê-la decorrer — a menos de assentar numa clara petição de princípio — do espírito que anima o todo do sistema.

Se se concebe o papel do direito no domínio contratual (domínio de autonomia privada) como um papel fundamentalmente de fiscalização da moralidade, da boa-fé nas relações sociais *(pacta servanda sunt)* — como o faz a teoria exposta —, não se compreende bem por que é que o direito deva deixar de intervir quando as partes excluam a sua intervenção. Todavia, considerar jurídicas as declarações que sejam portadoras deste sentido, seria admitir solução de todo inarmonizável com a própria essência do instituto dos negócios jurídicos ([1]).

Compreender-se-ia, de resto, que a simples vontade de se ficar séria e irrevogàvelmente vinculado à palavra dada — tal como se objectiva na declaração — bastasse para determinar a eficácia jurídica da promessa, se através da declaração jurídica contraísse só a obrigação de cumprir pontualmente o estipulado. Se assim fosse, qualquer simples promessa duma conduta futura — contanto o promissário pudesse invocar no cumprimento dela um interesse que o direito considerasse legítimo e digno de protecção — não haveria

---

([1]) HENLE, *Vorstellungs u. Will.theorie*, págs. 279-280, *Allg. Teil*, pág. 39; v. TUHR, *ob. cit.*, págs. 170-71.

razões para que não tivesse carácter jurìdicamente obrigatório: pois ao promitente só poderia razoàvelmente desagradar esse carácter da sua promessa se admitisse, ao fazê-la, a possibilidade de a não cumprir. Mas quem firmemente promete o que não quer cumprir, ou o que não sabe se poderá ou quererá cumprir, e disto não previne a outra parte, é justo que seja obrigado a manter a sua palavra: *pacta sunt servanda*.

A intervenção do direito, todavia, não traz consigo apenas a simples obrigatoriedade da promessa realmente feita. Se eu declaro a *B* a resolução que tomei de lhe vender certo objecto do meu património e o faço consciente de nada faltar à perfeição do acordo afora a aceitação de *B,* submeto-me por esse facto a um conjunto de normas que me vinculam além e até, porventura, contra as minhas previsões e a minha vontade. Não há, pois, nenhuma espécie de contradição ou de conflito entre o afirmar o declarante que se não considera vinculado pelo direito em virtude de não ter contado com essa vinculação, e a firme seriedade da sua promessa. Se a outra parte se apercebe ou deve aperceber-se do real sentido atribuído à declaração pelo seu autor, nenhumas razões tem, portanto, para confiar na obrigatoriedade jurídica dela; embora as tenha para contar firmemente com o seu cumprimento.

Daqui resulta não dever considerar-se jurìdicamente vinculativa a promessa que não tiver o sentido de o ser à face do direito. Se este sentido falta em muitas declarações da vida corrente para as quais todos estão de acordo em reclamar a protecção do Estado, isso significa apenas que a doutrina comum é inexacta. Todavia, desde que por «vontade dos efeitos jurídicos» se entenda apenas a «vontade (ou mesmo só a consciência) de se vincular outrem e de se ficar jurìdicamente vinculado», entendemos não serem assim tão frequentes como pensam alguns os casos de faltar à declaração o sentido jurídico específico.

Encaremos agora a hipótese de o declarante, ao mesmo tempo que manifesta a sua vontade de ficar sèriamente vinculado, aludir, expressa ou implìcitamente que seja, à convicção em que está de não ter a sua promessa valor jurídico, contra os seus desejos. Um indivíduo, por exemplo, ao celebrar com outro um contrato de compra e venda duma coisa móvel, afirma que, apesar de não ter sido observada a forma exigida por lei (a escritura pública) — motivo pelo qual ao contrato celebrado falta todo o valor jurídico —, ele se considera tão ampla e firmemente vinculado aos termos da convenção como se o direito a proclamasse obrigatória. Se acontece que a lei não faz depender da observância de qualquer formalidade a eficácia jurídica do acordo concluído, *quid juris?* Será jurìdicamente válida a declaração do contraente que esteve em erro e, portanto, o contrato?

O mais elementar sentido do justo e do razoável conduz a responder que sim. Se o declarante *desejou* vincular-se à face do direito, se ele procedeu com a consciência de quem se obriga como se fosse sob a égide duma norma jurídica, se, por conseguinte, se tornou patente que a sua atitude não se modificaria no caso de faltar o erro, — nenhuma razão pode justificar que ele não fique jurìdicamente obrigado. Na realidade, à consciência de se ficar vinculado à face do direito, como elemento que decide da responsabilidade pela produção dos efeitos legais, é perfeitamente assimilável a consciência de se ficar obrigado *como se fosse à face do direito,* nos casos em que a vinculação jurídica só não foi querida porque se julgou impossível alcançá-la, dadas as deficiências (ilusórias) dos meios empregados. Quando estas circunstâncias se não verifiquem, a consciência de se ficar tão firmemente vinculado como se fosse à face do direito não pode equiparar-se à consciência de se contrair uma obrigação jurídica. Pois, neste caso, que alguma relutância mereceu, ainda assim, ao declarante o vincular-se jurìdicamente, prova-o o facto de ele se ter abstido de fazer apelo à intervenção do direito [1].

---

[1] Cfr. JACOBI, *ob. cit.*, págs. 20-22. A doutrina que este autor desenvolve difere sobretudo da nossa, na medida em que por ela se afirma incondicionalmente assimilável à consciência de se contrair uma obrigação jurídica, a consciência de se ficar tão firmemente obrigado como se fosse à face do direito. Nós julgamos, antes, como o dizemos acima, ser necessário, para haver negócio jurídico, que na própria declaração ou nas circunstâncias concorrentes se manifeste, não só que o declarante procedeu com a consciência de se obrigar como se fosse à face do direito, mas ainda que ele desejou vincular-se jurìdicamente, só o não tendo chegado a querer por supor faltar, na hipótese, uma condição indispensável à obrigatoriedade jurídica da sua declaração. Só nestes termos — parece-nos — pode, efectivamente, formular-se o

Na hipótese, finalmente, de o declarante afirmar (ou de isso se tornar reconhecível) que apenas está em dúvida sobre a validade objectiva da sua declaração, nenhumas dificuldades se levantam. Como todos sabem, o facto da volição não é excluído pela mera circunstância de faltar no agente a certeza de que o resultado, a situação futura desejada há-de realizá-la a conduta empreendida. Agindo *para que* certo resultado se produza, eu posso alimentar seriíssimas dúvidas sobre o êxito da minha acção. Seria, pois, inexacto afirmar *a priori* que não quer vincular-se nem vincular outrem juridicamente aquele que não sabe com certeza se foram observadas as formalidades legais indispensáveis à eficácia do acordo ([1]). A simples dúvida, pelo declarante manifestamente alimentada acerca da eficácia jurídica da sua declaração, não exclui a *aparência* de que ele tenha querido vincular-se à face do direito.

9. O sentido jurídico das declarações de vontade reside, assim, na sua referência a uma vinculação assumida pelo declarante à face do direito. E se é este o elemento objectivo que tem o alcance de

---

juízo de que a atitude do declarante não padeceria modificações essenciais, se ele não tivesse estado em erro acerca do sentido objectivo da sua promessa.

Não admitem qualquer restrição ao princípio de que a vontade de se contrair uma obrigação jurídica é requisito essencial das declarações negociais: von Tuhr, *ob. e vol. cits.*, págs. 170 e segs.; Henle, *Allg. Teil*, pág. 40. E, todavia, é claramente chocante a solução adoptada por este segundo autor para o seguinte caso: o testador, depois de ter feito as suas disposições de última vontade (na realidade conformes às exigências da lei), acrescenta que, infelizmente, já não tem tempo para observar as indispensáveis formalidades legais (a morte avizinha-se), motivo pelo qual só lhe resta confiar-se à consciência e à seriedade dos seus herdeiros. Aqui, de harmonia com a nossa própria doutrina — e contra Henle —, haverá um testamento inteiramente válido. Deve, porém, observar-se que esta hipótese é muito dificilmente concebível à face do nosso direito dos testamentos.

Saliente-se ainda, antes de fechar esta nota, que só estamos a ocupar-nos agora do ponto de saber se é nula ou válida a declaração que por si manifeste ter o declarante agido com a consciência de se vincular como se fosse à face do direito, etc. Mas nada impede que, faltando no seu elemento objectivo todas as deficiências relevantes, a declaração seja, ainda assim, nula: por ausência real daquele elemento subjectivo que exteriormente parece existir. V. n.º seguinte.

([1]) Como o faz Segrè, *ob. cit.*, pág. 211.

converter uma declaração qualquer em declaração juridicamente obrigatória, parece fácil concluir daqui ser também essencial ao conceito de declaração jurídica o actuar o declarante com a consciência de se submeter a uma norma de direito, de se mover em terreno jurídico. Pois não dissemos nós, no seu lugar, que, à face dos princípios do direito português, só «consente» quem, ao emitir uma declaração de vontade, se apercebe do seu significado jurídico específico?

Podia ainda pensar-se, é certo, mesmo depois de admitida a doutrina que defendemos nas páginas anteriores, em raciocinar assim: Quando se procuram os elementos subjectivos (vontade, representação) indispensáveis à eficácia jurídica duma declaração privada, o que se procura é determinar as condições que sejam aptas a fundar a responsabilidade do agente pelo sentido objectivo da sua manifestação. E se a falta da consciência de se emitir uma declaração de vontade (quer dizer, de se praticar um acto que tem em si a virtude e a força de nos vincular a determinada norma) é de certo modo justificável que de todo irresponsabilize o aparente declarante, — o mesmo não pode dizer-se já, com igual firmeza, da simples ignorância de se estar fazendo uma promessa juridicamente obrigatória, quando no agente exista, em vez de faltar, o propósito firme de contrair uma obrigação através da sua conduta, embora uma obrigação destituída de valor jurídico.

Aqui, na verdade, o declarante, se viesse a ficar obrigado à face do direito a cumprir a sua promessa, só poderia surpreender-se com o facto de ser justamente à face do direito que a obrigação contraída tinha valor. Além, pelo contrário, — se a mesma solução fosse aí possível — era todo o resultado do seu acto que o havia de chocar: pois nem sequer lhe tinha vindo à mente a ideia de poder ficar sujeito, por intermédio dele, a seguir de futuro esta ou aquela norma de conduta. E, com base nesta consideração, não seria impossível (nem talvez difícil) justificar a doutrina de que uma declaração de vontade, para ser jurídica, precisa apenas de ser emitida com a consciência de por ela se contrair, firme e definitivamente, uma obrigação qualquer, não constituindo a ignorância do valor jurídico da obrigação contraída mais do que uma simples causa de anulabilidade da promessa feita.

Mas, por mais razoável que se nos afigure esta doutrina, o que ela não pode é harmonizar-se com as disposições do nosso direito positivo. Efectivamente, é clara a impossibilidade de adequar o preceito do art. 661.º do cód. civil ao erro sobre o sentido de «promessa jurídica» da declaração emitida. O mesmo raciocínio de que acima nos servimos (n.º 7) para mostrar que o erro acerca do sentido de declaração de vontade da conduta seguida não pode entender-se sujeito, nem directa nem indirectamente, à norma do referido art. 661.º, — tem aqui inteiro cabimento.

De facto, se a pessoa a quem a declaração é dirigida se apercebe (ou pode aperceber-se) de que o declarante não entende ficar jurìdicamente vinculado, de que não foi em vista dessa razão (em vista de se obrigar à face das normas do direito) que ele se decidiu a emitir a declaração realmente feita, — não pode tratar-se aqui dum negócio jurídico que seja impugnável por erro, mas duma declaração de vontade, duma promessa que para o direito é como se não existisse. Na verdade, o declarante não quis fazer apelo, neste caso, à intervenção do direito; e o outro elemento que a poderia justificar, a confiança legítima do declaratário no valor jurídico da promessa recebida, falta igualmente na hipótese. É dizer que a verificação dos requisitos, a que o art. 661.º subordina a influência do erro aí previsto, nunca pode determinar o efeito jurídico da nulidade relativa da declaração de vontade. Em tal caso, a declaração tem de considerar-se, antes, absolutamente nula, jurìdicamente inexistente.

Mas se o erro acerca do sentido jurídico da declaração de vontade não foi pelo legislador incluído entre os erros do consentimento e se, além disso, as disposições da lei, onde se trata dos efeitos jurídicos do consentimento viciado, nem por analogia lhe podem ser aplicadas, — é que a falta da consciência de se contrair uma obrigação jurídica equivale, segundo os princípios do código civil, à falta do consentimento. E sem consentimento — diga-se mais uma vez — não pode haver sujeição a um vínculo contratual.

E agora, para terminar o estudo destes problemas, falta apenas dizer que o erro acerca do sentido «jurídico» da declaração emitida só quando for *essencial* pode ser julgado relevante. Isto mesmo já resulta, aliás, das considerações desenvolvidas em o número anterior. O promitente que não teve em vista obrigar-se à face do direito, mas procedeu, apesar disso, como se estivesse animado de tal propósito, só pode invocar um interesse legítimo na declaração judicial da nulidade da sua promessa, quando lhe for lícito dizer que, se julgasse contrair uma verdadeira obrigação jurídica, ele se não teria obrigado como se obrigou. Se estas condições se não verificam, efectivamente, tudo quanto fosse dar-se ao declarante o direito de se prevalecer do seu erro, seria permitir que ele tirasse partido do feliz acaso de ter errado: pois, na verdade, se não fosse o erro, é certo que ele se teria comprometido à face do direito. Ora, toda a influência que o erro possa exercer sobre a vida do negócio jurídico há-de representar, decerto, a actuação do princípio que os romanos traduziam na fórmula: «*error non nocet*»; mas seria inconcebível que o ser um certo erro causa de nulidade do negócio jurídico pudesse significar que o *erro beneficia,* que do erro pode resultar para o enganado uma situação mais favorável do que aquela da qual disfrutaria se o não tivesse cometido.

CAPÍTULO II

ERRO E INTERPRETAÇÃO

§ 1.º

I. Posição do problema

1. Apreciámos e rebatemos acima a doutrina que distingue entre um erro-obstáculo ou exclusivo da intenção e um erro determinante da vontade, para atribuir a um e a outro consequências jurídicas qualitativamente diversas. Como pudemos então frisar, esta doutrina, além de inconveniente e injusta nas suas soluções, arranca ainda de premissas a todas as luzes falsas, razão pela qual — contra a opinião de alguns — ninguém que a desaprove poderá julgar-se forçado a aceitá-la. E com base nestas e noutras considerações, com base, sobretudo, no conceito de «consentimento» que tivemos de admitir recebido na lei civil portuguesa, não nos foi difícil chegar à conclusão de ser todo o erro, em princípio, — e suposta no agente a consciência de emitir uma declaração de vontade — causa de simples nulidade relativa dos negócios jurídicos, nos termos dos arts. 656.º e segs. do código.

Nas páginas subsequentes esforçar-nos-emos por chamar a atenção do leitor para a circunstância de alguma coisa de exacto, de rigoroso haver em todo o caso na tese tradicional. Abstraindo das premissas donde procede, o que ela oferece de inaceitável é o fazer duma certa categoria psicológica do erro causa incondicionada de nulidade absoluta. Mas já iremos ver que há efectivamente razões para se dar lugar, dentro do domínio do erro, a uma figura autónoma, e — mais — a uma figura cujas grandes linhas coincidem, *grosso modo,* com as do chamado erro-obstáculo.

2. Para a doutrina clássica, o erro que tinha a força de tornar absolutamente nulo o negócio jurídico caracterizava-se (e como tal se definia) por incidir sobre o conteúdo da declaração, por importar divergência entre o «querido» (os efeitos queridos) e o «declarado», os efeitos designados na declaração como devendo produzir-se. Ora, efectivamente, este recair sobre o conteúdo da declaração — como aliás o tínhamos admitido já, em princípio, no começo deste trabalho — parece constituir particularidade capaz, em certo aspecto, de autonomizar todo o erro que se apresente revestido dela.

A declaração de vontade contratual é meio dirigido pelo declarante à obtenção de certos efeitos jurídicos. E os efeitos jurídicos da declaração, na sua maior parte, determinam-se, por isso mesmo, em harmonia com o conteúdo dela: esses efeitos, em primeiro lugar, são justamente aqueles a que a declaração aparenta ser dirigida, aqueles que nela se encontram expressa ou implicitamente designados. É dizer — como na introdução o fizemos já — que a declaração de vontade exerce funções *modeladoras* do efeito jurídico.

Se assim é, todo o indivíduo tem a liberdade de provocar aquela situação jurídica através da qual melhor se realizem os fins práticos que pretende alcançar. Basta-lhe, para isso, fazer a declaração que seja precisamente adequada a exprimir a sua vontade negocial. E, se o consegue, não pode certamente falar-se num desacordo entre o querido e o declarado. Mas se a declaração emitida não reflecte, contra as previsões do seu autor, aquela determinada intenção que devia reflectir, então os efeitos que por seu intermédio se produzem não são os mesmos efeitos que o declarante queria provocar. E isto terá sido assim, em virtude de o declarante haver sofrido um erro acerca do conteúdo ou alcance da sua declaração de vontade.

Dizer que falta a normal correspondência entre o conteúdo ou sentido de certa declaração e a vontade do declarante é, portanto, dizer que as consequências atribuídas pelo direito a essa declaração — dentre aquelas a respeito das quais pode falar-se duma autonomia das partes — são diferentes dos efeitos a que o seu autor a dirigia. Mas os efeitos jurídicos das declarações de vontade — repita-se — são justamente aqueles a que elas se referirem pelo seu conteúdo. Só é possível, assim, afirmar-se que o direito se recusa a conceder a certa declaração de vontade a eficácia querida, depois de se ter fixado qual é o sentido jurídico dessa declaração. E como determinar o sentido das declarações de vontade é interpretá-las, só por via interpretativa pode ser decidido que o declarante esteve em erro acerca do conteúdo da declaração emitida ([1]).

À teoria da interpretação dos negócios jurídicos cabe, por isso, perguntar quais os termos em que a existência dum erro sobre o conteúdo pode ser afirmada.

Pelo contrário, se eu resolvo comprar a jóia que o ourives me oferece convencido de serem verdadeiras as pedras que a ornamentam, terei estado em erro sobre uma qualidade do objecto do contrato, contanto sejam falsas as pedras que supus verdadeiras. Aqui, a interferência do erro pode afirmar-se, tão depressa for apurada a falsidade do juízo de facto de que parti para contratar. Embora o sentido «jurídico» da minha declaração coincida em absoluto com aquele de que pretendi fazê-la portadora, nem por isso eu terei deixado de estar em erro sobre uma especial qualidade do objecto adquirido ([2]).

O erro sobre o conteúdo da declaração tem assim, desde logo, uma autonomia que lhe é comunicada pelo seu próprio objecto: para se saber se há erro no conteúdo, constitui problema prévio determinar qual é, para o direito, o conteúdo da declaração ([3]).

([1]) Cfr. WEDEMEYER, *Auslegung und Irrtum* (Göttingen, 1903), págs. 36--37, onde se encontra claramente implícita a ideia, aliás evidentíssima, de que só depois de finda a fase interpretativa do negócio jurídico pode ser afirmada a existência dum erro sobre o conteúdo da declaração.

([2]) A exactidão deste asserto ressalta particularmente nos casos que a nossa lei considera de erro acerca da causa. Na hipótese do texto, em verdade, ainda podia ser-se levado a pensar que o comprador quis dar à sua declaração este sentido: «compro-lhe então, pelo preço indicado, esta pulseira ornada de pedras preciosas»; e que, aludindo tão-só a declaração feita à vontade do declarante de comprar aquele objecto ali presente, com as qualidades que manifestamente exibe, se verificaria também aqui um erro sobre o conteúdo dela.

Um caso em que nenhumas dúvidas se levantam já, é, por ex., este: A compra numa loja alguns acessórios de aparelho de T. S. F., convencido erròneamente de ser a marca do seu aparelho a mesma que o vendedor indicou como sendo aquela a que esses acessórios exclusivamente convêm.

([3]) ENNECCERUS, *Lehrbuch*, I, págs. 433-34 (ed. de 1924); v. TUHR, II, 1.ª parte, pág. 541; TITZE, *Missverständniss*, pág. 83; DANZ, *ob. cit.* págs. 46 e segs.; etc.

Certo, a enunciação de que um dos contraentes sofreu um erro acerca das qualidades da coisa adquirida, supõe que se tenha verificado já a falta nessa coisa da qualidade representada. Mas aqui trata-se duma simples verificação: o objecto não se modifica seja o que for que acerca dele tiver pensado um ou outro dos contratantes. Pelo contrário, a mesma declaração de vontade tem vários sentidos consoante o ponto de vista de que a considerarmos. Do que se trata é de saber qual é aquele que o direito julga decisivo. E já veremos, dentro em pouco, que a interpretação jurídica não pode dispensar-se totalmente de tomar em conta, nem aquilo que o autor da declaração por ela quis exprimir, nem aquilo que dela pensaram as pessoas a quem era dirigida. O conteúdo da declaração varia, pois, em larga medida, até mesmo segundo o que dele pensou o declarante.

Desta circunstância e doutras (que também na teoria da interpretação são postas em relevo) não podem deixar de advir importantes consequências. Estudá-las-emos adiante. Por agora, a fim de bem se apreender desde já a importância que reveste a tarefa de pôr a claro as relações entre a interpretação e o erro, digamos só o seguinte:

Quando o erro traduz uma divergência entre a declaração (na sua forma ou significado mais apreensível) e a vontade, compreende-se bem que seja possível chegar-se, por via interpretativa, a reconhecer valor decisivo ao sentido que não obteve uma tradução plena nas expressões utilizadas. Mas se o erro não impõe desacordo entre o que foi querido e o que foi declarado, então só pode tratar-se de anular o negócio jurídico, com fundamento em que outra teria sido a declaração emitida pelo contraente enganado, se não fosse justamente o erro. O que não poderá, decerto, é pensar-se em atribuir ao negócio jurídico celebrado o conteúdo que teria sido querido pelo declarante, se não se tivesse verificado determinada circunstância. O erro que não recai sobre o sentido da declaração de vontade — digamo-lo por outras palavras — só pode *anular* o negócio jurídico. Pelo contrário, o erro acerca do conteúdo da declaração concebe-se que possa *ser anulado* por via interpretativa ([1]).

([1]) Esta ideia é expressa com nitidez por CHIRONI e ABELLO, *Tratatto*, I, pág. 469. Cfr. v. TUHR, II, 1.ª, págs. 569-570. Bastante explícito e elucidativo a este respeito é também o prof. MONCADA (*Lições*, 2.º, pág. 284).

Verificado, assim, que o erro sobre o conteúdo da declaração se apresenta, em certo aspecto, como figura autónoma dentro do amplo domínio do erro capaz de ter efeitos sobre a vida do negócio jurídico, e que essa autonomia procede do facto de estar dependente da solução dum problema prévio e especìficamente jurídico a afirmação da existência, em cada caso concreto, dum erro no conteúdo, — importa resolver, em termos gerais, aquele problema para depois nos podermos pronunciar, também em geral, sobre o segundo. Efectivamente, precisamos dum critério que nos diga em que condições deve admitir-se que o declarante esteve em erro acerca do sentido da sua declaração. Mas esse critério só o poderemos nós ter quando possuirmos um outro que nos responda a esta pergunta: qual é, dentre os vários sentidos possíveis da declaração de vontade, aquele que o direito considera decisivo?

Por outro lado, possuir a chave deste problema é imediatamente ter na mão a chave do primeiro: sabido qual seja, no seu tipo abstracto, o sentido «jurídico» das declarações de vontade, fica-se logo habilitado a emitir um juízo sobre as condições dentro das quais deve ser afirmada a existência dum erro por parte do declarante quanto ao sentido da sua declaração. O erro no conteúdo verifica-se quando o sentido que se apurar ser o sentido jurìdicamente decisivo (à face das regras válidas em matéria de interpretação) não coincidir com aquele que à declaração atribuiu o seu autor.

Resposta para a pergunta acima formulada só à teoria da interpretação dos negócios jurídicos a podemos pedir. De interpretação vamos, por isso, tratar nas páginas seguintes.

II. A interpretação das declarações de vontade

1. Toda a declaração de vontade comporta, em potência, uma pluralidade de sentidos. Se o declarante, para manifestar o seu pensamento, se utiliza da linguagem escrita ou falada, a sua manifestação é desde logo portadora dum primeiro sentido que há interesse em fixar: o sentido puramente verbal ou linguístico. À chamada interpretação lógico-gramatical, que assim abstrai completamente das circunstâncias individuais de cada caso, visto só lhe interessar conhecer a significação geral das expressões, cabe a tarefa de fixar esse sentido.

Nós podemos, todavia, utilizar-nos da mesma expressão para comunicar a outras pessoas pensamentos os mais diversos. O puro significado literal da manifestação de vontade e o sentido que lhe quis atribuir o seu autor podem, assim, deixar de convergir. E se na expressão empregada quiser procurar-se incondicionalmente aquilo que pretendeu significar quem dela se utilizou, aquilo que realmente foi pensado pelo indivíduo que dela se serviu, — é manifesto não poder a interpretação gramatical incumbir-se sòzinha desta tarefa. Também então interessará, antes de mais nada, determinar o significado literal das expressões utilizadas; sòmente, essa determinação será apenas *meio* para se atingir o fim último visado [1]. Trata-se aqui de reconstituir, por todos os meios possíveis, um facto que em certo momento se verificou na esfera psíquica dum indivíduo: será necessário, para isso, recorrer a tudo que sobre tal nos possa elucidar. A interpretação que se propõe alcançar aquele resultado é a chamada interpretação filológica ou histórica.

Uma declaração de vontade, da natureza daquelas que podem interessar o direito por serem capazes de constituir um negócio jurídico, é sempre dirigida pelo seu autor a um indivíduo determi-

---

[1] LEONHARD (FRANZ), *Die Auslegung der Rechtsgeschäfte*, pág. 47 (in *Arch. f. civ. Praxis*, 120, págs. 14 e segs.).

nado ou a uma esfera mais ou menos determinada de pessoas (¹). E o destinatário da declaração, que por certo a procura entender, tanto quanto possível, no sentido realmente querido pelo declarante — o seu interesse normal é captar a verdadeira vontade deste último —, pode atribuir à declaração recebida um significado autónomo, diferente do significado verbal da expressão. Procurar o sentido que à declaração de vontade foi atribuído pelo seu destinatário, é ainda interpretá-la. Mas esta interpretação não precisa de distinguir-se daquela que se destina a captar a real vontade do declarante. Ainda aqui se trata de fixar um facto psicológico, uma representação mental.

Finalmente, interpretar uma declaração de vontade pode ser procurar o sentido que ela *objectivamente* revele. O sentido objectivo duma expressão é, desde logo, aquele que essa expressão em geral reveste dentro duma comunidade mais ou menos ampla de pessoas (²). A objectividade do sentido consiste em ele não deixar de ser o sentido válido, o significado por que em geral se orientam, em face da expressão dada, os membros dessa comunidade de pessoas, seja o que for que acerca dela tiver pensado, em certo caso concreto, quem a utilizou ou aquele a quem a comunicação foi dirigida. Nesta medida, também o mero sentido linguístico das expressões empregadas é um sentido objectivo. Quando, no entanto, se fala de interpretação *objectiva* dos negócios jurídicos, supõe-se já condenada a simples interpretação literal; e aquilo a que se tem em vista então aludir é a uma interpretação que procure fixar o sentido das declarações considerando-as no seu ambiente, atendendo às particularidades do caso, concedendo importância fundamental às circunstâncias individuais de cada situação concreta (³). E é claro que

---

(¹) Temos aqui em vista, claro está, o conceito de negócio jurídico que tem servido de base às nossas considerações, conceito a que é essencial o elemento da «declaração de vontade». V. *supra,* cap. I, § 1.º, n.º 7.

(²) V. LARENZ, *ob. cit.,* págs. 70 e segs.

(³) Todavia, como se trata aqui de apurar o sentido que a declaração reveste à face duma esfera maior ou menor de pessoas, é evidente não poderem ser atendidas todas as circunstâncias do caso, mas tão-só aquelas que um dos membros da comunidade, cujo ponto de vista geral é decisivo, podia normalmente ter conhecido. Este critério para a limitação do material de circunstâncias, com o qual se deve operar na interpretação objectiva, parece ser

o significado atribuído pelos membros dum certo grupo de pessoas (duma comunidade linguística, por ex.) à mesma expressão, pode perfeitamente variar, de caso para caso, conforme variarem as circunstâncias.

O elemento que, portanto, caracteriza e define a objectividade dum sentido, é o ele «valer» independentemente de o terem ou não entendido, na hipótese concreta, os interessados.

Se o sentido objectivo duma expressão é aquele que normalmente lhe atribuem os membros duma certa comunidade de pessoas, dum certo «grupo» ([1]), é possível que a mesma declaração de vontade, no mesmo caso, incorpore ainda uma pluralidade de sentidos «objectivos». É questão de declarante e declaratário pertencerem cada um a uma esfera de indivíduos onde as expressões empregadas têm um significado diferente do que na outra lhes é atribuído ([2]).

Se à interpretação das declarações de vontade quiser assinalar-se o escopo de procurar o sentido que elas objectivamente exprimem, será ainda necessário preferir, dos vários sentidos objectivos possíveis, um que tenha o poder de eliminar todos os outros.

Nada exclui, *a priori,* que a interpretação das declarações jurídicas seja interpretação lógico-gramatical, ou interpretação histórica, ou interpretação objectiva. Pois nada impede, *a priori,* que o sentido *jurídico* das declarações de vontade seja idêntico ao puro significado literal delas, ou ao sentido subjectivo, ou ao sentido objectivo (a um dos possíveis sentidos objectivos ou subjectivos). Do que se trata é

---

ditado — como se vê — pela própria índole desta interpretação. Não falta, contudo, quem proceda à referida e indispensável limitação utilizando uma medida diversa. Assim, F. LEONHARD, *Archiv.,* 120, pág. 49, que só quer atender às circunstâncias «declaradas». V. *infra.*

([1]) A maior ou menor amplitude da comunidade de pessoas, dentro da qual a expressão dada tem um determinado sentido, não interessa à «objectividade» deste. Se dois indivíduos convencionam atribuir a certa palavra um significado particular, este significado será para eles o «objectivo» nas suas relações recíprocas. V. LARENZ, pág. 71.

([2]) Suponha-se, por ex., que em cada uma das regiões do país, donde são naturais os contraentes, se atribui usualmente às palavras trocadas um sentido diverso do que na outra lhes é comum.

precisamente de saber qual é, dentre essas várias significações, aquela que o direito considera decisiva. O problema aparece, assim, como um problema puramente jurídico: ao direito (ao direito positivo) cabe indicar o princípio ou conjunto de princípios, o critério, a medida que deve presidir à interpretação das declarações de vontade; pertence indicar — isto é — qual seja, em geral, o sentido com o qual as declarações devem ser aplicadas. Por agora só cabe dizer que o escopo da interpretação jurídica é procurar o sentido jurìdicamente decisivo das declarações de vontade.

2. Qual é, então, no seu tipo abstracto, o sentido das declarações jurídicas que o direito considera decisivo?

Seguramente, o sentido jurídico da declaração de vontade não coincide, no direito moderno, com o mero sentido verbal. Coincidia com ele, decerto, no direito romano mais antigo, dominado por um formalismo intransigente, e também no primitivo direito germânico. O atender-se exclusivamente à palavra é, aliás, fenómeno que caracteriza e domina as primeiras fases de toda a evolução jurídica ([1]). Mas já no período mais adiantado do direito romano se apresenta, ao lado da interpretação gramatical (válida para os actos do direito estrito), a interpretação *lógica,* que se preocupa com a verdadeira intenção dos contraentes ([2]). No direito moderno, toda a interpretação de negócios jurídicos é interpretação *individual:* ela não procura o significado genérico das expressões, mas o sentido que um certo

---

([1]) JHERING, *L'Esprit du droit romain* (trad. de MEULENAERE), III, pág. 134. «A palavra, escrita ou solenemente expressa (a fórmula), aparece aos povos das primeiras idades como alguma coisa de misterioso, e a fé ingénua atribui-lhe uma força sobrenatural. Em nenhum lugar esta fé na palavra foi mais viva do que na antiga Roma...».

([2]) L. 219 de V. S. (50-16): *In conventionibus contrahentium voluntatem potius quam verba spectari placuit.* Cfr. JHERING, *ob.* e *vol. cits.,* págs. 141-42. — Com o que dizemos no texto, não temos em vista tomar posição no problema de saber se a interpretação *lógica* entre os romanos se orientava de facto para a real vontade (embora só enquanto *declarada*) ou antes para um sentido objectivo da declaração, como o sustenta, por ex., FRANZ LEONHARD *(ob.* e *lug. cits.,* págs. 75 e segs.). Seja como for, a verdade é costumar representar-se a antítese «interpretação gramatical — interpretação lógica» pela oposição entre «vontade e verbo».

facto concreto, considerado no ambiente em que se produziu, na sua origem e na sua destinação, pode libertar de si [1].
A interpretação jurídica não é, pois, interpretação gramatical. Será, então, investigação da vontade, da vontade psicológica? A interpretação é realmente fixado, pela maioria dos autores latinos, o escopo de procurar a real intenção dos contraentes [2]. E a mesma doutrina constituía a opinião dominante na Alemanha no período do direito comum [3]. Entretanto, e contra a aparência, esta doutrina subjectiva não pretende nem pretendeu nunca ser o sentido jurídico das declarações de vontade igual ao sentido efectivamente querido pelo declarante. Sempre se julgou necessário, ao invés, que a real vontade possa considerar-se expressa na declaração, para ser capaz de determinar directamente o conteúdo desta [4]. Nem doutro modo se compreenderia — senão debaixo de condições muito estreitas — que um erro sobre o seu conteúdo (*error in faciendo* ou *in judicando*) tivesse o efeito de causar a nulidade absoluta do negócio jurídico. Contudo, nunca os subjectivistas se dispensaram de atribuir esse efeito à divergência, devida a erro, entre o conteúdo da declaração e o da vontade; sem o terem mesmo limitado — o que seria conceitualmente possível — aos casos de se provar o erro mas de não se conseguir captar a real intenção do declarante, por nenhu-

---

[1] Em todas os códigos modernos se encontra repelida, mais ou menos acentuadamente, a interpretação literal. Assim, nos arts.: 1.156.º *code civil;* 1.131.º cód. italiano; 1.281.º cód. espanhol; 85.º cód. brasileiro; 18.º cód. suíço das obrigações. Assim também no § 133 do cód. civ. germânico e no art. 684.º do nosso.

[2] V., por todos, COVIELLO, *ob.* e *vol. cits.,* págs. 408. Para o nosso direito cfr., no mesmo sentido: DIAS FERREIRA, II, págs. 186-187; prof. JOSÉ TAVARES, *Princípios,* II, págs. 443 e segs.; dr. C. GONÇALVES, IV, págs. 421 e seg.; prof. CABRAL DE MONCADA, *Lições,* 2.º, págs. 339 e segs.

[3] V. por ex. DERNBURG, *Pandette* (trad. italiana), 1.º, págs. 370-71.

[4] «Nunca existiu uma teoria da vontade que considerasse a vontade criadora causa da eficácia duma declaração, no sentido de lhe caber o poder de influir sobre os efeitos jurídicos positivos desta, independentemente de ter sido declarada. Para a teoria da vontade, o problema sempre se consubstanciou, antes, na questão de saber em que medida deve uma divergência entre a vontade e a declaração constituir obstáculo a que se produzam os efeitos positivos correspondentes a esta última...» — MANIGK, *Irrtum,* pág. 49.

mas circunstâncias exteriores a revelarem. A teoria subjectiva mais extrema foi sempre (e é) aquela cujas proposições se podem entender condensadas no conhecido passo do Digesto: *qui aliud dicit quam vult, neque id dicit quod vox significat, quia non vult, neque id quod vult, quia non loquitur* ([1]).

Entretanto, esta limitação, assim admitida para o princípio da relevância jurídica da vontade interior, não tem de implicar a destruição desse princípio. É sempre da real vontade que o juiz deve ir à procura, a fim de por ela determinar depois o conteúdo da declaração. Mas, se a vontade assim reconstituída não puder considerar-se expressa, declarada, se ela de nenhum modo corresponder ao sentido objectivo da manifestação, é seu dever, nesse caso, proclamar a nulidade do negócio jurídico ([2]).

Nós é que já sabemos o crédito que merece esta doutrina. E foi-nos possível mesmo verificar, embora só de passagem, que ela não recebe apoio das disposições da nossa lei relativas à interpretação dos negócios jurídicos (págs. 68 e segs.). Nada há, no texto do art. 684.º, que nos vincule a considerar recebido na lei portuguesa um método de interpretação de preferência a outro. E como, por outro lado, pudemos concluir ser a doutrina consagrada no nosso código em matéria de erro aquela que o julga, em princípio, ùnicamente causa da nulidade relativa dos negócios jurídicos, — é sobre esta base que temos de elaborar para o direito português a teoria da interpretação.

Ora, do regime legal do erro que importa desarmonia entre a declaração e a vontade resulta logo, em linha recta, a falta de coincidência do sentido *jurídico* com o sentido realmente *querido* pelo declarante. Queremos acentuar que dali resulta a impossibilidade de ser exacta uma teoria que nos diga: as declarações só podem valer

---

([1]) D. 3, 34, 5.

([2]) Assim, COVIELLO, *Manuale*, I, pág. 408, que limita a consideração devida ao sentido individual do declarante pelo princípio da boa-fé. Este princípio exige, no interesse do destinatário da declaração, «que à expressão da vontade seja atribuído um significado normal, de harmonia com os usos da vida e a prática dos negócios». Neste sentido, por ex., STOLFI, *ob.* e *vol. cits.*, pág. 754.

com o sentido querido (¹). Mas se o sentido jurídico duma declaração de vontade não tem de coincidir com o sentido que lhe atribuiu o seu autor — o que representa consequência realmente necessária do facto de só importar a nulidade relativa do negócio, para mais sob condições particularíssimas, o erro acerca do seu conteúdo —, será de todo inexacto fixar à interpretação o escopo de descobrir a vontade (²). Não é inarmonizável com aquela circunstância — note-se — o imputar-se ainda à vontade real uma certa influência, admitindo-se, por exemplo, que ela conserva o poder de decidir contanto se tenha tornado dalgum modo *reconhecível* na declaração. Mas, quando assim seja, não é nunca na reconstituição da vontade que reside o escopo final da interpretação, já que o sentido jurídico das declarações pode ser provadamente diverso do sentido querido. O que então poderá dizer-se é que o conhecimento da real vontade do declarante conserva o seu interesse quando se procura o sentido decisivo da declaração.

3. Nestes termos deve compreender-se o «subjectivismo» dalguns civilistas alemães contemporâneos. A doutrina germânica está de acordo em entender que à interpretação não pode fixar-se o escopo *último* de descobrir a vontade do ou dos declarantes, para através dela se determinar depois o conteúdo concreto do negócio jurídico. Contudo, há quem afirme ser toda a interpretação em princípio «subjectiva»; significando isso que ela se orienta prevalentemente e desde

---

(¹) E, por maioria de razão, dali deriva ainda não poder o conteúdo da declaração determinar-se incondicionalmente pelo da real vontade do declarante. De contrário, só poderia verificar-se um caso de divergência entre declaração e vontade quando, sendo possível reconhecer que à declaração emitida não correspondia a real vontade do seu autor, fosse impossível reconstituir aquilo que pelo declarante tinha sido efectivamente querido.
(²) Assim: DANZ, *Interpretación*, pág. 37; LEONHARD, *Auslegung*, págs. 73-74; LARENZ, *Methode*, pág. 6; SALEILLES, *Déclar. de volonté*, pág. 213. Claro que o raciocínio do texto é válido para todos os sistemas de direito que atribuam ao erro no conteúdo a simples eficácia de anular a declaração. Daqui a citação destes autores alemães. Mas a força do que se diz acima redobra ainda quando se tenha em vista um sistema jurídico que sujeite a fortes restrições substanciais o poder de anular o contrato com base no erro; como sabemos ser o caso do nosso.

logo no sentido daquilo que as partes de facto quiseram. É a opinião, por ex., de MANIGK. Entretanto, se virmos bem, não há nenhuma oposição fundamental entre a teoria sustentada por este jurista e a atitude unânime da doutrina alemã, quanto ao ponto de saber se a interpretação jurídica tem a natureza da interpretação histórica.

Com efeito, MANIGK não faz senão reclamar que à vontade seja reconhecido o poder de *contribuir* para a determinação do conteúdo do negócio jurídico. «...O conteúdo da vontade é meio para se fixar o conteúdo da declaração» ([1]). Todavia, o conteúdo da declaração só tem de coincidir com o da real vontade quando esta puder considerar-se ainda dalgum modo expressa naquela, quando a vontade se tiver tornado reconhecível na declaração ([2]). O que a interpretação procura, em última análise, é, assim, a *vontade declarada*. Certo, não pode o juiz dispensar-se de proceder à *voluntatis quaestio* nos casos em que o sentido da declaração seja dalgum modo duvidoso. Mas constitui problema muito diverso o saber se a investigação assim realizada conduz à relevância plena da vontade. A solução deste problema depende duma investigação ulterior: aquela que tem por objecto determinar que é o que foi declarado ([3]).

Por outro lado, aquilo que o juiz tiver de admitir como sendo a «vontade declarada» constitui o sentido da declaração uma vez por todas, seja isso ou não conforme aos interesses do declarante, coincida ou não aquele sentido com a vontade real deste último. De interpretação subjectiva no sentido comum e rigoroso não pode, por isso, falar-se aqui.

Será, então, que todo o «subjectivismo» perca significado à face dum sistema de direito que admite a possibilidade duma divergência não intencional entre declaração e vontade, considerando-a simples causa de nulidade relativa do negócio jurídico? Não: o ser-se objectivista ou subjectivista ainda conserva um sentido, mesmo quando se opera sobre a base dum sistema jurídico daquela índole.

Assentemos no seguinte: dado este pressuposto, todo o «subjectivismo» só poderá significar que o sentido atribuído pelo declarante

---

([1]) *Irrtum u. Auslegung*, pág. 209.
([2]) *Ob. cit.*, págs. 197 e 201.
([3]) *Ob. cit.*, pág. 209.

à sua declaração é algumas vezes o decisivo contra todos os outros possíveis sentidos dela; que — noutros termos — o ter-se fixado, em concreto, à declaração um determinado conteúdo, é coisa só explicável por se ter concedido prevalência à vontade real do declarante. E examinemos agora a proposição fundamental da teoria de MANIGK: a interpretação procura a vontade interna, para revestir de validade aquela que na declaração tiver sido dalgum modo expressa, que dalgum modo se tiver tornado reconhecível «para o destinatário» [1]. Significará isto uma real, verdadeira homenagem ao princípio da vontade? De facto, não significa. Em verdade, estar de acordo com MANIGK não é senão dizer que a declaração de vontade só vale com o sentido querido quando este for aquele que a outra parte se puder representar como sendo o sentido individual do declarante. Mas isto significa reconhecer que o poder de decidir não é pròpriamente concedido à vontade, antes àquilo que, como tal, tenha de aparecer aos olhos da outra parte. Aderir a esta doutrina [2] não é, portanto, aceitar que o método de interpretação dos negócios jurídicos seja prevalentemente um método subjectivista.

Além disso, afigura-se também manifesto reinar plena harmonia entre a citada doutrina de MANIGK e o regime legal do erro sobre o conteúdo. Ter o legislador atribuído ao erro sobre o conteúdo da declaração o simples efeito de anular o negócio jurídico, é explicável pelo desejo de proteger, tanto quanto possível, a legítima e natural confiança de quem recebe uma declaração de vontade. Mas, se a justiça reclama que as declarações jurídicas, no interesse dos seus destinatários, possam valer e ser aplicadas com um sentido, um conteúdo diferente do querido, já não suporta o mesmo regime — é possível dizer-se — quando a real vontade do declarante só por culpa tiver sido ignorada da outra parte [3] [4]. Aqui, além de cessarem

---

[1] *Ob. cit.*, pág. 202.

[2] Adiante veremos a aceitação que ela conquistou entre os autores germânicos (sem ser, aliás, por influência de MANIGK).

[3] Nem falamos já do caso de o destinatário reconhecer a verdadeira vontade na expressão falsa ou defeituosa.

[4] Adiante apreciaremos se o sentido subjectivo «reconhecível» deve ser, de facto, o decisivo. Agora trata-se apenas de mostrar não haver antinomia entre a razão lógica dos preceitos legais que estabelecem o regime do erro

todas as razões para o negócio jurídico ser válido (embora só provisòriamente) com um conteúdo distinto da vontade do declarante, também nada se opõe a que o negócio valha precisamente com o alcance que por aquele lhe foi atribuído.

4. A relevância do sentido subjectivo, que se tenha tornado reconhecível para o destinatário da declaração, não tem, assim, de se julgar só conciliável com um método de interpretação subjectivista. E da base em que assentámos nas páginas anteriores podemos ainda partir para avançar mais um passo. Não contraria as disposições da lei, que admitem a possibilidade de uma declaração valer com um alcance diferente do querido, o atribuir-se ao sentido subjectivo peso decisivo na medida em que ele for o sentido com o qual o declarante podia contar, que para o declarante devia valer como o sentido objectivo da sua declaração, que ele tinha razões para admitir seria entendido pela outra parte. Com efeito, este sentido, se for válido, sê-lo-á, caso por caso, não por ser o que melhor corresponde à real vontade do declarante, mas por ser um dos possíveis sentidos «objectivos» da declaração. Tanto assim é que a sua validade — se for em geral admitida — não depende, no caso concreto, de haver harmonia entre ele e o significado realmente querido: além do declarante, também a outra parte há-de poder invocá-lo em seu favor ([1]).

---

sobre o conteúdo e a citada teoria de MANIGK. Mas nada impede, claro está, que outras razões invalidem esta teoria. V. *infra*.

([1]) É a doutrina de LARENZ *(Methode,* págs. 70 e segs.), que adiante havemos de apreciar detidamente. A atitude de OERTMANN, quanto ao problema das condições sob as quais a vontade real pode ser decisiva, é que não sabemos bem se deve integrar-se no ponto de vista referido no texto. Cfr. *Kommentar, Allg. Teil,* págs. 326 e segs., 467 e segs. Dum lado, OERTMANN parece ser menos «subjectivista» do que MANIGK, enquanto só considera decisivo o sentido «verdadeiro», diferente do significado objectivo da declaração, na medida em que ele resultar da «conduta negocial» do declarante *(aus dem geschäftlichen Verhalten des Erklärenden),* do «todo» do negócio jurídico. A simples reconhecibilidade do sentido subjectivo não basta para o tornar válido; embora baste o facto de a outra parte o ter efectivamente conhecido, fosse qual fosse a fonte da aquisição deste conhecimento *(lug. cit.,* pág. 468). Por outro lado, OERTMANN considera em geral decisivo o sentido objectivo da declaração que o for para o declarante *(Rechtsord. u. Verkehrssitte,* pág. 133, *apud* LARENZ, pág. 26). Deverá inferir-se daqui ser o sentido

O mesmo não poderia já dizer-se se fosse defendida a doutrina de que pela real vontade do declarante deve ser determinado o conteúdo da declaração, sempre que ela corresponda, na falta de melhor, ao significado verbal (ou a um dos possíveis significados verbais) das expressões utilizadas. A admissão desta doutrina [1] — note-se — não teria por efeito tirar todo o alcance às normas legais que prevêem e regulamentam os casos de erro sobre o conteúdo. Pois, mesmo então continuaria de pé a possibilidade de o autor da declaração estar em erro acerca do sentido linguístico das expressões empregadas ou acerca, por exemplo, da denominação da coisa que realmente quis designar. Mas o aceitar-se a relevância da vontade psicológica dentro daqueles únicos limites estaria, sem dúvida, em conflito aberto com a razão daquelas disposições legais.

Tomemos um exemplo clássico: A, pessoa que, na esfera dos amigos e familiares, sempre costuma dar à sua adega a designação de «biblioteca», envia a B — precisamente um dos seus amigos — proposta de venda do recheio da sua biblioteca. B, muito naturalmente, entende por «biblioteca» «adega», e responde aceitando sem mais; A, pelo contrário, tomou neste caso a palavra «biblioteca» no seu significado comum. Se adoptássemos aquela doutrina a que nos estávamos referindo, a declaração de proposta teria de ser entendida de acordo com a vontade do proponente [2]. Decisivo seria, pois, aqui um sentido diverso tanto daquele que o destinatário da declaração nela tinha de considerar implícito, como daquele que o declarante podia julgar acessível à compreensão da outra parte. Ora, com o preceito do art. 661.º [3] o legislador forçou o declarante a

---

subjectivo o que para OERTMANN decide, contanto o declarante tivesse razões para o considerar «acessível» à compreensão da outra parte? Esta conclusão — de que aliás não estamos seguro — parece ser a mais lógica.

[1] Que, em verdade, é mais uma possível doutrina do que um ponto de vista realmente sustentado. (Cfr. no entanto o que adiante se diz sobre interpretação em matéria de testamentos). Mas isto não faz perder interesse, como é fácil ver, à exposição do texto.

[2] Como, por outro lado, a aceitação de B teria de interpretar-se de harmonia com o mesmo critério, a consequência seria a nulidade absoluta do contrato por falta de acordo entre as duas declarações. Cfr. *infra*.

[3] Como sabemos, o art. 661.º é a única disposição geral da lei portuguesa aplicável aos casos de erro sobre o conteúdo da declaração.

responder por *um* sentido objectivo da sua declaração. E forçou-o a responder por isso, tendo fundamentalmente em conta os interesses da outra parte. Se admitirmos, pois, que defender esses interesses foi escopo que o legislador quis incondicionalmente atingir, a única doutrina admissível será esta: a vontade do declarante só pode ser decisiva na medida em que a outra parte a devia ter conhecido.

Nós sabemos, contudo, que essa protecção foi realizada de forma muito precária pelo nosso legislador (¹). Nada impede, por isso, admitir que também aqui, no problema de saber qual é, em geral, o sentido jurídico das declarações de vontade, ela esteja ainda fortemente limitada pelas atenções devidas à posição do declarante. E, se quiser aceitar-se isto, talvez possa aderir-se à doutrina segundo a qual o sentido válido da declaração é aquele que para o declarante devia ser decisivo. Mas seria de todo injustificável atribuir-se influência à vontade real, só por esta coincidir com um dos sentidos literais das expressões utilizadas. Passada aquela linha, a legitimidade da expectativa do declarante não deixará de ser a mesma — isto é, continuará a ser nula —, quer a sua vontade ainda coincida quer não com o teor verbal da declaração feita.

Por outro lado, o que o interesse legítimo da outra parte reclama, sempre com a mesma força, é que o declarante responda pelo sentido que ela teve de considerar querido. Porquê, então, exigir, como requisito mínimo, aquela coincidência entre vontade e sentido literal da declaração? No entanto, para além deste limite é que não poderá passar-se, sob pena de se cair em plena interpretação filológica.

Sacrificar a legítima expectativa do declaratário à injustificada expectativa do declarante, é solução inarmonizável com o espírito comum ao complexo de normas legais relativas à influência do erro sobre a vida do negócio jurídico.

5. Pode, portanto, assegurar-se, em face disto, que o admitir a lei a declaração de vontade a valer com um sentido diverso do querido, significando a imputação ao declarante duma responsabi-

---

(¹) Queremos referir-nos às observações que desenvolvemos no § 2.º do cap. I, a propósito do erro sobre o sentido de declaração da conduta observada.

lidade pelo sentido *objectivo* da sua declaração, é só conciliável com um método objectivista de interpretação dos negócios jurídicos. À vontade, por si própria, não pertence nunca o poder de decidir, apenas sendo possível atribuir-lhe influência directa na medida em que ela esteja de acordo com o sentido decisivo da declaração; na medida em que o sentido querido for o sentido objectivo dela ([1]).

Se a lei responsabiliza, assim, o declarante pelo sentido objectivo da sua declaração, importa saber qual o critério de que deverá servir-se o intérprete para determinar aquele sentido. Deverá ele entender a declaração de vontade como a poderia ter entendido o declarante se procedesse como *pessoa razoável?* ([2]) Ou será preciso, ao invés, que ele se coloque no ponto de vista do declaratário e procure o sentido que este *razoàvelmente* deveria ter imputado à declaração recebida? É ainda concebível que o intérprete tenha de operar com uma hipótese diversa: a hipótese dum *terceiro imparcial,* que fosse chamado a interpretar a declaração litigiosa ([3]). Como os resultados

---

([1]) Claro que não pode também pensar-se em atribuir sempre peso decisivo àquilo que o destinatário da declaração julgou ser a vontade real do declarante. As mesmas considerações que determinaram o legislador a recusar incondicionada eficácia à vontade deste último, impedem também, quando postas ao serviço do declarante, que a opinião do primeiro seja em todos os casos a grandeza decisiva. E impedem mesmo que a consequência de não ter o declaratário entendido a declaração como podia e devia, seja a nulidade absoluta do negócio: assim como este efeito não pode atribuir-se à falta de acordo entre o declarado e o querido, por isso ser contrário aos legítimos interesses da outra parte, assim também à divergência entre o sentido «acessível» da declaração e o que nela colheu o destinatário não pode, *no interesse do declarante,* ligar-se esse efeito.

([2]) A mesma ideia pode exprimir-se dizendo-se: deverá o intérprete atribuir à declaração o sentido que é o «objectivo» dentro da esfera de pessoas a que pertence o declarante? (v. *supra,* págs. 157 e segs.). A expressão do texto parece-nos, todavia, melhor, já que por ela fica entendido (implìcitamente) que o sentido objectivo mais especial (o sentido do lugar, por ex.) prevalece sobre o mais geral (o sentido conforme aos usos de certa região do país). Além disso, por aquela expressão deixa-se também vincada a ideia de que o intérprete deverá atender a todas as circunstâncias pelas quais o declarante, se procedesse como pessoa de inteligência e diligência médias, se deveria ter orientado.

([3]) Esta hipótese só é possível como independente sob condição de se não fazer partilhar o terceiro do ponto de vista duma das partes. Isto requer

da interpretação podem variar, consoante aquele destes pontos de vista que se preferir, precisamos inevitàvelmente de saber por qual devemos optar. A esta investigação vão ser dedicadas as páginas seguintes.

6. Como é sabido, todos os progressos que modernamente se realizaram no âmbito da teoria da interpretação dos negócios jurídicos, têm o seu ponto de partida nos trabalhos de DANZ. Foi DANZ quem primeiramente formulou a sério, com o vigor e a clareza nele habituais, o método objectivista da interpretação. A interpretação jurídica não se preocupa com aquilo que cada uma das partes realmente pensou, ao emitir a sua declaração de vontade (¹). No exercício da sua actividade interpretativa, o juiz só tem de esforçar-se por descobrir qual é o sentido que a *generalidade das pessoas,* que um *terceiro razoável* atribui àquela declaração, entrando em linha de conta com as particulares circunstâncias do caso concreto (²). O sentido jurídico das declarações de vontade é, pois, o seu sentido usual; o sentido que por elas habitualmente exprimem as pessoas da esfera a que pertencem os contratantes, permanecendo as mesmas as circunstâncias individuais do caso.

Se cada declaração de vontade deve, assim, ser aplicada, na doutrina de DANZ, com o alcance que um terceiro razoável lhe atribuir, parece evidente conceder-se por esta doutrina prevalência a um sentido *puramente objectivo,* seja, a um sentido em cuja determinação se não atende às possibilidades de compreensão de cada uma das partes, que vale por si próprio, não por ser o sentido com o qual declarante ou destinatário podia contar. Seria, contudo, inexacto apreciar em termos tão rígidos a doutrina exposta. Deve ponderar-se que um dos traços mais salientes da teoria de DANZ reside precisamente no lugar de excepcional relevo que nela se con-

---

sempre, portanto, uma limitação mais ou menos artificial, mais ou menos arbitrária do material de «circunstâncias» atendíveis, assim como a indicação *a priori* dos elementos a que deve recorrer-se para se fixar, caso por caso, as regras gerais decisivas do sentido. Cfr. *infra,* acerca das doutrinas objectivistas puras.

(¹) *Interpretación,* pág. 257.
(²) *Einführung in die Rechtssprechung,* págs. 17 e 42 e segs.

cede às circunstâncias individuais de cada situação concreta. «O juiz, na interpretação, tem sempre de partir das chamadas «circunstâncias» do caso; pois são elas — e só elas — que revelam o sentido, a significação «concreta» da declaração de vontade» ([1]). Contudo, só as circunstâncias que o destinatário da declaração tivesse podido conhecer podem e devem ser consideradas ([2]). Delimitado nestes termos o material de circunstâncias atendíveis, o juiz deve então inquirir que sentido atribuem homens normais, razoáveis (não os próprios contraentes) ao *Tatbestand* assim estabelecido.

Qual é, no entanto, o motivo que impõe sejam consideradas sòmente as circunstâncias de que o destinatário da declaração pudesse ter havido conhecimento? Porquê só essas e não também outras — e não também todas aquelas que sirvam a fazer luz sobre as verdadeiras intenções do declarante? Seria igualmente possível proceder por outra via, e não considerar atendíveis todas as circunstâncias daquele grupo (como o faz, por exemplo, Fr. LEONHARD). Qual será, então, o fundamento do ponto de vista de DANZ acerca das condições a que devem obedecer as circunstâncias do caso para serem atendidas?

É que, se o intérprete tivesse a faculdade de operar com base em circunstâncias não reconhecíveis para o seu destinatário, à declaração de vontade poderia ser imputado um sentido com o qual este último, embora procedendo com toda a diligência, não podia ter contado. O sentido jurídico da declaração deixaria de coincidir com aquele significado que a outra parte muito justificadamente lhe atribuíra ([3]), no qual ela fundara, com todas as razões, a sua confiança. E este resultado seria indesejável. Por outro lado, o deverem ser atendidas todas as circunstâncias reconhecíveis e não só algumas dentre elas, traduz o domínio duma consideração perfeitamente paralela da primeira: a de que o destinatário duma declaração de vontade deve esforçar-se por captar o sentido que melhor e mais de perto corresponda ao sentido realmente querido pelo declarante.

Em face disto, nunca na teoria de DANZ pode dar-se o caso de,

---

[1] *Einführung*, pág. 42.
[2] *Einführung*, pág. 43; *Interpretación*, pág. 60.
[3] Ou que lhe teria atribuído se procedesse como pessoa razoável.

por deficiente consideração das circunstâncias, se atribuir à declaração de vontade um sentido diverso daquele que o seu destinatário podia julgar conforme às reais intenções do declarante. Visto só as circunstâncias «reconhecíveis» serem relevantes, não é possível que a consideração delas conduza à validade dum «sentido querido» com o qual a outra parte não devesse ter contado. E, ao invés, pois que são relevantes *todas* aquelas circunstâncias, nunca o sentido que do seu conjunto se desprender poderá deixar de ser o decisivo.

Não parece, por isso, rigoroso integrar a doutrina de Danz no grupo das que atribuem prevalência a um sentido puramente objectivo das declarações de vontade, seja, a um sentido cuja determinação não pretende ser informada pelas atenções devidas às reais possibilidades de compreensão duma ou da outra parte. Com efeito, o pensamento de Danz parece ser justamente dominado pela ideia de que as declarações de vontade devem entender-se — para fins de determinação das suas consequências jurídicas — no sentido que o seu destinatário lhes deveria ter atribuído.

Todavia, uma consideração imperiosa força a distinguir, com toda a nitidez, a teoria de Danz das que atribuem sem hesitações prevalência àquele dos possíveis significados duma declaração de vontade com o qual o seu destinatário tinha o direito (e o dever) de contar.

Dentro de certa comunidade linguística, a mesma expressão pode ter significados diversos, consoante a esfera de pessoas que dela se utilizam. Há palavras cujo sentido «objectivo» varia de região para região do país. É vulgar que uma determinada expressão, quando interpretada de harmonia com os *usos* de certo lugar, receba uma significação muito diferente daquela que lhe é própria à face dos usos gerais da língua. Ora, é evidente que a actividade interpretativa do juiz não está ainda terminada quando ele verifica poderem as expressões de que se serviu o declarante revestir significados diversos, conforme a esfera de pessoas que houver de ser tomada em consideração. O que se lhe pede é justamente que escolha, dentre estes vários possíveis sentidos, um que deva considerar-se decisivo.

— O problema é de solução fácil quando as duas partes, declarante e destinatário, pertencem ao mesmo círculo de pessoas. Neste caso, o sentido «objectivo» das expressões é o mesmo para um e para outro — e a declaração deverá ser aplicada com esse sentido ([1]). Mas se o significado usual da declaração é um na terra do declarante, por ex., e outro na terra do seu destinatário? A qual dos dois sentidos atribuir prevalência?

Dentro duma doutrina que seja guiada pela preocupação de atender às possibilidades de compreensão das partes, particularmente do destinatário — como parece ser a de DANZ —, a coerência exige que se considere ainda aqui decisivo aquele significado que, para este último, for o objectivo, com o qual ele podia e devia contar. Isto exclui a possibilidade duma norma geral que fixe, uma vez por todas, qual seja, destes dois, o sentido jurídico da declaração. A análise de cada caso é que há-de tornar líquido se o destinatário podia entender a declaração no sentido usual para si, ou se, ao invés, ele não devia, antes, cingir-se ao significado habitualmente válido no círculo a que pertence o declarante.

Não é esta, todavia, a orientação de DANZ. DANZ pretende formular uma regra a que, nestes casos, o juiz possa confiar-se para decidir. Essa regra é a de que os contratos celebrados num determinado lugar devem interpretar-se, geralmente, de harmonia com os usos e costumes desse lugar. Com efeito, «o normal é que, quando se celebra um contrato, as partes se utilizem das palavras no sentido que têm no lugar da celebração» ([2]). E só quando se verifiquem circunstâncias muito especiais poderá o intérprete afastar-se desta regra.

Não podemos concordar com tal solução. O normal não é cada um atribuir às expressões que utiliza o sentido que elas têm no lugar onde se celebra o contrato. Esse lugar é muitas vezes perfeitamente casual, não chegando as partes a adquirir conhecimento dos usos e costumes que aí vigoram. O normal é cada um pensar as suas declarações no sentido que lhe é familiar, ou pensá-las no sentido que julga mais acessível à compreensão da pessoa a quem as dirige. Só nesta medida poderão, em regra, ter importância os usos do lugar em que o contrato se celebra. Por isso, se quiser perfilhar-se dou-

---

([1]) Independentemente, é claro, de cada uma das partes a ter tomado de facto nesse sentido.

([2]) *Interpretación*, pág. 270.

trina que, em princípio, mande atender particularmente às possibilidades de compreensão do destinatário, quando se trata de fixar o sentido decisivo das declarações de vontade, a única norma geral a que o intérprete poderá recorrer aqui, nestes casos, é a seguinte: a declaração deverá entender-se com o sentido que o seu destinatário puder julgar mais correspondente à real vontade do declarante. Em face disto, aos usos linguísticos do lugar da celebração só terá de reconhecer-se o poder de decidir, quando se provar que o destinatário devia ter sabido que o declarante se regulava já por eles, ao emitir a sua declaração de vontade [1].

Menos chocante e inaceitável do que o princípio do lugar da celebração é a regra formulada por Danz para os casos de contratos concluídos entre ausentes. Aqui «vale a norma de que as palavras devem interpretar-se no sentido que tiverem no lugar do contraente que as usa» [2]. Ora, é certo que a aplicação desta regra — de escolha muito menos arbitrária do que a anterior — conduzirá, na maior parte dos casos, a soluções perfeitamente justas, além de plenamente harmónicas com a ideia de que toda a declaração deve entender-se no sentido que o seu destinatário se puder representar como sendo o sentido querido pelo declarante. E é preciso reconhecer também ficar muito atenuada a estreita rigidez determinada pelo recurso a normas fixas, quando se tiver em conta que o sentido ligado pelo declarante à sua declaração (diferente daquele a que, segundo a regra, cabe a prevalência) tem no pensamento de Danz poder decisivo: *a)* quando a outra parte conhecia a significação particular por aquele atribuída às expressões utilizadas; *b)* quando podia ter havido conhecimento disso, contanto procedesse como pessoa normal [3].

Todavia, há sempre casos que esta atenuação não abrange.

---

[1] Entretanto, deste ponto de vista nada interessa, insista-se, — e neste particular não falta certamente razão a Danz — que o declarante se tenha de facto regulado pelas normas do lugar da celebração.

[2] *Interpretación*, pág. 272.

[3] É claro que este princípio deve presidir também à interpretação dos contratos entre presentes. Os usos do lugar da celebração não têm de intervir quando a outra parte tenha ou devesse ter sabido que o declarante dava à sua declaração um sentido diverso. — *Ob. cit.*, pág. 274. — Mas também é certo que isto não invalida o que dissemos sobre o valor da regra do lugar da celebração. V. o que se diz no texto a seguir.

Suponha-se uma proposta de venda de 100 «almudes» de vinho, enviada duma terra da Beira, onde o «almude» equivale a 40 litros, a um natural do Alentejo, que nunca ouviu falar de almudes de mais de 20 litros. Deverá atribuir-se a essa proposta o sentido que ela tem à face dos usos da terra onde reside o proponente? Se assim for, vai imputar-se a uma declaração de vontade uma significação com a qual o seu destinatário não podia contar, diferente daquela em que ele justificadamente fundou a sua confiança. Isto ainda seria, porventura, justificável se supuséssemos que o declarante tinha boas razões para julgar acessível à compreensão da outra parte o sentido por ele próprio atribuído à sua declaração. Mas se for o contrário que puder dizer-se? Se o declarante podia presumir que a outra parte, guiada pelos usos linguísticos da sua região, talvez atribuísse à declaração recebida um sentido diferente do seu?

A doutrina de DANZ conduz, pois, a soluções indesejáveis. Entretanto, não foi pròpriamente para chegar a esta conclusão que desenvolvemos as considerações antecedentes. O que tivemos em vista foi mostrar não haver na teoria de DANZ a necessária unidade. Dominado em princípio pela ideia de que as declarações de vontade devem interpretar-se no sentido que o seu destinatário puder considerar decisivo, este jurista não soube conservar-se fiel a essa ideia, como convinha. No caso de conflito entre o sentido *usual* da declaração, aos olhos do declarante, e o sentido *usual* dela, aos olhos do seu destinatário, DANZ, querendo confiar ainda a solução a uma *pessoa razoável,* atribui poder decisivo a um terceiro sentido, diverso de cada um daqueles: o sentido do lugar da celebração, nos contratos entre presentes, e o sentido da terra do contraente que usa as expressões litigiosas, nos contratos firmados entre ausentes.

Pode, pois, afirmar-se que a tentativa de DANZ de fixar o sentido jurìdicamente decisivo das declarações de vontade, constitui uma tentativa falhada. Em DANZ, como vimos, não é possível encontrar, para o problema de saber qual seja em geral aquele sentido [1], solução unitária. E, contudo, a uma solução unitária desse problema só deveria renunciar-se depois de se ter provado a impossibilidade de a obter.

---

[1] Qual seja, isto é, dentre os vários sentidos «objectivos» da declaração, aquele a que o direito atribui o poder de decidir.

7. Outro tanto não pode já dizer-se da teoria de Titze ([1]), dentro da qual aquele problema, ao menos no que respeita a uma categoria de negócios jurídicos (os chamados negócios do comércio jurídico) ([2]), encontra realmente solução unitária.

Segundo Titze, as declarações de vontade devem entender-se, como já Danz o ensinara, no sentido que lhes atribuir a generalidade das pessoas, no sentido conforme aos usos do comércio ([3]). Nesta medida, a interpretação dos negócios jurídicos é interpretação «geral-objectiva», visto ela ter por fim determinar o significado usual das declarações.

Ao lado desta interpretação «geral» deve, contudo, admitir-se uma interpretação «individual». «Na verdade, as particulares relações existentes entre as partes podem tornar necessário que à declaração emitida seja atribuído um sentido diverso da sua significação comum. Este sentido, e não o sentido usual, constitui, então, o verdadeiro conteúdo da declaração de vontade» ([4]). Assim o impõe, com efeito, o princípio da boa-fé. Quando entre as duas partes medeiem relações das quais *reconhecidamente* derive incorporarem as declarações entre elas trocadas um sentido diverso do usual, cada uma delas sabe ou pode saber que a outra entende a sua declaração nesse sentido: a este deve, portanto, atribuir-se o poder de decidir.

([1]) Titze, *Die Lehre vom Missverständniss*, págs. 83 e segs.

([2]) Para os negócios não pertencentes ao comércio jurídico (contratos gratuitos e testamentos, por ex.) recomenda Titze o método subjectivista de interpretação. Cfr. ob. cit., págs. 94 e segs. Todavia, como os negócios do comércio jurídico constituem, sem dúvida, a categoria mais numerosa e sobretudo porque assim o exigem as necessidades da exposição, desprezaremos por agora o dualismo da teoria de Titze, para dela só aproveitarmos a ideia central: normalmente, o sentido «jurídico» das declarações de vontade — como se dirá a seguir no texto — é o sentido conforme aos usos gerais da contratação. À frente estudaremos o ponto de saber se, no campo dos negócios jurídicos de conteúdo patrimonial, deve conceder-se lugar a uma interpretação subjectiva.

Doutrina de alcance pràticamente idêntico ao da que Titze formula para os negócios não pertencentes ao comércio jurídico, é a sustentada por Danz em matéria de interpretação dos chamados contratos gratuitos (*Interpretación*, págs. 281 e segs.). Para Danz, a doação, por ex., deve interpretar-se *no sentido mais favorável ao doador*. Cfr. infra.

([3]) Ob. cit., págs. 86 e segs.

([4]) Pág. 91.

Mas, se assim é, se a justificação da interpretação «individual» reside na consideração referida, parece legítimo dizer da teoria de Titze o que foi possível afirmar da teoria de Danz, na medida em que por ela se mandava atender, para fixar o sentido das declarações, a todas as circunstâncias concretas reconhecíveis do ponto de vista do declaratário. O pensamento de Titze não será dever o sentido usual da declaração de vontade ceder o lugar a um sentido diverso, sempre que o destinatário tenha podido pensar que este último era o sentido conforme às reais intenções do declarante?

Sem dúvida, não pode entender-se assim o pensamento de Titze. Titze não quer que o declaratário seja forçado a consentir na prevalência do sentido individual do declarante, só por lhe ter sido possível conhecer esse sentido no momento da recepção da declaração de vontade. Nem o próprio conhecimento efectivo, de qualquer modo adquirido pela outra parte, de ter o declarante atribuído à sua declaração um significado diverso do usual, basta para tirar a este último a prevalência ([1]). A declaração só não vale com o sentido conforme aos usos gerais do comércio, repita-se, quando as *particulares relações* existentes entre as partes propuserem para ela um significado diferente. Nesse caso, conheça ou não a outra parte este determinado sentido, coincida ele ou não com a real von-

---

([1]) Pág. 94. Cfr. também o ex. de págs. 126-27. É talvez por este traço que a teoria de Titze mais fundamente se distingue da teoria de Danz. Para Danz, com efeito, — como poucos ignoram e já anteriormente se referiu — o sentido atribuído por uma das partes à sua declaração é o decisivo, sempre que a outra parte tivesse conhecimento desse sentido, *Interpretación*, págs. 92-93. Das observações por Danz desenvolvidas neste lugar (pág. 92, nota 2) parece desprender-se a ideia — é certo — de haver harmonia, quanto a este ponto, entre as teorias do A. e de Titze. Entretanto, não pode omitir-se que Titze não contesta a possibilidade de o destinatário haver conhecimento do sentido «subjectivo» da declaração, fora dos casos em que entre as partes existam «particulares relações». Isto pode fàcilmente concluir-se da leitura de págs. 126-27 da obra a que nos referimos. O que ele afirma é só que, fora destes casos, não se dará, *em regra*, senão a hipótese de o destinatário saber *apenas* que não há harmonia entre o sentido usual da declaração e a verdadeira vontade do declarante, sem, todavia, conhecer esta vontade. *Ob. cit.*, pág. 94. Contudo, quando excepcionalmente a regra se não verifique, — hipótese inteiramente possível — o significado comum da declaração será ainda o decisivo. Cfr. mesmo lug., págs. 106 e 108, nota 3.

tade do declarante, — nunca a declaração pode interpretar-se em sentido diverso.

Daqui se vê que o recurso à chamada «interpretação individual» é na teoria de Titze ditado, caso por caso, por um critério puramente formalístico. Se nem sempre que a outra parte haja ou possa haver conhecimento da real vontade do declarante deve fixar-se pelo conteúdo desta o conteúdo da declaração, — não pode dizer-se que as declarações se interpretam no sentido que para o seu destinatário tiver de ser o decisivo ([1]). O sentido que decide é sempre, portanto, um sentido puramente objectivo.

De modo ainda mais evidente sobressai a exactidão deste asserto no domínio da interpretação «geral». Normalmente, as declarações de vontade são interpretadas — na teoria de Titze — de harmonia com os usos gerais do comércio, com as regras da comum experiência; sendo de todo indiferente, para uma determinada declaração valer com o sentido conforme às concepções dominantes, que ambas as partes (ou só uma delas) conhecessem aquele sentido ou apenas por culpa o ignorassem ([2]). E, se as expressões empregadas pelo declarante são capazes duma significação diversa, conforme o lugar ou o círculo de pessoas a que se atender, Titze propõe, para a solução deste problema, regras que são fundamentalmente idênticas às propostas por Danz ([3]). Mas, como acima, também aqui a teoria de Titze sobreleva em rigor formal a de Danz: pois o sentido usual no lugar da celebração do contrato, por ex., continua a ser decisivo, mesmo no caso de uma das partes saber que a outra ligou à sua própria declaração um significado diverso ([4]).

([1]) Pressupõe-se aqui, claro está, que o interesse normal de todo o destinatário duma declaração de vontade é captar o sentido que nela quis infundir o seu autor. Interpretar as declarações do ponto de vista daquele, não pode, portanto, deixar de conduzir, em princípio, à relevância da real vontade deste último, quando ela seja «reconhecível».

([2]) *Ob. cit.*, págs. 136 e segs.

([3]) A regra de que as declarações devem interpretar-se no sentido do lugar da celebração, nos contratos entre presentes; e a regra de que deve atender-se ao lugar onde a declaração é emitida, nos contratos entre ausentes. *Ob. cit.*, págs. 150 e segs.

([4]) Cfr. particularmente pág. 154.

O traço fundamental da teoria de TITZE reside, assim, no desprezo quase absoluto que nela se professa pelas possibilidades *concretas* de compreensão das partes. Para valer, o sentido conforme aos usos gerais do comércio não precisa de coincidir com aquele que um ou outro dos contraentes tinha todas as razões para julgar decisivo. E se ao sentido proposto pelas «particulares relações» que ligam as partes pertence o poder de decidir, por ser nesses casos inteligível para o destinatário que o declarante atribuiu à sua declaração um significado diverso do usual, — este princípio da «inteligibilidade», contudo, só exerce a função de justificar o recurso à interpretação individual, no domínio em que esta tem de intervir. Caso por caso, nada interessa o «conhecer» ou «dever conhecer» uma das partes o particular sentido ligado à declaração pelo seu autor [1].

O ponto de vista de TITZE é fàcilmente criticável [2]. Numa

---

[1] Tanto assim que o sentido proposto pelas «particulares relações» existentes em dada situação concreta não tem de ceder a vez ao significado «geral» da declaração, mesmo que o destinatário saiba haver o declarante agido tendo em mente os usos de comércio. Cfr. *Missverständniss*, pág. 94. Daqui não ser o princípio da «reconhecibilidade» do sentido «individual» da declaração o que justifica na teoria de TITZE, *em cada caso concreto*, a prevalência desse sentido. Aquele princípio só intervém para propor que se distinga entre uma «interpretação geral» e uma «interpretação individual» das declarações.

[2] A crítica que no texto vamos fazer a esta teoria, sendo embora bastante para ditar o seu repúdio, está muito longe de ser a única possível. A construção de TITZE enferma, em geral, de todos os defeitos que invalidam as teorias puramente objectivistas. Por isso mesmo só queremos agora ocupar-nos daquilo que constitua especialidade dela. Mais adiante teremos oportunidade de encarar todos os aspectos condenáveis do ponto de vista rigorosamente objectivo.

Em todo o caso, além da que vai seguir-se no texto, a teoria de TITZE merece ainda, e desde logo, uma outra crítica, que no entanto a invalida só no seu aspecto formal. É claramente erróneo distinguir entre uma interpretação geral e uma interpretação individual das declarações de vontade. Toda a interpretação jurídica é individual, no sentido de que lhe pertence fixar o significado duma determinada declaração, dum certo facto concreto, considerado na sua individualidade específica. Isto só não seria assim, se ela não tivesse de operar sobre o material, mais ou menos artificialmente limitado, das circunstâncias do caso. Ora, que é isso de atender às «particulares rela-

coisa podemos desde já assentar aqui, sejam quais for as outras conclusões a que mais tarde cheguemos: se o destinatário duma declaração de vontade adquire conhecimento, por qualquer via, da real intenção do declarante, daquilo que este quis verdadeiramente significar com a conduta observada, dos efeitos a que ele julgou a sua declaração dirigida, — se este pressuposto se verifica, é claramente indesejável, por ser contrário à boa-fé, que o conteúdo da declaração se não determine pelo real conteúdo da vontade do declarante. Repugna ao nosso sentimento de justiça conceder ainda aqui ao destinatário a faculdade de se orientar por aquilo que objectivamente constitua o conteúdo da promessa recebida. A solução de se reconhecer ao declarante o poder de anular o contrato por erro (ou até por dolo da outra parte) e de se lhe atribuir mesmo um direito de indemnização dos danos sofridos, — é manifestamente insuficiente. Com efeito, o recurso de fazer anular o contrato com base no erro é sempre, como se sabe, um recurso altamente precário. De resto, o que se pergunta aqui é se *deve* decidir-se que houve erro do declarante; se isso é desejável.

Quanto ao direito de indemnização, mesmo dando como líquida a possibilidade da sua fundamentação legal, o declarante não poderia pedir com ele o equivalente do que teria ganho e do que não teria perdido, se ao contrato fosse atribuído o conteúdo por ele desejado; pois, doutro modo, a indemnização conseguida seria uma verdadeira indemnização por falta de cumprimento do contrato que se não for-

---

ções» existentes entre os contraentes senão um atender a uma parte destas circunstâncias? Dizer, como o faz TITZE, que, faltando aquelas relações, deve intervir a interpretação geral, não é nem mais nem menos do que formular um critério sobre os limites do material de circunstâncias atendíveis; e é evidente que a palavra decisiva tem de caber às regras gerais da língua e aos usos do comércio, sempre que se comprove a ausência de circunstâncias daquela índole. Mas isto não exclui que o escopo da interpretação jurídica resida na determinação do sentido «específico» de certa declaração de vontade. Cfr. LEONHARD, *Auslegung*, págs. 47 e segs.

Quanto às condições a que TITZE subordina a atendibilidade das circunstâncias do caso, será bastante para condenar essa medida o que adiante diremos em favor duma certa doutrina (não puramente objectivista) da interpretação. De resto, o argumento que a seguir vai exposto no texto já é suficiente para vincar a arbitrariedade daquela medida. Contra ela se pronunciou também LEONHARD, *ob. cit.*, pág. 70.

mou. Ora, esta indemnização por falta de cumprimento tem por pressuposto essencial o direito de reclamar o cumprimento da convenção; e ninguém pode reclamar que seja cumprida a convenção a que falta existência jurídica.

Os legítimos interesses do declarante não os poderia, assim, assegurar amplamente, neste caso, a concessão em seu favor dum direito de indemnização de danos.

A teoria de TITZE conduz, pois, a soluções manifestamente injustas. *Em matéria de interpretação, só pode ser aceitável a doutrina que consinta na prevalência do sentido querido* (por mais que ele se afaste do significado objectivo-geral da declaração), *pelo menos quando a outra parte dele tenha adquirido conhecimento*. E o que se pergunta agora é se uma teoria puramente objectivista pode, sem quebra de lógica, satisfazer a este requisito. Se apurarmos que não, a única atitude admissível será mudar de rumo, a fim de inquirir das possibilidades das outras teorias objectivas [1].

Como se depreende do já exposto até aqui, é característica essencial duma teoria puramente objectivista a atitude de desprezo pelas possibilidades concretas de compreensão das partes. Dentro dela não tem que se atender àquilo que declarante ou destinatário podia pensar da declaração litigiosa. O que decide é um sentido que circunstâncias diferentes destas revelem. Mas, se à real vontade do declarante quiser, ainda assim, atribuir-se eficácia nos casos em que a tiver conhecido o destinatário da declaração, vibra-se com isto golpe incurável no princípio geral donde se procede. Ali, o sentido

---

[1] Como vimos, DANZ admite que a declaração de vontade valha com o sentido do declarante, quanto a outra parte teve conhecimento deste sentido. Simplesmente, pois que na sua teoria é sempre decisivo o sentido que à declaração atribuir um terceiro razoável. DANZ considera aqui excluída a interpretação *jurídica*. A interpretação só tem de intervir quando as duas partes não estejam de acordo acerca do sentido das suas declarações, ou quando uma delas não tenha havido conhecimento do particular significado ligado pela outra à declaração emitida. Cfr. *Einführung in die Rechtssprechung*, págs. 24-25, 44-45. Ora, todos vêem que isto não é exacto. À teoria da interpretação cabe indicar as condições dentro das quais a real vontade do declarante pode ter eficácia. Quando o juiz declara que à manifestação de vontade litigiosa pertence um determinado sentido, não se vê que isto possa não representar algumas vezes o resultado da sua actividade interpretativa.

decisivo já não será o sentido conforme aos usos do comércio, aquele que à declaração atribuem pessoas razoáveis: a última palavra pertence a um significado diferente deste, a um significado cuja prevalência não pode filiar-se senão no princípio de que tem real interesse aquilo que as partes efectivamente pensaram acerca das declarações trocadas. Contradição insolúvel, portanto. E não será, por outro lado, possível conciliar aquela solução tão necessária com o princípio fundamental duma teoria objectiva, não pertencente ao grupo em que se integra a de TITZE? Vê-lo-emos. Mas, antes de passarmos a essa investigação, tomemos contacto ainda com outra teoria que se mantém igualmente, com a maior firmeza, dentro do ponto de vista rigorosamente objectivo.

8. É a teoria de FRANZ LEONHARD ([1]). O que nesta teoria particularmente nos interessa é ela conter uma curiosa tentativa de fuga à contradição a que há pouco nos referimos: contradição — dissemos — que para toda a teoria objectiva pura deriva de nela se reconhecer eficácia, de vez em quando, à vontade real do declarante. LEONHARD quer evitar esta contradição, admitindo, todavia, que o sentido querido decida quando a outra parte dele tenha havido conhecimento.

A interpretação jurídica, ensina LEONHARD ([2]), procura o sentido objectivo das declarações de vontade; significando isto que o material utilizável pelo intérprete é limitado àquilo que resulta da própria declaração interpretanda ([3]). Por isso ela se distingue, tanto da interpretação histórica, cujo escopo reside na determinação dum facto psicológico, duma vontade, consequentemente operando apoiada em todas as circunstâncias que para alcançar esse fim lhe possam aproveitar, como da interpretação lógico-gramatical, que se dirige apenas a fixar o significado geral das expressões, de todo abstraindo, portanto, das particularidades do caso. O que essencialmente caracteriza, assim, a interpretação jurídica é a limitação do seu objecto a uma certa parte do material de circunstâncias teòricamente utilizável.

([1]) LEONHARD, *ob. cit.*, *Arch. f. civ. Praxis*, 120, págs. 14 e segs.
([2]) *Ob. cit.*, pág. 53.
([3]) Págs. 49 e segs.

Todavia, delimitado que esteja o «material» (o *Tatbestand)* sobre que o intérprete há-de proferir os seus juízos, nada está determinado ainda senão o objecto da interpretação. Para se apurar o sentido que esse «material» desprende de si, é indispensável o recurso a regras gerais que o revelem. Essas regras são, além das leis gerais da linguagem, os usos do comércio, as regras da experiência comum ([1]). De nenhum momento subjectivo depende a aplicação, no caso concreto, dessas normas: a ignorância das partes acerca delas, mesmo que ignorância não baseada em culpa, é facto perfeitamente irrelevante ([2]). Para uma certa regra dos usos e costumes ser aplicada na interpretação dum contrato, basta que ela tenha validade no lugar que for decisivo para a relação de obrigação *(das Schuldort)* ([3]).

Dissemos que, para LEONHARD, o material utilizável na interpretação jurídica é limitado àquilo que resulta da própria declaração interpretanda. Isto significa não serem relevantes todas as circunstâncias de cada caso concreto, ainda que reconhecíveis para o destinatário da declaração ([4]). Certo, constitui imperativo da equidade atender só às circunstâncias reconhecíveis. Mas a equidade impõe também que só as circunstâncias tornadas reconhecíveis *através da declaração* tenham alguma influência sobre os resultados da interpretação dela.

Daqui não interessar aquilo de que a outra parte toma conhecimento através de terceiros ([5]) ou em momento anterior à celebração do negócio jurídico ([6]). A interpretação deve limitar-se ao *declarado*.

Pretender considerar, além das circunstâncias que obedecem a este requisito, ainda outras, embora reconhecíveis, seria dar origem

---

([1]) Págs. 55 e segs.
([2]) Págs. 57-58.
([3]) Págs. 59 e segs.
([4]) V., sobre este ponto, págs. 66 e segs. Como se vê, LEONHARD afasta-se aqui resolutamente do ponto de vista de DANZ, aproximando-se de TITZE.
([5]) Exige-se, com efeito, que as particulares circunstâncias de que se trata, para serem atendíveis, constituam objecto duma consciente manifestação de vontade dirigida pelo declarante ao interessado (pág. 68).
([6]) Basta, no entanto, a simples referência tácita, feita no momento da celebração, a circunstâncias anteriores, para estas se tornarem conteúdo da declaração.

às maiores dificuldades e injustiças. O declarante pode muito bem ignorar que o destinatário tomou por outra via conhecimento de factos que por ele lhe não foram comunicados. E, ao invés, pode o declarante ser da opinião contrária — e estar enganado. Resultados iníquos só os pode evitar a adopção do critério posto acima: *serão atendidas aquelas circunstâncias acerca das quais as partes sabem* (ou devem saber) *que se tornaram conteúdo da declaração* [1].

Daqui resultam consequências muito interessantes.

a) Em primeiro lugar, pois que só o «declarado» pode ser decisivo, nada tem a interpretação que ver com a vontade psicológica do declarante. Uma circunstância «não declarada» não adquire, portanto, influência só por isso ter sido querido pelo autor da declaração [2].

b) Em segundo lugar, é errónea a teoria que pretende interpretar as declarações de vontade *do ponto de vista do seu destinatário* (a chamada «teoria da impressão do destinatário» [*die Eindruckstheorie*]). De harmonia com esta doutrina, à declaração deve ser atribuído o significado que a outra parte nela podia e devia considerar implícito. O poder de decidir não cabe aqui, portanto, só àquilo que através da própria declaração lhe tenha sido comunicado. Daí ela ser inexacta, à face do ponto de vista fundamental de LEONHARD [3].

c) O sentido objectivo da declaração não deixa de ser decisivo mesmo na hipótese de *casualmente* as partes terem estado de acordo em atribuir-lhe um sentido diverso. O acordo interior dos contraentes, que de nenhum modo se exprimiu na declaração de vontade, é de todo em todo irrelevante. E isto nem sequer no domínio das declarações objectivamente ambíguas precisa de sofrer modificação: a ambiguidade objectiva do declarado conduz à nulidade absoluta do negócio, mesmo que as vontades dos contraentes se tenham casualmente encontrado [4].

---

[1] Pág. 71.
[2] Págs. 73-100 — LEONHARD aceita, contudo, a teoria subjectiva no domínio das disposições testamentárias. Mas só aí. V. págs. 84 e segs.
[3] Págs. 100-103.
[4] Págs. 104-117.

d) Por último, revela-se inconciliável com o ponto de vista de LEONHARD a doutrina que atribui relevância à vontade do declarante, sempre que ela se tenha tornado reconhecível para o destinatário da declaração ([1]).

Todavia, se a vontade real do declarante, divergente da declarada, chega ao conhecimento da outra parte, LEONHARD admite que, sob certas condições, ela venha a ser decisiva. Não se trata aqui, no entanto, de medir o conteúdo da declaração pelo conteúdo da vontade. O sentido querido pelo declarante não se torna então eficaz por ser o *sentido decisivo da declaração*. O que se passa é o seguinte: Quem, ao receber uma declaração de vontade a si dirigida, se apercebe de que o declarante atribui um sentido muito diverso do comum às expressões empregadas, deve esclarecer imediatamente o enganado acerca do seu erro ([2]). Se o não faz, constitui-se *ipso facto* na obrigação de indemnizar a outra parte por todos os prejuízos que a sua omissão lhe ocasionar. E aquilo que o contraente enganado pode justamente pedir, com a sua acção de indemnização, é que a declaração emitida valha com o sentido querido ([3]). Daqui resulta só ao declarante caber o direito de se reportar à sua real vontade, a fim de que não venha a ser julgado prevalente o significado objectivo da declaração. — O princípio de que a vontade «não declarada» pode ter eficácia quando a tenha conhecido a outra parte, não é, pois, na teoria da interpretação que encontra o seu fundamento: é na teoria da reparação dos danos.

É fácil demonstrar, contudo, que o caminho tentado por LEONHARD não conduz à justificação do princípio admitido como necessário: o da relevância da vontade interior do declarante quando a tenha conhecido o destinatário da declaração.

Da violação *dolosa* do dever de informar o declarante acerca do erro sofrido, deriva para a outra parte uma obrigação de indemnização de danos — diz LEONHARD. Admitamos isto; aceitemos mesmo

---

([1]) Págs. 117-121.
([2]) Convém notar que LEONHARD só admite a existência deste *dever de esclarecer* a outra parte em determinadas circunstâncias. *Ob. cit.*, págs. 127 e segs.
([3]) V., sobretudo, págs. 136 e segs.

que esta obrigação de indemnizar tem claro fundamento legal (¹). Mas é evidente que os prejuízos a que tal obrigação se refere hão-de ser aqueles mesmos que resultem da circunstância determinante da responsabilidade, seja, da omissão do dever de esclarecer o declarante acerca do erro sofrido. O lesado não tem direito a pedir senão a precisa reparação desses prejuízos. Nada mais lhe será lícito reclamar, portanto, além da criação daquele «estado de coisas» que pròvàvelmente teria tido existência, a não se haver produzido o facto determinante da responsabilidade. Corresponderá a esta ideia o direito, atribuído por LEONHARD ao declarante, de pedir o cumprimento do contrato no sentido querido mas objectivamente não declarado? Indubitàvelmente não corresponde, como é fácil provar.

Se o destinatário tivesse informado o declarante do seu erro, este não teria poderes para impor àquele o respeito por uma declaração de conteúdo conforme ao querido, enquanto não emitisse nova declaração precisamente revestida desse conteúdo. Emitida nos devidos termos a nova declaração de vontade (uma proposta de contrato, por ex.), ficaria, então, a outra parte livre de a aceitar ou de a repelir: só do seu arbítrio dependeria o aperfeiçoamento do contrato proposto (²).

(¹) As razões de texto em que o autor criticado apoia a sua doutrina é claro que nos não podem interessar. Mas, enfim, pois «todo aquele que causa a outro um dano se constitui na obrigação de indemnizar o lesado» (fórmula que *parece* traduzir, quando não o sentido *literal*, ao menos *a mais razoável* das possíveis significações do art. 2.361.º do cód. civil), não seria impossível talvez encontrar fundamento legal, dentro do nosso sistema de direito, para aquela obrigação de indemnizar de que fala LEONHARD. O principal óbice é o que vai a seguir apontado no texto.

(²) A não ser — é claro — que este segundo contraente, ao cumprir o seu dever de informar o declarante, ao mesmo tempo manifestasse a sua concordância com a validade da *lex contractus* realmente querida por este, *agindo com a consciência de estar pondo todas as condições do seu lado necessárias para essa lei contratual entrar em vigor*. Cfr. *supra*, cap. I. Verificadas estas condições, já o aperfeiçoamento do contrato não dependia — é certo — do arbítrio deste segundo declarante: pois, constituindo manifestamente a sua declaração *uma nova proposta,* a aceitação da outra parte era tudo quanto se requeria para a perfeição do vínculo contratual. Sempre é verdade, em todo o caso, que o ter sido o declarante informado do seu erro só lhe possibilitaria emitir nova declaração de vontade, agora de sentido correspondente às suas reais intenções. Mas daquele facto — a ser exacto que as declarações só

Mas se assim é, a acção de indemnização do declarante enganado não poderia nunca levar à ressurreição dum estado de coisas diferente deste. Por meio dela não seria lícito pedir senão que o declarante fosse restituído à situação de poder dirigir à mesma pessoa uma nova declaração de vontade, agora de conteúdo coincidente com as suas reais intenções ([1]); não seria lícito pedir, isto é, senão que fosse considerada nula a declaração de vontade de sentido objectivo diverso do querido. O mais que ainda poderia admitir-se era a concessão ao declarante do direito de invocar também os prejuízos que sofrera, por ter julgado que a sua declaração havia de valer com o sentido por ele desejado.

Não julgamos, pois, que LEONHARD tenha conseguido justificar, do ponto de vista da reparação dos danos ilìcitamente causados, o princípio da relevância da vontade real, não expressa na declaração mas conhecida do declaratário. Trata-se manifestamente dum artifício, através do qual se obscurece o verdadeiro problema que se põe aqui: o problema de determinar o sentido, dentre os vários possíveis, com o qual uma declaração de vontade deve jurìdicamente ser válida. A doutrina de F. LEONHARD não faz senão pôr na devida luz — e nisso reside o seu mérito mais apreciável — o facto de não ser possível solucionar aquele problema, sem de algum modo se ter em conta o ponto de vista concreto das partes ([2]).

Toda a teoria puramente objectivista é, portanto, inaceitável.

9. E, realmente, boas razões militam em favor da doutrina geral que quer ver os resultados da interpretação em certa medida condicionados pelo respeito devido às reais possibilidades de compreensão dos contraentes.

A declaração de vontade é meio de que o declarante se utiliza para o fim de provocar no espírito doutra pessoa certas representações. Forçoso lhe é, portanto, servir-se do meio de comunicação

---

valem no sentido objectivo, como quer LEONHARD — nunca poderia derivar a consequência de a primeira declaração passar a valer, *desde o início,* com o sentido querido pelo seu autor.

([1]) Cfr. LARENZ, *ob. cit.,* pág. 19, autor que exprime a este respeito um ponto de vista idêntico.

([2]) LARENZ, *ob.* e *lug. cits.*

que seja precisamente adequado a esse fim. Se, para o atingir, recorre à linguagem, escrita ou falada (caso normal), deverá — uma vez que quer ser compreendido — empregar aquelas expressões que sejam apropriadas a transmitir à pessoa tida em vista o seu pensamento; deverá — isto é — servir-se daquelas expressões que tenham para o destinatário da declaração o significado correspondente ao conteúdo da sua vontade. A mesma ideia pode ser expressa dizendo-se que o declarante, ao proceder à escolha dos meios adequados à manifestação da sua vontade, deve colocar-se no ponto de vista da pessoa a quem tenciona dirigir a declaração.

Por outro lado, é dever de todo o destinatário duma declaração de vontade esforçar-se por entendê-la no sentido justamente conforme às reais intenções do seu autor. O sentido que ele atribua à declaração recebida há-de ser aquele que, aos seus olhos, apareça como mais capaz de reflectir a presumida vontade do declarante.

Ora, é claro que o captar este sentido depende de se estar na posse da «chave» do «criptogama» elaborado pelo sujeito donde a declaração procede. Eu só posso saber qual foi o conteúdo de pensamento que me quiseram comunicar, através do emprego de certas formas verbais, depois de conhecer exactamente as regras que, na consciência do declarante, terão presidido ao enlace das expressões empregadas com uma determinada significação.

Assim como o declarante, no momento da escolha dos meios adequados à manifestação da sua vontade, se deve colocar, tanto quanto possível, no ponto de vista da pessoa a quem a declaração vai ser endereçada, assim também o declaratário deve, portanto, atender ao ponto de vista do declarante, ao interpretar a declaração recebida. Esta é, com efeito, a conduta que a boa-fé reclama da parte de quem se movimenta no terreno contratual; além de ser aquela que, por corresponder aos interesses normais dos contraentes, constitui certamente a regra da vida. Ora, se já no mundo da realidade se verifica ser a tendência no sentido de cada um dos sujeitos do negócio tomar em estreita consideração as possibilidades de compreensão do outro, não se vê por que há-de este ponto de vista ser abandonado quando se fixam as regras da interpretação judicial [1].

---

[1] V. neste sentido LEONHARD (R.), *Der Irrtum*, I, pág. 175. Na interpretação, o juiz «não pode conseguir resultados diversos daqueles a que a

Sem dúvida, todo o problema de interpretação supõe um conflito entre duas partes: enquanto uma pretende ter entendido a declaração litigiosa no sentido que lhe podia e devia atribuir, afirma a outra também ser a sua a interpretação justa. Mas o modo mais equitativo de solucionar este conflito parece dever consistir em colocar-se o juiz, na sua decisão, do lado daquela que tiver efectivamente procedido conforme a regra, conforme as imposições da boa-fé. Daqui resulta, ao que parece, ser admissível o princípio de que o sentido decisivo das declarações jurídicas deve coincidir, simultâneamente, com aquele que o declarante podia julgar acessível à compreensão da outra parte e com aquele que, aos olhos do declaratário, podia aparecer como mais capaz de reflectir a real intenção do primeiro. Terá a razão por si o contraente que invocar a sua confiança justamente nesse sentido.

Nem sempre será possível, todavia, decidir que *só um* dos contraentes procedeu como pessoa normal, razoável (como *bonus pater-famílias*), no seu atribuir à declaração litigiosa um certo significado. O caso mais comum é realmente aquele em que tal decisão pode ser proferida. Entretanto, poderá muitas vezes acontecer que declarante e declaratário, havendo cada um atribuído à declaração, do seu próprio ponto de vista, o sentido que lhe podia e devia atribuir, se não tenham, apesar disso, encontrado: não acertando o primeiro a despertar no espírito do outro as representações procuradas, nem o segundo a reconstituir a verdadeira vontade daquele. Quando tal hipótese se verificar, o conflito já não pode solucionar-se por aplicação do critério posto acima: dado haver aqui desarmonia entre os pontos de vista igualmente justificáveis dum e doutro dos contraentes. Se, apesar disso, não quiser renunciar-se a manter a declaração de pé, toda a solução, embora no quadro duma teoria que

---

parte (o declaratário) teve de chegar; doutra maneira, prejudicá-la-ia de modo inconcebível. Existe, assim, uma harmonia pré-estabelecida entre a interpretação das partes e a interpretação judicial, harmonia que não pode ser quebrada». — Se tirarmos a estas observações a nota de que a harmonia exigida deve ser entre a interpretação do juiz e a interpretação do *declaratário* (pois nos faltam por enquanto razões para preferirmos o ponto de vista deste último ao ponto de vista do *declarante*), encontramos nelas a mesma ideia expressa no texto.

procura ter em conta as possibilidades de compreensão de ambas as partes, terá de ser unilateral. Não haverá — queremos dizer — outro recurso senão o de preferir, dos dois pontos de vista igualmente legítimos, um que por uma ou por outra razão deva considerar-se decisivo. A qual deles deverá, então, atender-se? E não será mesmo preferível a solução de se renunciar a resolver aqui o conflito num ou noutro sentido?

10. Segundo uma forte corrente da doutrina alemã, as declarações de vontade devem interpretar-se *do ponto de vista do seu destinatário* ([1]). Jurìdicamente decisivo é o sentido que a pessoa à qual a declaração se dirige, em face das circunstâncias que se tornaram acessíveis ao seu conhecimento, podia e devia considerar correspondente à vontade real do declarante. Sempre que esta vontade se tenha tornado para si reconhecível, seja de que modo for, é por ela que o declaratário deve orientar a sua conduta. Doutro

---

([1]) Diferente desta será a teoria que *apenas* proclame a necessidade de se conceder eficácia à vontade real do declarante, não completamente expressa na declaração, quando ela tenha sido reconhecível para a outra parte ou tenha mesmo chegado ao seu conhecimento. Cfr. Fr. LEONHARD, *ob. cit.*, págs. 100 e segs., onde vêm indicados os nomes dos diversos partidários desta doutrina. Alguns deles, contudo, são manifestamente adeptos da «teoria da impressão do destinatário» na sua forma pura (como sabemos, é por este nome que a teoria do texto é conhecida). Assim, por ex., SALEILLES, *Déclar. de volonté*, págs. 220-21 e 231 (ainda que tão-só no domínio das declarações contratuais). Outros, como ENNECCERUS (*Lehrbuch*, I, págs. 540-41), é certo que não afirmam expressamente o princípio de dever constituir o sentido jurídico da declaração aquele que o destinatário pode julgar conforme à vontade do declarante. Mas também o não repudiam: proclamam só — talvez por terem examinado o problema só por este lado — que a vontade interior «reconhecível» deve considerar-se declarada. Estamos, por isso, em crer que esta teoria «da vontade reconhecível», enquanto não coincide com aquela a que no texto nos referimos, é mais uma *possível* teoria do que um ponto de vista realmente sustentado. — No sentido da doutrina do texto se pronunciam claramente, entre outros: MANIGK, *I. u. A.*, pág. 122; v. TUHR, *ob. e vol. cits.*, pág. 539; LEHMANN, *Allgemeiner Teil des B. G. B.*, págs. 204 e segs.; e, sobretudo, R. LEONHARD, *Der Irrtum*, I, págs. 85 e segs., 174 e segs. Vide também WEDEMEYER, *Auslegung und Irrtum*, págs. 19 e 34-35, que parece igualmente aceitar, ao menos para a interpretação das chamadas declarações «receptícias», a teoria da impressão do destinatário.

lado, aquilo que deste ponto de vista puder considerar-se a «vontade declarada» constitui o sentido da declaração em absoluto, uma vez por todas, *erga omnes:* assim como o declaratário, também o declarante tem de consentir que ele valha contra si, contra aquilo que efectivamente pensou ao emitir a declaração litigiosa ([1]).

Todas as circunstâncias «reconhecíveis», todas aquelas que possam esclarecer o destinatário acerca das reais intenções do declarante, do sentido que este realmente quis comunicar à sua declaração, devem, pois, ser tidas em conta pelo intérprete. Além disso, quando se trata de fixar qual é, na hipótese, dos vários admissíveis, o significado prevalente duma determinada expressão (que na realidade pode ser entendida em acepções as mais diversas, conforme, por ex., a norma dos usos e costumes que se tiver em vista), deve recorrer-se precisamente ao mesmo critério: decisivo será o sentido que o destinatário puder considerar o sentido «individual» do declarante ([2]).

([1]) Segundo a modalidade da teoria exposta a que aludimos em nota anterior, só o declarante, não também o destinatário, poderia invocar em seu favor esse sentido: a vontade reconhecível só teria de constituir o conteúdo da declaração quando fosse a vontade «real» do declarante. — Isto basta para mostrar a unilateralidade desnecessária da solução. Se o princípio da relevância da vontade interior reconhecível for efectivamente digno de ser adoptado, não se compreende que o seja só em benefício do declarante. Aceitar doutrina contrária, seria impor ao declaratário a obrigação de procurar reconstituir a real vontade do declarante, sujeitando-o ainda ao risco de não corresponder, no fim de contas, ao «querido» o sentido que ele, no cumprimento estrito dessa obrigação, teve de considerar tal.

([2]) Isto tem particular interesse no caso de serem diversos os usos comerciais ou as regras linguísticas em cada uma das esferas de pessoas, das comunidades de indivíduos a que pertencem declarante e declaratário. No norte do país uma determinada expressão pode ter um significado muito diverso daquele que os naturais do Algarve lhe atribuem.

Quid juris, então, se, tendo sido empregada uma dessas expressões de sentido variável, cada uma das partes a entendeu de harmonia com as regras válidas dentro da sua própria comunidade? A teoria de que estamos tratando é inimiga de tudo quanto seja formular normas gerais, a que depois, nos vários casos, se confie a solução do problema. Em tese geral, só pode dizer-se isto: o juiz deve inquirir como teria uma pessoa *razoável*, conhecedora de tudo quanto foi do conhecimento do declaratário, entendido a declaração litigiosa. O sentido decisivo poderá, assim, coincidir, caso por caso, ora com o

É fácil de descobrir o fundamento desta doutrina. Trata-se, sem dúvida, duma tentativa de conciliar, dentro de ampla medida, os interesses das duas pessoas (das duas partes) cuja esfera jurídica a declaração de vontade afecta. Mas concedem-se particulares atenções à situação do destinatário. *O declarante responde por aquilo que seja a aparência da sua vontade;* e, na determinação desta aparência, atende-se essencialmente ao ponto de vista da outra parte. Contudo, — e é aqui que se reflecte o propósito de não se deixar no esquecimento a situação do declarante — ao declaratário é imposto o dever de penetrar, tanto quanto possível, no pensamento real do autor da declaração (¹).

O declarante responde, portanto, por aquilo que, *aos olhos da outra parte,* constitua a *aparência* da sua vontade. E, se responde por essa aparência, é porque, com efeito, a outra parte não pode captar directamente as suas reais intenções, tão-só lhe sendo possível inferi-las da própria declaração em si e dos mais indícios que sobre elas a possam elucidar. Se, apesar de toda a diligência, ela não acerta a ligar à declaração o sentido querido, é justo que seja protegida na sua legítima confiança. O declarante não conseguiu exprimir a sua vontade em termos suficientemente inteligíveis, nem teve a *sorte* de ser compreendido, embora só por acaso, pelo declaratário: então, que sofra o dano por si próprio ocasionado.

Apesar de constituir, pelo menos na aparência, uma solução equitativa do problema, a teoria da impressão do destinatário não deixou de ser alvo de consideráveis objecções.

---

sentido «objectivo» do declarante, ora com aquele que for tal na esfera de indivíduos de que é membro a outra parte. Em regra, como pensa v. Tuhr (pág. 539, nota 30), o destinatário terá direito a servir-se dos usos comerciais da sua terra, pois lhe é normalmente lícito pensar que o declarante deve ter empregado as palavras no sentido mais acessível à compreensão da pessoa de quem pretende ser entendido. Cfr. R. Leonhard *(ob. cit.,* I, págs. 183-184 nota 1), autor que, mantendo-se na linha característica da teoria da impressão do destinatário (da qual é, porventura, o mais radical e expressivo defensor), formula no entanto a este propósito algumas considerações aparentemente divergentes das que precedem. A divergência, todavia, não deve reflectir-se nos resultados práticos.

(¹) Particularmente impressivo a este respeito é R. Leonhard, *ob. cit.,* I, págs. 181-182.

Foi LEONHARD (¹) quem mais vigorosamente a impugnou. As soluções a que conduz aquela teoria são, para este jurista, tão iníquas à face do declarante como à face do próprio destinatário da declaração. Este é forçado, com efeito, de maneira manifestamente exagerada, a atender a tudo quanto o possa elucidar sobre a real vontade do declarante. Qualquer circunstância, como, por ex., uma informação casualmente recebida dum terceiro, uma conversa tida há bastante tempo com a outra parte ou, até, a simples leitura dum anúncio publicado em gazeta, pode mandar-lhe atribuir à *clara* declaração chegada ao seu conhecimento um sentido diverso do significado normal. Ora, não é justo nem conveniente ser cada um obrigado a deste modo tomar em conta tudo quanto à sua volta aconteça e possa constituir indício da verdadeira intenção do declarante. Só quem se movimenta já no terreno das negociações contratuais deve ser compelido a isso. Por outro lado, se quiser fazer-se especial peso no facto de ter sido por sua culpa que o destinatário se não apercebeu da verdadeira vontade do declarante, deve ponderar-se, entretanto, que uma culpa idêntica, se não até mais grave, é sempre imputável a este mesmo declarante: na realidade, ele deveria ter-se exprimido com maior clareza.

Não parece, contudo, que este primeiro argumento seja capaz de invalidar por si só a teoria a que nos estamos referindo. Nas considerações de LEONHARD há evidente exagero. Se a declaração é, em si mesma, perfeitamente clara, se nas negociações pré-contratuais nada houve que chamasse a atenção do destinatário para uma vontade do declarante diferente daquela que parece ali manifestada, é claro que uma simples informação dada por um terceiro ou mesmo uma manifestação acessória da vontade daquele, casualmente chegada ao seu conhecimento, não constitui, em regra, base suficiente para propor à outra parte o afastamento do significado «objectivo» (no sentido de LEONHARD) da declaração recebida. Ao declaratário não se impõe senão o dever de proceder como procederia uma pessoa normal, como é regra da vida. E todo o indivíduo razoável, que tem casualmente notícia dos usos linguísticos particulares de certa pessoa e recebe dela uma declaração de vontade contratual, atribuirá,

---

(¹) FRANZ LEONHARD, *Arch.*, 120, págs. 117 e segs.

sem dúvida, a essa declaração o sentido que resultar da aplicação daquelas normas individuais.

Ora, a legitimidade desta interpretação é certamente negada na teoria de LEOHNARD ([1]), onde o que decide sempre é o sentido puramente objectivo das declarações. Se *A* compra a *B* uma pequena quantidade de carvão, cujo preço é insignificante, e o avisa ao mesmo tempo por escrito de que pretende que ele, *B*, lhe envie a mercadoria «em grande velocidade» ([2]), o vendedor, em face da circunstância conhecida de importar o transporte do carvão «em grande velocidade» numa quantia muito superior ao seu preço, deverá entender a expressão «grande velocidade» no sentido de «a toda a pressa», «o mais ràpidamente possível, *dentro do razoável*»; não lhe atribuindo, portanto, o significado conforme aos usos gerais do comércio. Na verdade, *B* deve pensar que foi naquele sentido que o comprador empregou as expressões duvidosas; pois é regra serem as pessoas com quem entramos em relações pessoas normais, razoáveis, não sendo, portanto, lícito esperar delas um procedimento absurdo.

Entendida em termos equilibrados, a teoria da impressão do destinatário não deve, pois, conduzir aos resultados injustos que LEONHARD receia.

Mais impressionante é a objecção pela qual se põe em evidência o facto de também o declarante, além do declaratário, ter incorrido em culpa: por haver empregado expressões objectivamente incapazes de reflectirem a sua vontade. E, se pode falar-se duma culpa de

---

([1]) Salvo, é claro, no caso de ser lícito dizer-se que o declaratário adquiriu conhecimento da real vontade do declarante. Mas na hipótese do texto pressupomos justamente que o destinatário da declaração foi *por negligência, por esquecimento* que não aplicou, na interpretação dela, os usos linguísticos particulares do declarante, de que antes tivera notícia. V. *Arch. f. civ. Praxis*, 120, págs. 117 e segs. E o que vale para a teoria de LEONHARD vale também para toda a teoria objectivista. TITZE, por ex., é bem elucidativo a este respeito: *ob. cit.*, págs. 94, 105 e segs. V. *supra*, págs. 175 e segs.

([2]) Exemplo citado em TITZE, *Missverständniss*, pág. 93. Este autor, contudo, decide-se em sentido contrário ao sugerido no texto, por faltarem na hipótese entre os contraentes «particulares relações», que proponham para a expressão litigiosa um significado diferente do normal.

ambas as partes, por que há-de só a do destinatário ter efeitos prejudiciais para ele?

Certo, o declarante, nos casos que aqui podem interessar, terá, as mais das vezes, violado o seu dever de se exprimir tão clara e correctamente quanto possível. Mas é preciso não esquecer que, na teoria de que nos ocupamos, a declaração vale com o sentido que se impuser ao seu destinatário. Este pode invocar em seu favor, como sabemos, o sentido de que lhe foi possível considerar a declaração portadora, quer esse sentido corresponda ou não às representações do declarante. A obrigação de, em todo o caso, atender àquilo que sobre o real ponto de vista deste último o possa elucidar, não é, assim, senão a contrapartida daquele direito: o direito de fundar a sua confiança na aparência objectiva (objectiva *para si*) da vontade do autor da declaração. Quer dizer: o destinatário, ao interpretar a declaração recebida do seu próprio ponto de vista, sujeita-se ao risco de não proceder como *pessoa razoável*. Também o declarante não procedeu como tal? Admitamo-lo. Mas, e nos casos em que o declaratário actua como pessoa razoável e por isso troca o sentido objectivo da declaração por um significado que lhe parece mais conforme com as presumidas intenções do declarante?

Não deve, além disso, esquecer-se não ser necessàriamente por sua culpa que o declarante atribui à declaração emitida um sentido diverso daquele que possa corresponder ao significado «mais apreensível» (para a outra parte) das expressões empregadas. O habitante duma terra, onde o «almude» é tão-sòmente medida de 20 litros, não pode de certo suspeitar — salvo intervindo especiais circunstâncias — que o destinatário da sua proposta de contrato irá entender a palavra «almude», de harmonia com os usos da sua própria região, no sentido de «medida de 40 litros». E, se conseguir demonstrar-se que o destinatário podia ter conhecido o sentido ligado pelo declarante à sua declaração, — não será lícito falar aqui duma concorrência de «culpas».

Mas onde a teoria da impressão do destinatário se revela fonte de particulares iniquidades — pensa LEONHARD — é quando olhada do ponto de vista do declarante. Este deve poder confiar em que a sua declaração irá valer com o seu alcance objectivo. Se o destinatário, em virtude de circunstâncias que lhe são particulares, julga a declaração portadora dum sentido diferente deste, — não pode obrigar-se o declarante, que porventura emitiu uma declaração objectivamente clara, a responder por isso.

Mas, até no caso de haver harmonia entre aquilo que o declarante pensou e aquilo que a outra parte devia ter pensado, por corresponder visìvelmente à vontade daquele, acerca da declaração litigiosa, até mesmo nesse caso pode levar a resultados indesejáveis a doutrina combatida. Se o declarante quis exprimir *a* mas exprimiu, por lapso, *b* e a outra parte, entendendo *b,* podia no entanto ter-se apercebido da verdadeira intenção do primeiro, — não se admite que ela venha agora invocar em seu favor o sentido *a* (não expresso), contra os actuais desejos e interesses daquele.

Com efeito, *B* (o declarante), que prometeu a *C* arrendar-lhe o 2.º andar da sua casa, querendo referir-se ao terceiro, pode ter descoberto logo depois o erro sofrido e deliberado, apesar disso, manter a sua palavra, nessa conformidade fazendo imediatamente naquele 2.º andar, embora com enorme sacrifício, as reparações necessárias. E deve agora conceder-se a *C* o direito de exigir que lhe seja prestado o 3.º andar da casa de *B* ou uma equivalente indemnização pecuniária, se acontece já ter o proprietário alugado este andar a outra pessoa?

É preciso aceitar haver nestas críticas um forte núcleo de verdade. Elas são procedentes enquanto exprimem a ideia de não ser justo que o declarante tenha de responder por um sentido *com o qual não podia contar, que para ele não podia constituir o sentido objectivo da sua declaração.* Se o destinatário, embora procedendo de boa-fé e com toda a diligência exigível, atribui à declaração recebida um sentido totalmente inesperado do ponto de vista do declarante, um sentido de que este não poderia considerar portadora a sua promessa ([1]), — é realmente chocante obrigar-se o promitente a

---

([1]) Isto pode acontecer quando na proposta de contrato se utilizam expressões cujo significado diverge totalmente de região para região do país. V. exemplo de pág. anterior. Ou imagine-se que na terra do declarante se quer habitualmente aludir ao «1.º andar» quando se fala de «rés-do-chão», e que na terra do declaratário esta expressão tem o sentido de «andar térreo». Se nenhuma das partes tem notícia dos usos linguísticos que vigoram na esfera de pessoas a que pertence a outra, o sentido atribuído pelo destinatário à proposta de arrendamento recebida será totalmente diverso daquele com o

responder por este conteúdo, não previsto nem previsível, da declaração de vontade. Se a ideia da responsabilidade pelo conteúdo aparente da promessa for levada até ao extremo de abranger estes casos, será com uma responsabilidade puramente objectiva que nos encontraremos aqui. E esta conclusão parece-nos muito pouco satisfatória.

As teorias que recusam atender às concretas possibilidades de compreensão das partes propõem-se justamente — é certo —, como escopo fundamental, evitar que o declarante precise de responder por um sentido que, não obstante ser em concreto aquele que o dclaratário podia considerar querido, fosse todavia para ele imprevisível. Mas evitam esse inconveniente — como sabemos — atribuindo sempre prevalência ao significado «objectivo» da declaração. E é manifesto que poderá ser tão injusto, caso por caso, tornar o declarante responsável por este significado objectivo, como pelo sentido que o declaratário teve de julgar querido ([1]).

Se a teoria da impressão do destinatário nos não oferece, pois, soluções de todo equitativas para o problema da determinação do sentido jurìdicamente decisivo das declarações de vontade, não é tão-pouco a uma teoria puramente objectivista que poderemos ir colhê-las.

---

qual legìtimamente contava o declarante. — A mesma situação pode verificar-se no caso de haver convergência entre a vontade do declarante e o sentido «objectivo» único da declaração. Se o destinatário, em face das circunstâncias conhecidas, conclui que é outra, não a expressa, a vontade do declarante, e se essa conclusão era a que poderia tirar qualquer pessoa razoável que operasse no lugar dele, — também não haverá harmonia entre os sentidos que as duas partes podiam atribuir à declaração emitida.

([1]) Pense-se nos casos (v. nota anterior) em que o significado da declaração é um, à face dos usos da terra do declarante e outro, à face dos usos da terra do destinatário. Se o «lugar da relação de obrigação» (que é em regra o lugar do cumprimento) não coincide com nenhum daqueles e se aí vigoram diversas normas dos usos e costumes, — o sentido decisivo da declaração de vontade poderá vir a surpreender totalmente a expectativa do declarante, que por hipótese desconhecia em absoluto, sem culpa, aquelas normas. (Como é sabido, os usos comerciais aplicáveis são, na doutrina de F. LEONHARD, os do «lugar da relação de obrigação». V. *supra*, pág. 181).

11. A consideração de não ter a teoria da impressão do destinatário na devida conta o ponto de vista legítimo do declarante, determinou o aparecimento duma nova doutrina que, em vez de operar com a hipótese dum *declaratário razoável,* como a antecedente, atribui fundamentalmente o poder de decidir ao sentido da declaração que for o objectivo para o seu autor. É a doutrina de LARENZ ([1]).

Segundo este jurista, a declaração de vontade vale, antes de mais nada, com o sentido que ela realmente tem para os interessados. Se, portanto, ambos lhe atribuem o mesmo sentido, este será o sentido *jurídico* da declaração ([2]). Quando, ao invés, declarante e destinatário a tenham entendido diferentemente, o problema de qual seja o seu significado decisivo, dos vários possíveis, deve solucionar-se partindo do princípio de que a lei obriga o declarante a responder pelo sentido objectivo da sua declaração de vontade. Esta ideia é a que resulta, em verdade, do facto de causar apenas a nulidade relativa do negócio, segundo a lei, o erro que importar desarmonia entre a vontade e o conteúdo da declaração.

Mas o sentido objectivo duma expressão é aquele que essa expressão reveste dentro duma esfera mais ou menos estreita de pessoas. E como declarante e declaratário podem pertencer a esferas diferentes, o significado *objectivo* da declaração de vontade é possível que varie, consoante a olharmos do ponto de vista do primeiro ou do segundo ([3]). Trata-se, por isso, de saber qual é, dentre estes possíveis sentidos, aquele por que o declarante responde, aquele que determina o conteúdo da declaração.

Ora, segundo LARENZ (pág. 72), esta responsabilidade do declarante encontra o seu fundamento na ideia de que deve julgar-se jurìdicamente decisivo aquele dos possíveis significados da declaração que lhe for *imputável.* E é imputável ao declarante o sentido que for para ele o *objectivo,* que ele próprio podia atribuir às suas palavras, tomando em conta as possibilidades de compreensão da outra parte.

([1]) *Ob. cit.,* págs. 70 e segs.
([2]) Págs. 77-79.
([3]) Como se vê, trata-se da ideia que já por mais duma vez exprimimos.

Esta doutrina tem o mérito de chamar a atenção dos juristas, como já se disse, para a circunstância de não ser justo atribuir à declaração de vontade um sentido com o qual o declarante não podia nem devia contar. Se o declarante tem todas as razões para julgar que à sua declaração vai ser atribuído o significado querido ([1]), fazê-lo responder por um sentido diverso é a todas as luzes solução que não toma na devida conta os seus respeitabilíssimos interesses. Bem sabemos não ser a posição da outra parte menos digna de atenções, se não é mesmo que o não seja mais: pois, em princípio, é sempre mais fácil a quem *declara* escolher expressões que, aos olhos da outra parte, traduzam fielmente a sua vontade, do que a esta outra parte captar as reais intenções do declarante. Mas o reconhecimento desta ideia lá está na obrigação do declarante de responder por *um* sentido objectivo da declaração emitida. De resto, nos casos em que pode ter interesse o operar-se com o ponto de vista duma ou doutra das partes, supõe-se justamente que ao declarante não era *fácil* nem *possível* prever o sentido que o destinatário veio a ligar às suas palavras.

Além disso, a situação de quem em geral sofre um dano permanece a mesma, quer tenha quer não tenha procedido culposamente o seu causador. Todavia, e salvo casos excepcionais, a culpa é pressuposto de toda a responsabilidade civil no direito moderno. Ora, do que se trata no nosso caso é precisamente dum problema de responsabilidade.

E as considerações de equidade a que aludimos assumem um relevo tanto maior quanto mais severos forem os requisitos a que este ou aquele sistema jurídico subordinar a influência do erro no conteúdo. Na verdade, se a injustiça da solução há pouco repudiada ainda pode atenuá-la um preceito que conceda ao enganado, sem restrições substanciais, a faculdade de invocar o seu erro dentro de certo prazo, para se libertar, assim, de efeitos jurídicos não queridos, — deve recordar-se que um preceito dessa índole falta na lei portuguesa. Entre nós, são estreitas as condições sob as quais um erro acerca do sentido da declaração de vontade pode ter influência jurídica (art. 661.º). Como já sabemos e dentro em pouco veremos ainda melhor, representam quantidade insignificante os casos em que

---

[1] Cfr. ex. de pág. 193.

ao contraente enganado, feito responsável por uma declaração de conteúdo diferente do querido, resta ainda o recurso de a impugnar, dentro do prazo legal, ou de opor ao outro contraente o vício subjectivo da convenção a todo o tempo em que lhe seja pedido o cumprimento dela. E há-de, nestes termos, obrigar-se o autor duma declaração de vontade a responder por um sentido que ele não quis, não previu nem tinha obrigação de prever lhe seria imputado pelo destinatário?

Certo, os resultados a que leva a doutrina, cuja iniquidade foi particularmente posta em evidência por LARENZ, não contêm nada de pràticamente chocante no domínio das declarações contratuais. Voltando a uma das hipóteses referidas em nota 1 de pág. 194, deve notar-se que a consequência lógica de se empregar aí a teoria da impressão do destinatário, para se fixar o sentido jurídico da proposta de arrendamento do rés-do-chão da casa de *B*, é ser o contrato nulo.

Com efeito, assim como o aceitante só pôde entender a proposta recebida como se ela aludisse, pela vontade do seu autor, ao arrendamento do «andar térreo» da sua casa, assim também o proponente só teve razões para atribuir à aceitação da sua oferta o sentido que de facto lhe atribuiu: aceitação da proposta de arrendamento do 1.º andar da casa de *B,* não do andar térreo ([1]). Logo, as duas declarações contratuais, em lugar de convergirem, divergem absolutamente uma da outra a respeito dum ponto sobre o qual é indispensável o acordo: o objecto do contrato. A convenção não poderá deixar de ser nula ([2]). Mas se é nula, nenhum dano vem a resultar, no fim de contas, para o proponente do facto de à sua proposta ter sido ligado um sentido com o qual ele nem sequer podia contar. Todo o prejuízo que ele sofra onde tem a sua causa é, antes, na circunstância de se não ter aperfeiçoado um contrato de conteúdo conforme à sua vontade. Onde está, então, a injustiça de que falávamos tanto? Aqui, realmente, não se descobre ([3]).

([1]) Estamos a supor, claro, que o contexto da resposta do aceitante é só este: «Combinado: aceito a sua proposta. Faça a mudança quando lhe parecer».

([2]) Cfr. *infra*.

([3]) E essa iniquidade sobressai tanto menos — é preciso reconhecê-lo — quanto nem sequer a doutrina professada por LARENZ pode conduzir aqui a

Pondere-se, contudo, que os princípios válidos para a interpretação de cada uma das declarações contratuais hão-de valer também no domínio das declarações unilaterais de vontade, salvo onde uma expressa disposição da lei ou a própria natureza do negócio jurídico impuserem solução diferente ([1]). Suponhamos, então, que *B*, inquilino de duas casas de *C*, informa este por escrito, nos termos da lei (e do contrato firmado), de que não quer continuar o arrendamento do seu «rés-do-chão». *C*, que não vive nem viveu nunca na terra da situação dos prédios arrendados, que só há pouco se tornou mesmo proprietário deles, ignora que aí se entende por «rés-do-chão» o primeiro andar. E como na localidade onde reside o significado comum daquela expressão é o de «andar térreo», e como, por outro lado, *B* lhe traz de renda um primeiro andar e um andar térreo de prédios diferentes, — atribui à declaração do inquilino o único sentido que para ele é acessível, e celebra logo com *D* novo contrato de arrendamento do «andar térreo» da sua casa tal de X... Por sua vez, *B*, justamente convencido de que o senhorio não deixaria de entender correctamente a sua declaração, já sublocou entretanto a *E* esse mesmo andar térreo: aquele cujo arrendamento quer continuar.

Atribuir aqui à declaração de *B* o significado que o seu destinatário nela tinha de considerar implícito, é forçar o declarante a responder definitivamente por um sentido que para ele não valeu nem podia valer como o objectivo, como o sentido jurídico da sua declaração.

Já se vê, pois, que tem real interesse o saber se à interpretação das declarações de vontade deve atribuir-se o escopo de fixar o significado delas que à face do seu destinatário for o objectivo.

12. E então? Se não é admissível operar-se exclusivamente com a hipótese dum *terceiro razoável* (doutrinas objectivistas puras) e se a teoria da impressão do destinatário também não conduz a

---

soluções diversas das apontadas. Repare-se: se a declaração do proponente deve valer, por esta doutrina, com o sentido que for o objectivo *do ponto de vista do seu autor* (rés-do-chão *igual a* primeiro andar), também o sentido da aceitação tem de determinar-se em obediência ao mesmo critério (rés-do-chão *igual a* andar térreo). Logo, o contrato será nulo.
([1]) Como acontece com os testamentos.

resultados de todo aceitáveis, deverá adoptar-se o ponto de vista de LARENZ? Deverá, isto é, imputar-se à declaração o sentido que uma pessoa razoável, colocada na situação *concreta* que foi a do declarante, lhe teria naturalmente atribuído?

Força é reconhecer que tão-pouco esta teoria representa uma solução inteiramente satisfatória do problema. Assim como a doutrina da impressão do destinatário conduzia a resultados indesejáveis à face do declarante, assim a doutrina de LARENZ possibilita soluções injustas à face da pessoa que recebe a declaração.

Por ela o declaratário tem de suportar que a declaração recebida valha com um sentido diverso do que ele próprio lhe podia e devia atribuir. Ora, se esta consequência é pura injustiça quando imposta ao declarante, não se vê que o seja menos quando imposta ao declaratário. E se nenhuma razão pode justificar que se conceda prevalência ao ponto de vista duma das duas partes — ambos são, de facto, inteiramente legítimos —, a única solução razoável será concluir pela impossibilidade de se determinar, nestes casos, o sentido decisivo da declaração. E uma declaração de vontade, cujo sentido jurídico não pode fixar-se em virtude da sua ambiguidade insanável, é certamente nula.

Dentro duma doutrina que queira atender às concretas possibilidades de compreensão das duas partes, que pretenda ver atribuído às declarações de vontade, tanto quanto possível, o sentido com o qual uma e outra podiam e deviam contar, a única maneira de se ficar coerente com a ideia donde se procede, é reconhecer que se não pode preferir o ponto de vista exclusivo duma delas, em caso de conflito ([1]); é admitir que o ter a declaração um sentido *objectivo* diverso para cada um dos interessados, equivale a ter ela duas significações, dois conteúdos igualmente possíveis e igualmente legítimos, a ser, portanto, uma declaração «ambígua».

13. As declarações de vontade valem, pois, com o sentido que for o objectivo para as duas partes. Se o sentido que o declaratário

---

([1]) Em caso de conflito — entenda-se — entre os pontos de vista donde declarante e declaratário *podiam* e *deviam* considerar a declaração para lhe atribuir um sentido.

podia e devia imputar à declaração recebida (por ser aparentemente conforme às reais intenções do autor desta) coincidir com aquele que o declarante do mesmo modo podia e devia julgar acessível à compreensão da outra parte, — será esse o sentido jurídico da declaração de vontade ([1]). Se falta aquela coincidência, a declaração deverá considerar-se nula.

A mesma ideia pode exprimir-se dizendo-se que o intérprete deve procurar, em princípio, aquele dos possíveis significados da declaração que tenha sido acessível à compreensão do seu destinatário, que este podia julgar correspondente à vontade real do declarante; mas que o sentido assim encontrado só poderá ser definitivamente atribuído à declaração litigiosa, na medida em que o próprio declarante também devia contar com ele. Noutros termos: o declarante responde pelo sentido que a outra parte puder atribuir à sua declaração, enquanto esse seja o sentido que ele próprio devia considerar acessível à compreensão dela ([2]). Ultrapassados que sejam estes limites, toda a responsabilidade do declarante cessa; e a declaração de vontade, será, portanto, nula.

14. Em princípio, o sentido jurídico das declarações de vontade é, assim, aquele que o declaratário puder considerar querido pelo declarante. Mas, *quid juris* se o declaratário atribuiu realmente à declaração o alcance desejado pelo seu autor, sem, contudo, esse alcance ser aquele que, em face das circunstâncias, lhe podia e devia atribuir?

Esta hipótese pode apresentar-se sob um duplo aspecto. Com efeito, ou se trata dum acordo *puramente casual* dos contraentes quanto ao sentido da declaração, ou de ter o destinatário reconhecido, na expressão falsa ou ambígua, a real vontade do declarante e nela fundado a sua confiança.

Esta última situação não carece de esclarecimentos. Quanto ao acordo casual, ele pode apresentar-se como consequência dum erro

---

([1]) Cfr. *supra*, págs. 185-86.
([2]) No que diz respeito à determinação do sentido que o declaratário pode e deve considerar decisivo, são de aplicar as regras que acima verificámos serem propostas pela «teoria da impressão do destinatário». V. págs. 188 e segs.

de *interpretação* ou dum *lapso,* sofrido pelo declarante ao falar ou ao escrever, combinado com um erro de *percepção* ([1]) ou de *interpretação* ([2]) do declaratário, ou ser possibilitado por um *idêntico* erro de interpretação cometido por ambas as partes. Imagine-se, por ex., que tanto o senhorio como o inquilino, ao falarem do «rés-do-chão» do prédio n.º 15, tinham realmente em vista o 1.º andar, só por erro quanto ao sentido dela havendo recorrido àquela expressão ([3]). Qual será, aqui, o sentido decisivo das declarações contratuais?

Indubitàvelmente, o sentido querido. Toda a solução diferente desta seria, por certo, contrária aos interesses das duas partes. Se o declaratário atribuiu à declaração o mesmo sentido do declarante, o seu interessse *normal* é que a declaração valha com esse sentido. Quanto ao declarante, é evidente que a solução mais capaz, em geral, de o beneficar seria aquela que atribuísse sempre prevalência ao seu real ponto de vista.

Certo, é perfeitamente concebível uma hipótse de acordo casual em que a solução afirmada contrarie os interesses duma das partes. *B,* que declarou arrendar a *C* o «rés-do-chão» da sua casa, querendo ìntimamente referir-se ao 1.º andar, pode determinar-se ([4]), logo em seguida à descoberta do erro sofrido, a manter de pé a sua palavra (que julga ter sido tomada à letra pela outra parte), nessa

---

([1]) Ex.: Em vez de escrever ou dizer 100, como quero, escrevo ou digo 1000; em vez de perceber 1000, como deve, a outra parte (sem, aliás, notar o meu erro) entende 100.

([2]) Ex.: Escrevo «juros legais» no doc. comprovativo do empréstimo acabado de celebrar, querendo escrever «juro de 8%»; mas o devedor atribui, por erro, à expressão «juro legal» aquele mesmo sentido que eu objectivamente não consegui exprimir.

([3]) Pode acontecer que, durante as negociações contratuais, as partes se tenham entendido claramente acerca do objecto do contrato a celebrar; e que só no momento de reduzirem a escrito o seu acordo aludam por erro ao «rés-do-chão» do prédio n.º 15. Assim conformado, o caso é de solução intuitiva. Mas pode suceder também que a referência a um objecto diferente do querido se tenha verificado logo desde o início das negociações. É esta última hipótese a que temos sobretudo em vista no texto.

([4]) Por uma razão ou por outra: a fim de evitar iludir a legítima confiança da outra parte (com sacrifício pessoal, portanto), ou apenas por ter posteriormente verificado que o arrendamento do «rés-do-chão» lhe é muito mais conveniente.

conformidade realizando imediatamente todas as medidas necessárias. Se agora se reconhecer a *C* o direito de invocar em juízo o sentido que ambos casualmente ligaram ao contrato firmado, *B* pode sofrer com isso graves prejuízos.

Isto é seguramente incontestável. Mas daqui até aceitar, com LEONHARD [1], que a solução de se atribuir eficácia ao acordo casual (não expresso) das partes conduz *em regra* a resultados iníquos, vai uma grande distância. É aos olhos de todos manifesto que o interesse normal de cada um dos contraentes reclama, antes de mais nada, um atribuir-se tanto quanto possível à declaração de vontade litigiosa o sentido que ele próprio lhe atribuiu, ao emiti-la ou ao tomar dela conhecimento [2]. O que sucede é não poder satisfazer-se incondicionadamente essa reclamação, por não o permitirem as considerações devidas aos interesses legítimos da outra parte.

Em caso de acordo casual, a solução mais satisfatória, do ponto de vista do interesse *típico* das partes, consiste, pois, em considerar decisivo o sentido que foi querido por ambas. O mesmo pode, decerto, dizer-se quando o acordo casual dos contraentes não se reflecte na declaração, por esta ser objectivamente ambígua ou obscura. Não há nenhum motivo para esta declaração em si mesma ambígua ser nula [3]. Idêntica doutrina deve afirmar-se quando o declaratário, por ter conhecimento do significado atribuído pelo declarante à sua declaração, a toma também nesse sentido.

Estas soluções são necessárias. Como harmonizá-las, todavia,

---

[1] LEONHARD, *Arch.*, 120, págs. 107 e segs.

[2] Por isso se justifica também a solução que é ditada pela teoria da impressão do destinatário para o caso (imaginado por LEONHARD com o fim de a demolir) que a pág. 194 referimos. Trata-se — diga-se ainda mais claramente — de encontrar uma solução que convenha à grande massa dos casos, à situação *típica* dos interesses das partes; não tenho de importar que ela se mostre injusta quando isoladamente aplicada a uma ou outra hipótese concreta.

[3] No sentido do texto se pronuncia a quase totalidade dos autores. Cfr., entre outros: R. LEONHARD, *Irrtum*, I, págs. 171, 187 e segs.; WEDEMEYER, *Auslegung und Irrtum*, pág. 18, nota 2; ENNECCERUS, *Lehrbuch*, I, pág. 539, nota 11; v. TUHR, *ob. e vol. cits.*, 540-41; LARENZ, *ob. cit.*, págs. 78-80; LEHMANN, *Allg. Teil*, pág. 205. Cfr. também DANZ, *Interpretación*, págs. 84-85.

com a doutrina que pudemos considerar exacta em matéria de interpretação do negócio jurídico? De facto, parece haver contradição entre afirmar que as declarações de vontade valem com o sentido que para ambas as partes for o objectivo, e reconhecer depois que um significado diferente deste (um significado subjectivo) tem às vezes o poder de decidir.

Na realidade, a contradição é tão-só aparente. A doutrina que julga decisivo o sentido que ao declaratário podia e devia aparecer como querido, contém já, em si mesma, o princípio de que é decisivo, antes de mais nada, o sentido «querido» que o declaratário entendeu como tal. Se o sentido imputado pelo declarante à sua declaração é válido quando a outra parte o podia conhecer, válido há-de ser também, lògicamente, quando a outra parte de facto o conheceu. Atender às concretas possibilidades de compreensão do declaratário seria um contra-senso, se a sua efectiva compreensão (casual ou não casual) não tivesse de ser considerada.

Por outro lado, o afirmar que o declarante responde por aquele dos possíveis sentidos da sua declaração que ele *podia* julgar acessível à compreensão da outra parte ([1]), tem já implícita em si a ideia de ser o objecto da sua responsabilidade representado, antes de mais nada, pelo sentido que ele *julgou* e que realmente *foi acessível* à compreensão desta.

Não se trata, portanto, de formular uma doutrina a que depois, em certo domínio, se recuse validade, seguindo-se caminho que não proceda do mesmo princípio que lhe constitui a base. Esta censura só poderia ser dirigida a quem, afirmando-se partidário dum método *puramente* objectivista de interpretação, não hesitasse, contudo, em reconhecer prevalência ao sentido «subjectivo» das declarações de vontade, em caso de acordo casual dos interessados ([2]). No nosso caso, todavia, a mesma ideia de que é essencial para a interpretação das declarações o atender às possibilidades de compreensão das partes, pressupõe já ser essencial também o atender ao efectivo conhe-

---

([1]) Contanto, é claro, esta outra parte pudesse entender nesse sentido a declaração recebida.

([2]) Em contradição tão chocante não incorrem todavia, como sabemos, os autores que se pronunciam por uma doutrina objectiva pura. Cfr. o que acima escrevemos acerca das teorias de TITZE e F. LEONHARD.

cimento que uma delas tenha adquirido dos reais pensamentos da outra.

Além das soluções indicadas acima, daqui também resulta ser decisivo o sentido querido que a outra parte entendeu como tal, mesmo que, por qualquer razão, ela tenha continuado a considerar a declaração recebida portadora dum sentido «jurídico» diverso ([1]). Como já noutro lugar o demonstrámos (supra, págs. 177 e segs.), esta solução é justa e necessária.

15. Se agora quisermos concentrar numa fórmula os resultados a que puderam conduzir as investigações precedentes sobre a teoria da interpretação do negócio jurídico, podemos dizer, seguindo muito de perto LARENZ ([2]), o seguinte: As declarações de vontade valem, antes de mais nada, com o sentido que lhes é atribuído pelas artes. Se declarante e declaratário entendem a declaração em sentidos diversos, decisivo é aquele que este último podia julgar conforme às reais intenções do primeiro. Mas a declaração será nula, por impossibilidade de se lhe atribuir um sentido prevalente, quando o significado que devia ser o decisivo não for aquele que o declarante tinha o dever de considerar acessível à compreensão da outra parte ([3]).

16. Trata-se agora de saber se esta doutrina da interpretação do negócio jurídico que verificámos ser a preferível, se harmoniza realmente com as disposições da nossa lei civil. O problema resolve-se com duas palavras.

Foi-nos possível concluir noutro lugar (supra, § 1.º, cap. I, págs. 68 e segs.) que o preceito do art. 684.º do código, pelo seu

---

[1] Não se trata, portanto, da hipótese a que aludimos em pág. 201.
[2] LARENZ, ob. cit., pág. 80.
[3] Não é preciso acentuar que esta mesma consequência — a nulidade absoluta — deve ser afirmada, sempre que a declaração não desprender de si um sentido claro e unívoco e não for possível suprir essa obscuridade objectiva pelo recurso a uma intenção comum dos contraentes. Nesse sentido v., para o nosso direito, o art. 684.º do cód. civil, que se supõe — é claro — já interpretado de harmonia com a doutrina preferida em tese geral. — Mas se a obscuridade da declaração não recair sobre um ponto *essencial* dela, o negócio jurídico será válido, devendo o juiz resolver a dificuldade por aplicação do art. 685.º.

teor verbal, não impõe ao intérprete a obrigação de reputar nele consagrado um método de interpretação dos negócios jurídicos de preferência a outro. Se fizermos, todavia, intervir o elemento sistemático, teremos de concluir logo que o art. 684.º não pode mandar entender as declarações jurídicas de harmonia com a vontade psicológica do seu autor. Com efeito, o método subjectivista é inconciliável — repita-se — com a influência que o art. 661.º atribui ao erro sobre o conteúdo da declaração.

O sentido «jurídico» das declarações de vontade só pode ser, por isso, um sentido objectivo. Quando o art. 684.º ordena ao juiz que proceda à *voluntatis quaestio,* não pode tratar-se senão de procurar aquela vontade que «uma certa parte das circunstâncias apreciáveis» (além da natureza e dos termos do contrato, etc.) revelar.

E qual o critério a que o intérprete deve cingir-se, ao tentar a referida delimitação do «material» sobre que há-de formular os seus juízos ([¹])? Sem dúvida, o critério que puder conduzir a resultados mais justos, além de mais harmónicos com a ideia geral que informa o sistema de normas relativas ao problema das relações entre a vontade e a declaração: a ideia de que é preciso proteger, tanto quanto possível, a legítima confiança firmada pelo declaratário na aparência criada pelo declarante. Ora, a melhor solução, deste ponto de vista (a solução, até, que mais acentuadamente atende aos interesses das duas partes), é a proposta pela teoria da impressão do destinatário, com a substancial restrição que para ela nas páginas anteriores preconizámos.

Entenda-se, pois, que o art. 684.º não manda reconstituir a pura vontade psicológica do declarante (de cada um dos contraentes), senão procurar aquilo que aos olhos da outra parte podia e devia aparecer (ou efectivamente apareceu) como a imagem dessa vontade.

17. À face da lei portuguesa vale, por conseguinte, o princípio de que o declarante responde por aquele dos possíveis sentidos da sua declaração que para o declaratário for o objectivo. Resta agora apu-

---

([¹]) Como sabemos, o critério que a este respeito for o preferido deverá também servir-nos de guia no problema de saber quais são as regras gerais dos usos e costumes (ou da linguagem) a que deve atender-se para fixar o sentido das declarações.

rar se esta responsabilidade do declarante deve julgar-se condicionada ao facto de o declaratário ter entendido realmente a declaração recebida no sentido que lhe podia e devia atribuir.

O problema é de solução intuitiva se existe harmonia entre o conteúdo da declaração (fixado em conformidade com as regras conhecidas) e a vontade do seu autor. Considerar nula a declaração neste caso todas as vezes que a outra parte, por erro, lhe tivesse atribuído um alcance diferente do objectivo, seria afirmar o princípio de que as declarações de vontade nunca podem valer senão com o sentido que lhes imputou o seu destinatário. E este princípio seria manifestamente injusto, à face dos legítimos interesses do declarante. Assim como este tem de suportar que a declaração emitida valha, por vezes, com um conteúdo diverso do querido, assim também a outra parte deve sofrer as consequências do erro *indesculpável* que cometeu ao interpretá-la.

Onde as dificuldades aparecem, é quando à desarmonia entre o sentido objectivo da declaração e aquele de que a outra parte a julgou erradamente portadora, acresce uma divergência ou desacordo entre aquele primeiro significado e a vontade do declarante. — *A*, querendo oferecer a *B* a venda do objecto *m*, refere-se na sua proposta ao objecto *n*; *B* julga que lhe foi oferecido o objecto *p*. Deverá a proposta ser válida com o conteúdo *n* (desde que o não pode ser nem com o conteúdo *m* nem com o conteúdo *p*)? Ou deverá julgar-se nula, por cessar aqui a responsabilidade do declarante pelo alcance objectivo do declarado?

Em favor da última solução [1] pode dizer-se logo que esta obrigação de responder pelo sentido objectivo da declaração de vontade

---

[1] São representantes deste ponto de vista, entre outros: JACOBI, *Th. der We.*, págs. 38-39, e HÖLDER, *Auslegung*, pág. 70 *(apud* TITZE, pág. 337, nota 3). O ponto de vista contrário é sustentado por TITZE, *Missverständniss*, págs. 333 e segs., e LEONHARD, cit. tomo do *Arch. f. civ. Pr.*, pág. 111. Quanto a este último autor, devemos, no entanto, frisar não ser bem explícito o passo em que ele aparentemente se refere ao problema de que nos ocupamos. Porventura, trata-se aí apenas ainda duma referência à hipótese cujo exame constitui o objecto do capítulo onde aquele passo vem inserido. Mas, de qualquer modo, a solução da validade do negócio no nosso caso é irresistìvelmente pedida pelas premissas donde arranca a teoria de LEONHARD.

é claramente imposta ao declarante para fins de protecção dos legítimos interesses da outra parte, da legítima confiança por ela firmada no conteúdo aparente da promessa recebida; e que, não tendo o declaratário concebido as expectativas que podia e devia conceber, falta toda a razão para se impor ao declarante aquela responsabilidade (¹).

Não pode pôr-se em dúvida a exactidão da premissa contida na primeira parte deste raciocínio; mas entre ela e a conclusão sugerida não existe a necessária coerência. A ideia da responsabilidade do declarante pelo sentido objectivo da sua declaração, justifica-a realmente a necessidade de se conceder protecção razoável aos interesses do declaratário. Mas ninguém pode concluir daqui que toda a responsabilidade haja necessàriamente de cessar, quando não exista uma real confiança a proteger. Se supusermos um sistema jurídico que expressamente preveja o caso agora em exame, prescrevendo a manutenção nele da responsabilidade do declarante, não será lícito pensar serem os fins, a que nesse sistema jurídico se dirige a imposição desta responsabilidade, diversos dos que em geral a justificam. Com efeito, o mesmo escopo pode ser visado de diferentes maneiras, todas porventura adequadas.

Nós operamos, todavia, com base num sistema legal onde está consagrada a doutrina de ser o sentido objectivo, pelo qual o declarante responde, aquele que a outra parte podia e devia atribuir à declaração recebida. E já vimos que as premissas donde procede esta doutrina impõem também, quando lògicamente desenvolvidas, o respeito pelo real acordo das vontades dos interessados, embora casual, apesar de não estar essa opinião concordante reflectida no significado objectivo da declaração. Ora, o atender-se ao efectivo desacordo das opiniões dos contraentes, quando nem a dum nem a doutro obteve coincidência com aquele sentido, parece constituir solução perfeitamente paralela da primeira. E, com efeito, do mesmo ponto de vista de que justificámos uma podemos também justificar a outra.

Na verdade, a solução da nulidade do negócio constitui muito mais uma solução de equilíbrio entre os interesses opostos das partes, do que a da validade da declaração revestida do seu sentido objec-

---

(¹) TITZE, *Missverständniss*, págs. 45 e segs., 334.

tivo (¹). Sem dúvida, é muito possível que só com esta última solução se pudesse dar por satisfeito, em certo caso concreto, um dos interessados (²) (³). Mas o que queremos dizer é que será, em regra, muito menos chocante para a expectativa de quem agora invoca o sentido

---

(¹) O declarante, efectivamente, não quis dar expressão a esse sentido; e, como a declaração não pode valer com o conteúdo querido, o melhor para ele, em geral, será considerá-la ineficaz. Por outro lado, o declaratário não confiou na validade da declaração com o seu alcance objectivo: pior do que afirmá-la nula será, de certo, forçá-lo a uma alteração positiva da sua esfera jurídica não desejada nem prevista.

Os inconvenientes a que poderia conduzir a solução de se considerar a declaração de vontade válida, mesmo no caso de não convergir com o seu alcance objectivo a opinião de nenhum dos interessados, apresentam-se com maior relevo no domínio dos negócios unilaterais; mas também nos contratos se podem verificar. É certo que o erro sofrido pelo declaratário acerca do conteúdo da declaração recebida (a proposta), determinará as mais das vezes um desacordo objectivo das declarações. Voltando ao caso citado acima, é fácil ver que B redigirá normalmente a sua aceitação em termos de A poder concluir que B entendeu a proposta recebida em sentido diverso do querido e mesmo do objectivo (se, entretanto, ele já descobriu o seu próprio erro). E então, visto o sentido «objectivo» das duas declarações não ser idêntico *(dissenso)*, nenhum contrato se terá claramente aperfeiçoado aqui. Mas a ideia do «dissentimento» não basta para impedir o aperfeiçoamento do vínculo em todos os casos que podem aqui interessar. Imagine-se que B responde simplesmente: «aceito a sua oferta». Esta declaração deve ter para A — *minime* se ele já descobriu o erro sofrido — o significado seguinte: «aceito a sua oferta de conteúdo *n*». E como este significado «não querido» se impõe ao próprio B — que devia também ter entendido a proposta de A como dirigida à venda do objecto *n* — não haverá outro remédio — a querer pôr-se de parte a solução de considerar logo nula a primeira declaração de vontade — senão julgar aperfeiçoado aqui um contrato de compra e venda de conteúdo não querido nem previsto por nenhuma das partes, no momento de emitirem as suas declarações.

(²) Se ambas as partes consideram preferível deixar valer a declaração com a eficácia correspondente ao seu sentido objectivo, não querido inicialmente por nenhuma, não surgirão, em regra, dificuldades. E, de qualquer modo, quando não tenham outra, elas têm sempre a possibilidade de recorrer a nova declaração.

(³) Veja-se o ex. de pág. 202 (hipótese de acordo casual), que é fácil adaptar à situação de que tratamos agora. — Nesta medida não falta razão a TITZE *(Missverständniss*, pág. 344), autor cuja doutrina, aliás, — orientada em sentido contrário ao do texto — não podemos aceitar.

objectivo da declaração (não percebido inicialmente) o considerá-la ineficaz, do que para os interesses da outra parte (que só ficaria satisfeita se ao negócio jurídico fosse atribuído o conteúdo desejado) o conceder-lhe uma eficácia concreta e precisamente determinada por aquele mesmo sentido.

Há, no entanto, que anotar aqui uma importante restrição. O momento a que deve atender-se para determinar o sentido que o declarante ligou à sua declaração (quando isso tem interesse), é sem dúvida aquele em que a declaração foi emitida ([1]). Se, portanto, é o declarante quem pretende ater-se ao sentido objectivo da declaração litigiosa, bastará ao declaratário provar, além do seu próprio mal--entendido, o erro sofrido por aquele no momento de a emitir. Feita esta prova, o juiz deverá declarar nulo o negócio jurídico. Se, pelo contrário, é ao declarante que não agrada solução diferente da nulidade do negócio, convém tomar em conta as observações seguintes.

Consideremos uma proposta de contrato. O destinatário dessa proposta, até ao momento de expirar o prazo fixado pelo proponente para a aceitação (ou o prazo legal: art. 652.º cód. civil), é senhor absoluto e único da sua atitude para com ela. Nada interessa o que ele tenha pensado acerca do seu conteúdo quando a recebeu: visto lhe ser lícito inclusivamente reservar, para dela adquirir efectivo conhecimento, o último dia do prazo destinado à aceitação ([2]). Só

([1]) Assim, o declarante não pode decerto invocar, para fins de anulação do negócio jurídico, o erro «acerca do conteúdo da promessa» que sofreu depois de a emitir. Se no documento comprovativo do contrato de usura foi estipulado que o devedor pagaria os «juros legais», tendo cada uma das partes atribuído intimamente a esta expressão o sentido exacto de «juros de 6%» (§ ún. do art. 1640.º cód. civil), não poderá evidentemente o credor, que mais tarde concebeu a ideia errónea de ser de 8% o juro legal, obter a anulação do contrato com base no erro sofrido. (Não poderá obter isso, é claro, já por força das condições a que os arts. 657.º e segs. subordinam a relevância do erro; mas não o obteria também, com certeza, — e é esta ideia que pretendemos frisar aqui — se na lei houvesse apenas um preceito que, em termos gerais, atribuísse o poder de causar a nulidade do negócio a todo o erro sobre o conteúdo da declaração. Na verdade, é requisito mínimo de toda a influência jurídica do erro — como ninguém ignora — ter ele sido *causa* de a declaração ser emitida).

([2]) Também não pode aproveitar ao proponente, com certeza, para fins de o desvincular da sua oferta, a recusa que a outra parte em certo momento

pode, por isso, ser decisiva a opinião que ele *acabou por ter* (que ele teve no momento de expedir a sua resposta) acerca do sentido da oferta recebida. Tudo o que o aceitante tiver pensado antes é, certamente, sem influência jurídica. Logo, o proponente — se quiser furtar-se ao vínculo contratual não querido pelo processo aqui considerado — só àquele momento poderá reportar-se, a fim de mostrar que houve desacordo entre a opinião de cada um dos contraentes acerca do sentido da proposta e o significado «objectivo» desta proposta.

As coisas já se não passam assim quando se trata duma simples declaração unilateral de vontade, constitutiva por si própria de negócio jurídico (¹). Mesmo que se entenda que as declarações de vontade se tornam eficazes só quando chegam ao «conhecimento» da pessoa a quem são dirigidas (²), é claro não ser indispensável à verificação deste requisito o facto de o seu destinatário as interpretar exactamente, de ele adquirir conhecimento do seu real conteúdo (do seu

---

delibere fazer mas não chegue a exprimir, na forma duma especial declaração de vontade, contanto ela faça expedir dentro do prazo a sua aceitação do contrato.

(¹) Por exemplo: a declaração de aceitação da herança enviada pelo herdeiro a um dos credores hereditários (art. 2027.º cód. civ., § 1.º).

(²) O outro sistema possível — como é sabido —, quanto ao momento em que as declarações «receptícias» se tornam eficazes, é aquele que se contenta com a chegada da declaração ao poder do destinatário (§ 130 cód. civ. germânico), seja, com o facto material da «recepção».

É de notar não serem estas as únicas soluções possíveis — e realmente defendidas — quanto ao momento da perfeição dos contratos. Há, na verdade, quem faça coincidir esse momento com aquele em que a aceitação é *manifestada* ou, quando muito, *expedida*. Mas, ainda quando tivesse de entender-se que no direito português está consagrada uma destas soluções (conclusão, aliás, a que não aderimos, apesar do art. 649.º do código, tendo em vista os preceitos dos arts. 653.º e 655.º), daqui não poderia concluir-se nada relativamente ao momento em que as outras declarações de vontade, que não a aceitação de contrato, se tornam eficazes. Na verdade, seria inconcebível que uma declaração, destinada a causar modificações na esfera jurídica dum terceiro, fosse capaz de produzir os seus efeitos antes e independentemente de a esse terceiro ser dada, pelo menos, a possibilidade de tomar conhecimento do seu conteúdo. — Cfr. von Tuhr, II, 1.ª, págs. 427 e segs., e Carrara, *Form. dei contratti*, págs. 196 e segs., 254 e 270-316. V. *supra*, Introdução, pág. 31.

conteúdo *objectivo)*. O erro *indesculpável* (¹) do declaratário acerca do sentido da declaração recebida não impede, com certeza, a eficácia desta.

Doutro lado, não se compreenderia também que ele ficasse vinculado uma vez por todas, sem apelo nem agravo, — e isto no interesse do declarante e *erga-omnes* — ao sentido de que erradamente julgou a declaração portadora no momento de a receber. Deve, antes, entender-se que a todo o tempo é tempo de o declaratário corrigir o erro sofrido, passando agora a orientar-se pelo verdadeiro significado da declaração recebida. Atribuir ao declarante o direito de se valer do erro inicialmente cometido pela outra parte e mais tarde por ela rectificado, não deixaria de parecer grave iniquidade a toda a gente. Mas aqui, nesta observação, estão também contidos os elementos que possibilitam fixar os limites dentro dos quais não constitui injustiça conceder aquele direito ao autor da declaração de vontade. A concessão desse direito não será injusta:

a) Quando o declaratário não tiver nunca rectificado o erro primitivamente sofrido; aqui, na verdade, não há nenhuma confiança legítima a proteger.

b) Quando o declarante tiver sido informado, em determinado momento, de que a outra parte entendera a declaração em sentido diverso do objectivo, — sendo por esta informação responsável, por nele ter havido origem *consciente* o processo que a determinou, o declaratário (²).

(¹) Como resulta do que escrevemos acima acerca do ponto de vista donde as declarações de vontade devem ser interpretadas, o erro *desculpável* do declaratário quanto ao sentido delas não é um erro em sentido jurídico. Efectivamente, se o declaratário atribui à declaração recebida o sentido que lhe podia e devia atribuir (se procede, isto é, com a diligência devida, sem culpa), a declaração vale, em princípio, com esse sentido. E quando ela, apesar de tudo, for nula, por não ser tal sentido imputável ao declarante, o efeito da nulidade baseia-se precisamente na consideração de que nenhuma das partes errou em tal caso. Cfr. *infra*.

(²) A estas restrições, a que submetemos aqui a solução da nulidade do negócio jurídico, deve sujeitar-se também a solução que preferimos em caso de «acordo casual» (*supra*, págs. 201 e segs.). O sentido «objectivo» da declaração mal entendida tornar-se-á decisivo, quando o declaratário corrigir o erro de que foi vítima no momento de a receber.

Afora estas, a solução da nulidade do negócio jurídico, no caso de que nos ocupamos agora, deve ainda aceitar-se com outras restrições. A nulidade da declaração, neste caso, tem como pressuposto a falta de confiança do destinatário no conteúdo objectivo dela. Deve, todavia, notar-se que o destinatário, se não confiou em que a declaração seria válida com este sentido, não deixou de confiar na validade da declaração. Ora, permitir que o negócio jurídico valha com o conteúdo que para ele propuser a sua interpretação objectiva, pode constituir solução ainda requerida pela necessária tutela da confiança da outra parte.

Quem julga ter sido beneficiado com uma doação quando afinal o declarante, querendo aliás dizer que vendia, só disse realmente que emprestava, pode invocar um interesse legítimo ([1]) na validade do contrato de empréstimo que nenhuma das partes quis celebrar ([2]). Efectivamente, o atribuir-se aqui existência jurídica a um empréstimo, de acordo com o sentido aparente das declarações trocadas, é ainda ir ao encontro das expectativas que o aceitante concebeu, é ainda evitar, ao menos em parte, que a sua confiança na validade do contrato tenha sido em vão.

Mas há casos em que a determinada confiança, que a percepção da proposta concretamente faz surgir no espírito da outra parte, diverge tanto daquela que essa mesma proposta era adequada a originar, que, olhando as coisas dum ponto de vista objectivo, é impossível dizer se sim ou não a *uma pessoa razoável* satisfaria ainda, embora só parcialmente, a solução de se manter de pé o contrato com um conteúdo diverso do querido: o conteúdo proposto pelo significado objectivo das declarações ([3]). Aqui o proponente, logo que tenha

---

([1]) E isto mesmo na hipótese de nunca ter chegado a ser corrigido o erro primitivo.

([2]) JACOBI manifesta-se também pela validade do contrato neste caso, com o argumento de que a confiança «no mais» abrange também a confiança «no menos». Cfr. *Theorie*, pág. 39.

([3]) Imagine-se, por ex., que A propõe a B vender-lhe o seu cavalo preto, querendo, aliás, referir-se ao cavalo branco que também possui; e que B, distraído, aceita a proposta, julgando todavia comprar, pelo preço indicado, o magnífico cão de raça que igualmente pertence ao proponente. Quando tiver descoberto o seu erro, B pode decerto afirmar — e com toda a verdade — que satisfará melhor os seus interesses a solução de se reconhecer

notícia do erro sofrido pelo aceitante, tem boas razões para se julgar desvinculado. Nos outros casos, pelo contrário, deverá pensar que lhe cabe ainda dar satisfação às expectativas concebidas pela outra parte.

No que respeita à desarmonia entre a vontade do declarante e o conteúdo objectivo da declaração, têm lugar observações paralelas das até aqui desenvolvidas. É também necessário que essa desarmonia seja objectivamente *essencial* ou que ela recaia sobre pontos objectivamente essenciais da declaração de vontade. Todavia, isto não constitui restrição apenas válida no domínio dos casos a que nos temos referido, pois, se encontra, antes, sujeita a ela toda a relevância jurídica dum erro do declarante sobre o conteúdo da declaração emitida (cfr. *infra,* § 2.º).

18. Para terminarmos o estudo da interpretação das declarações de vontade, resta agora determinar se a validade do princípio fundamental a que as nossas investigações puderam conduzir — «as declarações devem interpretar-se do ponto de vista do seu destinatário» — é extensiva a todo o domínio dos negócios jurídicos.

I. É fácil verificar que algumas restrições são desde logo impostas a este princípio pela natureza dum particular elemento a que a lei subordina a validade de certas declarações: a forma.

Ao tornar dependente a eficácia dalguns negócios jurídicos da observância de determinadas formalidades externas, o legislador visa, antes de mais nada, um fim de certeza ([1]). Muitas vezes sucede, na

---

eficácia a um contrato de compra e venda do cavalo preto de *A,* do que a de se negar toda a existência jurídica à convenção celebrada. Mas — e é isto o importante — poderá alguém afirmar aqui, porventura, que a solução pedida seja *objectivamente* adequada a satisfazer as expectativas de facto concebidas por *B?* que a um indivíduo qualquer, que não *B,* teria agradado mais esta solução do que a primeira? — Como fàcilmente se vê, a intervenção deste critério objectivo é justificada pelas considerações devidas à situação da parte que emitiu a declaração mal entendida.

([1]) Sobre as diversas vantagens que da exigência duma forma especial, como requisito necessário à validade dos negócios jurídicos, podem derivar, v. particularmente CARRARA, *La Formazione dei Contratti,* págs. 360-361. Cfr. também LEONHARD, *Archiv,* 120, pág. 24.

verdade, ser o próprio facto da existência do contrato (para só falarmos agora deste negócio jurídico) objecto de disputas não pouco vivas nem fàcilmente solucionáveis pelo emprego dos meios ordinários de prova. E quando mesmo o juiz, neste ou naquele caso, julgue poder afirmar com segurança, apoiado na prova produzida, que o contrato de existência controvertida efectivamente se celebrou, — na realidade, o carácter extremamente precário da prova testemunhal (a que sempre se recorre aqui em medida máxima) deixará muitas vezes ficar de pé a dúvida sobre se ao julgador não terá sido apresentada uma imagem falsa dos factos. Ora, estes inconvenientes já os pode eliminar, em grande parte, o sistema de condicionar a validade do contrato ao emprego de certa forma escrita (¹).

E o que pode dizer-se quanto ao próprio facto da existência do contrato, pode outrossim afirmar-se do seu conteúdo. Interessa também que o conteúdo do negócio jurídico seja tanto quanto possível *certo* (quer dizer, não duvidoso) e *completo*. E, sem dúvida, obrigar as partes a reduzirem a escrito o seu acordo (quando não a apresentarem-se diante do notário), é forçá-las naturalmente à ponderação: todos os pontos importantes do contrato que pensam firmar serão então, em regra, directamente prevenidos e regulados; e haverá também ocasião de se entenderem ambos os contraentes, com a devida clareza, acerca do alcance por cada um atribuído à convenção que vai solenizar-se. Por outro lado, e em consequência disto, grande parte das dificuldades que seriam originadas pelo recurso (tantas vezes aleatório) a elementos estranhos às próprias declarações, a fim de mais tarde se poder interpretá-las ou completá-las, — fica deste modo seguramente prevenida.

Há, pois, um interesse na *certeza* dos negócios jurídicos: certeza da sua existência, certeza do seu conteúdo. A subordinação da validade dalguns ao emprego duma forma escrita é medida justamente destinada a realizar esse fim.

Nestes termos, compreende-se que daqui tenham de resultar for-

---

(¹) Com isto torna-se, pois, *certo* o facto da existência do contrato. E compreende-se bem como daqui resulta ainda uma vantagem para o interesse de terceiras pessoas, que assim, com a exigência da forma (escrita), fàcilmente poderão assegurar-se de que o afirmado contrato na realidade se efectuou *com um determinado conteúdo*. V. o que se diz a seguir no texto.

tes limitações à actuação, no domínio dos negócios formais, das regras de interpretação que acima pudemos enunciar. Do que ali dissemos então, desprendia-se a ideia de que o intérprete não está de modo nenhum vinculado ao texto da declaração interpretanda. Não que esse texto não deva sempre servir de ponto de partida, em si mesmo e no seu significado verbal mais apreensível, à sua actividade interpretativa. Na mor parte das vezes, o sentido «jurídico» da declaração de vontade corresponderá, até, ao seu melhor sentido linguístico. O que acontece, de harmonia com a doutrina cujos traços fundamentais definimos, é não constituir o significado verbal da declaração a interpretar nada que obrigue o intérprete a não transpor certos limites na enunciação do sentido decisivo dessa declaração de vontade ([1]).

Ora, esta doutrina é seguramente inexacta para a interpretação dos negócios formais. Pois, de contrário, as vantagens práticas que são perseguidas pela imposição do requisito da forma e justificam mesmo a sua exigência, tornar-se-iam, em grande parte, ilusórias. Se não o próprio facto da sua real celebração, ao menos o conteúdo concreto do negócio jurídico celebrado voltaria a ser, de novo, altamente incerto. Abrir-se-iam outra vez as portas ao emprego dos meios de prova cuja precariedade determinara o legislador a excluí-los. Terceiros deixariam de encontrar no documento uma segura fonte de informações acerca do conteúdo da convenção firmada. O próprio Estado, que tem interesse na redução a escrito de certos contratos, especialmente os relativos à propriedade imobiliária, visto lhe importar conhecer em cada momento, com o maior rigor (para efeitos fiscais, por ex.), a situação exacta dessa propriedade — não poderia tirar conclusões suficientemente seguras do contexto do documento para a realidade da operação efectuada.

É, portanto, indispensável que a liberdade do intérprete, na procura do sentido «decisivo» da declaração de vontade, encontre no contexto da própria declaração interpretanda rigorosas limitações.

Não se trata, contudo, de postular para os negócios jurídicos

---

([1]) Assim, se o declarante se utilizou de expressões absolutamente impróprias para exprimir o seu pensamento e a outra parte o entendeu, o sentido querido será o sentido «jurídico» da declaração.

formais o método da interpretação *à letra*. Sem dúvida, a realização dos fins principalmente visados pelos preceitos que prescrevem a necessidade duma forma, melhor assegurada ficaria pelo emprego rigoroso deste método. No entanto, também aqui há que procurar solução que, em dose tão elevada quanto possível, simultâneamente satisfaça as reclamações da *certeza* e da *justiça*. E o processo condenatório da interpretação puramente literal (do formalismo rígido e intransigente) está há muito terminado.

Bem se compreende, por outro lado, que, se no texto da declaração interpretanda ainda pode ser encontrada uma expressão qualquer, seja embora *imperfeita* e *vaga,* do sentido que sem a exigência da forma seria em todos os casos o decisivo, — o determinar-se, então, por tal sentido o conteúdo da declaração de vontade não representa golpe demasiadamente fundo no princípio da necessária *certeza* do negócio jurídico. Agora, o exame das circunstâncias concorrentes, a consideração dos pactos acessórios firmados entre as partes, dos pontos de vista recìprocamente trocados durante a fase das negociações, etc. (tudo fixado e estabelecido mediante emprego dos possíveis meios de prova) — esses vários elementos terão o alcance de propor para o negócio jurídico um determinado conteúdo, sendo depois tal proposta confirmada pelo próprio contexto das declarações de vontade [1].

Daqui resulta que grande parte dos embaraços a que o juiz doutro modo seria votado, quando tratasse de tirar uma conclusão do material de circunstâncias submetido ao seu julgamento, — fica desta sorte felizmente anulada. E resulta ainda diminuir muito o perigo — relevante para terceiros — de as partes poderem a todo o momento modificar arbitràriamente o conteúdo original do contrato

---

[1] Contra esta doutrina não podem, certamente, constituir objecção os preceitos legais que declaram inadmissível a prova testemunhal *praeter* ou *contra scripturam* (arts. 2507.º e 2508.º cód. civil). Com efeito, no nosso caso trata-se apenas de fixar o sentido das declarações contidas no documento; admitir que, para esse fim, as partes se utilizem de todos os possíveis meios probatórios, não é senão, por isso, admitir a produção da prova testemunhal *juxta scripturam*. — Assim o entende a generalidade dos autores. V., por todos, COVIELLO, *Manuale*, pág. 537, nota, e GUILHERME MOREIRA, *Instituições*, I, págs. 731-732. Cfr. também *Rev. de Leg. e Jurisp.*, ano 71, n.º 2.627, pág. 237, nota.

celebrado, fazendo passar as suas intenções posteriores diversas pela vontade que teriam tido ao tempo da celebração.

De tudo isto julgamos, pois, poder concluir, com algumas sérias probabilidades de não errar, que, no domínio dos negócios formais, a real eficácia do sentido que de harmonia com as regras gerais conhecidas devesse considerar-se decisivo, depende ainda da resolução dum outro problema: o de saber se tal sentido pode julgar-se *objectivamente* expresso, seja de que maneira for, na própria declaração litigiosa (¹) (²).

II. Não poucas vezes encontramos também nos autores a afirmação de que só nos negócios do «comércio jurídico» deve fixar-se à interpretação o escopo de estabelecer o sentido objectivo das declarações de vontade; sendo necessário acolher a interpretação subjectiva no domínio dos restantes negócios jurídicos. Este domínio é fundamentalmente representado, dentre os negócios de conteúdo patrimonial, pelos chamados contratos a título gratuito e pelas disposições de última vontade. De interpretação em matéria de testamentos falaremos a seguir. Por agora consideremos só o caso dos

---

(¹) O que se requer é que o sentido invocado corresponda ainda, melhor ou pior, ao sentido (ou a um dos sentidos) que a declaração consente, quando interpretada apenas de harmonia com as regras gerais da língua e as dos usos e costumes. As circunstâncias individuais do caso, quando não «declaradas» na forma legal, é que têm de ficar à margem desta fase da actividade interpretativa do juiz. Mais ou menos no sentido do texto se pronunciam, entre outros: ENNECCERUS, *Lehrbuch*, I, pág. 549; VON TUHR, *Allg. Teil*, II, 1.ª, pág. 506; LEONHARD, *Archiv*, 120, págs. 24 e segs. Contra, DANZ, *Interpr. de los neg. jur.*, págs. 206 e segs. Este autor, partindo do princípio de que o único escopo visado pelas normas que prescrevem a necessidade duma forma é «precaver as partes contra precipitações» (pág. 222), recusa-se a admitir qualquer desvio das regras gerais de interpretação no domínio dos negócios formais.

(²) Constitui problema o saber até que ponto devem ser respeitadas as limitações expostas acima quando as partes, por vontade própria, tenham feito constar de documento as suas declarações negociais, sem embora o negócio jurídico celebrado ser um negócio obrigatòriamente formal. Não vamos, todavia, ocupar-nos aqui do estudo de tal questão, que não tem, de certo, a sua mais própria sede na teoria da interpretação dos negócios jurídicos.

contratos a título gratuito, entre os quais se contam, como é sabido, a doação, o mandato, o depósito, o comodato, o mútuo (arts. 1452.º e segs., 1318.º e segs., 1431.º e segs., 1506.º e segs. cód. civil).

Estes contratos devem, então, interpretar-se — ensinam alguns (¹) — de harmonia com a vontade daquela das partes que concede à outra *gratuitamente* um benefício patrimonial. A legitimidade do recurso à interpretação subjectiva resulta mesmo desse facto: de nos encontrarmos aqui perante relação jurídica da qual um dos sujeitos ocupa lugar privilegiado relativamente ao outro. Só o mandante, o depositante, o donatário tiram do contrato celebrado um benefício patrimonial. Em favor da parte contrária deverá, pois, intervir a interpretação. Na dúvida, ter-se-á de atender àquilo que foi a sua real vontade.

Esta doutrina é seguramente insustentável. A declaração de quem atribui sem correspectivo um benefício patrimonial, não é menos destinada a firmar a confiança da outra parte do que qualquer das que constituem um contrato oneroso. Quem se oferece a outrem para celebrar com terceiro um certo contrato em seu nome e por seu mandado, emite uma declaração de vontade que tem precisamente a mesma natureza que a duma proposta de compra e venda. Movido por uma razão ou por outra (²), o proponente (o futuro mandatário) visa, antes de mais nada, com a sua declaração o escopo de levar a outra parte à certeza de que ele se compromete, com toda a seriedade e definitivamente, a *desempenhar* em seu favor certa missão; de que ele se vincula aos imperativos da lei contratual, cuja validade propõe.

(¹) Assim, particularmente: TITZE, *Missverständniss*, págs. 94-105 (que estabelece, de modo expresso, a distinção entre negócios do comércio jurídico e negócios extra-comércio jurídico); DANZ, *Interpretación*, págs. 281 e segs., 336 e segs. (que formula para os contratos a título gratuito e para as disposições testamentárias regras de interpretação autónomas); e OERTMANN, *Allg. Teil*, pág. 327 e *Rechtsordnung u. Verkehrssitte*, pág. 135 *(apud* LARENZ, pág. 25).

(²) Claro que o proponente pode ter mesmo, no estabelecimento e consequente execução do mandato gratuito, um interesse patrimonial. O oferecimento dos seus serviços pode ter-lhe aparecido ao espírito como meio de sugestionar a outra parte à realização de determinado negócio com certo terceiro, negócio em que ele tem um interesse indirecto.

Se agora o destinatário da proposta firma no conteúdo objectivo da declaração recebida a sua confiança e a relação de mandato se constitui, não se vê por que não há-de o mandatário responder pelas representações que justamente provocou no espírito daquele. Se mais tarde surge um litígio entre as duas partes acerca da extensão dos poderes conferidos pelo mandante, é incompreensível que se atribua ao sentido ligado pelo mandatário à sua declaração (¹), diverso daquele que a outra parte nela teve de considerar implícito, o poder de decidir. A situação do declaratário não é menos digna de considerações só por se tratar da proposta dum contrato gratuito (²).

Há, de resto, desde logo um ponto relativamente ao qual não pode pensar-se em postular um desvio das regras gerais de interpretação: o ponto de saber se o mandato é ou não remunerado. Imagine-se, no mesmo caso proposto acima, que o mandatário *(A)* escreveu na sua declaração: «Encarrego-me de contratar em seu nome com *F...*, *nas condições entre nós habituais»*. Se *A,* que por várias vezes se tem incumbido já de gerir gratuitamente os negócios de *B* (o declaratário), partiu do pressuposto (erróneo) de terem sido os seus serviços anteriores sempre remunerados por *B,* coisa que se tem verificado só nas suas relações com *C,* — ninguém porá em dúvida que entre *A* e *B* se firmou um mandato gratuito. Mas se, quanto a este

---

(¹) Ainda mesmo que esse sentido tenha de algum modo encontrado nos termos da proposta a sua expressão objectiva, embora precária. (A esta condição subordina, com efeito, TITZE a relevância do sentido subjectivo do beneficiador. Cfr. *ob. cit.,* pág. 96). Basta que ele não seja aquele que pela outra parte podia e devia ser considerado decisivo.

(²) O mais que se pode admitir, relativamente a estes contratos gratuitos, é que do beneficiário deve talvez exigir-se neles uma diligência maior na tentativa de captação da real vontade do outro contraente, do que aquela que em geral se exige, de harmonia com os princípios acima expostos, do lado de cada uma partes nos restantes contratos. Mas isto — é de ver — não supõe o recurso a um método de interpretação diverso. Trata-se apenas e sempre de saber se uma *pessoa razoável,* procedendo em conformidade com os ditames da boa-fé, teria ou não atribuído à declaração do *obrigado* (e portanto ao contrato) o sentido que este efectivamente lhe atribuiu. — São exageradas as observações que DANZ a este respeito desenvolve *(ob. cit.,* págs. 281-82).

ponto, A tem de responder pelo sentido objectivo da declaração emitida, seria pelo menos chocante que, quanto aos outros pontos, a mesma declaração pudesse valer com o sentido do seu autor. Constituiria um resultado claramente insatisfatório o admitir-se que, na interpretação da mesma declaração de vontade, tivesse de se proceder, sucessivamente, de harmonia com critérios opostos.

O que dissemos em particular do mandato deve dizer-se de todos os outros contratos gratuitos, incluindo a doação. É tão conveniente e justo que seja protegida a fundada confiança do donatário no conteúdo aparente da promessa recebida, como a de cada uma das partes de qualquer contrato oneroso na declaração da outra ([1]).

A doutrina que sustentamos é, aliás, a que está consagrada na lei portuguesa. Com efeito, o regime legal do erro como causa de nulidade das doações é, por força do art. 1482.º cód. civil, o dos arts. 657.º e segs. Daqui resulta, pois, poder a declaração de doação ser válida com um sentido diverso do que nela quis infundir o doador. Logo, não pode fixar-se à interpretação, nas doações (e por identidade de razão nos demais contratos gratuitos), o escopo de reconstituir a vontade deste, embora para revestir de eficácia tão-só aquela que na declaração tivesse sido, ainda assim, de algum modo expressa.

Contra esta doutrina parece, no entanto, falar uma disposição da nossa lei relativa ao comodato. Na verdade, se o prazo do empréstimo não tiver sido convencionado nem determinado o uso para o qual a coisa foi emprestada, «poderá o comodante exigi-la quando lhe aprouver» (art. 1512.º). E «qualquer dúvida que se levante a este respeito será resolvida pela declaração do comodante» (§ único).

Parece, portanto, a um primeiro contacto com esta disposição, que em matéria de comodato — e ao menos relativamente a um ponto da lei contratual (o prazo do empréstimo, quando ele se determina pelo uso a que se destinava a coisa emprestada) — decide sempre e sem limitações a vontade real duma das partes: o comodante. E não

---

([1]) Assim, expressamente: LEONHARD, *Arch.*, 120, pág. 92. A afirmação que fazemos no texto revela-se sobretudo justificada quando entre o momento da celebração do contrato e o de vir à superfície o conflito decorre um longo espaço de tempo.

significa isto o reconhecimento da doutrina que nos esforçámos por afastar? Contra as aparências, não tem de significar tal coisa.

Considere-se, em primeiro lugar, que o corpo do art. 1512.º atribui ao comodante o direito de exigir quando lhe aprouver a coisa emprestada, se o uso dela não estiver determinado. Trata-se aqui, manifestamente, dum caso particular de aplicação da norma do art. 743.º do código. O art. 1512.º pressupõe uma *lacuna* no contrato de empréstimo: é uma norma integradora. E as normas integradoras, por definição, só têm de intervir quando, por via interpretativa, se não possa chegar a nenhum resultado acerca da regulamentação de certo ponto da *lex contractus*.

Pelo contrário, o § ún. do art. 1512.º pressupõe uma oposição, existente já no momento da celebração do contrato, entre os pontos de vista dos contraentes acerca do uso para o qual a coisa era emprestada. Pressupõe um ter o comodante querido emprestar a coisa para certo uso e um ter julgado a outra parte que a recebia para uso diferente ([1]). De facto, só esta base possibilita falar duma «dúvida» acerca de saber se o uso da coisa estava ou não determinado. A hipótese que o § ún. do art. 1512.º prevê é, portanto, uma hipótese que, pelos seus termos, não exclui ainda a possibilidade do recurso à via da interpretação. Se assim é, as dificuldades sobem de ponto.

Todavia, os elementos de que nos servimos para caracterizar a hipótese prevista pelo texto legal em exame, não têm de julgar-se ainda completos. Para que a intervenção do § ún. do art. 1512.º se justifique, é força recorrer ainda a outro factor: a insolubilidade da dúvida de que se trata à face dos princípios normais válidos em matéria de interpretação; a impossibilidade — noutros termos — de se atribuir às duas declarações, esgotados todos os meios de as interpretar, um sentido comum ([2]) ([3]). Se fosse acerca do *objecto principal*

([1]) Ou, pelo menos, pressupõe que só uma das partes afirma ter sido a coisa emprestada para certo uso, alegando a outra que nada foi convencionado, nem expressa nem tàcitamente, a esse respeito.

([2]) Ou mesmo um sentido lógico qualquer: caso de ambiguidade objectiva insanável das declarações.

([3]) Idêntica doutrina pode e deve afirmar-se acerca do art. 1528.º, relativo ao mútuo. De harmonia com este artigo, e contanto se não verifiquem os pressupostos dos anteriores, a duração do empréstimo será determinada

do contrato que faltasse o acordo dos contraentes, o empréstimo seria nulo (art. 684.º). Mas o *prazo* foi considerado aqui pelo legislador como um ponto *acessório* da lei contratual: a falta de acordo a respeito dele não poderia, portanto, determinar a nulidade do contrato, já por força do art. 685.º. E a norma do § único do art. 1512.º não é, assim, mais do que a consagração, sob forma particular, do princípio geral contido na al. 1.ª daquele art. 685.º: «Se o contrato for gratuito, resolver-se-á a dúvida pela menor transmissão de direitos e interesses».

De harmonia com esta interpretação, que aceitamos por nos parecer a *melhor* dentre as *possíveis* (¹), o § ún. do art. 1512.º tem o alcance de se referir a um caso de *desacordo não essencial e insanável* das declarações (²) acerca dum certo ponto da *lex contractus*. Logo, esta norma supõe ter-se fechado já a fase interpretativa do negócio jurídico. E da concreta solução nela preferida para o problema de que se trata aí, não tem de concluir-se, como é óbvio, coisa alguma relativamente ao problema da interpretação em geral. As duas questões são, de facto, distintas.

Por isso, também da norma geral do art. 685.º e suas alíneas não resulta nada que torne necessária, em matéria de interpretação, uma atitude particular a respeito dos contratos gratuitos. Na verdade, este artigo prevê o caso de ser impossível ir em auxílio da *confiança* depositada por cada uma das partes na declaração da outra (³). E con-

---

pela declaração do mutuante. A hipótese directamente prevista por este preceito legal é aquela a que se refere, para o comodato, o corpo do art. 1512.º. Não é, todavia, impossível estendê-lo também à do § único que no texto comentamos, na medida em que não resultar das duas declarações trocadas um sentido *único* (ou um sentido *unívoco*) acerca do prazo do empréstimo. Ao art. 1528.º serão, pois, aplicáveis todas as observações que acima desenvolvemos relativamente ao art. 1512.º.

(¹) Certamente, esta interpretação parece-nos *a melhor* por ser a única que permite salvar a doutrina que em tese geral aceitamos. Não se trata aqui, no entanto, de nenhuma petição de princípio, como toda a gente verá sem custo.

(²) Ou a um caso de ambiguidade objectiva insanável delas.

(³) E de isso ser impossível — insista-se — ou em virtude de falta total de clareza das declarações acerca dum ponto para o qual se requer uma regulamentação, ou em virtude de cada uma delas, depois de *objectivamente*

siderando que é mais útil manter de pé o contrato, enquanto o desacordo ou a ambiguidade insanável se não refiram a pontos essenciais, do que proclamar a sua ineficácia, o legislador seguiu o caminho de oferecer ao juiz um critério que o oriente nessa função de criar normas singulares para solução dos problemas que as partes não conseguiram, elas próprias, resolver. Esse critério é, como já sabemos, o da «menor transmissão de direitos e interesses» (seja, o de solucionar a dúvida tanto quanto possível em benefício do onerado) nos contratos gratuitos.

Seria, contudo, inadmissível querer aplicar este princípio quando, dentro ainda do mesmo grupo de contratos, se trata de estabelecer o sentido com o qual hão-de ser válidas as duas declarações de vontade. Pois aqui não se verificou ainda ser impossível ir em auxílio da justa *confiança* de cada uma das partes na aparência jurídica criada pela outra. E a necessidade de proteger esta confiança é justamente o elemento que reclama para a interpretação jurídica com maior vigor o carácter de interpretação objectiva.

III. Maior número de partidários conta a doutrina que pretende ver os testamentos interpretados de harmonia com a vontade real do testador ([1]); e, paralelamente, mais valiosas são as razões em que é uso fundamentá-la.

---

interpretada, desprender de si, a respeito desse ponto, um sentido inarmonizável com o da outra.

([1]) Neste sentido, além dos autores citados em nota 1 de pág. 219, cfr., por exemplo: LEONHARD, *Irrtum*, I, pág. 181; VON TUHR, II, 1.ª, pág. 538; ENNECCERUS, I, pág. 540; LEHMANN, *Allg. Teil*, pág. 203; F. LEONHARD, *Archiv*, 120, págs. 84 e segs.; JACOBI, *Th. der We.*, págs. 95 e segs. (autor cuja posição no problema é particularíssima); KRETZCHMAR, *Das Erbrecht*, págs. 135 e segs.; COVIELLO, *Manuale*, I, pág. 408; BARASSI, *Ist.*, pág. 569. Em sentido contrário, por ex.: MANIGK, *Willenserklärung*, págs. 460 e segs.; LARENZ, pág. 80.

Deve, contudo, notar-se que a maioria, a quase unanimidade destes autores não afirma, mesmo em matéria de disposições de última vontade, uma teoria subjectiva pura. Poucos são, de facto, aqueles que reconhecem às reais intenções do testador poder decisivo incondicionado; quase todos (visto o testamento ser um acto jurídico formal) subordinando a eficácia da vontade real à condição de ela ter encontrado no documento uma expressão qualquer, embora imperfeita. Particularmente elucidativo a este respeito é KRETZCHMAR

Vejamos então, antes de mais nada, qual é o significado que pode ter a doutrina que manda interpretar as disposições testamentárias de harmonia com o sentido que lhes foi atribuído pelo seu autor.

a) Por esta doutrina pretende-se desde logo significar ([1]) que ao testamento, no momento de *ser aberto,* de se tornar o seu conteúdo conhecido dos interessados, deve atribuir-se o sentido que resultar de todas as circunstâncias em geral reconhecíveis nesse momento. Se, por exemplo, for possível provar, à face de quaisquer indícios, ter o testador ligado a certas expressões utilizadas uma significação diversa daquela que a generalidade das pessoas e os herdeiros instituídos lhes podiam e deviam atribuir (se o valor daqueles elementos não fosse posto na devida luz), será decisivo o sentido do testador.

Esta doutrina é seguramente exacta ([2]) ([3]); mas por ela não se

---

(ob. cit., pág. 135): A vontade do *de cujus* será eficaz «conquanto ela tenha encontrado no documento uma expressão reconhecível *do ponto de vista do testador».* Neste sentido: v. TUHR, ENNECCERUS *(obs.* e *lugs. cits.),* F. LEONHARD, pág. 86 e segs. e SCHMIDT, *ob. cit.,* págs. 108 e segs. Quem proclama o princípio de que a vontade do testador deve decidir incondicionadamente do sentido jurídico do testamento é OERTMANN *(Rechtsord. u. Verkehrssitte, apud* LARENZ, pág. 25).

([1]) E muitas vezes não pretende mesmo significar-se mais do que isso.

Salvas, em todo o caso, as limitações que resultam do facto de ser o testamento um negócio jurídico formal.

([3]) MANIGK *(Willenserklärung,* pág. 460 e segs.) é que não parece perfilhá-la em toda a sua extensão. Para este autor, são utilizáveis na interpretação do testamento só aquelas circunstâncias que o testador julgou serem do conhecimento dos interessados. Se, por isso, se trata dum sentido totalmente anómalo da declaração testamentária, proposto por uma determinada circunstância que não é reconhecível para nenhuma das pessoas interessadas, «então tal circunstância não deve ser tomada em conta pelo intérprete, em virtude da razão simplicíssima de que é sòmente pela vontade do declarante que a extensão do material de circunstâncias atendíveis se pode determinar» (pág. 463). (Mas veja-se também o ex. de pág. 464).

Ora, é claro não poder fixar-se à interpretação, em matéria de testamentos, o escopo de procurar uma vontade diferente daquela que o testador quis levar, com a sua declaração, ao conhecimento dos interessados. Mas se as circunstâncias que o testador julgou estarem dentro das possibilidades de apreensão destes últimos se revelam, afinal, insuficientes para fazer a luz necessária sobre as suas reais intenções, e se, pelo contrário, uma outra cir-

afirma nada que possa olhar-se como singularidade da interpretação em matéria de disposições testamentárias, nada que não tenha uma validade geral para todo o domínio dos negócios jurídicos. Qualquer declaração de vontade — já o sabemos — deve, com efeito, interpretar-se à face de todas as circunstâncias de que o seu destinatário tomou ou devia tomar conhecimento ao tempo de a receber. Se todo o sentido da teoria subjectiva em matéria de declarações de última vontade se esgotar nos limites desta afirmação, não será pròpriamente com uma teoria subjectiva que nos teremos, portanto, de defrontar aqui ([1]).

b) Todavia, não é patentemente só a isto que se pretende aludir quando se fala duma interpretação subjectiva em matéria de testamentos. O que então se tem em vista frisar é que à disposição testamentária deve atribuir-se *sempre* o sentido mais adequado à

---

cunstância, conservada secreta pelo *de cujus,* é bastante clara para que seja possível reconstituí-las, — nada deve obstar — parece-nos — a que ao testamento se atribua o sentido que resulta desta última circunstância.

([1]) Nesta medida, carece de toda a oportunidade e de todo o sentido a tentativa de justificar para os testamentos o recurso à vontade real do testador. Não admira, pois, serem notàvelmente frouxas e até mesmo por vezes ingénuas as razões em que se tem procurado fundar aquela inútil justificação. Veja-se, por ex., F. LEONHARD *(Archiv,* 120, pág. 85): «A razão da diferença (da diferença entre o material de circunstâncias atendíveis nas disposições testamentárias e nas restantes declarações de vontade) reside particularmente em que o instituído não pode firmar a sua confiança numa disposição testamentária. Ela está... exposta à livre revogação e em todo o caso sempre dependente de o instituído sobreviver ao testador». Mas a quem virá à ideia pensar na confiança que porventura se firme numa disposição a que ainda não pertence nenhuma espécie de eficácia? Então é o respeito devido a esta confiança o que, na teoria de LEONHARD, justifica a interpretação objectiva nas declarações de vontade em geral?! É o saber eu que *A me vai enviar* uma proposta de contrato de certo conteúdo que dita a impossibilidade de essa declaração ser interpretada, depois de haver chegado ao meu conhecimento, do ponto de vista do declarante? Ou é, pelo contrário, só a confiança que eu justificadamente fundei na *aparência jurídica* criada?

Observe-se, entretanto, que a um objectivista puro, como F. LEONHARD, sempre é necessário justificar o recurso a todas as circunstâncias reconhecíveis, não só às «declaradas», na interpretação dos testamentos. Do nosso próprio ponto de vista é que a desnecessidade daquela justificação se patenteia.

real intenção do testador, seja qual for o momento em que os interessados nela se fundem para invalidar o conteúdo aparente da declaração de última vontade. Pretende-se acentuar a ideia — por outras palavras — de que os testamentos valem com o sentido querido pelo testador e que, portanto, não deve atender-se só às circunstâncias em geral reconhecíveis no momento da sua abertura, mas a todas aquelas que o forem ao tempo de ser instaurada a interpretação, contanto sejam de natureza a projectar luz sobre a real vontade do autor da herança. Assim, se só muitos meses depois da morte aparece o «diário» do testador, onde se encontra claramente expresso o sentido por este ligado a certos passos do testamento, de significação objectiva muito diversa, o testamento poderá agora ser de novo executado de harmonia com aquilo que se verifica ter sido a real intenção do *de cujus*.

Ora, isto requer sem dúvida uma justificação. Se em matéria de testamentos o intérprete deve proceder de acordo com os princípios indicados, tal coisa constitui, decerto, uma regra singular, tão-sòmente válida no domínio das disposições de última vontade. Há, portanto, que justificá-la.

Para tal fim costumam invocar alguns o facto de não haver aqui, nos testamentos, uma «outra-parte», um «declaratário»; não havendo, portanto, que prestar particulares atenções a uma «confiança» que tenha sido firmada no conteúdo objectivo da declaração de vontade [1]. Nestas circunstâncias, é lógico e justo que se atribua ao sentido subjectivo do declarante (o testador) o poder de decidir.

Não é, entretanto, com esta simplicidade que se atinge o fim aqui visado. Se a pessoa *aparentemente* indicada no testamento como herdeiro, na falta de particulares circunstâncias que a esclareçam sobre a vontade real do testador, funda nele a sua confiança e chega mesmo a tirar consequências da *aparência jurídica* criada por

---

[1] Cfr., por ex., SCHMIDT, *Motivirrtum*, págs. 104-105. Assim raciocinam, em regra, todos os partidários da distinção entre declarações «receptícias» e «não receptícias», que reclamam para as últimas, embora com muitas restrições (verdadeiramente, eles só recusam mesmo o método objectivista em matéria de testamentos), a interpretação subjectiva. V., por todos, ENNECCERUS, *Lehrbuch*, I, págs. 540-41.

este último (¹), não se poderá deixar de reconhecer que a sua situação é, em si mesma, perfeitamente digna de atenções. Certo, ninguém tem o direito de interpretar um testamento apenas do seu próprio ponto de vista, pois a declaração de última vontade é dirigida sempre a uma pluralidade de pessoas: à pluralidade dos interessados. Mas se o ponto de vista do herdeiro instituído (aparentemente instituído) coincide com o da esfera de indivíduos a que o testamento se dirige, parece muito atendível a confiança por ele fundada no conteúdo aparente da disposição testamentária. E não deverá, então, repelir-se a interpretação subjectiva mesmo neste domínio?

O facto é que os testamentos constituem realmente uma categoria autónoma dentro das declarações de vontade em geral. Como já em 1874 RÖVER observara com notável acerto (²), a declaração testamentária destina-se fundamentalmente apenas a tornar conhecida dos sobreviventes a última vontade do testador (*«das Testament ist nur ein Erkenntnissmittel»*); enquanto as declarações entre vivos (sobretudo as contratuais) devem funcionar como «meios de vincular» *(«als Bindemittel»)* e, nessa medida, ser tratadas.

Pelo testamento, o testador não visa submeter-se a um vínculo, não promete seguir no futuro esta ou aquela conduta, não se propõe, por isso, *em via principal,* fundar a confiança doutra ou doutras pessoas na firmeza duma promessa, que ele na realidade não faz. Aqui, o declarante pretende tão-só revelar a sua vontade: a fim de que, por sua morte, ao seu património seja dado o destino por ele próprio íntimamente desejado. Quem dirige a outrem uma declaração de doação, propõe-se, antes de mais nada, levar o futuro donatário a fundar a sua confiança em que certo benefício patrimonial lhe será mais tarde atribuído (³); propõe-se originar no espírito deste a «expectativa duma prestação». Ao invés, a vontade de quem faz um testamento dirige-se principalmente e desde logo (isto é, sem ser por

---

(¹) Tomando, por ex., medidas, que a afectam na sua situação patrimonial, em vista da aceitação da herança; ou chegando mesmo a aceitá-la e a possuir *animo domini*, durante certo tempo, os bens que a constituem.

(²) RÖVER, *Die Bedeutung des Willens bei Willenserklärungen*, apud JACOBI, pág. 95, nota 3.

(³) Ou lhe é mesmo, desde já, *definitiva* e *irrevogàvelmente* atribuído.

aquela via) a um resultado diverso: à efectiva distribuição *post--mortem* do património por certas pessoas e em certa medida. Compreende-se, pois, muito bem que ao declarante não seja imputada aqui uma responsabilidade pelo sentido objectivo da sua declaração; ou, pelo menos, que lhe seja atribuída só uma responsabilidade atenuada.

Doutro lado, por mais digna de atenções que se revele em si mesma a situação das pessoas aparentemente instituídas, é verdade faltar realmente à confiança delas, comparada com a bem acessível natureza do título em que a fundaram, muito do que concorre a tornar necessária e justa a protecção daquela que em geral se deposita numa declaração de vontade recebida: o ser o testamento uma declaração subjectivamente destinada a fundar a expectativa doutras pessoas numa prestação futura ([1]).

A esta consideração há que juntar uma outra, também procedente da análise da natureza específica das declarações de última vontade, e que se nos afigura mesmo mais impressionante do que a anterior.

Nos negócios jurídicos entre vivos, a tutela da vontade realiza-se bastante satisfatòriamente através do recurso à impugnação do acto praticado sob a influência dum erro. A anulação do negócio tem por efeito a restituição das coisas ao estado em que se encontravam antes de aquele ser celebrado. É certo que a situação se pode ter entretanto modificado essencialmente, em virtude de estar o enganado convencido (por erro) de ter intervindo na celebração dum contrato válido, diverso daquele (nulo) que na verdade se convencionou. Em tal caso, a restituição das coisas ao *statu quo ante* nunca será, como é óbvio, integral: a anulação do negócio jurídico não poderá ter aí o efeito «duma esponja que se passe sobre o passado».

De qualquer modo, na grande massa dos casos fica sempre salva a possibilidade de o contraente enganado realizar de novo, e agora com pleno êxito, a operação patrimonial que uma vez falhou.

([1]) Sobre esta única base alicerça JACOBI a sua teoria subjectiva (aliás carregada de restrições) em matéria de testamentos. Cfr. *Theorie*, págs. 98 e segs.

E, quando esta mesma possibilidade, aqui e ali, não fique de pé, o que fica sempre a coberto, invulnerável e constantemente actuante, é o princípio base de todo o direito dos contratos: o princípio segundo o qual, dentro de certos limites, cada um deve ser deixado livre de regular como quiser as suas relações com os outros membros da comunidade jurídica, em vista da realização dos seus fins, a cada um sendo lícito anular, neste domínio (sob reserva de fortes restrições, é certo), toda a alteração da própria esfera jurídica ocorrida contra a sua vontade ([1]).

Mas seria erro pensar o mesmo acerca da eficácia da anulação nas disposições *mortis causa*. Aqui, o único meio de respeitar a vontade do declarante é determinar directamente por ela o conteúdo da declaração.

Se o testador instituiu herdeiro a Francisco, filho do seu amigo José, por julgar ser esse o nome daquele dos filhos deste José que realmente se chama António, e for entendido que o erro sobre o conteúdo do testamento (neste caso, sobre a designação da pessoa do herdeiro) só pode determinar a sua nulidade, — ir-se-á, no fim de contas, por efeito da invocação do erro, atribuir a herança do declarante a pessoas (os seus herdeiros legítimos) que ele manifestamente quis excluir.

Não se trata aqui, portanto, de apagar quanto possível as consequências do erro do declarante, para lhe permitir que manifeste de novo, desta vez com plena exactidão, a sua verdadeira vontade. Este «fazer agora o interessado o que então não conseguiu», supõe claramente a anulação dum negócio jurídico entre-vivos. Da anulação do testamento decorre, pelo contrário, um resultado *positivo* que está em aberta contradição com a vontade real do testador. E nem é lícito esquecer — voltemos à hipótese imaginada — que talvez o *de cujus* tivesse preferido transmitir o seu património para o Francisco indicado no testamento a transmiti-lo para os seus herdeiros legítimos, se o problema da sucessão lhe tivesse aparecido ao espírito sob a forma desta alternativa. Contudo, isto não destrói, como é óbvio, a essencialidade do erro por ele sofrido.

A anulação do testamento, como efeito do erro do testador,

([1]) Ou até só contra a sua vontade *livre*, regularmente motivada.

não é, portanto, meio adequado a realizar a tutela da sua vontade ([1]). Por isso se compreende muito bem a tradicional propensão do jurista,

---

([1]) Referimo-nos aqui, claro está, só ao erro que importe uma divergência entre o conteúdo objectivo do testamento e as efectivas representações do testador acerca desse conteúdo; entre aquilo que o testador objectivamente declarou e aquilo que julgou e quis declarar. Se, pelo contrário, o erro é um simples erro-nos-motivos-da-disposição, que não afecta aquela necessária harmonia entre o declarado e o querido, já o recurso jurídico da anulação do testamento importará a instauração dum estado de coisas que, em regra, irá corresponder àquilo que, segundo todas as probabilidades, teria sido a vontade do testador se não fosse o erro sofrido. Isto pressupõe, é claro, que se concorde em considerar a ordem legal da sucessão (fundamentalmente baseada nos laços do sangue e da família) como traduzindo as aspirações, os desejos da média das pessoas. Quando, no seu testamento, um indivíduo se afasta daquela ordem, preferindo, por ex., para seu herdeiro, um estranho a um parente muito próximo, é natural pensar (pois tal presunção corresponderá, sem dúvida, ao *id quod plerumque accidit*) que o testador se teria voltado de novo para a «ordem do sangue e da família» se conhecesse a falsidade das razões que o determinaram a fazer aquela disposição. Muitas vezes será mesmo possível afirmar, sem grande receio de erro, que assim teria acontecido na verdade, neste ou naquele caso. Imagine-se, por ex., que o testador dispôs: «Deixo a Paulo por meu único herdeiro, visto que Manuel, o último dos meus irmãos, acaba de falecer também no Brasil»; e suponha-se agora que o «já falecido» Manuel nomeado no testamento aparece a intentar a anulação deste.
Esta diversidade de consequências, que a anulação do testamento provoca quando seja por causa de erro no conteúdo ou nos motivos da disposição, deriva, como se compreende, do facto de só no primeiro caso o testador ter querido *positiva* e *incondicionadamente* um resultado diverso daquele que o recurso às normas supletivas da lei provocará. Se ele tivesse descoberto em vida o erro que sofrera ao redigir o testamento, o que teria era feito nova disposição, que mais clara e cumpridamente reflectisse a sua verdadeira vontade. No segundo caso, pelo contrário, a disposição realizada só foi querida pelo testador *sobre a base da validade de certo pressuposto;* ele não a teria feito se conhecesse estar em erro. Todavia, nada quis o testador além do que realmente declarou. Se, portanto, anulado o testamento, quiser e puder falar-se duma contradição entre as consequências jurídicas agora produzidas *ex lege* e a vontade do *de cujus* (contradição que não é nada inconcebível), terá de entender-se por este segundo termo uma vontade hipotética, irreal, não uma vontade que efectivamente tenha existido como fenómeno psicológico. — Aqui radicam as dificuldades com que têm deparado os autores (sobretudo alemães) que se esforçam por justificar a não atribuição ao puro erro-nos-motivos do efeito único da anulação do testamento. Sobre estes interessantes problemas v. SCHMIDT, *ob. cit.,* págs. 92 e segs.

do teórico como do prático (e até mesmo dos tribunais), a reconhecer a esta vontade um papel decisivo no momento da interpretação dos testamentos e por via dela.

— A teoria subjectiva em matéria de disposições de última vontade, com ser a preferível em tese geral, é ainda a que deve julgar-se consagrada na lei portuguesa. Duas normas contém o nosso cód. civil acerca do problema da interpretação nos testamentos: os arts. 1761.º e 1837.º. O primeiro manda entender a disposição testamentária, em caso de dúvida, de harmonia com o que parecer mais ajustado à intenção do testador, conforme o contexto do testamento. O segundo dispõe que «o equívoco do testador a respeito da pessoa do legatário, ou da coisa legada, não anulará o legado, se puder mostrar-se claramente qual era a intenção do testador».

Do art. 1761.º, por si só, não pode concluir-se grande coisa em favor do método de interpretação que neste domínio preferimos. Com efeito, é possível atribuir-se a este artigo o simples alcance de fixar que o juiz deve entender esta ou aquela disposição obscura ou duvidosa da declaração testamentária no sentido que tiver por ajustado à vontade do testador, tal como essa vontade resulte do complexo das disposições tomadas, do todo harmónico do testamento. Esta parece ser mesmo a doutrina mais corrente entre nós ([1]). Ora, se o sentido decisivo do art. 1761.º for realmente este, é óbvio que em tal preceito não poderá ninguém ver então consagrada uma teoria subjectivista. A possibilidade de utilizar elementos estranhos ao puro contexto do documento para determinação da vontade do testador, é, com efeito, imperiosamente reclamada por aquela teoria.

Nada impede, contudo, que se entenda o art. 1761.º como se ele expressamente dispusesse: «Em caso de dúvida sobre a interpretação da disposição testamentária, observar-se-á o que parecer mais ajustado com a intenção do testador, *na medida em que isso ainda*

([1]) V. Dias Ferreira, IV, págs. 174-75; e Dr. C. Gonçalves, IX, págs. 636 e segs. Estes dois comentadores do cód. civil são unânimes em reconhecer que o art. 1761.º não permite o recurso a elementos estranhos ao próprio contexto do testamento, a fim de por eles se reconstituir a intenção real do testador. Em sentido contrário vide *Rev. de Leg. e Jurispr.*, ano 68, págs. 71 e segs.

puder conciliar-se com o próprio contexto do testamento (conforme o contexto do testamento). Assim entendido, o art. 1761.º não se oporá a que o juiz procure determinar por todos os meios qual foi a real intenção do testador; só proibindo que a vontade assim apurada possa considerar-se expressa no testamento, se ela de nenhum modo corresponder a um dos possíveis sentidos objectivos desse testamento.

O decidir-se o intérprete por uma ou por outra destas duas interpretações do artigo em exame, dependerá, portanto, da atitude que já tiver firmado na questão de saber qual é, dos dois fundamentalmente possíveis, o método de interpretação preferível nas disposições de última vontade.

Mais decisivo e claro é já o preceito do art. 1837.º. Se puder mostrar-se claramente qual era a vontade do testador a respeito da pessoa do legatário ou da coisa deixada, a disposição produzirá os seus efeitos com um sentido conforme a essa vontade: o erro do declarante acerca daquele ponto não terá como consequência a nulidade do testamento. Portanto, sempre que se queira saber exactamente quem é o beneficiário do legado ou qual o seu objecto, deverá procurar determinar-se, *por todos os meios possíveis* (desde que a tal investigação não foram aqui impostas pelo legislador quaisquer restrições), a pessoa que o testador queria beneficiar e o particular benefício que se propunha atribuir-lhe [1]. Ora, isto é sem dúvida interpretar a disposição testamentária de harmonia com a vontade do seu autor. Mas terá o art. 1837.º de ser havido como preceito singular, relativamente a um princípio geral que presida à interpretação dos testamentos?

Nada o impõe [2]. Se o art. 1761.º, como já o mostrámos,

---

[1] Assim costuma entender-se entre nós o art. 1837.º. Cfr. autores citados em nota antecedente e mais o prof. TAVARES, *Sucessões*, I, págs. 128 e segs. As divergências só começam quando se trata de saber se o art. 1837.º contém um preceito que esteja em desacordo com a norma do art. 1761.º, ou se, pelo contrário, as duas disposições não poderão reduzir-se a um princípio comum unitário.

[2] DIAS FERREIRA (IV, pág. 174) considerava, pelo contrário, o artigo em exame como uma norma inteiramente excepcional, só válida para os casos nela directamente previstos: determinação da pessoa do legatário e da

pode entender-se num sentido com o qual perfeitamente se harmoniza o art. 1837.º, impõe-se concluir que é esse, dos dois possíveis, o seu sentido decisivo. Pois não será esta conclusão aquela que o elemento sistemático resolutamente propõe? Seria de todo incompreensível que a lei mandasse atender amplamente à vontade real do testador para se fixar o sentido *dalgumas* disposições do testamento (¹), e que por outro lado vinculasse o juiz a não considerar coisa alguma fora do contexto deste para interpretar as partes restantes.

Todavia, sendo o testamento um negócio jurídico formal, não poderá deixar de entender-se que a relevância da vontade real do testador encontra no próprio contexto do testamento imperiosos limites. Ao testamento só pode ser imputado o sentido querido pelo seu autor, na medida em que este sentido puder ainda considerar-se dalgum modo expresso na declaração testamentária. É com este alcance que julgamos dever entender-se a parte final do art. 1761.º («conforme o contexto do testamento»), nada significando claramente em contrário o preceito do art. 1837.º.

---

coisa legada. O Dr. GONÇALVES, embora partilhando desta opinião quanto ao essencial, aceita, contudo, valer o preceito do atr. 1837.º também para os casos de erro do testador na determinação da pessoa do herdeiro (*Tratado*, IX, págs. 581 e 683).

No sentido exacto, e com inteiro conhecimento de causa, se manifesta o prof. TAVARES, *ob.* e *vols. cits.*, págs. 128 e segs.

(¹) E as mais importantes, sem dúvida. Ou não será a questão de saber *a quem* deve ser deferida a herança e *em que medida* aquela que sobreleva a todas as outras em importância?

§ 2.º

III. O erro sobre o conteúdo da declaração de vontade

1. As investigações precedentes permitiram-nos formular a doutrina que pode considerar-se válida, como doutrina geral, em matéria de interpretação do negócio jurídico. E foi-nos possível enunciar também a série de importantes atenuações que são reclamadas, para o alcance desta doutrina, pelo significado dum certo elemento a que a lei subordina toda a eficácia dalgumas declarações jurídicas: a forma. Mais adiante verificámos ainda não ser a validade da doutrina adoptada extensiva a todo o domínio dos negócios jurídicos visto a índole particular dalguns não se conciliar com o princípio que lhe constitui o núcleo substancial.

Por agora consideremos só a conclusão mais geral a que os nossos estudos sobre interpretação puderam conduzir: as declarações de vontade valem com o sentido que para o seu destinatário for o «objectivo», contanto esse sentido seja imputável ao declarante. E vejamos que ensinamentos será lícito colher daqui, relativamente ao problema de saber em que condições pode ser afirmada a presença dum erro do declarante sobre o conteúdo da declaração.

Em princípio, toda a declaração jurídica deve, portanto, ser aplicada com o alcance que o seu destinatário lhe podia e devia atribuir. Por outro lado, o sentido da declaração capaz de se impor à pessoa a quem ela é dirigida, que para essa pessoa deve ser o sentido decisivo não pode entender-se que seja outro senão aquele mesmo sentido que, aos seus olhos, melhor pareça reflectir a verdadeira, real intenção do declarante. Logo, o declarante só terá estado em erro sobre o conteúdo da sua declaração *quando o sentido querido for diferente daquele que se impuser à outra parte como tal*. Haverá erro, mesmo que o sentido querido corresponda ao significado «normal» da declaração, contanto o declaratário tenha razões para julgar não ser este significado, mas sim um outro (anómalo), o que melhor traduz a real vontade do declarante ([1]). Doutro lado (e em princípio), por menos que a declaração, no seu alcance comum, exprima esta vontade, é sempre por ela que se determina o sentido jurìdicamente decisivo, quando a outra parte a reconheceu (ou podia ter reconhecido) nas expressões falsas ou ambíguas ([2]). *Falsa demonstratio non*

([1]) Voltemos a um ex. já nosso conhecido: Na esfera dos amigos e familiares de B é ponto assente que, quando este B se refere à sua biblioteca, quer aludir invariàvelmente à valiosa adega que possui. Assim o demonstra a experiência de todos os dias. Se agora B resolve presentear um dos seus amigos com o recheio da sua biblioteca, mas não torna patente que é de facto a «biblioteca», e não a «adega», o que ele pretende doar-lhe (nem sequer das circunstâncias emergindo, com pouca ou muita clareza, a sua real intenção), será um contrato de doação do recheio da adega de B que se terá aperfeiçoado aqui.

([2]) Imagine-se, por ex., que a fase das negociações pré-contratuais entre A e B terminou com a aceitação por parte de B da seguinte oferta de A: «ofereço-lhe 10000 escudos pela sua matilha de caça». Se acontece que, por lapso, o comprador deixa inserir, no documento comprovativo do contrato celebrado (cuja redacção foi por hipótese confiada a um terceiro), o preço de 15000 escudos como sendo o preço estabelecido, não são, apesar disso, 15000 escudos, mas tão-sòmente 10000, que o vendedor pode exigir dele como pagamento do preço da compra. Para B tornou-se, de facto, claramente reconhecível que A assinou o documento sob a influência dum erro: só assim se compreendendo, na verdade, que ele se declarasse disposto a pagar um preço notàvelmente mais alto do que o ajustado entre ambos. — Outro exemplo: A, grande fabricante de cerveja, sabe que B, na sua cervejaria, se dedica exclusivamente à venda daquela bebida; e sabe mais ser do conhecimento de B que ele, A, não costuma aceitar quaisquer encomendas de fornecimento de vinhos, pela simples e boa razão de nos seus armazéns só ter cerveja. Mas, em certo momento, A tem casualmente para vender uma certa porção de almudes de vinho de mesa, facto que, no entanto, ele tem todas as razões para considerar ignorado ainda dos seus clientes. Suponhamos agora que B, querendo comprar a A um certo número de almudes de cerveja, lhe faz nesse sentido (por escrito) uma proposta, onde (por lapso) fala de «vinho» em vez de falar de «cerveja». Se A, cingindo-se ao alcance literal da comunicação recebida, envia a B o vinho encomendado, o proponente pode recusar-se a recebê-lo, alegando que o aceitante fàcilmente se poderia ter apercebido, em face das circunstâncias, de que o significado literal da encomenda feita não correspondia à verdadeira vontade do seu autor.

No sentido do texto, entre outros (pode dizer-se, embora deixando a salvo as particularidades duma ou outra atitude, que esta doutrina é perfi-

nocet (¹). O erro sobre o conteúdo ou alcance da declaração de vontade apresenta, assim, de específico — como já noutro sítio o fizemos notar — o poder ser completamente anulado durante a fase e por via interpretativa do negócio jurídico. Por menos que as expressões utilizadas traduzam o conteúdo de pensamento que por elas quis exprimir o declarante, o juiz chamado a resolver deverá considerar decisivo o significado querido, se verifica ter sido a apreensão deste

---

lhada por todos os adeptos da «teoria da impressão do destinatário», em matéria de interpretação): MANIGK, *Willenserklärung*, § 102, págs. 468 e segs.; v. TUHR, II, 1.ª, págs. 569-570, 589, nota 121 (com a limitação de que o sentido querido, para ser decisivo, carece de ter encontrado na declaração de vontade uma expressão qualquer, seja embora imperfeita e vaga); LARENZ, *Auslegung*, nota 2 de pág. 79 (de maneira implícita). Contra aquela limitação admitida por v. TUHR (e outros) para o princípio da relevância da vontade reconhecível, manifesta-se vivamente RHODE, *Die Willenserklärung u. der Pflichtgedanke im Rechtsverkehr* (Berlim, 1938), pág. 41: «O sentido literal ou objectivo não pode constituir nunca um limite à actividade interpretativa. O princípio de que a presumida vontade real tem de estar dalgum modo contida no significado objectivo da declaração, é inexacto no que diz respeito às declarações não formais; a estas pode ser imputado um sentido que represente justamente o contrário do sentido objectivo». O facto de só muito recentemente nos ter chegado às mãos esta monografia de RHODE, impediu que no lugar adequado tomássemos em conta os pontos de vista deste autor em matéria de interpretação. Advirta-se aqui, em todo o caso, que o pensamento de RHODE a este propósito é no fundo idêntico ao que constitui o essencial da teoria da impressão do destinatário. V. *ob. cit.*, págs. 40 e segs.).

Os autores latinos, como de passagem o frisámos já, não deixam de acentuar também que, se a verdadeira vontade do declarante pode ainda surpreender-se por detrás das expressões impróprias para claramente a exprimirem, é por essa vontade que se determina o conteúdo da declaração. Mas não indicam em regra — o que constitui defeito essencial — a medida dentro da qual pode ser atribuído à declaração o significado querido, nos casos em que este significado não corresponde ao sentido comum (ao sentido mais apreensível, digamos) das expressões utilizadas. — Assim, por todos: CHIRONI e ABELLO, no já citado passo do vol. I do seu *Tratatto* (pág. 469); COVIELLO, *Manuale* (ed. de 1915), pág. 383; prof. MONCADA, *Lições*, 2.º, pág. 284.

(¹) A justificação do alcance que nós atribuímos, nestes termos, à regra formulada no texto, foi devidamente desenvolvida quando falámos da teoria da impressão do destinatário. Cfr. *supra*, § 1.º, págs. 188 e segs. Por isso nos dispensamos de voltar aqui ao assunto.

significado possível para o destinatário da declaração (¹), dadas as condições particulares do caso concreto.

Idêntica particularidade não pode, decerto, ser atribuída ao erro que não impõe desarmonia entre o querido e o declarado. A interpretação procura captar e pôr à luz o sentido que aos olhos do declaratário melhor corresponda à real vontade do declarante: não lhe pertence decidir sobre aquilo que o declarante teria querido em condições subjectivas diversas, isto é, se não fosse ter estado em erro acerca de certa situação presente, passada ou futura. Pela via da interpretação só pode pensar-se em reconhecer eficácia àquilo que o declarante julgou (ou quis) declarar (²). Se ele teve em mente sujeitar de modo expresso a conservação da eficácia do negócio jurídico à circunstância de não vir a revelar-se erróneo, no futuro, o pressuposto de que partiu para contratar, ainda será talvez possível, recorrendo aos bons ofícios da interpretação, — e embora essa vontade do declarante não possa caracterizar-se, *senão em sentido jurídico,* como uma vontade declarada — considerar aqui o negócio jurídico sujeito a uma condição (resolutiva). Mas, por mais facilidades que pareça oferecer a construção da vontade que o declarante teria tido em condições subjectivas diferentes das que presidiram à sua real determinação volitiva (³), — não pode essa *hipotética* vontade sobrepor-se àquela que o autor da declaração manifestamente quis exprimir e realizar. E isto mesmo no caso de o declaratário, simultânea-

---

(¹) Ou, por maioria de razão, se verifica ter o declaratário surpreendido, por detrás das expressões viciosas, a real vontade do declarante.

(²) Veja-se de novo o citado passo de LARENZ *(Auslegung,* pág. 79, nota 2): «Aqui (quando o erro recai sobre os motivos da vontade, não sobre o alcance do declarado) não se trata duma divergência entre o sentido querido e o sentido da manifestação, e por isso o vício não pode ser anulado... por via interpretativa». Cfr. v. TUHR, pág. 599.

(³) Imagine-se, por ex., ser perfeitamente demonstrável, até à face dos próprios termos da declaração, que A só quis beneficiar B com a dádiva do objecto *x* por atribuir a esse objecto as qualidades (os defeitos) afinal pertencentes ao outro da mesma espécie de que A é também possuidor. Se, além disto, B conseguisse provar que o doador resolvera desfazer-se, em seu benefício, daquele dos dois objectos considerados que fosse detentor de certos defeitos, — não poderia pôr-se em grande dúvida que A teria feito doação do objecto *y* (o objecto realmente defeituoso) se não fosse o erro.

mente que se apercebe do erro sofrido pelo declarante, ser forçado a pensar que, se não fosse o erro, o conteúdo da declaração seria com certeza *a* e não *b* (como foi). Nem mesmo assim a declaração pode ser válida com este último alcance ([1]). O direito não pode contentar-se, para consentir que certa alteração jurídica se produza, com a prova de que os interessados teriam seguramente agido para a obter (se procedessem como pessoas razoáveis), no caso de serem outras as circunstâncias ocorrentes ([2]).

2. A presença dum erro sobre o conteúdo da declaração só pode, além disso, — e ainda na mesma linha de consequências — ser afirmada quando a declaração de vontade for susceptível dum sentido decisivo. Com efeito, a declaração insanàvelmente obscura ou ambígua é nula por si mesma ([3]) ([4]). A nulidade não resulta, aqui, do facto de não haver harmonia entre o querido e o declarado, mas da circunstância de não ser possível definir-se, objectivamente, o conteúdo da declaração. A consequência da nulidade absoluta do negócio jurídico, neste caso, está expressa no art. 684.º do nosso código civil ([5]).

([1]) V. autores cits. em nota 2 de pág. anterior.

([2]) Esta consideração não exclui a possibilidade (nem a legitimidade) de se integrarem as lacunas do negócio jurídico (quando se queira recorrer a essa medida) de harmonia com a *hipotética* vontade das partes; de — por outras palavras — se regular o ponto lacunoso como *seja de crer* as partes o regulariam se tivessem contado com ele.

([3]) Só depois de se ter recorrido sem êxito a todos os elementos que na interpretação podem ser decisivos, é possível afirmar — claro está — que a declaração é insusceptível dum sentido ou dum sentido prevalente. Devendo notar-se que o ponto de vista do declaratário é o decisivo quando se trata de proceder a essa averiguação.

([4]) Como sabemos *(supra,* § 1.º, n.º 12), a declaração deve considerar-se também *ambígua* no caso de não ser *imputável* ao declarante o sentido que para a outra parte for o objectivo. É dizer que o domínio do erro acerca do conteúdo da declaração só começa onde começar o domínio da *culpa*: não pode falar-se dum erro *desculpável* sobre o sentido da declaração de vontade que seja, como tal, causa de nulidade relativa do negócio jurídico. Assim, particularmente (e só a título de sugestão): MANIGK, *Jherings Jahrb.,* 47, pág. 94, nota 1.

([5]) O art. 684.º só se refere aos contratos, é verdade; mas nada obsta a que o princípio nele afirmado se torne extensivo aos negócios jurídicos uni-

A três hipóteses distintas pode convir o preceito deste artigo. Convém, em primeiro lugar, aos casos de ambiguidade insanável das declarações contratuais. Assim, A concordou em vender a B a sua casa da rua x; e, ao fazer esta declaração, teve em mente, dos dois prédios que possui na referida rua, «o da direita de quem desce» ([1]). B, pelo contrário, tanto no momento de expedir a sua proposta como no de receber a aceitação da parte de A, pensou comprar o prédio que, afinal, vem a ficar à esquerda (não à direita) de quem desce a rua x. Cada uma das duas declarações contratuais é, assim, portadora, aos olhos do seu respectivo destinatário, dum sentido diverso do que lhe atribuiu o declarante. Por outro lado, ambos esses sentidos são igualmente *possíveis* e igualmente *legítimos*. A lex contractus aprovada por A e B tanto alude ao prédio que o primeiro julgou vender como àquele que o segundo entendeu comprar. Nos termos do art. 684.º, o contrato é, por consequência, nulo ([2]).

E nulo será também o negócio jurídico, de harmonia com o preceituado no referido artigo, quando entre as duas declarações de vontade existir, «a respeito do objecto principal do contrato», um desacordo que por via interpretativa não seja possível remover. Não pensamos com isto no caso de faltar verdadeiramente uma aceitação do contrato proposto, por constituir a resposta do destinatário da

---

laterais. Aliás, mesmo que faltasse na lei portuguesa um preceito, com alcance geral, da índole deste art. 684.º, não se poderia pensar, apesar disso, em considerar jurìdicamente eficaz a declaração que não libertasse de si um sentido lógico qualquer.

([1]) No outro nem sequer pensou, e com algumas razões: como tinha feito publicar nos jornais o anúncio de se encontrar à venda o prédio n.º tantos da rua tal («o da direita de quem desce»), A, ao receber a proposta de B, considerou evidente ter ela sido determinada pela leitura do anúncio; e omitiu entender-se com o proponente acerca desse ponto. Mas a verdade era B ignorar de todo aquela circunstância, e desconhecer mesmo que A possuía dois prédios (e não sòmente um) na rua designada.

([2]) Mal se distinguem desta hipótese os casos em que a lex contractus é em si mesma *obscura,* em vez de ser *ambígua.* A diferença não pode estar senão no facto de, num caso, a lei contratual — circunstâncias à parte — parecer libertar de si um sentido completo quanto à totalidade dos seus pontos essenciais; enquanto no outro ela se afigura incapaz de, por si mesma, responder à pergunta de qual foi a particular relação que as partes quiseram constituir.

oferta contratual tão-só uma recusa desta oferta, ligada, por vontade do seu autor, a uma contra-proposta. Aqui, é manifesto estar ausente um dos elementos objectivos que são essenciais ao *Tatbestand* do contrato (a declaração de aceitação); e não pode, por conseguinte, falar-se dum contrato nulo. O que temos em vista é a hipótese de a aceitação conter simultâneamente em si duas declarações contraditórias; de ela exprimir, em primeiro lugar, a ideia de que o declarante adere à norma contratual proposta, e em segundo lugar a ideia de que ele não está de acordo com essa norma, «de que ele deu o seu consentimento sob condições diversas ou para um negócio *(ein Geschäftsinhalt)* diverso do que lhe foi proposto, só tendo, assim, aceitado aderir à oferta por julgar tratar-se duma norma contratual muito diferente» ([1]) ([2]). Neste caso, visto ser essencial ao conceito de contrato o recaírem as duas declarações contratuais (os dois «consentimentos») *in idem (pactum est duorum pluriumve in idem placitum et consensus)*, e visto haver ainda aqui uma certa *aparência* de contrato perfeito, a convenção não poderia deixar de considerar-se nula ([3]). Assim o confirma o art. 684.º.

A outra hipótese, que o texto legal em exame manifestamente prevê, é a de existir, na *lex contractus* aprovada, uma *lacuna* acerca de certos pontos essenciais. Se o juiz, no exercício da sua função interpretativa, obtém colher elementos que o levam a concluir serem as declarações contratuais imperfeitas, por nelas faltar a regulamentação dum ponto sobre o qual o acordo das partes era indispensável, — o contrato será também nulo. Qualquer dos contraentes pode — é

([1]) LEONHARD (R.), *Irrtum*, I, pág. 167.

([2]) Sirva-nos de exemplo o seguinte caso: A, que propôs a B a venda da mobília da sua casa de campo, recebe da parte deste último esta resposta: «Combinado: por esse preço, aceito comprar-lhe o mobiliário da sua casa de Lisboa». — A situação permanece a mesma se, não contendo a resposta de B senão um simples «aceito», todavia A tiver sabido no entre-tempo (ou podido saber) que B atribuira erradamente à sua oferta o sentido de «oferta de venda da mobília da sua casa de Lisboa». Aqui o desacordo objectivo, embora não seja claro, patente, não é menos comprovável (dada a doutrina por nós aceita em matéria de interpretação) do que na hipótese anterior.

([3]) Ela só poderia ser válida, na verdade, sob condição de se lhe atribuir um conteúdo qualquer. E, na hipótese, seria tão ilegítimo imputar-lhe o conteúdo querido pelo proponente como o desejado pelo aceitante.

certo — ter julgado a sua declaração completa, e nessa medida (isto é, enquanto lhe atribuiu um sentido diferente do que nela está expresso) ter sofrido um erro acerca do seu conteúdo. Todavia, não é desse facto que procede a nulidade do contrato, senão de ter sido incompleto o acordo manifestado pelas partes contratantes. A consciência, do lado de cada um dos contraentes, de estar aderindo a uma lei contratual perfeita não basta, portanto, para fundar a validade do contrato. Requer-se ainda que a norma aprovada traduza objectivamente o facto de as partes terem querido regular (embora, porventura, cada uma de seu modo) todos os pontos essenciais da *lex contractus*.

Em conclusão: é nulo o contrato, de conformidade com o preceito do art. 684.º do código: *a)* — quando não for possível atribuir, por via interpretativa, a um certo ponto (essencial) duma ou de ambas as declarações contratuais (da *lex contractus*, portanto), um sentido lógico qualquer ou um sentido de preferência a outro, de entre os possíveis; *b)* — quando o resultado da actividade do juiz-intérprete for a conclusão de que existe um desacordo essencial entre as duas declarações de vontade dos contraentes; *c)* — quando, terminada a fase interpretativa, se tiver de concluir pela existência duma lacuna na lei contratual aprovada, por se tornar evidente então que as declarações negociais (ou só uma delas), interpretada cada uma do ponto de vista do seu destinatário, não reflectem terem os seus respectivos autores querido regular dum modo ou doutro certos pontos essenciais da convenção celebrada.

Em todos estes casos — torne a dizer-se — o efeito da nulidade do contrato ([1]) não é imputável ao erro dos contraentes.

Deve, porém, observar-se que a nulidade do negócio jurídico, nas hipóteses às quais verificámos convir a norma do art. 684.º, está sujeita — como, aliás, o temos feito já notar de passagem — a uma

---

([1]) Ou do negócio jurídico unilateral; sendo, porém, de notar que a segunda das hipóteses previstas acima (a hipótese de desacordo objectivo das duas declarações) pressupõe necessàriamente — claro está — um contrato. As restantes é que se ajustam, sem sombra de dúvida, ao *Tatbestand* dum negócio unilateral. A declaração de vontade que, depois de objectivamente interpretada, permanecer (ou se revelar então) *ambígua, obscura* ou *lacunosa* a respeito de pontos essenciais, será absolutamente nula.

condição imperiosa: o ser a deficiência objectiva da declaração de vontade (ou das declarações) relativa a pontos essenciais da *lex contractus*. Se, pelo contrário, a dúvida (ou o desacordo, ou mesmo a lacuna) recair sobre os acessórios do contrato, o juiz deve então ditar, para o ponto que por via interpretativa foi impossível resolver, a regulamentação que tenha por mais ajustada, conforme os casos, a um ou a outro dos critérios indicados no art. 685.º: o critério da menor transmissão de direitos e interesses, se o contrato for gratuito, e o critério da maior reciprocidade de interesses, se for oneroso.

Daqui resulta a possibilidade de a declaração (ou cada uma das declarações contratuais) vir a ser aplicada, por esta via, com um conteúdo diferente do querido pelo declarante, o qual não logrou obter que à sua vontade real, já durante a fase interpretativa, fosse atribuída eficácia. Por diferentes palavras: a aplicação, feita em certo caso pelo juiz, dum ou doutro dos critérios indicados no art. 685.º, pode conduzir ao resultado de um dos contraentes (ou o declarante) ficar obrigado a suportar efeitos jurídicos provadamente diversos dos queridos. Doutro lado, foi ainda por não ter obtido exprimir, correcta e plenamente, a sua vontade que esta desarmonia entre os efeitos jurídicos queridos e os de facto verificados se tornou possível. Não estaremos, então, nesta hipótese, defronte dum caso manifesto de erro acerca do conteúdo da declaração, a que porventura haja de ser atribuída a eficácia determinada no art. 661.º do código? — Adiante, quando tratarmos dos limites da categoria jurídica do erro sobre o conteúdo da declaração de vontade, procuraremos saber se isto é possível.

3. O princípio de que às declarações jurídicas deve ser atribuído o significado que para o declaratário melhor pareça traduzir a real vontade do declarante, sofre importantes limitações — já o esclarecemos — no domínio dos negócios formais. Aqui, não basta que o sentido querido se tenha tornado reconhecível, no momento da celebração do negócio jurídico, para lhe pertencer o poder de decidir; sendo ainda necessário, como sabemos, que tal sentido corresponda, melhor ou pior, a um dos possíveis significados «objectivo-gerais» da declaração interpretanda.

Disto decorre uma importante consequência: a de que o simples acordo casual das partes, quanto ao alcance das suas declarações, não é suficiente para o negócio jurídico formal ser válido com o conteúdo querido. Se não é possível considerar aquele acordo expresso, dum modo ou doutro, nas declarações negociais, não pode determinar-se por ele o alcance do negócio jurídico. Deverá, então, atribuir-se-lhe a eficácia que resulta do seu conteúdo objectivo, não querido por nenhum dos interessados? Tendemos a crer que não. As mesmas razões de que noutro lugar nos servimos para justificar a solução da nulidade do negócio, no caso de haver desacordo entre o sentido querido por cada uma das partes (diversos um do outro) e o significado objectivo da declaração, — propõem aqui uma solução análoga ([1]).

O alcance do princípio, segundo o qual o sentido querido «reconhecível» tem o poder de decidir, reveste, como sabemos, uma amplitude acentuadamente maior no campo dos testamentos. O sentido subjectivo do testador deve julgar-se decisivo, não só quando ele tiver sido «reconhecível» para a totalidade dos interessados no momento da abertura da declaração testamentária, mas quando for em geral demonstrável que foi esse o sentido atribuído ao testamento pelo seu autor. — No entanto, como negócio jurídico formal que é, o testamento só pode ser entendido de harmonia com a vontade «reconhecível» do testador, quando possa julgar-se que esta vontade se encontra ainda expressa na declaração testamentária. Assim, se o testador dispôs: «deixo todos os meus bens às minhas irmãs legítimas», não poderá ser normalmente imputado a esta declaração o sentido de: «deixo todos os meus bens às minhas irmãs germanas, com exclusão das consanguíneas», por mais provadamente que se averigue ter sido este o sentido querido pelo testador.

O escopo particular que à interpretação assinalámos em matéria de testamentos, torna legítimo que se ponha aqui de novo o problema do qual fizemos o objecto de parte do cap. I deste trabalho: o problema de saber se o erro, por cuja influência se produz um desacordo entre o declarado e o querido, não deve gerar o efeito da nulidade absoluta da declaração de última vontade ([2]). Contudo, como no

---

([1]) O mesmo parece dever dizer-se quando se entenda que o significado anómalo, comum e deliberadamente atribuído à declaração pelas duas partes, nem de longe pode considerar-se traduzido nas expressões empregadas.

([2]) Em matéria de testamentos, como resulta do jogo dos princípios de interpretação válidos neste domínio, a existência dum erro do testador quanto

campo dos testamentos a nulidade proveniente do erro, ainda que tão-só acerca da causa (art. 1745.º), se entende em geral que é sempre uma nulidade absoluta, *imprescritível* e *insanável* (¹), não há necessidade de pôr aqui em exame aquele problema.

4. Em sentido jurídico, só pode falar-se duma desarmonia entre o declarado e o querido — repita-se — quando não seja possível remover por via interpretativa o erro sofrido pelo declarante acerca do significado objectivo das expressões utilizadas (²). Se *B*, no momento de ajustar com *C* um contrato de usura, emprega a expressão «juros legais», apercebendo-se o mutuário muito bem de que por «juros legais» entende o mutuante um juro de 10 %, *B* terá sofrido um erro, em sentido comum, acerca do verdadeiro significado das expressões utilizadas para comunicar a sua vontade. Em sentido jurídico, todavia, não haverá erro.

E com a determinação das condições sob as quais pode ser afirmada, do ponto de vista jurídico, a existência dum erro do declarante quanto ao alcance da sua declaração, com estabelecer, por outras palavras, que o erro acerca do sentido do «declarado», diversamente de todo outro erro, pode ser completamente anulado por via interpretativa, — com determinar isto, parece ter-se indicado tudo quanto é de molde a constituir especialidade, no aspecto jurídico, do erro por virtude do qual se produz desarmonia entre a declaração

---

ao alcance da sua declaração, só pode ser afirmada em dois casos: no caso de a vontade real do declarante não poder julgar-se expressa na disposição testamentária, e no caso de ser tão-sòmente reconhecível (no sentido de «demonstrável») que o testador errou, sem ao mesmo tempo se poder chegar à reconstrução da sua verdadeira vontade.

(¹) V. prof. TAVARES, *Sucessões*, I, págs. 523 e segs., 536 e segs., e dr. C. GONÇALVES, *Tratado*, IX, págs. 573 e segs., e 579 e segs. — O preceito da lei portuguesa, donde forçosamente se conclui ser causa de nulidade o erro acerca do conteúdo da disposição testamentária, é o nosso conhecido art. 1837.º.

(²) Ou o erro por ele cometido ao falar ou ao escrever *(lapsus linguæ ou calami)*. Embora verdadeiramente se não trate aqui dum erro sobre o sentido da declaração *(falsa opinio)*, a circunstância de, tanto como este último, o *error in faciendo* poder ser anulado durante a fase interpretativa permite incluí-lo na mesma categoria jurídica. Quando falamos de «erro acerca do conteúdo da declaração de vontade» queremos, por isso, aludir invariàvelmente tanto ao *error in judicando* como ao *error in faciendo*.

e a vontade do declarante. Efectivamente, as nossas investigações da 1.ª parte deste trabalho possibilitaram a conclusão de ser todo o erro, mesmo à face da lei portuguesa, causa de simples nulidade relativa do negócio jurídico, e de o ser com sujeição aos requisitos imperativos dos arts. 658.º e segs. do código civil. Se assim é, verificado que o declarante errou acerca do sentido ou alcance da sua declaração de vontade, nenhuma investigação autónoma, não comum aos outros possíveis casos de erro, pode aparentemente ser aqui instituída. A consequência jurídica de todo o desacordo inconsciente entre o declarado e o querido é a simples nulidade relativa do negócio; e constituirá tão-só problema, por isso, o saber se na hipótese se verificam as condições de relevância do erro fixadas no art. 661.º. Mas este problema não poderá ter solução particular — já que o art. 661.º convém igualmente a casos típicos de erro-vício-da-vontade — só por incidir o erro, na hipótese, sobre o conteúdo da declaração emitida.

Não é, entretanto, assim. A conclusão a que pudemos chegar, no fim do 1.º § da parte 1.ª deste trabalho, foi a de que as disposições da lei civil portuguesa relativas ao erro são aplicáveis a erros de todas as categorias psicológicas possíveis; o que trazia implícita em si a ideia de ser a nulidade relativa do negócio jurídico todo o efeito *em princípio* imputável ao erro sobre o sentido da declaração de vontade. Mas não se disse ali que este último erro, embora por força de razões diversas das invocadas pela doutrina clássica, não pudesse ser causa, em certos casos, duma eficácia jurídica particular. E já iremos ver, pelo contrário, que na sequência das razões, com o auxílio das quais motivámos a doutrina de que falta o erro quando a real vontade do declarante se tornou reconhecível para a outra parte, — que na sequência, no desenvolvimento dessas razões parece estar a atribuição dum significado jurídico particular (em determinadas circunstâncias) ao erro sobre o conteúdo da declaração de vontade.

O declaratário deve poder guiar-se pela aparência da vontade do declarante; visto que, como muito bem acentua HILDEBRANDT [1], só está nas suas possibilidades inferir, dos termos da declaração recebida e das circunstâncias concorrentes, o conteúdo de pensamento que o declarante lhe quis comunicar, não captá-lo de modo directo. Mas o declaratário deve poder fiar-se na vontade aparente do autor

---

[1] *Erklärungshaftung*, págs. 195-96.

da declaração, há-de reconhecer-se também ao declarante, paralelamente, o direito de vincular a outra parte ao sentido por ele querido, quando este sentido, não correspondendo embora ao significado normal das expressões empregadas, for no entanto o que melhor traduza (mesmo aparentemente) a sua real intenção. Assim o reclamam a justiça e a boa-fé.

Pode, porém, acontecer que para o declaratário seja tão-sòmente reconhecível o facto de o declarante ter atribuído à declaração feita um significado diverso do seu significado comum; não lhe sendo ao mesmo tempo fácil nem viável apreender o sentido que a declaração, por vontade do seu autor, realmente devia exprimir. Quando assim acontece, dir-se-á que se trata dum erro (acerca do conteúdo da declaração de vontade) *reconhecível*.

Se, além de ser reconhecível, o erro sofrido pelo declarante chegou mesmo a ser apreendido pela outra parte, parece impor-se aqui, irresistìvelmente, uma solução radical: a nulidade plena, absoluta da declaração viciada e, portanto, do negócio jurídico. Na verdade, sujeitar o declarante a responder por um dos sentidos da declaração emitida que não é o correspondente à sua vontade, constitui solução só justificável pelas considerações devidas à boa-fé da outra parte. E procede claramente contra os princípios da boa-fé quem, ao aperceber-se do erro sofrido pelo autor da declaração, em vez de o advertir disso mesmo, pretende, ao invés, tirar partido daí. Ao declarante deve, neste caso, ser lícito invocar a todo o tempo o erro de que foi vítima ([1]) ([2]).

([1]) Apesar de, nos casos de nulidade absoluta do negócio jurídico, o reconhecimento judicial da nulidade poder ser pedido por qualquer interessado, entendemos que este direito é de recusar, na hipótese do texto, à parte que teve conhecimento do erro do declarante e omitiu preveni-lo disso. Com uma restrição apenas: a de que esta omissão há-de ter constituído um verdadeiro *dolo* do contraente responsável por ela. Se, portanto, este contraente só omitiu esclarecer a outra parte acerca do seu erro por julgar que o enganado já fora entretanto prevenido ou o seria daí a pouco com toda a certeza, — faltam razões, parece-nos, para se lhe recusar o direito de pedir a declaração judicial de nulidade do negócio. Quando estas condições se não verifiquem, pensamos ser a norma do art. 695.º do nosso código bastante para fundamentar a validade da doutrina por nós sugerida.

([2]) É claro que a admissão desta doutrina não deixa de ter interesse para o contraente enganado, só por existir no nosso sistema jurídico um pre-

Mas se não parece provável que a conveniência e equidade manifestas desta solução possam fàcilmente ser contrariadas por considerações doutro sentido, não se afigura possível afirmar dela o mesmo quando o declaratário apenas tiver incorrido em culpa (não em má-fé), por se não ter apercebido como podia e devia do erro cometido pelo declarante. Certo, a solução da nulidade absoluta do negócio jurídico é proposta, mesmo nestes casos, por uma valiosa consideração. A declaração de vontade deve ser válida com o alcance que melhor exprima, do ponto de vista do destinatário, as reais intenções do seu autor. Se o destinatário tem, pois, razões para concluir não ser o significado objectivo da declaração igual ao significado querido, ele não pode alegar em seu favor a confiança que fundou naquele primeiro significado; de facto, toda a confiança que o direito se propõe aqui proteger é aquela que legìtimamente se deposita na seriedade e na conformidade da declaração recebida ao querer de quem a emitiu.

Contra isto pode, no entanto, aduzir-se uma objecção singularmente perturbante e embaraçosa, que, aliás, já nos não é estranha. Se é certo ter o declaratário incorrido em culpa por se não aperceber do erro sofrido pelo declarante, não é menos verdadeiro poder dirigir-se ao declarante uma censura idêntica, enquanto ele se não utilizou dos meios de expressão adequados a tornar imediatamente inteligível a sua real vontade. E, se há uma concorrência de culpas, como sempre é mais fácil a quem «declara» precaver-se contra o perigo dum erro de expressão do que a quem «interpreta uma declaração alheia» surpreender, por detrás das expressões aparentemente perfeitas, o

---

ceito (o art. 693.º do cód.) segundo o qual «a nulidade pode ser oposta, por via de excepção, a todo o tempo em que o cumprimento do contrato nulo for pedido». Basta pensar nos casos em que o enganado, ainda sob a influência do erro, cumpriu aquilo a que se obrigou (e quis obrigar), só no momento de receber a contra-prestação se apercebendo do seu equívoco.

A doutrina de que a declaração deve considerar-se absolutamente ineficaz quando o declaratário se apercebeu do erro sofrido pelo declarante, é afirmada de modo expresso para o direito alemão, entre outros, por OERTMANN, *Allg. Teil,* pág. 408. E deve reconhecer-se que ela se impõe irresistìvelmente a quem aderir à doutrina comum, segundo a qual é nula a declaração de vontade nos casos em que a reserva mental do declarante foi conhecida do declaratário.

erro do declarante, — o conflito de interesses deve resolver-se no sentido mais favorável ao declaratário. A culpa em que este possa ter incorrido é sempre menos *grave* do que a imputável ao primeiro. Já sabemos a maneira de anular este argumento ([1]). Sem dúvida, é pressuposto indispensável da hipótese que estamos a encarar o ser lícito falar-se duma concorrência de culpas. Se o declarante não entendeu nem podia entender a declaração emitida no sentido que ela objectivamente exprime ([2]) e se o significado querido, por outro lado, não se tornou reconhecível para o declaratário, — a declaração de vontade é logo nula por isto mesmo, ainda que do desacordo entre o declarado e o querido se não tenha podido aperceber a outra parte.

Mas, embora contra as aparências, nada aconselha aqui a decisão do conflito de interesses no sentido mais desfavorável ao declarante. É preciso atender a que a solução de se considerar ineficaz a declaração de vontade em caso de erro «reconhecível», representa ainda a contrapartida do direito concedido ao declaratário de se orientar decisivamente pela aparência da vontade do autor da declaração. Simultâneamente que é titular desse direito, incumbe-lhe o dever de procurar, por detrás do sentido mais aparente do declarado, aquele que mais de perto traduza as verdadeiras intenções do declarante. E, sempre na mesma linha, pertence-lhe também inquirir, quando a outros resultados não possa levar a sua investigação, se acaso as expressões empregadas não terão deixado de corresponder à expectativa da pessoa que as utilizou, por não libertarem de si o sentido conforme à sua verdadeira vontade. Se ele acaba por chegar à conclusão de que assim aconteceu realmente, deixa de ter razões para continuar a orientar-se pelo conteúdo objectivo da declaração recebida. E, como o sentido querido é para si ininteligível, deverá

([1]) A razão, de facto, é no fundo a mesma que verificámos ser aduzida por F. LEONHARD contra a doutrina da impressão do destinatário, em matéria de interpretação do negócio jurídico. *Supra*, § 1.º, n.º 10.

([2]) Por ser esse o sentido usual da declaração só à face dos usos da terra onde reside o destinatário (usos que o declarante ignora sem culpa); ou por aquele sentido não ser o das expressões realmente empregadas pelo declarante, mas o daquelas que formam o conteúdo da declaração no momento de esta chegar ao seu destino (casos de adulteração posterior — pela qual o declarante não seja responsável — da declaração de vontade).

concluir que nenhumas expectativas lhe será lícito fundar sobre a declaração de vontade chegada às suas mãos.

Ora — e isto parece da maior importância — pode acontecer faltar todo o desacordo entre o sentido objectivo do declarado e a vontade do declarante, e ser apesar disso claro para a outra parte que tal desacordo existe, que o significado mais apreensível das expressões empregadas não corresponde às reais intenções de quem as utilizou. Neste caso, a declaração não poderá igualmente deixar de ser nula.

E aqui temos como a imposição ao declaratário do dever que afirmámos justo imputar-lhe pode, às vezes, funcionar em benefício do próprio onerado. É preciso não esquecer que a tendência de todo o destinatário *razoável* duma declaração jurídica, que tenha fortes razões para considerar mal expressa nas palavras empregadas a vontade do declarante, será, em regra, no sentido de reservar o seu juízo até receber esclarecimentos complementares (que poderão constituir, para o direito, uma nova declaração de vontade) da parte deste último. Atribuir ao erro, quando reconhecível, a virtude de tornar absolutamente ineficaz a declaração viciada, é apenas um aspecto da solução que consiste em proclamar-se nulo o negócio jurídico sempre que o declaratário puder julgar divergentes o querido e o declarado. E esta solução constitui apenas, fundamentalmente, o reconhecimento daquela ideia; é uma solução orientada *no sentido do interesse do destinatário*. Se o admiti-la traz consigo, em certos casos, um benefício só para o declarante — que também incorreu em culpa —, isso apenas significa ser ela uma solução *de equilíbrio*, uma solução pela qual se atende, quase em medida idêntica, aos interesses das duas partes. E isto só pode ser motivo de aplauso.

Pensamos, pois, que o erro sobre o conteúdo da declaração de vontade, quando reconhecível para o declaratário, deve causar a nulidade absoluta do negócio jurídico. De facto, o declarante só tem de responder pelo sentido da declaração emitida que para a outra parte pareça reflectir as suas reais intenções [1].

---

[1] No sentido do texto, quanto à particular eficácia jurídica do erro «reconhecível» (mas sem fundamentação bastante): v. Tuhr, *ob. e vol. cits.*, pág. 570; Larenz, *ob. cit.*, pág. 79, nota 2. V. também Schmidt, *Motivirrtum*, pág. 107 e Rhode, *ob. cit.*, pág. 78.

5. A doutrina exposta, porém, — se bem cuidamos — não é admissível senão depois de sujeita a restrições importantes.

Pois que a razão donde se procede para a enunciar é a da falta de legitimidade da confiança depositada pelo declaratário no conteúdo objectivo da declaração recebida ([1]), compreende-se que ela venha a ser posta de lado quando, apesar de ser manifesto que o declarante errou, for ainda assim admissível, de certo modo, que a outra parte continue a orientar-se pelo sentido aparente da declaração de vontade. E esta situação pode realmente verificar-se. O ser líquido que o declarante sofreu um erro acerca do alcance objectivo do declarado, nem sempre é razão suficiente para aconselhar o declaratário a não fundar quaisquer expectativas com base na declaração chegada ao seu poder.

A exactidão deste asserto revela-se confirmada logo que se tenham em vista os casos em que, sendo reconhecível o facto de o declarante ter errado, for também de crer que a sua atitude não seria essencialmente diversa se não fosse o erro. Mas deve formular-se aqui, a este respeito, uma observação de relevo. Quando o erro não incide sobre o próprio conteúdo da declaração a emitir, quando, noutros termos, a sua influência se verifica apenas no estádio da formação da vontade do «declarado», compreende-se que uma análise das circunstâncias concorrentes (surgidas *ante* ou *post factum*) possa legitimar a um julgador imparcial este juízo: mesmo sem o erro, o declarante teria sem dúvida emitido a declaração que realmente emitiu. Com efeito é perfeitamente concebível que o conhecimento da erroneidade duma certa opinião sua acerca de determinado facto ([2]), se tivesse ocorrido antes de ser emitida a declaração negocial, não modificasse em coisa alguma a deliberação já tomada pelo agente.

Pelo contrário, o juízo de que entre o declarado e o querido

([1]) Ou — talvez mais rigorosamente — a da *perplexidade* em que pode e deve cair o declaratário, em face da declaração que é visível não corresponder às intenções do declarante. Desta maneira fica logo posta a claro a ideia de que a doutrina nessa razão filiada não tem de intervir só quando o declarante tiver, de facto, errado.

([2]) Por ex.: a opinião de que o objecto que deseja adquirir possui determinada qualidade.

falta a devida correspondência parece ser inconciliável com o juízo de que o desacordo verificado não é essencial; de que a declaração emitida seria a mesma se não fosse o erro. Na verdade, a significação daquele desacordo — como sabemos — é esta: o declarante quis exprimir uma coisa, mas exprimiu (involuntàriamente) outra. E isto foi devido a não ser o significado objectivo das expressões empregadas o mesmo significado que ele lhes atribuiu. Mas se assim é, não pode nunca afirmar-se que o conteúdo da declaração não seria diferente se faltasse o erro. Pois se o declarante, querendo exprimir *a*, se apercebesse de que era *b* o sentido das expressões escolhidas, ele teria, sem dúvida, afastado estas e procurado outras — as que fossem adequadas a traduzir a sua real vontade.

Neste sentido, afigura-se de facto evidente não poder afirmar-se, dum erro acerca do conteúdo da declaração feita, que ele não foi *essencial* ([1]).

Todavia, a quem pretendesse considerar este juízo como decisivo, não seria difícil mostrar que ele só aparentemente pode ser exacto. Para isso bastaria pensar nas muitas hipóteses — fàcilmente imagináveis — em que circunstâncias objectivas de vária ordem tornam líquido ter sido ao declarante de todo indiferente exprimir, de preferência ao declarado, um «conteúdo negocial» diverso. Suponha-se, por ex., que um indivíduo, fraquíssimo conhecedor e apreciador de vinhos, escolhe num catálogo vinho duma certa qualidade perfeitamente ao acaso, e que depois, ao fazer a encomenda ao representante da casa fornecedora, indica por confusão uma qualidade diferente da escolhida, mas uma qualidade, ainda assim, muitíssimo semelhante a esta última e de preço aproximadamente igual ([2]). Se o destinatário da encomenda tem razões para pensar que a marca de vinhos indicada não é a realmente querida ([3]), mas se ao mesmo tempo são dele bem conhecidas as circunstâncias da escolha,

---

([1]) Excluem-se, é claro, os casos em que o sentido aparente da expressão, não sendo igual ao sentido querido, tem ainda assim idoneidade para reflectir as verdadeiras intenções do declarante. Aqui — já o sabemos — não se verificam os elementos do conceito jurídico de erro no conteúdo.

([2]) Ex. apresentado por v. Tuhr, *ob.* e *vol. cits.*, pág. 586, nota 102.

([3]) Sem que a verdadeira vontade do declarante seja para ele reconhecível, é claro.

— poderá dizer para si que o declarante, mesmo se tivesse dado pelo lapso cometido antes de expedir a encomenda (e contanto fosse informado da semelhança dos vinhos das duas marcas e da igualdade do preço), não lhe teria certamente alterado o conteúdo.

Mas nem só neste sentido pode falar-se da não essencialidade dum erro sobre o conteúdo da declaração. Por vezes acontece que, sem o erro, a declaração seria indubitàvelmente diversa; concorrendo com isso a circunstância — em parte de sentido contrário — de que o declarante, mesmo sem o erro e contanto apurasse a inutilidade de acrescentar à sua declaração uma certa cláusula (a cláusula, precisamente, que ele julgou estabelecer através do emprego das expressões viciosas), teria, no entanto, declarado o que no fundo declarou. Imagine-se, para melhor esclarecimento da situação, que, na sua proposta de compra dum objecto qualquer de certa espécie (um automóvel de certa marca e tipo, por exemplo), A pretende aludir a uma determinada qualidade de que (erròneamente) julga ornado o objecto em questão; mas que emprega expressões impróprias para designar a propriedade tida em vista, e expressões, até, totalmente vazias de sentido, comparadas com o restante teor da proposta. Se dos próprios termos da declaração resulta que o declarante não atribuiu valor de pressuposto essencial ao facto de a coisa desejada possuir, além das normais, mais outra qualidade qualquer, — o declaratário terá razões para não julgar *causal* o erro de expressão sem dúvida cometido aqui pelo proponente. Terá razões para pensar — digamo-lo por outras palavras — que a proposta recebida não seria essencialmente diversa se o declarante, antes de a expedir, tivesse concluído faltar no objecto da espécie referida a qualidade primeiro suposta existente.

Nos casos pertencentes às duas categorias apontadas, trata-se, portanto, de ser reconhecível, não só que o declarante esteve em erro acerca do alcance do declarado, mas também que ele não deixaria de fazer a declaração feita mesmo na hipótese de o erro ter sido corrigido a tempo. Por isto se justifica que a declaração de vontade não seja aqui nula: o declaratário não tem razões, nestes casos, para se abster de fundar a sua confiança na validade da declaração com o conteúdo declarado. De facto, é-lhe lícito pensar que o erro sofrido pelo declarante não foi causa de nenhuma consequência funesta para os seus interesses.

Outra importante restrição é proposta, para a validade da doutrina por nós defendida, por uma consideração de índole diversa da indicada.

Verificado que deve considerar-se objectivamente essencial o erro cometido pelo declarante, não fica logo excluída a possibilidade de o declaratário continuar a orientar-se, ainda com certo fundamento, pelo alcance objectivo da declaração. Pode, de facto, acontecer, numa hipótese daquelas, que ao declaratário seja lícito pensar ser ainda assim mais favorável, para os interesses do declarante enganado, a solução da validade da declaração emitida com o conteúdo objectivamente expresso, do que a da nulidade absoluta, insanável do negócio jurídico.

Isto sucede, por ex., quando for de presumir que o declarante, precisamente por ter julgado concorrer, com a sua declaração de vontade, para o aperfeiçoamento dum negócio de certo conteúdo (e só por isso), há-de talvez julgar preferível o mal de se submeter ao vínculo jurídico involuntàriamente designado como querido, ao mal de não receber, das mãos da outra parte, a prestação esperada. Imagine-se, por ex., que eu recebo de B proposta de venda do objecto $a;$ mas que circunstâncias de certa ordem me forçam a concluir ter sido o proponente vítima dum lapso ao declarar a sua vontade, pois não era o objecto a, mas um dos objectos da série b, c, d, etc. (qual destes, não posso saber) o que ele pretendia vender-me. Se é de mim conhecida a circunstância de que B me dirigiu aquela proposta forçado por uma absoluta, premente necessidade de dinheiro, e se apenas convém ao meu interesse aderir à oferta recebida sob condição de ser a, não b, c, etc., o objecto do contrato, — ser-me-á lícito pensar que a B agradará muito mais receber da minha parte, na volta do correio, a quantia representativa do preço pedido, do que a simples advertência de eu me ter apercebido do seu erro. Eu não ignoro que B, se porventura soubesse que só me interessava a compra do objecto a, teria preferido, à solução de se desfazer deste objecto, a de oferecer a outra pessoa a venda duma coisa diversa, igualmente valiosa. Sei, por conseguinte, que se tivesse dado a tempo pelo erro cometido, B teria sem dúvida corrigido a sua declaração; e sei ainda que o proponente, apesar da sua necessidade de dinheiro, teria recorrido a outra via, no caso de não ignorar que eu só podia dispor-me a comprar-lhe o objecto a. O erro sofrido pelo declarante foi aqui, portanto, — mesmo objectivamente — essencial. Mas é também do meu conhecimento a circunstância — importantíssima — de que justamente por ter confiado receber de mim, como princípio de execução do contrato proposto, a importância pecuniária requerida, *B* há-de preferir, com toda a probabilidade, desfazer-se do objecto de estimação por mim desejado, a encontrar-se, contra as suas esperanças, sem o dinheiro de que precisa. E é esse facto que justifica a minha atitude de confiança, no momento de expedir a aceitação, na validade do contrato de compra e venda do objecto *a*. Por isso nos parece preferível neste caso — e nos mais que se lhe mostrarem afins —, a solução de se negar ao erro do declarante, por mais claramente que a outra parte dele se tenha apercebido ([1]), a virtude de gerar a nulidade absoluta da declaração viciada.

Mas é claro que ao declarante fica sempre livre aqui a via da impugnação do negócio jurídico (com fundamento no erro sofrido) dentro do prazo legal, ou o recurso de opor a nulidade do contrato, *ope exceptionis* (e pela mesma causa), «a todo o tempo em que o cumprimento do contrato nulo lhe for pedido» (art. 693.º) ([2]). Pois,

---

([1]) Ou por mais «reconhecível», do ponto de vista do declaratário, que seja o erro. Na verdade, quando a par desta circunstância, se dê o caso de poder dizer-se que o declaratário, se tivesse conhecido o erro, poderia ter chegado à conclusão a que no texto aludimos, — não deve adoptar-se solução diferente da preconizada acima.

([2]) É evidente que este segundo recurso só o poderá utilizar o contraente enganado quando o contrato não tiver sido ainda cumprido, ou quando, pelo menos, não tiver sido cumprido pela sua parte ainda sob a influência do erro. Sendo, porém, de notar que poderá constituir ratificação tácita do contrato anulável o facto de o enganado arrecadar a contra-prestação do outro contraente e, já esclarecido acerca do alcance objectivo da sua proposta, omitir informá-lo de que não se julga vinculado aos termos do contrato por este aceito. Só haverá, contudo, ratificação quando da parte do enganado tiver havido a necessária consciência de que a sua atitude — aceitando a prestação do outro contraente e omitindo preveni-lo da sua vontade de invocar o erro, logo que isso se torne preciso — poderá ser encarada pelo segundo contratante como renúncia voluntária ao seu direito de se prevalecer da nulidade do negócio jurídico. A declaração de ratificação (expressa ou tácita) há-de realmente obedecer, para ser válida, aos requisitos de que depende a validade das declarações jurídicas em geral.

Alguns autores costumam referir, como única hipótese possível de confirmação tácita, a de execução voluntária do contrato (total ou parcial) por

com efeito, tendo o declaratário podido concluir que entre a declaração recebida e a vontade do seu autor faltava a normal correspondência e que, sem o erro, outro seria o alcance objectivo da declaração de vontade, — verificam-se inquestionàvelmente todas as condições a que a lei (art. 661.º) sujeita a nulidade do contrato por erro acerca do seu conteúdo.

O mesmo não pode já dizer-se — é evidente — na primeira das duas hipóteses configuradas, em que o erro, apesar de «reconhecível», não determina a nulidade absoluta do negócio jurídico. Ali, como se não esqueceu ainda, tratava-se justamente dum erro que o declaratário podia considerar «não essencial». Ora, não basta que o erro sobre o conteúdo do contrato (sobre o conteúdo da declaração) seja reconhecível para ser causa, nos termos do art. 661.º, de nulidade relativa. A relevância jurídica do erro depende sempre de as circunstâncias objectivas reflectirem que foi só por estar em erro que o enganado não deu à sua declaração de vontade uma conformação diversa. É sem dúvida assim que deve traduzir-se a fórmula do art. 661.º.

Como sabemos (v. *supra*, cap. I, § 1.º), a eficácia jurídica do erro previsto nesta disposição legal não está condicionada à sua «reconhecibilidade». É bastante o ser demonstrável, à face das circunstâncias conhecidas do declaratário, que o enganado não teria declarado o

---

parte do contraente que podia invocar a nulidade. Assim, Coviello, *Manuale* (2.ª ed.), pág. 339. Idêntica parece ser a posição de Venzi *(Diritto civile italiano*, pág. 165), Ruggiero *(Instituições*, I, pág. 311), e, entre nós, a do prof. Moncada *(Lições*, 2.º, pág. 416). Mas se os civilistas italianos estão naturalmente vinculados ao texto do art. 1309.º do seu cód. civil, que fala duma ratificação expressa e duma confirmação tácita ou *execução voluntária* do contrato nulo, nada adstringe os portugueses a aceitar uma doutrina idêntica, visto o art. 696.º do nosso código não conter nenhuma referência à forma da ratificação. O que pode é dizer-se, com Guilherme Moreira *(Instituições*, I, págs. 519 e seg.), que «a ratificação tácita resulta *principalmente* do facto de, havendo cessado o vício que determinava a anulabilidade do contrato, este ser voluntàriamente executado». Mas nada impede admitir que uma conduta qualquer do contraente autorizado a impugnar o negócio jurídico (inclusive uma simples omissão, como no caso atrás referido), contanto adequada a fundar a confiança da outra parte e praticada com a consciência disso (desta sua aptidão), possa constituir confirmação tácita do contrato anulável.

que declarou se tivesse julgado erróneo um certo juízo acerca de dada situação presente, passada ou futura. Mas se, além disto, o erro sofrido pelo declarante se tornou reconhecível para a outra parte, no momento da celebração do contrato, nada propõe que se não faça depender a sua relevância, ainda neste caso, do facto de ser também reconhecível (para o declaratário, naturalmente) que, sem o erro, a declaração teria sido emitida com um alcance diverso. Em verdade, parece-nos evidente que os interesses do declaratário na manutenção do contrato não se tornam menos atendíveis por se afigurar manifesto que o declarante errou, mas tão-sòmente por ser de presumir que ele se teria abstido (ou que teria feito uma declaração diversa) se não fosse o erro. Aliás, o art. 661.º não estabelece qualquer distinção entre os casos em que o erro se torna reconhecível e aqueles em que a outra parte, mesmo procedendo com toda a diligência actuável, dele se não teria podido aperceber.

§ 3.º

1. Se o erro acerca do conteúdo da declaração de vontade, diversamente de todo outro erro, é susceptível de ser corrigido e anulado logo durante a fase e por via interpretativa do negócio jurídico, e se as mesmas razões que determinam esta possibilidade justificam também (sob certas condições) um regime jurídico particular para o erro daquela espécie que através da interpretação não puder ser rectificado, — impõe-se a tarefa de fixar, com o possível rigor, os limites da categoria jurídica do erro sobre o conteúdo da declaração de vontade.

Para o direito, o sentido duma declaração de vontade é aquele mesmo sentido que as partes concordemente lhe atribuíram, ou (quando falta o acordo) aquele que aparentemente lhe foi imputado pelo seu autor. Por sua vez, a imagem que o declarante pode ter da declaração emitida é a correspondente ao conteúdo de pensamento que por seu intermédio ele procurou exprimir. Toda a declaração jurídica é declaração dirigida a outros indivíduos, é meio de comunicar ao mundo exterior certo conjunto de pensamentos. Para se determinar o significado atribuído pelo declarante à sua declaração de vontade deve, pois, inquirir-se quais foram as representações que através da sua conduta ele pretendeu despertar no espírito da pessoa de quem desejou ser entendido. Logo, para o direito só pode tratar-se de afeiçoar as consequências jurídicas da declaração negocial àquele dos possíveis significados desta declaração que aparentemente o declarante esperou lhe seria imputado pelo declaratário.

Daqui resulta não ser o conhecimento do quadro de efeitos jurídicos, que o declarante esperou alcançar com a sua declaração, o que directamente interessa colher através da actividade interpretativa. Não basta que reconhecidamente o declarante tenha julgado a sua declaração adequada a produzir certo efeito, para que o efeito querido na verdade se produza. Requer-se, para tal, que o declarante tenha querido exprimir na declaração feita esta sua vontade, ou, pelo menos, que ele tenha suposto na outra parte o conhecimento prévio dela.

Não é tarefa difícil justificar esta doutrina. O declaratário deve esforçar-se por atribuir à declaração recebida o alcance que melhor corresponda à vontade real de quem a emitiu. Mas seria injusto obrigá-lo a procurar reconstituir, com o possível cuidado, todo o conjunto de expectativas alimentadas pelo declarante, que ele pensou realizar através da sua declaração de vontade. Só pode impor-se ao declaratário o dever de tentar informar-se, por todos os meios, acerca daquilo que o declarante lhe quis realmente comunicar. Só pode exigir-se dele que diligencie entender o que a outra parte visou tornar acessível ao seu entendimento. Tudo quanto fosse impor-lhe o dever de procurar elucidar-se acerca das reais intenções do declarante fora destes limites, seria admitir uma situação de manifesta desigualdade entre as partes.

Assim como ao declaratário pertence esforçar-se por apreender a verdadeira intenção do declarante, em vez de se ater ao puro significado objectivo das expressões, assim a este último incumbe o dever de tornar acessível à compreensão da outra parte a vontade que ele pretende converter em grandeza jurìdicamente actuante. Seria injusto permitir ao autor da declaração o apelo a uma circunstância «reconhecível», na qual se tivesse exteriorizado a sua vontade de certa consequência jurídica, se deliberadamente ele não tornou esta vontade objecto de notificação dirigida ao declaratário.

Na verdade, concebe-se que a um certo esforço do declarante (embora frustrado) no sentido de se tornar compreensível, corresponda do lado da outra parte a obrigação de procurar, por detrás do alcance aparente das palavras, o real significado da participação que por aquele lhe foi dirigida; mas tal obrigação não se compreenderia sem um correspectivo, uma contrapartida que devesse ser prestada pelo declarante ([1]).

Aliás — e a tornar mais convincente o nosso ponto de vista —, o não querer o declarante revelar ao destinatário da declaração o seu desejo de ver regulado de certo modo um determinado ponto da lei contratual, traduzirá muitas vezes uma atitude altamente censurável da parte daquele, que se não harmoniza com a intervenção dos prin-

---

([1]) V., neste sentido, RHODE, *Willenserklärung*, pág. 50.

cípios normalmente válidos em matéria de interpretação (¹). Imaginemos que um indivíduo assume o encargo de efectuar uma certa operação jurídica por mandado e em nome doutrem, e omite informar o mandante da sua vontade de ser devidamente remunerado pelos serviços que lhe prestar, já por fazer uma ideia errónea do preceito do art. 1331.º cód. civil (²), já por ponderar que a outra parte, se for esclarecida acerca das suas reais intenções, desistirá muito pròvàvelmente de o incumbir a ele de realizar a operação indicada. Este indivíduo não merece decerto que à sua vontade de receber adequada remuneração, uma vez cumprido o mandato, seja atribuída consideração decisiva, só por tal vontade se haver tornado provadamente reconhecível para o mandante. Com efeito, da parte do mandatário terá havido aqui verdadeira má-fé, enquanto ele, sabendo que o mandante não pensava remunerar-lhe os seus serviços, omitiu informá-lo de que, afinal, por força da lei, todo o mandato se considera remunerado na falta de expressa convenção em contrário (³). E havia de admitir-se que ao propósito firme dum con-

---

(¹) Cfr. MANIGK, *Irrtum u. Auslegung*, pág. 165, autor que, no entanto, tira duma observação análoga à referida no texto conclusões manifestamente exageradas. Mais adiante teremos ocasião de apreciar e rebater os pontos de vista de MANIGK a este respeito.

(²) Que ele supõe prescrever que todo o mandato se presume remunerado, enquanto as partes não tiverem expressamente convencionado o contrário.

(³) Outro exemplo: O contraente-comprador quer que por conta do vendedor corram todas as despesas tornadas necessárias pela operação jurídica entre ambos convencionada, e que seja este, inclusivamente, a incumbir-se do encargo de pagar ao Estado o imposto devido. Apercebendo-se, porém, de que o vendedor, estando resolvido a tomar à sua conta aquelas despesas, há-de preferir renunciar ao contrato a sujeitar-se a esta última obrigação, ele faz inserir no documento a cláusula «todas as despesas a cargo do vendedor», convencido de que esta cláusula, pelo seu sentido usual, se refere também ao ónus do pagamento do imposto, mas sem informar a outra parte desta sua convicção. É manifesto que o contrato não pode considerar-se nulo, como sucederia — em virtude de se estar então na presença dum caso de dissentimento «objectivo» (porventura essencial, nos termos e para os efeitos do art. 684.º) — se o ponto de vista do comprador se houvesse tornado «reconhecível» para o outro contraente e se a declaração daquele pudesse ser interpretada de harmonia com uma vontade voluntàriamente mantida secreta. (Haveria aqui um caso de dissentimento, de facto, visto que,

O erro sobre o conteúdo da declaração de vontade 261

traente de ocultar do outro os seus pensamentos acerca da regulamentação jurídica de certo ponto da *lex contractus,* correspondesse, da parte deste último, a obrigação de se esforçar por descobrir intenções voluntàriamente mantidas secretas?! (¹).

Mas nem só nos casos em que o declarante tiver visado o fim de ocultar da outra parte a sua verdadeira intenção, involuntàriamente tornada reconhecível, é de recusar doutrina diversa da exposta. Com efeito, o simples facto de ele não ter procurado fazer-se entender acerca da regulamentação desejada para um ou outro ponto da *lex contractus,* tirando-lhe todo o direito de se queixar doutra pessoa, que não de si, por não ter o declaratário penetrado os seus pensamentos, torna a sua situação muito menos digna de atenções do que a deste último (²).

---

admitidos estes dois pressupostos, o sentido objectivo da cláusula «todas as despesas por conta do vendedor» seria um para o primeiro contraente e outro para o segundo. Na verdade, se o vendedor a devia ter entendido, de harmonia com as reconhecíveis intenções da outra parte, como abrangendo também a obrigação de pagar a sisa, o comprador, por seu turno, não podia desconhecer (nem efectivamente desconheceu) que a outra parte lhe atribuía este significado: «todas as despesas notariais e do registo, com exclusão de quaisquer outras, a cargo do vendedor». Logo, as duas declarações contratuais seriam divergentes uma da outra a respeito dum ponto que, à face das circunstâncias do caso, *talvez* tivesse de ser considerado essencial.) A única solução admissível será reconhecer válido o contrato, ficando o contraente-comprador sujeito aos inevitáveis encargos fiscais, se tal foi a intenção reconhecível da outra parte.

(¹) Não é outro, decerto, o fundamento da doutrina (que pode considerar-se unânime) segundo a qual não basta, para a declaração de vontade ser juridicamente ineficaz, que a *reserva mental* do declarante se tenha tornado *reconhecível* para o declaratário; só tendo de julgar-se nula a declaração quando este último se tiver realmente apercebido da reserva do primeiro. Neste sentido se manifestam, por ex., expressamente ou só de modo implícito (mas não menos claro): Coviello, *ob. cit.,* (2.ª ed.), pág. 372; Venzi, *Diritto civile italiano,* pág. 127; prof. Moncada, *Lições,* 2.°, págs. 263 e segs.; v. Tuhr, II, 1.ª, pág. 555 e nota 8; Oertmann, *Allg. Teil,* pág. 379, *c.*

(²) Não haverá, nestes termos, erro *anulável* (nem erro que, por ter sido «reconhecível» para o declaratário, possa determinar a nulidade absoluta da declaração) nos casos seguintes:

a) O vendedor duma coisa mobiliária, que se obrigou para com o comprador a efectuar a tradição dela em certo momento, contratou na con-

De resto, convém ter presente que a aceitação desta doutrina não conduz só a beneficiar e defender o destinatário da declaração de vontade. O declarante também é interessado em impedir que a sua declaração seja ilimitadamente interpretada de harmonia com as suas aparentes intenções.

Imaginemos que juntamente com a carta, onde *A* propõe a *B* vender-lhe por determinada quantia certo objecto do seu património, é incluída por lapso no mesmo sobrescrito uma outra carta dirigida a *C,* na qual o proponente relata a oferta por aquele correio enviada a *B,* acrescentando: «mesmo que eu receba o preço em 4 ou 5 prestações, não me queixarei». Daqui infere o declaratário que *A* não terá dúvida em permitir-lhe o pagamento parcelar, que só por lapso

---

vicção de que a lei lhe concedia o direito de, até esse momento, desistir do contrato celebrado, contanto a outra parte fosse notificada em tempo dessa decisão; e se omitiu informar expressamente o comprador da sua vontade de, eventualmente, fazer uso daquele direito, foi por julgar não ser dele ignorado que a lei atribuía tal faculdade ao alienante, independentemente de convenção. (Não se trata, portanto, de uma das partes omitir toda a referência expressa a uma certa vontade sua, por supor essa vontade já conhecida da outra). — O erro de direito, sofrido aqui pelo contraente-vendedor, poderá ser relevante, quando muito, nos termos do art. 661.º do cód. civil. (Segundo a opinião de HENLE, pelo contrário, o erro terá recaído aqui sobre o conteúdo da declaração. Cfr. *Allg. Teil,* pág. 213, *in fine* e 214.) Outra já teria de ser a solução se o alienante tivesse querido exprimir a sua vontade de conservar um direito de rescisão do contrato até ao momento da entrega da coisa, só o não havendo conseguido por deficiência objectiva das expressões empregadas.

b) Na sua proposta de arrendamento duma casa de *C, A* declara conformar-se com as normas dos usos e costumes da terra do senhorio, quanto às condições do exercício do direito de despedida. Se o inquilino, ao fazer esta declaração, se apercebeu muito bem de que a outra parte a entenderia como remissão *incondicionada* para as normas dos usos e costumes da sua terra («submeto-me a essas normas seja qual for o seu conteúdo»), é incondicionalmente que ele fica vinculado aos imperativos delas, embora o senhorio pudesse ter-se apercebido do conteúdo que erròneamente ele lhes atribuía. Mas se as circunstâncias ocorrentes possibilitarem, de facto, à outra parte o juízo de que o inquilino só fez aquela declaração enquanto se representou de *certa maneira* (não forçosamente reconstituível) o conteúdo das normas dos usos e costumes a que aludiu, poderá o contraente enganado impugnar o contrato — parece-nos —, ao abrigo do preceito do art. 661.º do cód. civil.

ele não esclareceu mesmo, de modo expresso, esse ponto da sua proposta, e nesta convicção informa o proponente-vendedor de que aceita a oferta recebida. Se *A*, ao fazer a sua proposta de venda, não pensou realmente notificá-lo da sua disposição de aceitar o pagamento do preço em prestações, tendo esperado que a outra parte, no caso de preferir esta forma de pagamento, não deixaria de a propor na sua resposta, — se *A* agiu neste estado de espírito, *B* não poderá ver julgada procedente a sua alegação de que entre ambos foi tàcitamente convencionado poder o preço da compra ser pago em 4 ou 5 prestações.

Na verdade, *B*, ao interpretar a declaração recebida, não se orientou por aquilo que aparentemente o declarante lhe quis comunicar, mas por aquilo que aparentemente constituía a real vontade deste acerca de certo ponto da lei contratual proposta — a forma do pagamento —, não previsto de maneira expressa na declaração. Para *B* não se tornou inteligível que *A* lhe tivesse querido manifestar a sua disposição de receber o preço da compra em prestações, mas tão-sòmente que esta era na verdade a disposição do declarante. Realmente, faltava toda a referência a uma forma particular do pagamento na declaração por *B* recebida. Se, portanto, foi em simples indícios que *B* fundou a sua expectativa, não na aparência duma verdadeira declaração, destinada a originá-la, que procedesse do proponente, é justo que ele sofra as consequências do seu erro, por mais firmemente que as circunstâncias tidas em vista garantissem a exactidão das conclusões tiradas ([1]).

([1]) O simples princípio de que só pode ser decisivo o sentido da declaração imputável ao declarante (cfr. *supra*, § 1.º, n.º 13), não bastaria para justificar neste caso a conclusão proposta. Pondere-se, com efeito, ter sido o declarante quem tornou reconhecível *(culposamente)* a sua disposição de se contentar com o pagamento parcelar do preço. Se a simples prova de que o declarante se conformou ìntimamente com certa consequência jurídica chegasse para se poder considerar «declarada» esta aceitação, o proponente, no nosso caso, não poderia, portanto, evitar que a sua proposta fosse considerada portadora do sentido invocado pelo declaratário, com o argumento de que ele não julgou nem podia ter julgado tal sentido acessível à compreensão da outra parte.

Também não nos parece que a ideia do «dissentimento» (desacordo objectivo essencial das duas declarações contratuais) fosse bastante para impe-

2. Das observações precedentes resulta, por conseguinte, a conclusão de não dever o conteúdo da declaração de vontade ser moldado pela imagem que o declarante teve da *lex contractus* a que

dir aqui a solução de se considerar aperfeiçoado um contrato de compra e venda de conteúdo conforme às representações do aceitante. Se devesse admitir-se que a proposta de *A*, pelo seu sentido objectivo (objectivo para as duas partes), aludia a que o preço da compra podia ser pago em prestações, a aceitação de *B* teria de ser entendida como adesão à norma contratual precisamente indicada naquela proposta, seja, como declaração de que *B* se obrigava a entregar a *A*, por uma só vez ou em quatro ou cinco prestações e em troca da propriedade do objecto *x*, determinada quantia de dinheiro. Logo, as duas declarações coincidiriam plenamente a respeito do ponto litigioso.

— Apresenta algumas semelhanças com o ponto de vista defendido no texto a doutrina, sustentada, entre outros, por MANIGK *(Willenserklärung*, págs. 455 e segs., 460 e segs.), segundo a qual só as circunstâncias que o declarante quis levar ao conhecimento da outra parte (ou que ele julgou prèviamente conhecidas desta) podem ter influência decisiva sobre os resultados da interpretação. (Semelhantemente, HENLE quer subordinar o aproveitamento pelo intérprete duma circunstância individual qualquer, ao facto de «ser evidente para o declaratário que o declarante contou com o conhecimento de tal circunstância por parte do outro contraente». V. *Allg. Teil*, págs. 72-73). Cfr. *supra*, pág. 225, nota 3. Este ponto de vista, a ser tomado à letra, é, porém, rigoroso em demasia. Não se vê por que não devam ser tidas em conta todas as circunstâncias que sejam adequadas a esclarecer o declaratário acerca do sentido ligado à declaração pelo seu autor. Como observa JACOBI *(Th. der Willenserklärungen*, pág. 27), aquela doutrina só pode ter de exacto a ideia de que o intérprete, ao inquirir do sentido que pro̧vàvelmente o declarante atribuiu às expressões utilizadas, tem de abstrair de todas aquelas circunstâncias que na verdade o declarante conhecia mas que supôs desconhecidas do declaratário, embora casualmente elas tivessem chegado ao conhecimento deste. E ainda isto só é admissível — acrescentaremos nós — quando o próprio declaratário devesse ter pensado que o declarante pretendia manter secretas tais circunstâncias, por não querer que a outra parte se utilizasse delas para interpretar a declaração recebida. Mas esta limitação deve evidentemente cessar quando a declaração de vontade interpretanda for um testamento. Aqui, o intérprete deverá excluir todas as circunstâncias que provadamente o testador quis manter secretas, seja o que for que acerca disso tiverem pensado as pessoas indicadas na declaração testamentária. Veja-se em JACOBI *(ob. e lug. cits.)* um curioso e elucidativo exemplo desta situação. (Como se entende, não pode ver-se contradição entre isto e o que escrevemos a pág. 225, nota 3. Na verdade, aqui sòmente falamos de circunstâncias que o testador *quis manter secretas*, não de circunstâncias apenas *mantidas secretas*).

entendeu submeter-se (embora imagem reconhecível, do ponto de vista do declaratário), mas antes pelo alcance preciso das representações que acerca da sua vontade negocial ele procurou despertar, por intermédio da declaração emitida, no espírito da outra parte.

Ao mesmo tempo, dali emergem também claramente os limites que devem ser assinalados ao conceito do erro sobre o conteúdo da declaração de vontade. Só pode ser havido como tal aquele que significar (e impuser) desacordo entre a *imagem* que da declaração o declarante tiver querido oferecer ao outro contraente e a *aparência* objectiva dela; entre aquela parte das suas intenções e expectativas de que o declarante quis fazer o objecto dum acto de conhecimento do declaratário, e aquilo que ele aparentemente destinou a tornar-se inteligível para este último.

O erro acerca do conteúdo da declaração não pode, nestes termos, ser puramente definido como um erro acerca dos efeitos de direito. Sem dúvida, é como tal que ele se valoriza e torna capaz da particular influência jurídica que mais acima lhe atribuímos. Se o erro sobre o conteúdo da declaração de vontade determina a nulidade do negócio jurídico (absoluta ou relativa, conforme os casos), não é isso senão porque a sua presença torna possível que as consequências imputadas pelo direito à declaração viciada sejam diferentes daquelas que o declarante esperou lhe fossem atribuídas ([1]). Mas

---

([1]) Esta observação reveste uma importância que não é ocioso encarecer. Só a valorização do erro sobre o conteúdo como erro acerca das consequências jurídicas permite apreender a razão pela qual o declarante não pode certamente impugnar a sua declaração de vontade, quando se produz simples divergência entre os efeitos ligados pelo direito a essa declaração e a imagem da sua vontade negocial que ele quis oferecer à compreensão da outra parte, sem, no entanto, aqueles efeitos diferirem dos realmente queridos. Se o declaratário tem razões para supor que o declarante o quis notificar da sua vontade de conteúdo $a + b$, este só poderá reagir contra a eficácia sobre esta base atribuída pelo direito à declaração feita, com o argumento de que foi apenas b, não $a + b$, o realmente querido.

Como erro acerca das consequências jurídicas da declaração, caracteriza MANIGK todo o erro acerca do conteúdo dela. Cfr. *Irrtum u. Auslegung*, págs. 96-103. No mesmo sentido, expressamente, TITZE, *Missverständniss*, págs. 450-52. Parece, todavia, exagerado pretender, como aquele autor o faz, que o próprio erro sobre as qualidades do objecto do contrato seja um erro acerca da eficácia jurídica da declaração *(ein Rechtsfolgeirrtum)*.

nem todo o erro acerca dos efeitos jurídicos da declaração emitida pode ser caracterizado como erro sobre o conteúdo dela ([1]).

Não sofre um erro desta última espécie o inquilino que não procurou convencionar com o senhorio, no momento da celebração do contrato, o estabelecimento dum direito de sublocação em seu favor, por estar convencido de que a lei lhe concede esse direito mesmo na falta de acordo dos contraentes. E a solução não tem de ser diversa se o inquilino considerou esta hipotética disposição legal do conhecimento da outra parte, ou se omitiu toda a referência expressa ao direito de sublocação por julgar que ao senhorio só interessava receber pontualmente o dinheiro das rendas estipuladas, fosse como fosse que o inquilino se comportasse para arranjar esse dinheiro.

É bom notar, porém, não ser a doutrina por que nos decidimos a este respeito uma doutrina que recolha a unanimidade, ou mesmo tão-só a maioria, dos votos dos civilistas ([2]).

Para TITZE, por exemplo, todo o erro acerca das consequências jurídicas da declaração de vontade incide directamente sobre o conteúdo dela ([3]). Dizer que o declarante esteve em erro acerca dos efeitos da sua declaração — explica este autor — é reconhecer que a eficácia atribuída pelo direito à declaração emitida difere daquela que o declarante se propunha alcançar. Mas os efeitos jurídicos das declarações de vontade determinam-se justamente pelo conteúdo delas: o conteúdo da declaração pode até definir-se, com toda a propriedade, «como a soma dos efeitos jurídicos por seu intermédio provocados» ([4]). Logo, a verificação de faltar harmonia entre as con-

---

([1]) V. LARENZ, *Auslegung,* pág. 94 e nota 2.
([2]) Referimo-nos aos de nacionalidade alemã. Os autores italianos, de facto, não têm em regra dedicado a estes problemas a atenção que eles requerem.
([3]) *Missverständniss,* págs. 452 e segs.
([4]) *Ob. cit.,* pág. 451. Este ponto de vista tem o seu fundamento na ideia, já expressa por DANZ *(Interpretación,* pág. 77), de que a interpretação das declarações de vontade é determinação das suas consequências jurídicas. Esta ideia, que leva à supressão de todo o problema de limites entre as funções interpretativa e integrativa, é, no entanto, claramente inexacta, como se irá deduzindo das nossas considerações do texto. Contra tal concepção se pronunciou vivamente FR. LEONHARD, no seu estudo, já tantas vezes citado,

sequências esperadas e as produzidas *ex lege,* importa o reconhecimento de que o interessado declarou uma coisa diversa do que na verdade queria declarar. De facto, se a declaração não aludisse a efeitos jurídicos diferentes dos queridos, a sua eficácia seria perfeitamente ajustada à vontade negocial do declarante.

Esta doutrina assenta numa premissa que não pode deixar de considerar-se falsa (¹). É erro evidente pensar que a atribuição dum certo efeito jurídico à declaração de vontade representa sempre um resultado adquirido por via interpretativa. Nem todas as consequências imputáveis às declarações negociais precisam de estar de acordo com o seu conteúdo decisivo, precisam de ser aquelas mesmas a que as partes, expressa ou tàcitamente, fizeram alusão (²).

Há na lei um certo número de preceitos que — como é sabido — se destinam precisamente a intervir para preencher as lacunas deixadas pelos interessados na lei contratual aprovada. Quando das declarações negociais não conste terem as partes que-

---

sobre a interpretação dos negócios jurídicos *(Arch.,* 120, págs. 34-38). V. também LARENZ, *Auslegung,* pág. 93. — E, na verdade, parece evidente que a determinação do sentido da declaração de vontade há de representar um *prius* lógico relativamente à fixação das suas consequências jurídicas: para se conhecer a eficácia que deve ser atribuída a certa declaração negocial, constitui problema prévio determinar-lhe o sentido jurídico decisivo.

(¹) Contra TITZE *vide:* v. THUR, *ob. cit.,* pág. 574, nota 33; HENLE, *Allg. Teil,* págs. 214-215; OERTMANN, *Allg. Teil,* pág. 404; MANIGK, *Irrtum,* págs. 118 e segs., 126 e segs.

(²) Quando o reconhecimento de que à declaração de vontade *sub judice* deve ser atribuído certo efeito jurídico resulta do confronto entre uma passagem duvidosa dessa declaração e uma norma legal interpretativa, então é manifesto que terá havido erro do declarante sobre o sentido da declaração emitida, se o efeito jurídico esperado não for igual ao efeito jurídico produzido. Na verdade, como diz MANIGK (pág. 122), é indiferente a natureza das regras a que se recorrer, contando se trate de determinar o sentido decisivo duma declaração de vontade. Assim, quando o julgador, colocado em frente dum contrato em que as partes empregaram a expressão «bens imóveis», recorre ao preceito do art. 377.º do cód. civil para determinar o sentido desta expressão, é certo que ele está *interpretando* o contrato acerca do qual se discute. Os efeitos que ele atribuir à convenção em litígio, com base no preceito do referido art. 377.º, serão efeitos que se produzem por terem sido *declarados,* por terem o sentido de corresponder à vontade declarada dos contraentes.

rido ditar normas particulares para a regulamentação dum ou outro ponto da *lex contractus,* o juiz deverá lançar mão, para integrar tal lacuna, das regras do direito objectivo que, *em via subsidiária,* regulam de certa maneira o ponto deixado em branco. E é evidente que a intervenção de tais normas se verifica então *ipso jure:* os efeitos por elas mandados atribuir às declarações de vontade não são efeitos que ali estejam expressa ou implìcitamente referidos; são efeitos, pelo contrário, que se produzem puramente *ex lege* ([1]).

A função das normas legais supletivas, que justamente consiste em elas intervirem só quando o resultado da actividade interpretativa for a decisão de que os contraentes não dispuseram coisa alguma acerca dum ou outro ponto da *lex contractus* ([2]), — é incon-

---

([1]) Se voltarmos ao nosso exemplo do direito de sublocação, poderá parecer — é certo — que das declarações contratuais trocadas entre senhorio e inquilino, onde nada se dispôs acerca daquele ponto, resulta precisamente por isso (e nessa medida) que as partes não quiseram convencionar um direito de sublocação; e que, portanto, a consequência legal «proibição do direito de sublocar» se ajusta ainda, no fim de contas, ao conteúdo das declarações dos contraentes. Ora, é verdade resultar dos termos do contrato celebrado que as partes não quiseram estabelecer um direito de sublocação em favor duma delas. Mas esta conclusão não supõe a ideia de que os contraentes tenham previsto e examinado, de modo positivo, o ponto aparentemente lacunoso, acabando por chegar à decisão de que ao inquilino não deve ser lícito sublocar. Por outras palavras: das declarações trocadas pelos interessados só resulta a falta da vontade de instituir um direito de sublocação; não resulta que eles tenham acordado em excluir toda a faculdade de sublocar.

Para desenvolvimento das ideias expostas no texto apenas *per summa capita,* v. MANIGK, *ob. cit.,* págs. 118 e segs.

([2]) Não é forçoso pensar que o reconhecer-se esta função às normas supletivas da lei impede que a mesma norma possa exercer ainda, além daquela, uma função diversa: uma função interpretativa. Compreende-se, pelo contrário, muito bem que o preceito, onde o legislador fixou o caminho a seguir para se preencher certa lacuna da *lex contractus,* possa e deva servir também para esclarecer o juiz acerca do sentido a atribuir a cláusulas obscuras ou duvidosas das declarações, das quais em todo o caso resulte haverem as partes querido regular de certa maneira o ponto abstractamente previsto pelo referido preceito.

Nestas condições, a mesma disposição legal terá simultâneamente natureza interpretativa e supletiva. Como regra interpretativa, ela intervirá, dada a ausência de circunstâncias individuais concludentes (e sempre depois de ter

ciliável com a concepção segundo a qual todo o direito supletivo em concreto aplicável se torna conteúdo da declaração de vontade. Se assim é, nem todo o erro acerca dos efeitos jurídicos (acerca do conteúdo do negócio jurídico) carece de se resolver num erro acerca do alcance objectivo da declaração.

---

havido recurso a outras regras gerais que, por estarem *mais próximas* dos contratantes, maiores garantias ofereçam de cumpridamente traduzirem as suas verdadeiras intenções), a indicar o sentido, dos vários possíveis, que deve ser havido como o sentido decisivo das declarações de vontade. E se esse sentido, embora imputável a cada uma das partes, não coincidir, porém, com o significado atribuído por uma delas às declarações contratuais, terá havido do lado desta um erro na declaração, que poderá causar, conforme as circunstâncias, a nulidade do negócio jurídico (absoluta ou relativa), ou ser de todo irrelevante.

Enquanto regra supletiva, ela só terá de intervir a fim de completar o quadro de disposições tomadas pelas partes. É pressuposto da sua intervenção como tal, portanto, o ter-se verificado por via interpretativa que os contraentes não quiseram regular dum ou doutro modo o ponto nela prevenido; o ter-se chegado à conclusão de que nada foi declarado pelas partes a respeito desse ponto.

Consideremos, por ex., a regra do art. 1552.º cód. civil («as despesas da escritura e do registo, havendo-as, ficam a cargo do comprador, na falta de declaração em contrário»). Certamente, esta regra destina-se a intervir, antes de mais nada, quando as partes tenham omitido entender-se acerca de quem há-de suportar as despesas tornadas necessárias pela realização das formalidades a que o seu contrato obriga. Mas se alguma coisa dispuseram os contraentes a respeito deste ponto, só havendo dúvidas sobre o sentido que deve atribuir-se à cláusula em que se lhe referiram, por não serem concludentes os mais elementos de interpretação submetidos ao arbítrio do julgador, — se isto acontecer, não sòmente será líquido que deve recorrer-se então ao preceito do art. 1552.º, mas será outrossim manifesto que esta norma intervirá a título de norma interpretativa, com funções e para o fim de fixar o sentido decisivo de certos passos duvidosos das declarações contratuais. O juiz, recorrendo então à regra do art. 1552.º, não desenvolverá uma actividade diversa da que desenvolveria se resolvesse a dúvida encontrada por aplicação duma regra dos usos e costumes ou dum princípio ditado pela experiência comum, ou mesmo se a resolvesse fazendo apelo àquilo que sempre tem sido usual nas relações entre aqueles dois contraentes. Com efeito, o raciocínio em que ele terá de fundar aí a sua decisão é este: normalmente, as partes, quando prevêem o ponto de saber a quem deve ser atribuído o encargo de satisfazer as despesas notariais e do registo, estipulam caber esse encargo ao compra-

Não julgamos, porém, exacta a doutrina (¹) segundo a qual deve entender-se que o domínio do erro sobre o alcance do declarado cessa onde principia o domínio de aplicação das regras legais supletivas. Sempre que o único resultado, que por via interpretativa se tornou possível alcançar, for o de que nada declararam os contraentes acerca dum ponto abstractamente previsto e regulado por uma certa disposição da lei — ensina MANIGK —, nenhuma das partes pode reagir contra a concreta regulamentação de tal preceito deduzida para o ponto lacunoso, alegando ter estado em erro acerca do conteúdo da sua declaração de vontade (²). De facto, se a intervenção

---

dor; logo, é de presumir que, no caso concreto em exame, elas se não tenham afastado desta regra.

Se, pelo contrário, o juiz averigua que os contraentes nada declararam acerca deste ponto, já será outro o fundamento da intervenção do art. 1552.º. Se o comprador fica então obrigado a satisfazer aquelas despesas, não pode ser isso devido — a querer falar-se de presunção — senão a que a lei presume que essa teria sido a vontade dos contraentes, se porventura tivessem pensado em regular aquele ponto.

Acerca da função dúplice que o mesmo preceito legal pode exercer e das consequências daí resultantes para a teoria do erro, v. ainda MANIGK, *ob. cit.*, págs. 122 e segs.

(¹) Que parece ser a doutrina dominante na Alemanha. Cfr. MANIGK, mesmo lug., pág. 124, nota 1, e, além deste, os mais autores citados a pág. 267, nota 1. V. ainda LEONHARD, *Auslegung (lug. cit.)*, págs. 35-36.

(²) Alguns autores vão mesmo mais longe do que MANIGK, afirmando que o erro acerca das consequências legais supletivas não recai sobre o conteúdo da declaração, ainda no caso de neste se conter uma referência expressa a tais consequências. Neste sentido, por ex. (contra ENNECCERUS), v. TUHR (pág. 574, n. 34).

Imagine-se, porém, que na sua proposta de compra dirigida a B o proponente escreveu: «quanto a saber quem deve pagar as despesas da escritura e do registo, decidirá o preceito do art. 1552.º cód. civil». Se o declarante provar que, de harmonia com o sentido por ele imputado a estas expressões (sentido que ele pretendeu tornar acessível à compreensão da outra parte), devia ser o vendedor a pagar as referidas despesas, por que não há-de atribuir-se à sua declaração de vontade o significado querido, se de tal significado se tiver podido aperceber o outro contraente? Na verdade, nenhuma diferença essencial separa este caso daquele em que o declarante comunica ao declaratário: «quanto aos pontos tal e tal, deverão decidir os usos locais». Por sua vez, este caso é perfeitamente idêntico a este outro: «no que diz respeito ao lugar do cumprimento, — escreve o proponente — vale

da norma supletiva supõe justamente a existência duma lacuna no conteúdo da declaração interpretada, não sendo por consequência imposta por qualquer alusão, expressa ou tácita, que as partes lhe tenham feito, — mostra-se claramente impossível falar aqui dum desacordo entre efeitos *queridos* e efeitos *declarados*. E, todavia, o erro no conteúdo, por definição, é precisamente aquele que impõe divergência entre o declarado e o querido. — Só os resultados da *interpretação,* não também os conseguidos *por via integrativa,* podem ser impugnados com fundamento em erro sobre o conteúdo da declaração de vontade.

Posto assim, o problema reveste, portanto, um significado que transcende os estreitos limites que primitivamente lhe assinalámos. Nem só o falar-se dum erro acerca das normas legais supletivas ([1]), que ao mesmo tempo recaia sobre o conteúdo da declaração, representa claro ilogismo.

As lacunas da *lex contractus* não podem ser todas cobertas

---

o que entre nós tem sido ajustado das outras vezes». E quem pretenderá contestar que o declarante sofreu aqui um erro acerca do conteúdo da sua declaração (erro anulável, portanto), se ele se representou inexactamente «aquilo que das mais vezes tem sido convencionado entre ambos os contraentes»?

A doutrina de v. TUHR contém, no entanto, uma ideia exacta. Se a referência às normas supletivas da lei ou às dos usos e costumes tiver o sentido duma *remissão* incondicionada, dum afirmar-se o declarante de acordo com essas normas *seja qual for o seu conteúdo concreto,* então é verdade não poder falar-se aqui dum erro sobre o alcance objectivo do declarado. E se o declarante se comportou como se quisesse confiar-se incondicionalmente às normas da lei ou às dos usos, sem na verdade ter querido originar tal aparência, o erro por ele sofrido, embora recaindo manifestamente sobre o conteúdo da declaração feita, só poderá ser causa de nulidade, dado o preceito concreto do art. 661.º cód. civil, a título diverso. Só poderá ser relevante — queremos dizer —, por só então se verificarem os pressupostos daquele artigo, quando tiver sido reconhecível para a outra parte que o declarante, embora querendo fazer uma remissão incondicionada para determinadas normas gerais, se representou, contudo, de certa maneira o conteúdo dessas normas, só por isso havendo emitido a declaração que emitiu. Sobre este ponto, no entanto, v. *infra,* n.º 3. Cfr. MANIGK, *ob. cit.,* pág. 121, nota 1, e HENLE, *Allg. Teil,* págs. 216-218.

([1]) E, por maioria da razão, das imperativas.

mediante recurso a regras dispositivas da lei. O legislador, por mais avisado e esclarecido que seja, não tem, é claro, possibilidades de prever e se representar todas as figuras concretas de leis contratuais lacunosas. E se for admitido que, em virtude disso, ele confia ao juiz o encargo de suprir, de acordo com certa medida, as falhas das diferentes convenções privadas que vierem a ser sujeitas ao seu exame ([1]), — os resultados da actividade que este último em concreto desenvolva com esse fim, pelas mesmas razões, não poderão ser objecto de impugnação por parte dum dos contraentes com fundamento em erro sobre o alcance do declarado ([2]). Efectivamente, as consequências jurídicas, que por esta via forem atribuídas ao contrato e, portanto, a cada uma das declarações contratuais, não terão o sentido de se ajustarem à vontade declarada dos contraentes, mas, quando muito, à sua vontade *hipotética,* à vontade que um e outro

---

([1]) Sem pretendermos entrar aqui a fundo no problema da integração do negócio jurídico, diremos de passagem — confirmando assim o que já escrevemos noutro lugar — que a faculdade do juiz de integrar as lacunas do contrato de conteúdo litigioso pode entender-se consagrada no art. 685.º do nosso cód. civil. De facto, se o princípio da conservação do negócio jurídico determina que a ambiguidade insanável da *lex contractus,* acerca de pontos objectivamente não essenciais, seja suprida pelo juiz, que deverá actuar vinculado a um certo critério orientador, — não seria razoável que o princípio da nulidade prevalecesse quando a convenção, em vez de ser ambígua, obscura ou contraditória, fosse lacunosa; quando — por outras palavras — as declarações contratuais reflectissem não terem as partes pensado num ponto que precisa de regulamentação.

Se dos termos do contrato de fornecimento de certa mercadoria, celebrado entre *A* e *B,* resulta que alguma coisa quiseram as partes dispor acerca do ponto de saber qual delas deve pagar as despesas de reexpedição das vasilhas em que a mercadoria foi fornecida, sòmente não sendo possível decidir, por via interpretativa, aquilo que elas tiveram em vista estabelecer a respeito desse ponto, — é certo que o juiz deverá obviar a esta obscuridade das declarações, decretando para o problema em aberto a solução que tiver por mais ajustada ao critério a que estiver vinculado. E seria, então, admissível que ele fosse obrigado a assumir uma atitude diversa, no caso de ter de concluir que as partes nada quiseram declarar acerca do ponto litigioso?

([2]) V., neste sentido MANIGK, *ob. cit.,* págs. 162 e segs. LARENZ *(Auslegung,* pág. 94) reconhece também que a concessão ou a recusa a um dos contraentes do direito de impugnar o negócio jurídico, depende de se considerar adquirido por via interpretativa ou de integração o resultado litigioso.

provàvelmente teriam manifestado, se houvessem previsto o ponto lacunoso.

Esta doutrina não é de seguir. Na integração — é facto — não se vai em busca do sentido aparentemente atribuído pelo declarante à sua declaração de vontade, mas quando muito — insista-se — daquilo que provàvelmente ele teria declarado em circunstâncias subjectivas diversas. Se assim é, não pode reconhecer-se-lhe, decerto, o direito de reagir contra os resultados por aquela via obtidos, sob alegação de que esses resultados se não ajustam, como deviam ajustar, à sua vontade real. De facto, ninguém afirma que haja harmonia entre tais resultados e a vontade aparente do declarante. Logo, não poderá falar-se aqui dum erro sobre o conteúdo da declaração, *por isso que* e *enquanto* falta neste caso toda a divergência entre efeitos jurídicos *queridos* e efeitos *declarados*.

Mas, se deve afirmar-se a presença dum erro sobre o conteúdo da declaração emitida sempre que se comprovar a existência dum desacordo entre os resultados da interpretação e o alcance ligado à declaração pelo seu autor, nenhum impedimento lógico pode obstar a que este último impugne a particular eficácia por via integrativa atribuída à sua declaração de vontade, com a razão de ter sofrido um erro acerca do conteúdo ou sentido jurídico dela. Sòmente, o desacordo invocado não poderá ser entre os resultados da integração e a vontade: será desacordo, como se requer, entre aquilo que o declarante pretendeu exprimir e aquilo que objectivamente exprimiu. Se o contraente-comprador quis manifestar claramente à outra parte a sua vontade de não se obrigar a satisfazer as despesas notariais e do registo e o não conseguiu, nem expressa nem implìcitamente [1], pode o vendedor, que na sua declaração se não referiu também a esse ponto, invocar mais tarde em seu favor a disposição supletiva do

---

[1] Tal coisa pode ter sido devida à influência dum erro de interpretação cometido pelo declarante, que utilizou, para manifestar aquela vontade, expressões cujo sentido objectivo as torna claramente inadequadas a esse fim. Mas pode também acontecer que o mesmo resultado seja imputável a um *lapsus calami* do proponente. No momento de redigir a sua proposta, onde ele pretende inserir a cláusula «todas as despesas por conta do vendedor», A é vítima dum desvio de atenção incontrolável, e fecha a carta dirigida a B sem nela ter feito qualquer referência à citada cláusula.

art. 1552.º do cód. civil. Com efeito, é verdade não conterem as declarações contratuais, mesmo depois de interpretadas à luz de todos os elementos decisivos, qualquer referência ao ponto em questão. Mas este resultado assim obtido *por via interpretativa* — o de que nenhuma das partes quis dispor coisa alguma acerca do ponto de saber qual delas deve pagar as despesas da escritura e do registo — é que está em conflito aberto com a vontade que um dos contraentes quis exprimir. A declaração de vontade do contraente comprador, pelo seu sentido objectivo, não corresponde à imagem que dela se formou no espírito do declarante. Falta, pois, aqui a normal convergência entre o querido e o declarado.

Não é lícito afirmar, por conseguinte, que o domínio do erro sobre o conteúdo ou sentido da declaração de vontade cessa onde começar o domínio da integração das lacunas do negócio jurídico. Não há nenhuma espécie de conflito lógico entre o juízo pelo qual se reconhece ser a declaração de vontade lacunosa a respeito dum certo ponto, e o juízo pelo qual se admite a existência dum desacordo, ainda acerca desse mesmo ponto, entre a declaração e a vontade do seu autor.

É que o material de circunstâncias, que pode servir de base ao reconhecimento da lacuna (seja, ao reconhecimento de que o declarante se não preocupou com um certo ponto da lei contratual referida na sua declaração), não tem de coincidir com aquele que pode ser decisivo para a questão de saber se existe, na hipótese, o habitual acordo entre o declarado e o querido. O juiz terá de se decidir pela existência da lacuna, tão depressa averigue ser essa conclusão a proposta pelas diferentes circunstâncias de que a outra parte tomou ou devia tomar conhecimento. Mas é claro que outras circunstâncias objectivas, diferentes destas mas também susceptíveis de valorização, podem tornar líquido que afinal o declarante, contra as aparências, sempre quis ordenar uma regulamentação qualquer para o ponto julgado lacunoso.

Suponha-se, por exemplo, que no contrato de compra e venda de certa mercadoria, celebrado entre *A* e *B*, em que o vendedor *(B)* se obrigou a fornecer as vasilhas necessárias para o transporte da mercadoria vendida, se não dispôs de modo expresso coisa alguma acerca da questão de saber por conta de quem devem correr as despesas de reexpedição das vasilhas. E imagine-se mais que o resultado líquido da consulta às várias circunstâncias, que podem ser decisivas para a interpretação do contrato, é este: nenhuma das partes considerou o ponto de saber à conta de qual delas devem ser lançadas as referidas despesas de reexpedição. É, todavia, possível que uma tal conclusão esteja em claro desacordo com aquela que for possibilitada pelo recurso a elementos doutra ordem, como, por exemplo, acontecerá se o comprador provar, por testemunhas ou outros meios, que foi seu intento esclarecer a outra parte acerca da sua vontade de não se obrigar a satisfazer aquelas despesas, só por lapso o não tendo conseguido. Certo, a invocação destas circunstâncias (de que o outro contraente não tomou conhecimento) não pode exercer qualquer influência directa sobre os resultados da interpretação judicial. Contudo, nenhuma consideração de ordem lógica será capaz de obstar a que elas sejam aproveitadas, por via indirecta (por via de impugnação), para tirar àqueles resultados todo o valor (¹).

Deve reconhecer-se, porém, que, não excluindo o recurso à via da integração a possibilidade de ser apurada, numa fase posterior, a presença dum erro duma das partes sobre o conteúdo da sua declaração de vontade, esta observação reveste um interesse prático muito limitado em face dum sistema de direito que sujeite toda a relevância jurídica do erro sobre o alcance do declarado a condições semelhantes às prescritas no art. 661.º do nosso cód. civil (²).

Voltemos ao caso ùltimamente citado para exemplo. Se para *B* (o vendedor) se tiver tornado reconhecível, no momento da celebração do contrato, que *A* pretendia dispor uma regulamentação qualquer para o ponto mais tarde convertido em objecto de litígio, então a declaração do contraente-comprador não pode julgar-se lacunosa acerca desse ponto. Deve, pelo contrário, entender-se, em

---

(¹) E, mediatamente, para impugnar a regra, porventura tirada dos usos e costumes locais, com a qual o julgador entendeu suprir a lacuna aparente da *lex contractus*.

(²) Pelo contrário, é saliente o interesse que pode ter para a doutrina alemã o reconhecimento de que os próprios resultados da integração judicial são susceptíveis de ser impugnados, com fundamento em erro sobre o conteúdo da declaração de vontade. Efectivamente, as condições de relevância do erro indicadas no § 119 do cód. civil alemão são bastante menos estreitas do que as prescritas no art. 661.º do nosso código.

tal hipótese, que o ponto em questão se encontra mencionado e previsto, ainda que só de maneira imprecisa, na declaração do comprador. Do que se trata, por isso, é de interpretar um passo duvidoso desta declaração. Se um uso local atribui ao contraente-comprador o encargo de fazer à sua custa a reexpedição das vasilhas, deverá presumir-se, na ausência de elementos de sentido contraditório, que o declarante se quis conformar com esta regra ([1]). Mas este sentido, assim imputado à declaração duvidosa, se não corresponder de facto às reais intenções do declarante, poderá ser impugnado por ele. Na verdade, para a outra parte não se tornou inteiramente seguro que tal sentido traduzisse exactamente a vontade do declarante. E se aqui se não trata por certo dum erro tornado reconhecível — caso em que a declaração poderia ser absolutamente nula (v. *supra*, págs. 245 e segs.) —, a simples dúvida alimentada pelo declaratário acerca do real sentido imputado à declaração pelo seu autor, justifica, no entanto, que se considerem verificadas aqui todas as condições do art. 661.º (v. *infra*, n.º 5).

Se, pelo contrário, B não se apercebeu nem podia ter apercebido do propósito frustrado do declarante-comprador de solucionar expressamente o problema da responsabilidade pela reexpedição das vasilhas, então — é verdade — a declaração deste último há-de ser julgada lacunosa a respeito desse ponto. Mas também se afigura evidente que do erro sofrido por A, embora recaindo sobre o conteúdo da declaração emitida, não poderá fazer-se, em tal caso, uma causa de nulidade do contrato. Realmente, as condições do art. 661.º só se verificariam se B tivesse podido pensar, no momento decisivo, que A contratava pressupondo para o ponto litigioso certa regulamentação.

Não se julgue, porém, em face disto, que todo o alcance prático das nossas anteriores considerações fique eliminado. A declaração duma das partes, quando individualmente interpretada, pode não se revelar lacunosa a respeito dum determinado ponto, e, contudo, ter o intérprete de concluir pela existência duma lacuna no contrato em

---

([1]) A não ser, é evidente, que a verdadeira vontade do declarante, contrária àquela presunção, se tenha tornado reconhecível para a outra parte. Se assim for, o sentido querido será o sentido jurídico da declaração.

questão, ainda acerca desse mesmo ponto. Basta, para isso, que a declaração da outra parte torne líquido, quando interpretada do ponto de vista do seu destinatário (o primeiro declarante), que o seu autor, ao emiti-la, nem sequer pensou no ponto acerca do qual agora se discute. Em tal hipótese, faltam todas as razões para se considerar implícita na lei contratual aprovada uma cláusula, de sentido duvidoso, relativa ao ponto em questão. E se o juiz formular, para integração dessa lacuna do contrato, uma regra que não seja aquela a que o primeiro contraente entendeu submeter-se, poderá este contraente impugnar o negócio jurídico realizado, com a razão de ter sofrido um erro acerca do conteúdo da sua declaração de vontade. De facto, ao sentido que se averiguou emergir desta declaração acabou por ser recusada toda a influência, tão depressa se passou a considerá-la do ponto de vista donde se obtém uma imagem de conjunto do todo do contrato.

Nestas considerações está já parcialmente contida a resposta que deve ser dada a uma certa pergunta que formulámos no § 2.º do presente capítulo (pág. 242-243). E a solução não tem de ser diferente quando, em vez de encontrar uma lacuna, o julgador depara com a existência dum desacordo ou duma ambiguidade insanáveis (acerca de pontos objectivamente não essenciais) na lei contratual submetida ao seu exame. A regulamentação, que ele então decrete para o ponto litigioso, poderá ser impugnada (e com ela todo o contrato), com fundamento em erro sobre o conteúdo da declaração, pelo contraente cujas expectativas tiverem sido, por tal via, frustradas.

3. Retomemos a ideia de que partimos para desenvolver as considerações traçadas ao longo das páginas anteriores: se a real vontade do declarante, quando tornada reconhecível, deve influenciar directamente o conteúdo da declaração, só pode tratar-se aqui, no entanto, daquela vontade de que o declarante tenha querido oferecer uma imagem à outra parte, justamente através da declaração que lhe dirigiu.

Todavia, a consideração donde fundamentalmente procedemos para chegar a este resultado, talvez não se oponha, no fim de contas, a que a doutrina com base nela formulada sofra algumas importantes limitações. Essa consideração, como se sabe, era a de não ser justo vincular ilimitadamente o declaratário ao dever de diligenciar descobrir a real vontade de efeitos jurídicos do declarante. Seria injusto recusar a uma das partes o direito de se guiar pelo conteúdo objectivo da declaração recebida, todas as vezes que circunstâncias para si reconhecíveis, mas voluntàriamente conservadas secretas pelo declarante, a tivessem podido esclarecer acerca das reais intenções deste último, não expressas na declaração.

Não deverá, entretanto, admitir-se que os efeitos jurídicos se determinem directamente pelo verdadeiro conteúdo da vontade do declarante, mesmo que vontade deliberadamente não expressa, contanto a outra parte tenha adquirido real conhecimento dela?

Parece-nos que se impõe desde logo fazer aqui uma distinção. Se o declarante sabe que a declaração projectada há-de ser portadora, aos olhos da outra parte, dum sentido incapaz de exprimir as suas verdadeiras intenções, apercebendo-se também ao mesmo tempo de que, por via disso, haverá divergência entre os efeitos jurídicos aguardados pelo declaratário e os efeitos que ele próprio quer e espera alcançar por intermédio da sua conduta negocial, — o conteúdo da declaração não pode medir-se pelo conteúdo da real vontade do declarante, por mais exacto e claro que seja o conhecimento dela casualmente adquirido pela outra parte.

Efectivamente, a solução de se atribuir prevalência sobre a declarada à vontade real do autor da declaração, significaria, em tais casos, reconhecer uma legitimidade de todo o ponto injustificável à situação deste último. De resto, se se quisesse forçar o declaratário a orientar-se, nestes casos, por aquilo que constituiu o objecto da vontade negocial do declarante, ir-se-ia no fim de contas parar a uma solução que o próprio declarante manifestamente quisera impedir. Com efeito, o autor da declaração, em vez de se propor elucidar a outra parte acerca da sua verdadeira vontade, teve pelo contrário em vista enganá-la, fundar a sua confiança numa vontade que realmente lhe falta, induzi-la a esperar a verificação de efeitos jurídicos diferentes daqueles que a declaração emitida é adequada (em seu juízo) a produzir. Se não atingiu os seus fins, se o declaratário se chegou a aperceber das suas reais intenções, seria inconcebível que esse feliz acaso lhe viesse ainda a aproveitar.

Sem dúvida, pode parecer que a situação do destinatário, quando ele toma conhecimento de que a outra parte se não considera jurìdicamente vinculada pelo conteúdo objectivo da declaração feita mas sim por uma norma de alcance diverso, não merece aquela soma de atenções que em regra se lhe costuma dispensar. Esta é mesmo, pode dizer-se, a atitude dominante entre os civilistas de todos os países, que reclamam para a *reserva mental* conhecida do declaratário — como se sabe — a virtude de tornar absolutamente ineficaz a declaração de vontade ([1]). Mas esta terá de ser — julgamos nós e todos o entendem — a concessão máxima que nestes casos poderá fazer-se ao declarante ([2]).

([1]) V. autores cits. em nota 1 de pág. 261. Como já foi dito, esta doutrina encontra-se mesmo consagrada no § 116, al. 2.ª do cód. civ. alemão: «A declaração é, pelo contrário, nula, quando dirigida a uma pessoa que tem conhecimento da reserva».

Quando se afirma que a reserva mental *conhecida* deve invalidar a declaração de vontade, têm-se em vista normalmente casos de reserva mental *absoluta,* isto é, casos em que o declarante, ao mesmo tempo que afirma a sua vontade de se vincular nos precisos termos da declaração que emite, guarda para si uma intenção contrária, erròneamente julgada decisiva. Aos casos de reserva mental *absoluta* devem, no entanto, acrescentar-se os de reserva mental *relativa,* seja, aqueles em que o declarante quer e espera ficar vinculado a um conteúdo negocial diferente do que voluntàriamente declara: e não há nenhuma razão que torne legítimo ou aconselhe um tratamento jurídico diverso para estes últimos casos. Imagine-se, por exemplo, que o proprietário duma oficina, onde se consertam bicicletas, faz a um conhecido a declaração de que lhe *empresta* por certo tempo uma bicicleta das suas, a fim de mais ràpidamente ele poder desempenhar-se da missão de que foi incumbido; mas que o declarante reserva para si o propósito de exigir mais tarde uma remuneração adequada ao tempo durante o qual a bicicleta estiver impedida para o seu serviço, convencido como está de que uma proposta de *empréstimo,* feita naquelas circunstâncias, tem para o direito o sentido duma proposta de *aluguer.* Todavia, ele quer que o declaratário tome à letra as suas palavras, visto recear que a sua oferta não seja aceita — contra o seu interesse — se a exibir como oferta dum empréstimo remunerado. Desde que se considere admissível a doutrina de que a reserva mental absoluta, quando conhecida do declaratário, deve tornar inteiramente ineficaz a declaração de vontade, nada pode justificar a solução de se reconhecer válida, no nosso caso, a proposta de empréstimo que foi querida como proposta de aluguer, se o seu destinatário se apercebeu das reais intenções do declarante.

([2]) Em regra, os autores não afirmam expressamente a impossibilidade de se fazer ao declarante uma concessão mais ampla: ensinam apenas que a declaração deve ser julgada nula quando a reserva mental não escapou à penetração do declaratário, decerto por considerarem evidente não poder

Atribuir à real vontade deste último, quando em consciente e irredutível antítese com a declarada, uma influência positiva qualquer, constituiria solução claramente injustificável.

Mas voltemos a nossa atenção para outro grupo de casos. Suponhamos — para tornar a um exemplo já nosso conhecido — que, no momento de elaborar a proposta de arrendamento que tenciona dirigir a *B,* o declarante, presumindo-se conhecedor dos usos e costumes da terra do futuro senhorio quanto às condições do exercício do direito de despedida do inquilino, se contenta com aludir simplesmente a tais normas na sua declaração, sem ignorar que esta atitude levará a outra parte a presumir que ele, declarante, se lhes submete incondicionalmente, seja qual for o seu conteúdo concreto. Contra a expectativa do proponente ([1]), *B* apercebe-se do conteúdo por ele erròneamente imputado às normas dos usos e costumes referidos na declaração, sem deixar, no entanto, de concluir (e sem a outra coisa ser forçado) que o declarante não pretendera esclarecê-lo a esse respeito ([2]).

Este caso não é perfeitamente idêntico àquele que descrevemos, em comentário ao texto, em nota 1 da pág. anterior. Ali pudemos falar duma contradição irredutível — de que o declarante toma clara consciência — entre a vontade real deste último e os efeitos jurídicos referidos na declaração. Aqui, ao invés, o declarante não se propõe induzir o declaratário a aguardar a produção de consequências jurí-

---

atribuir-se nenhuma influência *positiva* à vontade que está em conflito aberto (sem o declarante o ignorar) com o conteúdo da declaração. Alguns, no entanto, não deixam de dar a esta observação o devido realce. Assim, por ex., JACOBI, *Theorie,* pág. 26, que salienta expressamente o facto de não poder pensar-se, à face da referida al. 2.ª do § 116 do cód. civ. alemão, em atribuir eficácia positiva, nos casos de reserva mental, à verdadeira vontade do declarante.

([1]) Tal atitude da parte do inquilino pode ter sido devida ao seu desejo de se fazer passar, aos olhos do futuro senhorio, por indivíduo razoável e pouco exigente, a fim de bem o impressionar acerca da sua pessoa e assim conseguir que a sua proposta de arrendamento seja apreciada numa atmosfera favorável.

([2]) Recorde-se, para se compreender esta atitude de *B,* que o conteúdo da declaração feita por *A* deve ter sido este: «quanto às condições sob as quais poderei exercer o direito de me despedir (prazo, etc.), submeto-me àquilo que for de uso aí, nessa terra, e que eu desconheço».

dicas diversas das queridas. Afirmando sujeitar-se, quanto às condições do exercício do direito de despedida, às normas dos usos e costumes da terra do senhorio, ele não supõe que a outra parte o irá julgar sujeito, através de tal declaração, a normas diferentes daquelas a que ele próprio entende e quer ficar vinculado. Na verdade, o declarante pressupôs que a sua referência aos usos e costumes da terra do declaratário provocaria no espírito deste último representações totalmente idênticas às suas. O que acontece é ele ter atribuído um conteúdo diverso do real às normas consuetudinárias referidas na sua declaração de vontade.

Se, portanto, o declarante se apercebe, neste caso, da existência dum conflito entre as suas verdadeiras intenções e o conteúdo da declaração emitida, esse conflito não reveste para ele o alcance duma oposição entre os efeitos jurídicos na verdade queridos e os efeitos como tal declarados. É certo que esta oposição existe; mas sem dela tomar consciência o declarante.

Por isso, nós propendemos a crer que a melhor solução será atribuir aqui influência positiva à real vontade do declarante, na medida em que a outra parte se tiver apercebido dela. O facto de o autor da declaração não ter querido induzir em erro o declaratário acerca dos limites da sua vontade negocial, tira ao reconhecimento daquela influência toda a ilegitimidade. Por outro lado, esta solução não representa golpe vibrado no legítimo interesse do declaratário. Pois só merece respeito o interesse que este tem em não ser forçado a esclarecer-se senão acerca das expectativas e propósitos que o declarante lhe quis comunicar. Se ele se apercebeu sem esforço da real vontade deste último, o que devia — de acordo com os ditames da boa-fé — era ter-se orientado por ela ([1]).

4. Abstraindo dos casos excepcionais de que acabamos de apresentar um exemplo, o erro sobre o conteúdo da declaração é, por conseguinte, aquele por força do qual se produz divergência entre a

---

([1]) Se o declaratário se apercebeu tão-sòmente de que o declarante atribuíra um conteúdo determinado, diverso do seu real conteúdo, às normas dos usos e costumes citadas na declaração de vontade, sem ter chegado a qualquer ulterior precisão, — valem as regras que acima enunciámos para os casos de erro «reconhecível» sobre o alcance do declarado.

imagem que no espírito do declarante se formou acerca do alcance da sua declaração de vontade e a imagem que acerca disso mesmo o declaratário pôde conceber. Se quisermos defini-lo através do momento em que a sua intervenção se pode verificar, diremos que o erro no conteúdo tem a particularidade de exercer a sua influência perturbadora *durante a fase da construção da declaração de vontade* ([1]).

Toda a declaração jurídica é emitida em vista da modificação do estado de coisas material presente. Esse estado de coisas é julgado incapaz de proporcionar satisfação às necessidades em certo momento sentidas, — e trata-se então, para o sujeito, de saber em que medida e em que sentido carece de ser modificada a presente situação material (geralmente situação económica), a fim de se tornar possível satisfazer aquelas necessidades. Encontrado em abstracto o caminho que parece ter idoneidade para conduzir ao alcance desse fim, o sujeito, contanto se considere em condições de poder enveredar por ele e outros motivos mais fortes se não oponham a isso, decide segui-lo. *Porque sinto a necessidade de me defender do frio, resolvo comprar um agasalho.* Já durante o processo psicológico, que terminou por esta decisão, se podem ter insinuado apreciações erróneas, falsas representações da realidade ou falsos juízos que tenham exercido influência capital sobre o *modus* da decisão tomada.

É possível, em primeiro lugar, que o sujeito tenha avaliado defeituosamente a presente situação material (eu tenho, no fim de contas, um agasalho cuja existência esqueci). É possível também que ele tenha errado ao julgar o caminho escolhido (e escolhido por isso mesmo) como o melhor dentre os possíveis ou como o único possível (não me resta outro recurso — já que ninguém se decide a presentear-me — senão comprar um agasalho) ([2]); ou ainda ao fazer das suas condições materiais o juízo de que elas lhe permitem segui-lo (poderei comprar o agasalho com o dinheiro — na realidade já gasto — que recebi na semana passada). Todas essas representações

---

([1]) Ou no momento em que a declaração, já correctamente construída, é expressa.

([2]) Pode ainda acontecer que o caminho escolhido para se chegar à satisfação da necessidade sentida seja absolutamente impróprio para conduzir a esse resultado.

inexactas ou falsos juízos, que precederam a genérica decisão tomada e a tornaram possível, pertencem ao domínio do erro que pode chamar-se nos pressupostos.

Resolvido que esteja o sujeito a seguir um certo caminho para assim obter a modificação desejada da sua esfera económica (¹), trata-se agora para ele de escolher em concreto o processo que lhe torne possível realizar esta sua vontade. Pois que é seu intento fazer uma certa aquisição patrimonial, a troco do desembolso duma equivalente soma pecuniária, o interessado resolverá dirigir uma adequada proposta de compra e venda a pessoa que ele julgue em condições de poder atendê-lo. E será preciso agora determinar, com precisão, o conteúdo que esta proposta deve revestir a fim de claramente revelar a sua vontade. Agora trata-se de saber a forma que deve ser dada à declaração projectada em abstracto, para que no espírito do seu destinatário surjam aquelas representações que o agente quer provocar. Se o sujeito acaba por fazer recair a sua escolha sobre uma fórmula que não tem aptidão para lhe permitir alcançar esse fim, estará então em erro sobre o sentido da declaração de vontade.

O conceito de erro sobre o sentido ou alcance do declarado não exprime, portanto, a ideia da impropriedade da declaração emitida para realizar a vontade «mediata» do declarante (²). Se as representações mentais, que a declaração é adequada a despertar no espírito do seu destinatário, correspondem em absoluto àquelas que o agente queria provocar através da conduta observada, pode asseverar-se que nenhum erro feriu o declarante no momento e no acto de construir a sua declaração. Contudo, isto não significa que entre a declaração e a vontade mediata tenha de faltar, paralelamente, toda a desarmonia. É fácil acontecer, pelo contrário, que o declarante tenha

---

(¹) Como essa modificação da sua esfera económica é concebida pelo sujeito como forçosamente ligada a uma alteração da sua esfera jurídica, a genérica decisão por ele tomada compreenderá também a vontade de provocar a modificação jurídica representada como necessária.

(²) Por vontade mediata entendemos aqui a vontade do resultado de facto, concebido como resultado de direito, com a obtenção do qual o agente liga a satisfação da necessidade sentida. É a vontade «material» *(der materielle Wille)* de RHODE *(ob. cit.,* págs. 29-30).

errado ao fazer da declaração projectada (e por fim emitida) o juízo de que ela terá o efeito de lhe possibilitar directamente a satisfação das necessidades sentidas. Mas este juízo erróneo acerca dos resultados mediatos da declaração de vontade, justamente por não ser um juízo acerca do seu conteúdo, não pode incluir-se na categoria dos erros sobre o sentido ou alcance do declarado.

Se eu quero declarar ao livreiro: «estou disposto a comprar-lhe por 100 escudos este livro» e isso mesmo declaro sem desvio, nenhum desacordo entre o sentido por mim imputado a esta declaração e o seu alcance objectivo terá existido aqui. Pode acontecer que o livro desejado careça, afinal, das qualidades que lhe atribuí, daí resultando não me ser possível tirar dele a utilidade esperada. Se assim for, a decisão que tomei de fazer ao livreiro aquela específica proposta de compra, não poderá trazer consigo, uma vez actuada, a realização da vontade que por seu intermédio eu pensei executar (a vontade de me tornar possuidor dum livro onde venha exposto e resolvido determinado problema científico). E esta impropriedade da declaração para realizar o objecto da minha vontade mediata, terá resultado — sem dúvida — dum erro de que fui vítima. Tal erro, porém, não impediu que eu construísse correctamente a minha declaração, que eu escolhesse as expressões justamente adequadas a transmitir ao livreiro o meu desejo de me apoderar do livro ali presente, a troco de renunciar à posse de certa importância pecuniária ([1]).

([1]) Se, pelo contrário, foi meu intento explicar ao livreiro a utilidade que espero usufruir da posse do livro desejado, intento que todavia não consegui satisfazer, por desatenção momentânea ou emprego de expressões incorrectas, então a minha declaração de vontade terá sido defeituosamente construída ou viciosamente manifestada. Portanto, se o declaratário tiver podido aperceber-se de que alguma coisa eu tinha em mente participar-lhe a respeito da utilidade que julgava poder tirar do livro desejado, o negócio jurídico tornar-se-á nulo, por influência do erro que sofri acerca do conteúdo da minha declaração. Sendo, porém, de notar que esta nulidade do contrato — se bem julgamos —, contra a regra, só pode ser nulidade relativa.

Na verdade, que consequência poderia ter advindo do facto de eu haver conseguido exprimir em toda a sua extensão a minha vontade mediata? Esta consequência: o ser-me possível impugnar o negócio jurídico, com fundamento em erro sobre as qualidades do seu objecto (art. 661.º), quando verificasse faltar no livro comprado toda a referência ao assunto sobre o qual

E o que assim pode afirmar-se do erro sobre as qualidades do objecto do contrato, pode igualmente dizer-se do erro acerca da própria identidade desse mesmo objecto. Se eu quero exprimir ao ourives a minha vontade de comprar a salva de prata que ele me exibe e isso mesmo declaro, nenhum desacordo entre o querido e o declarado pode encontrar-se aqui. É verdade que eu posso ter-me

---

era meu desejo elucidar-me. Ora, seria inconcebível que o facto de eu não ter obtido exprimir, por erro, este meu desejo, fosse causa de efeitos mais favoráveis para mim do que os que se teriam produzido no caso de o conteúdo querido corresponder em absoluto ao conteúdo declarado.

Podia acontecer, é certo, nesta última hipótese, que o livreiro, ciente de não ter o livro indicado as qualidades que lhe atribuí, me esclarecesse logo acerca disso. E o contrato, então, não se teria celebrado. Mas ninguém poderá afirmar que ele não tivesse preferido, a dar-se esta hipótese, conservar-me na ignorância do meu erro. E, se assim acontecesse, visto faltar uma base segura que permita optar pela outra alternativa — o contrato seria tão-só anulável, como dentro em pouco o veremos melhor.

Doutrina idêntica deve ser afirmada quando na declaração emitida, contra os desejos do declarante, não tiver obtido expressão a sua advertência de que «só em razão de certa causa contrata» (art. 660.º). Diga-se, antes de mais nada, que se a declaração do enganado *só objectivamente* não exprime aquela advertência, apercebendo-se a outra parte muito bem (ou fàcilmente se podendo aperceber) do real alcance atribuído à declaração pelo seu autor, — não há razões — parece-nos — que justifiquem a solução de se não considerar *declarada* tal reserva. A lei exige — é certo — haver «o contraente enganado declarado expressamente...» Nada impede, contudo, entender que o fim aqui visado pelo legislador tenha sido excluir a relevância do erro sobre a causa, quando sòmente se torne reconhecível haver o declarante contratado em consideração de certo pressuposto, mais tarde apurado falso. (Quando o erro, pelo contrário, incide sobre a identidade ou as qualidades do objecto — sabêmo-lo já —, estas condições são bastantes para se produzir nulidade do contrato). Pode entender-se — isto é — que, para os efeitos do art. 660.º, o elemento que permite distinguir as declarações *expressas* das *tácitas* reside precisamente na vontade de fazer uma declaração (ou na aparência dessa vontade). De harmonia com isto, a manifestação tácita teria o valor dum simples *indício*, dum elemento que apenas *traísse* a existência no espírito do agente de certa vontade ou representação, independentemente de todo o propósito da parte deste último de notificar outras pessoas acerca desses factos. — Não podemos desenvolver aqui devidamente o problema. Com o que dissemos — tão-sòmente a título de sugestão —, pretendemos apenas vincar a ideia de que a letra do art. 660.º não tem de se opor a que o erro sobre a causa seja considerado relevante, quando o enganado só por via oblíqua,

representado o objecto em questão (falsamente) como o mesmo que tive em minha casa, para exame, durante alguns dias. Se assim foi, a declaração emitida não será adequada a possibilitar a realização da minha vontade mediata, tal como no caso primeiramente referido. Mas entre o sentido objectivo da declaração e a vontade que ela é chamada a realizar imediatamente, reina plena harmonia.

Não será, em todo o caso, possível e mesmo necessário atribuir àquela vontade «material», já durante a fase interpretativa, uma influência jurídica qualquer? Sem dúvida, ela pode ser chamada a exercer uma acção decisiva sobre a eficácia do negócio jurídico num momento posterior. Se o contraente enganado esperou tirar do objecto adquirido uma utilidade que ele é incapaz de lhe proporcionar, poderá, querendo, fazer anular o contrato com fundamento no erro sofrido, contanto se verifiquem os pressupostos do art. 661.º. Mas o que se pergunta é se o juiz, já durante a fase interpretativa, pode tomar em conta, para lhe atribuir uma influência qualquer, a vontade material dum dos contraentes.

Salta aos olhos que se alguma influência lhe tiver de ser atribuída, só poderá tratar-se, em todo o caso, duma influência negativa. Moldar o conteúdo da declaração — e, mediatamente, os efei-

---

indirecta (não de *modo expresso*) tiver conseguido exprimir na sua declaração a reserva ou advertência a que esse artigo se refere.

Se esta solução parecer melhor — como parece a nós —, nada impedirá aceitá-la. Portanto, se, num caso destes, o contraente enganado puder considerar implícita na declaração da outra parte uma adesão peremptória à sua reserva, verificam-se todas as condições de que o art. 660.º faz depender a influência jurídica do erro sobre a causa. (Contanto — é claro — este sentido da sua declaração seja *imputável*, nos termos já de nós conhecidos, ao outro contraente; o qual, por seu turno, apesar de ter estado em erro sobre o alcance da declaração emitida, não terá direito a impugná-la, visto não se poderem verificar aqui os pressupostos do art. 661.º).

Imagine-se agora que para a outra parte se tornou tão-sòmente reconhecível haver o declarante querido exprimir alguma coisa acerca dos motivos da sua volição. Trata-se, por conseguinte, dados estes pressupostos, dum erro que, por incidir sobre o conteúdo da declaração de vontade e por ter sido reconhecível para o outro contraente, deveria causar, em princípio, a nulidade absoluta do negócio jurídico. Todavia, por força das razões postas em relevo para os casos do art. 661.º, tal nulidade não poderá ser aqui senão meramente relativa.

tos jurídicos — pelo conteúdo da vontade material do declarante, é procedimento claramente impossível. A interpretação, como se disse já, não pode passar por cima da *real* vontade de efeitos jurídicos do declarante (da sua vontade «negocial»), a fim de converter em grandeza positivamente eficaz uma vontade apenas *hipotética*. Ora, era isto o que aconteceria se, nos casos há pouco referidos, pretendesse afeiçoar-se o conteúdo da declaração à vontade material do seu autor. Se eu quero e declaro querer o efeito jurídico que consiste na entrada *deste* objecto no meu património, é inconcebível que a tal declaração, sejam quais forem as circunstâncias, venha a ser atribuída a eficácia de fundamentar a aquisição por mim dum objecto diferente do indicado. Se eu exprimo ao ourives o meu desejo de adquirir o colar de pérolas que vejo exposto na montra, pensando errôneamente criar por tal maneira todas as condições necessárias à realização da minha vontade de me tornar possuidor dum colar de pérolas verdadeiras, não me é possível, com certeza, baseado naquela declaração, exigir do ourives que substitua o colar de pérolas falsas vendido por um outro de pérolas autênticas. Na verdade, — seja dito uma vez mais — para o direito só pode tratar-se, através da interpretação, de fazer coincidir quanto possível a modificação jurídica correspondente à declaração de vontade emitida e a modificação que *realmente* o declarante quis provocar.

Mas poderá a vontade material, quando em desacordo com a vontade imediata (¹), exercer uma influência ao menos negativa já no momento em que se trata de interpretar a declaração?

Este problema foi recentemente posto e apreciado pelo jurista RHODE (²). Segundo este autor, devem ser de peso decisivo sobre os resultados da interpretação aquelas circunstâncias que, aludindo a uma vontade «material» do declarante inarmonizável com a vontade declarada, forem do conhecimento do declaratário (pág. 52). É dizer que à vontade mediata pertencerá exercer uma certa influência já durante a fase interpretativa, sempre que a outra parte dela

---

(¹) Por vontade «imediata» entendemos aqui aquela vontade que o simples acto de emitir a declaração é bastante para realizar plenamente, sejam quais forem os resultados «materiais» desta declaração.

(²) Na já cit. monografia *Die Willenserklärung... im Rechtsverkehr*, págs. 50-53.

tenha havido conhecimento. Essa influência, não podendo ser positiva, será a de tornar absolutamente ineficaz a declaração de vontade. Quando o declaratário se apercebe de que a declaração emitida não corresponde à vontade material do seu autor, não lhe é lícito fundar as suas espectativas na validade da disposição tomada pelo declarante. Uma declaração, que o seu destinatário verifica estar em conflito irredutível com a vontade mediata de quem a emitiu, torna-se por esse facto irreparàvelmente contraditória consigo própria e até incompreensível, devendo, por conseguinte, ser julgada de todo ineficaz. Isto acontecerá se, no caso ùltimamente citado, eu manifestar ao ourives a minha vontade de adquirir *aquele* colar de pérolas verdadeiras, sabendo o declaratário muito bem (como é natural) que esse colar é uma simples imitação. Suponha-se ainda — exemplo de RHODE (pág. 51) — que a proposta de contrato, feita verbalmente por *A* a *B,* é acompanhada da seguinte declaração: «esta proposta faço-a eu sòmente a si, senhor professor *X*»; e que o declaratário não é realmente a pessoa suposta pelo declarante.

Que pensar desta doutrina?

A quem aceitar as soluções por nós sugeridas em matéria de divergência entre a vontade negocial do declarante (deliberadamente não expressa na declaração mas conhecida da outra parte) e os efeitos jurídicos correspondentes ao alcance objectivo do declarado, faltam razões para recusar uma doutrina idêntica nos casos agora passados em revista. Em tese geral, não temos dúvida em aceitar a solução de RHODE, desde que ela não destrói o princípio — basilar, a nosso ver, em matéria de interpretação — segundo o qual só é lícito forçar o declaratário a diligenciar esclarecer-se acerca daquilo que o declarante tenha querido tornar acessível ao seu entendimento. Mas que tal doutrina possa julgar-se consagrada na lei civil portuguesa, é problema diverso.

Se devesse admitir-se que toda a divergência mediata entre a vontade material e o conteúdo da declaração, quando conhecida da outra parte, teria de provocar a nulidade insanável do negócio jurídico, não haveria talvez fundamento, quer-nos parecer, para nos determos aqui e não atribuirmos este mesmo efeito ao erro que simplesmente vicia a formação da própria vontade material. Imaginemos que um certo indivíduo, erradamente convencido de que o seu receptor de telefonia está desarranjado sem remédio (ou sem probabilidades de remédio eficaz), decide, com base nesse falso pressuposto, comprar um novo aparelho. Se agora, para executar esta sua decisão, ele entra em negociações com um comerciante da especialidade e acaba por lhe comprar um receptor do seu agrado, é certo não poder falar-se duma desarmonia entre a vontade material do agente e a declaração emitida com o fim de a executar. O erro sofrido aqui pelo declarante terá apenas determinado a formação viciosa daquela vontade. Contudo, se o outro contraente se tiver apercebido da falsidade do pressuposto de que o declarante partia, não parece legítima — se quiser avaliar-se rigorosamente a situação — a confiança por ele fundada na validade da declaração do enganado. Pelo menos, a situação do declaratário não parece aqui mais legítima do que nos casos em que o erro intervém já depois de formada a vontade material. Se assim é, o argumento da analogia havia de propor que a declaração do contraente enganado (e com ela todo o contrato) também fosse julgada absolutamente nula nestas hipóteses. E seria então possível formular a doutrina de que o erro, quando se torna conhecido do declaratário, gera sempre a nulidade absoluta da declaração de vontade.

Contra esta doutrina ergue-se, todavia, o preceito do art. 663.º do cód. civil. O erro dum dos contraentes, que for possibilitado por má-fé da parte do outro, produz tão-sòmente a nulidade relativa do contrato. Logo, nem sempre que o declaratário toma conhecimento do erro cometido pelo declarante pode julgar-se absolutamente nula a declaração de vontade. Há-de haver um domínio em que o erro, por mais claramente que a outra parte dele se tenha apercebido, só possa causar a nulidade relativa do negócio jurídico. E não há razões, como vimos, para se incluirem nesse domínio apenas os casos de formação defeituosa da vontade material.

Como justificar, no entanto, que o preceito do art. 663.º seja deixado de parte quando se apura haver divergência entre a vontade negocial do declarante (deliberadamente não expressa) e o conteúdo querido da declaração?

É preciso ver que a primeira consequência da doutrina por nós aplicada a estes casos consiste no aproveitamento daquela vontade, que o declarante voluntàriamente não exprimiu mas que se tornou conhecida do outro contraente, para se determinar o conteúdo positivo da declaração litigiosa. A quem aceitar esta consequência, impõe-se também — paralelamente — não recusar que a declaração seja considerada nula *ipso jure* quando o declaratário apenas se tiver apercebido, sem mais nada, da existência dum desacordo entre a vontade negocial do declarante e o conteúdo querido do declarado. Com efeito, admitido o princípio de que o declaratário não pode orientar-se pelo alcance objectivo da declaração, embora provadamente conforme à vontade do declarante, quando verifica ter este último esperado alcançar, através da sua conduta, efeitos jurídicos substancialmente diversos dos declarados, — admitido este princípio, é força reconhecer que, em certos casos, o seu respeito terá forçosamente de conduzir à consequência da nulidade absoluta, insanável da declaração de vontade.

Portanto, se, no sistema jurídico que se considera, a única disposição expressa e directamente válida para os casos de erro conhecido da outra parte o declara causa de simples nulidade relativa do contrato, é natural e lógico entender tal disposição aplicável apenas dentro de domínio onde já se não esteja vinculado aos princípios basilares da teoria da interpretação do negócio jurídico ([1]). O contrário seria admitir a existência dum conflito lógico irredutível entre partes do mesmo todo.

5. Indiquemos agora, para fechar este trabalho, qual é, em suma, à face do direito português, o regime jurídico do erro sobre o conteúdo da declaração de vontade, tal como as nossas precedentes investigações o puderam determinar.

I — O erro sobre o sentido ou alcance do declarado, quando não puder ser corrigido por via interpretativa, será causa, em primeiro lugar, de nulidade absoluta do negócio jurídico. *Isto acontecerá quando o declaratário se tiver apercebido do erro do declarante (ou quando o erro for para ele simplesmente reconhecível), sem contudo lhe ser possível reconstituir a verdadeira vontade do autor da declaração. Mas se o declaratário, tendo havido conhecimento do erro, puder concluir que outro não seria o alcance da declaração recebida se o declarante tivesse dado a tempo pelo seu equívoco, — então não*

([1]) Princípios esses — é claro — que por outra via foi possível julgar ínsitos no sistema jurídico considerado.

se produzirá nulidade. E, de toda a maneira, a relevância do erro está sempre dependente da sua essencialidade «subjectiva», isto é, de ser demonstrável que o declarante, sem o erro, teria dado à sua declaração de vontade uma configuração substancialmente diversa. A nulidade absoluta do negócio jurídico será também a consequência do erro do declarante, quando — nos negócios formais — a verdadeira vontade deste último, embora de reconstrução possível para a outra parte, não puder considerar-se expressa, nem sequer imperfeita e grosseiramente, na declaração emitida.

O erro na declaração, quando reconhecível, pode deixar de ser causa de nulidade absoluta ainda por uma razão diversa da sua não--essencialidade objectiva. É o que sucede, como no lugar devido se frisou (págs. 254-255), quando o declaratário puder julgar mais favoràvelmente, para os interesses do declarante enganado, a solução da validade da declaração emitida com o conteúdo objectivamente expresso, do que a da nulidade absoluta do negócio jurídico.

Tal juízo será possível, não só nos casos de que ali apresentámos um exemplo, mas também naqueles em que, depois de emitida a declaração de vontade mas antes do momento da sua recepção pelo destinatário, se produzir uma alteração essencial do estado de coisas cuja permanência até àquele momento foi aparentemente pressuposta pelo declarante. Imagine-se uma proposta de venda de certo número de acções, enviada por *A* a um estabelecimento bancário, na qual se faz a cada acção um preço de tal modo inferior à sua cotação no mercado, no momento de ser expedida a oferta, que se torna manifesto (dado saber-se que o declarante é pessoa advertida em tais assuntos) haver o seu autor sofrido um erro ao declarar a sua vontade. A proposta deveria ser, por consequência, nula. Mas suponha-se agora que entre o momento da expedição desta proposta e o da sua recepção pelo declaratário se verificou um abaixamento muito sensível na cotação das acções oferecidas em venda. E tão grande foi essa baixa que o preço indicado na proposta, desprezando as condições do mercado ao tempo de ela ser enviada e atendendo só às condições actuais, aparece agora como um preço inteiramente razoável. · Se assim for, será lícito ao declaratário pensar que o declarante *talvez* prefira ver fechado imediatamente o contrato proposto, embora em condições diversas das queridas, a ter de formular uma nova oferta de venda das suas acções, por um preço, aliás, que terá de ser muito semelhante ao indicado (involuntàriamente) na primitiva proposta.

A nulidade absoluta da declaração de vontade, em caso de erro *«negocial»* do declarante tornado reconhecível para a outra parte, está, portanto, dependente das seguintes duas condições:

a) *De não haver razões para supor que o declarante, mesmo sem o erro, teria emitido uma declaração essencialmente idêntica à que emitiu.*

b) *De não ser lícito julgar que o declarante há-de preferir (ou talvez prefira) sujeitar-se ao conteúdo não querido da declaração feita a ver negada toda a eficácia à sua conduta negocial.*

II — Exceptuados os casos em que o declaratário se apercebe ou deve aperceber-se do erro sofrido pelo declarante, *todo o efeito que pode ser exercido por um desacordo inconsciente entre a vontade e a declaração reduz-se à nulidade relativa do negócio jurídico.* Estamos agora dentro do domínio de aplicação do art. 661.º do cód. civil. De harmonia com esta norma legal, o erro na declaração, para ser relevante, carece de obedecer a um requisito da maior importância.

Requer-se que tenha sido reconhecível para o declaratário, se não o erro, ao menos *o facto de o declarante ter atribuído valor de pressuposto essencial à veracidade duma certa opinião sua acerca da eficácia da declaração emitida.* Assim, se B, querendo propor a C a compra do seu cavalo «Raio» (aquele que ficou triunfante na última prova hípica), se refere por lapso na sua declaração ao cavalo «Relâmpago» do mesmo dono, o erro sofrido aqui pelo proponente ao exprimir a sua vontade não poderá causar a nulidade do contrato. Mas se o declarante teve o cuidado de esclarecer que é seu intento comprar o cavalo «Relâmpago», «aquele que tão brilhantemente triunfou no último concurso hípico», já para C se torna por esse facto inteligível que B esperou obter, com a sua declaração de vontade, um resultado que pode não coincidir com o correspondente ao alcance objectivo desta declaração ([1]). E é isto, é o ser o declaratário colocado em

---

([1]) O mesmo se diga se a intenção do proponente, de adquirir o cavalo que ficou vitorioso no concurso hípico, se tiver manifestado à outra parte em quaisquer circunstâncias objectivas ocorrentes, não nos próprios termos da declaração contratual. — Pressupomos no texto — claro está — que o destina-

condições de poder entender tal coisa, que parece justificar — dada a fórmula e o presumível espírito do art. 661.º — a nulidade do contrato por erro acerca do seu conteúdo (¹).

Se o art. 661.º permite a anulação do contrato quando o erro acerca do conteúdo da declaração, sofrido por um dos contraentes, obedecer a este condicionamento, por maioria de razões a deve permitir *nos casos em que o erro se tiver tornado reconhecível para a outra parte*. Sendo de notar, no entanto, que só pode haver nulidade, nos termos do art. 661.º, quando ao declaratário não for lícito emitir o juízo de que o declarante, mesmo sem o erro, teria ainda assim declarado o que no fundo declarou. *À norma do art. 661.º devem, portanto, sujeitar-se — diga-se em resumo — todos os casos de erro objectivamente essencial e tornado reconhecível para a outra parte, que apesar disso não seja de molde, pelas razões já de nós conhecidas, a provocar a nulidade absoluta do negócio jurídico.*

A estes casos hão-de acrescentar-se ainda aqueles em que o declaratário não puder concluir com segurança que o declarante tenha estado em erro acerca do alcance objectivo da sua declaração, sendo em todo o caso de presumir (pois em tal sentido militam algumas probabilidades) que entre o declarado e o querido não existe a precisa harmonia. Se ao declaratário se afigura tão sòmente *possível* não ter o declarante obtido exprimir correctamente a sua vontade, é natural que ele fique aguardando uma acção positiva da parte deste último, destinada a totalmente destruir a eficácia do negócio jurídico. Por isto mesmo se justifica também que o negócio seja aqui relativamente nulo, e não válido.

O mesmo se diga quando a dúvida, em vez de incidir sobre o próprio facto da existência do erro, for antes relativa ao ponto de saber se a declaração, no caso de o seu autor não ter errado, teria sido emitida com um alcance essencialmente diverso.

6. Resta-nos agora abordar um último problema. Não deverá entender-se que a ausência de culpa da parte do contraente enganado seja pressuposto da nulidade do contrato por motivo de erro?

---

tário da oferta, no momento em que a recebe, não sabe ainda qual dos seus cavalos ganhou na véspera a prova a que foram enviados.

(¹) Cfr. *supra*, I, § 1.º, págs. 114-116.

É doutrina tradicional — e ainda hoje dominante em alguns países latinos — constituir, de facto, a *desculpabilidade* do erro condição *sine qua non* da sua relevância jurídica ([1]). Tal doutrina, no entanto, como noutro lugar tivemos já ocasião de advertir, não nos parece sustentável, ao menos em tese.

Certamente, nós subordinamos também toda a responsabilidade do declarante pelo sentido «objectivo» da sua declaração ao momento da «culpa». Só pode ser julgado decisivo aquele dos possíveis significados da declaração que, sendo o objectivo para o declaratário, for «imputável» ao seu autor. Portanto, se o sentido que o declaratário pôde julgar querido pelo declarante não for aquele com o qual este último tinha o direito e o dever de contar, a declaração, por impossibilidade de se lhe atribuir um alcance exclusivo de todos os outros, deve ser julgada nula. Significa isto que só quando o declarante, tendo a possibilidade de prever que à sua declaração irá ser imputado pela outra parte um determinado sentido, a emitir no entanto com um alcance diferente, — poderá ser posto o problema

---

([1]) V. autores citados em nota 1 de pág. 55. Não tratamos aqui, é certo, da questão de saber se a falta da vontade do conteúdo da declaração pode ser suprida pela responsabilidade do declarante (baseada na culpa), mas do problema mais geral dos pressupostos da relevância do erro. É, todavia, evidente que aos sequazes da doutrina da responsabilidade não fica livre o caminho de optarem pela não sujeição da influência do chamado erro-vício ao requisito da escusabilidade. O que acontece é contar por adeptos a doutrina da escusabilidade do erro autores que, no problema das relações entre a vontade e a declaração, não tomam partido pela clássica doutrina da responsabilidade.

Sobre a doutrina da escusabilidade do erro v. particularmente TRABUCCHI, in *Nuovo Digesto italiano*, vol. V, págs. 488-490. Por esta doutrina se manifestaram entre nós os profs. B. DOS SANTOS, (*Simulação*, I, págs. 43 e 55-56) e CABRAL DE MONCADA (*Lições*, 2.º, págs. 291 e 302, nota 1). — Note-se, porém, que o prof. MONCADA só considera relevante o momento da culpa, para outros fins que não sejam responsabilizar apenas o agente pelos danos causados a terceiros, no domínio do erro-vício-da-vontade. O erro-obstáculo, pelo contrário, é sempre causa de nulidade, mesmo quando indesculpável. Cfr. nota 2 de pág. 286. — Contra a doutrina tradicional tomaram posição: o prof. TAVARES, *ob. cit.*, II, pág. 501, e o doutor C. GONÇALVES, *Tratado*, IV, pág. 304.

Quanto aos autores alemães, eles são unânimes em não considerarem expressa no seu cód. civil a doutrina da desculpabilidade do erro.

da eventual influência jurídica do erro acerca do sentido da declaração de vontade.

Se assim é, a quem, aceitando isto, aderir ainda à tradicional doutrina da culpa, parece não ficar outro recurso senão o de eliminar pura e simplesmente todo o problema da eficácia do erro (revestindo a forma dum desacordo entre o querido e o declarado) sobre a vida do negócio jurídico ([1]).

([1]) Sem dúvida, esta conclusão pode não parecer inteiramente exacta, desde que se tenham em conta os casos de erro na declaração pròpriamente dito. Ao considerar estes casos, afigura-se não serem de todo inconciliáveis o juízo de que o sentido objectivo da declaração, aos olhos do declaratário, não deixa de ser imputável ao seu autor, e o juízo de que o declarante errou de maneira desculpável. Com efeito, quando o agente, por lapso, declara algo diverso do que queria declarar, só pode ajuizar-se acerca da imputabilidade ao declarante do sentido objectivo da declaração feita, respondendo-se a esta pergunta: Se o agente tomasse consciência da forma concreta da sua conduta, poderia ele prever que o declaratário lhe atribuiria aquele significado que de facto veio a atribuir-lhe?

Ora, parece evidente que, se tiver de responder-se em sentido afirmativo a tal pergunta, não fica por isso prejudicado o problema de saber se foi ou não *culposamente* que, afinal, o declarante fez uma declaração diversa da que era sua intenção fazer. Na verdade, enquanto ali se raciocina sobre uma base hipotética, ajuizando-se acerca duma situação que realmente se não verificou, aqui trata-se de apreciar as condições que tornaram possível um certo facto psicológico real.

Mas, embora isto seja exacto, não deve esquecer-se que, justamente em razão da sua própria natureza, é difícil conceber um caso de erro na declaração *desculpável*. Se o agente, tendo deliberado escrever ou dizer *a*, escreve ou diz, no momento decisivo, *b*, isso não é explicável senão por uma desatenção momentânea, da qual o homem médio se defenderá fàcilmente graças a um esforço normal de concentração, e que o próprio distraído conseguirá evitar, decerto, em condições anormais de tensão interior. E quem, ao emitir uma declaração de vontade, se não coloca em condições de poder fazer justamente aquela declaração que seja adequada a originar, no espírito da outra parte, as expectativas procuradas, procede sem dúvida com desrespeito por aquele mínimo de diligência que as superiores necessidades da vida em comum reclamam do lado de cada participante no comércio jurídico; procede — digamos a palavra — *culposamente*.

Daqui resulta ser o erro na declaração, por sua própria índole, um erro *indesculpável*. Se assim é — voltemos à conclusão do texto —, o problema da possível eficácia jurídica do erro acerca do conteúdo da declaração,

Tal solução — repetimos — afigura-se-nos demasiadamente pesada para o contraente enganado. Julgamos que há toda a razão para se estabelecer uma diferença nítida entre os casos em que o declarante procura originar no espírito da outra parte, através da declaração, representações não conformes ao conteúdo da sua vontade negocial, e aqueles em que o agente, sem disso tomar consciência, se utiliza de meios de expressão impróprios para reflectirem as suas reais intenções. Parece-nos inconcebível que duas situações, assim tão diferentes uma da outra no seu aspecto subjectivo, tenham sido avaliadas no mesmo plano pelo legislador.

É certo que aos interesses do declarante se opõem os interesses da outra parte, a qual não pode considerar-se culpada do erro sofrido por aquele [1]. Mas também é verdade que a lei não deixa de tomar na devida conta a situação do contraente não enganado, visto só permitir a invocação do erro (aliás dentro dum prazo muito estreito) quando a outra parte tiver sido colocada em condições de, pelo menos, ver a sua atenção atraída para a possibilidade de a declaração não corresponder, justamente no ponto sobre o qual incidiu o erro, às verdadeiras intenções do seu autor.

De resto, é necessário ponderar que se não trata aqui de tomar partido, em termos absolutos, pela defesa dos interesses do declarante enganado ou pela defesa dos interesses do declaratário; de — por outras palavras — escolher solução que tenha o alcance de importar a atribuição duma primazia incondicionada aos primeiros ou aos segundos, com total menosprezo dos outros. Do que se trata é tão-sòmente de inquirir se acaso o interesse do declaratário *na manutenção definitiva do negócio jurídico* não deve ceder, mesmo em caso de erro indesculpável, ao interesse do declarante em ver decretada a sua nulidade. Mas, se porventura se optar aqui pela solução afirmativa, não significa isto que os interesses da outra parte sejam por esse facto votados ao esquecimento. Do interesse na conserva-

---

não poderá ser posto por quem seja adepto da tradicional doutrina da responsabilidade.

[1] Quando o erro tiver sido reconhecível para o declaratário, admitem muitos dos sequazes da doutrina tradicional a nulidade do negócio jurídico. Neste sentido se manifesta, por ex., o prof. B. DOS SANTOS *(Simulação,* I, págs. 43-44).

ção e consequente execução do contrato firmado (interesse *positivo*), é preciso distinguir, com efeito, o interesse que tem cada uma das partes em não sofrer, pelo menos, prejuízos por ter confiado em vão na validade desse contrato (interesse *negativo*). E se na ausência de culpa não quiser ver-se um pressuposto necessário da nulidade do negócio jurídico, nada impede que na sua presença se veja uma circunstância que dê legitimidade a um pedido de reparação dos danos negativos ([1]).

Dir-se-á, no entanto, que por tal caminho se cai numa solução desnecessàriamente complicada (e até mesmo contraditória em si própria) do problema. Se realmente se admite que o declarante deve ser feito responsável pelos danos que tiver causado, com a sua conduta culposa, à outra parte, — o meio mais lógico e mais oportuno de efectivar esta responsabilidade é impedi-lo de obter a anulação do contrato, invocando o seu erro ([2]). Doutro lado, não se compreende bem que, sendo o declarante enganado livre de fazer anular o negócio jurídico, mesmo em caso de erro culposo, se procure ligar

---

([1]) Falta no nosso código civil, é certo, um preceito semelhante ao art. 26.º do cód. suíço das obrigações: «A parte, que invoca o seu erro para se furtar ao efeito do contrato, é obrigada a reparar o dano resultante da invalidade da convenção se o erro provier da sua própria culpa, salvo quando a outra parte o tiver conhecido ou podido conhecer». (Sobre este artigo cfr. o *Commentaire du Code fédéral des obligations* de SCHNEIDER e FICK, vol. I, pág. 72. V. também v. TUHR, *Allg. Teil des schweiz. O. R.*, 1.ª metade, págs. 261 e segs.). E ainda menos temos ao nosso alcance uma disposição da índole do § 122 do cód. alemão, onde se põe a cargo do contraente, que faz valer o seu erro, uma responsabilidade *objectiva* pelos danos negativos da outra parte.

Mas, quando não queira ver-se no art. 653.º do nosso código — norma que torna o proponente responsável, em caso de retratação anterior ao momento da chegada da resposta, pelos prejuízos daí resultantes para a outra parte — uma disposição susceptível de ser aplicada por analogia a todos os casos da chamada responsabilidade pré-contratual, — não será ainda assim impossível, decerto, recorrendo aos princípios válidos em matéria de reparação de danos extra-contratuais, justificar aquela obrigação de indemnizar a que aludimos no texto.

([2]) É neste fundamento que tradicionalmente costuma apoiar-se a tese da irrelevância do erro indesculpável. Veja-se TRABUCCHI, *lug. cit.*, pág. 489.

com o exercício deste direito a sujeição a uma especial responsabilidade por indemnização de perdas e danos.

Estas objecções, contudo, não são decisivas. Sem dúvida, melhor seria para o contraente não enganado recusar-se ao declarante o direito de invocar o seu erro, em caso de culpa, do que permitir-se a anulação do negócio jurídico e impor-se-lhe simultâneamente a obrigação de reparar todos os prejuízos sofridos pela outra parte. Mas, se de facto é só o interesse negativo desse contraente que se quer tutelar, se esta solução se considera bastante, então nada seria menos lógico nem menos razoável do que seguir o caminho de se proibir ao declarante a invocação do seu erro. Com efeito, a outra parte receberia desta maneira uma compensação quase sempre maior do que a devida (e, em todo o caso, sempre diversa); resultado que se afigura claramente inconciliável com os princípios válidos em matéria de reparação de danos. — Todo o problema está, por conseguinte, em saber se é o interesse *positivo* ou o interesse *negativo* do declaratário que deve ser objecto duma especial tutela.

Doutro lado — e pelas mesmas razões — não há nenhuma contradição entre conceder-se ao declarante o direito de fazer anular o negócio jurídico e impor-se-lhe ao mesmo tempo a obrigação de responder por todos os prejuízos que a outra parte tiver sofrido em virtude da sua confiança. Pois não é o caso — todos o entendem — de se lhe tirar com uma das mãos o que acabou de se lhe atribuir com a outra. Aliás, é de notar ainda não ser pròpriamente do facto da declaração judicial da nulidade (facto originado por acção positiva do declarante enganado) que procedem os danos que se trata aqui de reparar. Onde eles têm a sua causa é, antes, no próprio facto da *nulidade* do contrato, que é só imputável à lei. E, no fim de contas, quando a parte, cujas expectativas foram iludidas, reclama do contraente enganado a reparação de todos os prejuízos que sofreu em virtude disso, não é por este contraente ter invocado a nulidade do negócio jurídico que ela o censura, mas sim por ele ter dado origem a tal nulidade com a sua inadvertência.

Julgamos, portanto, preferível, à solução proposta pela doutrina dominante, a de se ver na culpa, em que o declarante enganado possa ter incorrido, uma simples causa de responsabilidade pelos danos causados à outra parte.

Nada nos obriga, por outro lado, a julgar consagrada na lei portuguesa a doutrina tradicional. Há o art. 695.º do código civil, é certo ([1]). Mas, se não parece tentativa inadmissível a de estender aos casos de *culpa* a proibição nesse artigo aparentemente só consignada para os casos de *dolo* ([2]), também é claro não estar ninguém que a desaprove vinculado a essa interpretação do referido preceito legal.

([1]) Art. 695.º: «Nenhum contraente pode socorrer-se à nulidade, resultante da incapacidade do outro contraente, nem alegar erro ou coacção para que haja contribuído».

([2]) É nesta interpretação do art. 695.º que os profs. BELEZA DOS SANTOS e CABRAL DE MONCADA principalmente se fundamentam para reputarem consagrada na lei portuguesa a doutrina romanista do *error excusabilis*. Cfr. *Simulação*, I, págs. 55-56 e *Lições de direito civil*, 2.º, pág. 291, nota 1.

APÊNDICE

I

Confronto das conclusões do estudo precedente com o regime consagrado no novo Código Civil, tanto em matéria de erro (erro na declaração) como de interpretação dos negócios jurídicos

Vamos investigar seguidamente qual a medida em que o legislador do actual Código Civil acolheu, tanto em matéria de erro (erro na declaração) como de interpretação dos negócios jurídicos, as soluções preconizadas no estudo precedente. Para tanto, convirá antes de tudo recapitular, expondo-as de novo em rápida síntese, as principais conclusões ali sustentadas quanto àquelas matérias. Estabeleceremos depois o quadro das correspondências e dos desvios entre essas conclusões e o regime actual.

§ 1.º

A. Erro na declaração

1. A determinação das condições de relevância do erro na declaração ou erro-obstáculo supõe uma distinção fundamental: a distinção entre os casos em que o agente procede sem a consciência do significado ou valor declarativo-negocial do seu comportamento — isto é, sem a consciência de que emite uma declaração de vontade negocial ou de que faz a outrem uma *promessa* jurìdicamente vinculativa — e as hipóteses em que ele simplesmente se engana quanto ao conteúdo da declaração feita. Ali, temos o erro acerca do sentido de «declaração negocial» da conduta voluntàriamente observada; aqui, o erro acerca do conteúdo da declaração de vontade. É claro que, se não há conduta voluntária, o problema da possível validade da declaração — e da possível vinculação do agente — nem chega

a pôr-se; aí não existe sequer um negócio jurídico nulo, visto como a voluntariedade da acção constitui um pressuposto do negócio jurídico, antes que uma condição da sua validade.

2. A primeira das duas referidas modalidades de erro — erro acerca do sentido de «declaração negocial» da conduta voluntàriamente observada — tem como consequência a *nulidade absoluta* (ou simplesmente *nulidade,* para usar a técnica actual) da declaração. No entanto, considerando o problema de uma perspectiva supra-sistemática, é de pôr a hipótese de assimilar àquela consciência do significado jurídico-negocial do próprio acto o mero dever de conhecer tal significado. Parece que a solução mais aconselhável não será nem a da teoria *subjectiva* (nulidade absoluta da declaração), nem a da teoria *objectiva* (anulabilidade), mas a correspondente à teoria da *culpa:* nulidade se o agente não merecer censura por não se ter apercebido de que o acto, nas circunstâncias em que foi praticado, assumia o sentido de uma declaração negocial *(rectius:* se o agente não merecer censura por não ter exteriorizado mais capazmente o seu verdadeiro intento); anulabilidade nos casos restantes.

Focando, porém, o problema à luz do direito português então vigente (à luz dos textos do Código Civil de 1867), deve julgar-se válida a teoria subjectiva: aí, «consentir» é o querer emitir (ou, pelo menos, a consciência de emitir) uma declaração jurìdicamente vinculativa — e sem consentimento não há contrato, nem sequer contrato sujeito a impugnação: o negócio é nulo.

3. Passemos agora ao erro *quanto ao conteúdo da declaração* — aquele por força do qual se produz uma divergência entre a vontade real e a declarada, entre o declarado e o querido. Erro que tanto pode consistir num desviar-se a acção (o comportamento declarativo) da volição correspondente sem que o agente tome consciência disso *(error in faciendo),* como no facto de o declarante se representar defeituosamente a capacidade dos meios de expressão utilizados para manifestar a sua verdadeira intenção *(error in judicando).* No segundo caso, erro teorético; erro mecânico, no primeiro.

Quer numa hipótese quer noutra, o erro afecta a idoneidade da declaração (do comportamento declarativo) para exprimir a vontade do declarante. Por sua influência, gera-se uma desarmonia ou desajustamento entre a imagem que da sua vontade negocial (vontade efectiva, vontade imediata, não vontade hipotética ou simplesmente mediata) o declarante pensou oferecer através da declaração — e a imagem de que esta mesma declaração, tomada no seu sentido jurìdicamente decisivo (a fixar por interpretação), é portadora.

O elemento que confere ao erro sobre o conteúdo da declaração a sua autonomia própria, que o individualiza e recorta em face dos demais casos de erro susceptível de influir na vida do negócio jurídico, é a circunstância de não ser possível afirmar a existência de um tal erro sem prèviamente se apurar, por interpretação, qual o conteúdo da declaração de vontade. Enquanto o erro que não recai sobre o sentido da declaração só pode *anular* o negócio jurídico — o erro acerca do conteúdo da declaração *(rectius:* o que *prima facie* se apresente como tal) pode ser *corrigido* ou *anulado* por via interpretativa.

O erro sobre o conteúdo da declaração — o autêntico, isto é, aquele que não pôde ser corrigido por via ou na fase interpretativa do negócio, pois apenas esse, como é evidente, suscita uma questão sobre quais as consequências jurídicas que lhe devem ser ligadas — só causa, em princípio, a *anulabilidade* do acto.

Requer-se para tanto, além da essencialidade subjectiva do erro, que tenha sido reconhecível para o declaratário (ou que este tenha efectivamente conhecido), não o próprio erro, mas o facto de o declarante ter atribuído valor de *pressuposto essencial* à veracidade de uma certa opinião sua (justamente aquela que vem agora a verificar-se não corresponder à realidade) acerca de um elemento do negócio e, portanto, da eficácia da declaração emitida. Não se exige, porém, que o declarante esteja isento de culpa. A culpa do errante não exclui a nulidade, mas deverá fundar a obrigação de indemnizar o declaratário pelo chamado *interesse negativo*.

4. O erro sobre o conteúdo da declaração pode também dar lugar, embora excepcionalmente, à *nulidade absoluta* do negócio jurídico. Assim acontecerá sempre que o declaratário se tenha apercebido (ou podido aperceber) do erro do declarante, desde que não

haja razões para supor: *a)* que este, mesmo sem o erro, teria emitido uma declaração essencialmente idêntica à que emitiu; *b)* que provàvelmente ele preferirá sujeitar-se ao conteúdo não querido da declaração feita a ver negada toda a eficácia negocial à sua conduta.

B. Interpretação das declarações de vontade

5. Toda a declaração de vontade comporta, em potência, uma pluralidade de sentidos. À teoria da interpretação compete estabelecer qual desses vários sentidos será, no seu tipo abstracto, o jurìdicamente decisivo.

Antes de tudo, a declaração vale com o sentido que lhe foi atribuído pelas partes *(sentido subjectivo comum)*. Se, porém, declarante e declaratário entenderam a declaração em sentidos diversos, decisivo é aquele sentido que o declaratário, dadas as circunstâncias de que tomou ou devia tomar conhecimento, pôde considerar mais chegado à vontade real do declarante.

Aceita-se, por conseguinte, a ideia central da doutrina da *impressão do destinatário,* mas não sem a sujeitar a uma substancial atenuação: se é certo que, em princípio, a declaração vale com o sentido que um terceiro desinteressado e razoável, colocado na *situação concreta* em que se encontrou o declaratário, lhe teria atribuído — esse sentido, no entanto, só prevalecerá se o *próprio declarante,* no momento em que emitiu a declaração, *também devia contar com ele.* Por outras palavras: o declarante *só responde* pelo significado objectivo *(hoc sensu)* da declaração, pelo alcance que a outra parte lhe tenha podido atribuir, se puder dizer-se que é esse precisamente o sentido que ele próprio, declarante, tinha por seu lado o dever de considerar acessível à compreensão da mesma outra parte.

Se esta condição se não verificar, se o sentido *objectivo* da declaração (objectivo conforme a teoria da impressão do destinatário) não for imputável ao autor dela, a declaração de vontade será *nula* (nula por via de interpretação, isto é, como resultado da actividade interpretativa realizada).

O mesmo se diga quanto à hipótese, certamente de todo excepcional, de nem o declarante nem o declaratário terem entendido a declaração em harmonia com o seu significado objectivo, verificando-se, a mais disso, estarem eles em desacordo entre si (mútuo dissentimento). Também aqui a declaração é nula, não por efeito de um erro de uma das partes, mas por não haver fundamento razoável para imputar ao autor da declaração o sentido objectivo desta (sentido que ele não quis e que o declaratário não entendeu).

6. A doutrina exposta no número precedente é válida para a generalidade dos casos. No tocante, porém, aos negócios *formais*, terá ela de sofrer certa correcção, em harmonia com as razões que estão na base desse formalismo exigido. Assim, para que o sentido que deva considerar-se decisivo, segundo as regras indicadas, possa prevalecer, força é que ele tenha encontrado no teor do documento *uma expressão qualquer,* ainda que imperfeita e vaga.

7. *Testamentos.* A doutrina que manda interpretar os negócios jurídicos objectivamente (*rectius:* que os manda interpretar do ponto de vista de um terceiro que se suponha colocado na situação concreta em que se encontrou o declaratário) é aplicável mesmo aos negócios *gratuitos.* Não assim, porém, em matéria de *testamentos.* Aqui vale a teoria segundo a qual a interpretação tem por escopo a descoberta da verdadeira, real intenção do testador (interpretação subjectiva).

No entanto, sendo o testamento um negócio formal, valerá aqui, de toda a evidência, a restrição apontada no final do número anterior: a relevância da *voluntas testatoris* supõe que esta tenha encontrado no documento uma qualquer tradução, embora imperfeita.

§ 2.º

Expostas assim as principais conclusões do nosso estudo, vejamos qual o valor que conservam (se algum conservam) em face do novo Código Civil.

A. **Quanto ao erro na declaração**

8. Começaremos por observar que o Código faz claramente a distinção, a que aludimos há pouco, entre a falta da consciência de emitir uma declaração negocial (erro sobre o sentido de declaração da conduta voluntàriamente observada) e o erro por virtude do qual

se gera uma desarmonia entre a vontade real e a declarada (erro sobre o conteúdo da declaração ou simplesmente erro na declaração).

Refere-se à primeira modalidade de erro-obstáculo (à qual, aliás, o Código não dá pròpriamente a designação de erro) o art. 246.º. Segundo este texto, se o declarante não tiver a consciência de fazer uma declaração negocial (ou se for coagido pela força física a emiti-la: coacção absoluta), a declaração não produz qualquer efeito.

Quer isto dizer que a declaração deve em tal hipótese considerar-se *nula* (ferida de nulidade absoluta, se quisermos empregar a terminologia que utilizámos no nosso estudo e era então a geralmente adoptada). «Aliás — como adverte RUI DE ALARCÃO, nas *Notas Justificativas* de que fez acompanhar o seu *Anteprojecto* («Boletim do Ministério da Justiça», n.º 138, separata) —, se o aparente declarante nem chegou a ter a chamada vontade da acção, ou seja, a consciência e vontade dos actos que integram o comportamento declarativo, como, por ex., se um gesto seu foi devido a um tique nervoso, a consequência parece ser não pròpriamente a nulidade mas antes a inexistência da declaração». Quanto a nós, esta é a solução indubitàvelmente correcta, pois, como já dissemos, a voluntariedade da acção (a acção em que se traduz o aparente comportamento declarativo) constitui, mais do que uma condição de validade, um verdadeiro pressuposto de todo o negócio jurídico.

Assim se vê como o Código actual consagra, quanto à hipótese do erro sobre o valor de declaração da conduta voluntàriamente observada, uma das três soluções expostas em *Erro e Interpretação*, justamente aquela que ali se preconizava em face dos textos legais então vigentes: a solução correspondente à teoria subjectiva. Não aceitou, pois, o legislador a nossa sugestão no sentido de se optar, *de jure constituendo,* pela denominada teoria da culpa. No entanto, a culpa do agente, se não releva para efeitos jurídico-negociais, não é totalmente irrelevante: releva para o efeito de constituir o declarante na obrigação de indemnizar o declaratário (art. 246.º, *in fine).* Trata-se de um caso da chamada responsabilidade pré-negocial ou por *culpa in contrahendo.*

9. Notaremos agora que o novo Código veio consagrar abertamente a distinção — que o Código anterior não estabelecia — entre o erro na declaração e o erro que recaia nos motivos determinantes

da vontade negocial. Este último tem um regime diverso, consoante se refira ou não à pessoa do declaratário ou ao objecto do negócio (artigos 251.º e 252.º).

O erro na declaração é aquele em virtude do qual a vontade declarada deixa de corresponder à vontade real do autor. Trata-se, pois, do erro sobre o conteúdo da declaração, de que falámos atrás. O erro sobre o conteúdo da declaração passa, assim, a constituir, mesmo no plano dos textos legais, uma categoria jurídica própria. A sua autonomia só pode ser a que lhe advém daquela circunstância que sublinhámos acima, ao dizer que tal erro apresenta a característica específica de poder ser *corrigido* ou *anulado* por via interpretativa.

Conforme o art. 247.º, o erro na declaração torna o negócio *anulável*. Não se aceitou, portanto, a doutrina, de filiação e cariz nìtidamente conceitualista, que chegou a fazer carreira entre nós na vigência do Código anterior e contra a qual *Erro e Interpretação* fortemente reagiu: a doutrina segundo a qual o chamado erro-obstáculo seria causa de nulidade absoluta do negócio jurídico.

Pelo que respeita às condições de relevância do erro na declaração, manteve-se, embora dando-se-lhe melhor formulação, o que já era, em nosso entender, o regime do Código anterior (cfr. artigos 661.º e 662.º, 1.ª parte). Efectivamente, continua a não se exigir o conhecimento do erro pelo declaratário ou a sua cognoscibilidade para este. Basta, como no regime anterior, que o declaratário conheça ou deva conhecer o valor de pressuposto essencial atribuído pelo declarante ao elemento do conteúdo da declaração sobre que justamente incidiu o erro.

Por outro lado, e ainda aqui de acordo com a orientação do nosso estudo, o novo Código não subordina a relevância do erro à sua escusabilidade ou desculpabilidade. A culpa do errante não exclui, portanto, a anulabilidade do negócio jurídico. Mas poderá essa mesma culpa ser fonte de um dever de indemnização, tal como no caso do art. 246.º? Certamente que sim, na medida em que esta solução seja coberta pela norma geral reguladora da responsabilidade pré-negocial que no art. 227.º se formula.

Resta dizer que se não encontram no actual Código quaisquer vestígios da intenção de consagrar a doutrina exposta no número 4 deste apêndice: doutrina conforme a qual haveria casos — muito excepcionais, é certo — em que o erro na declaração determinaria a nulidade (não a simples anulabilidade) do negócio jurídico. De resto, o autor do anteprojecto, na já citada exposição de motivos (nota 3), tinha-se manifestado contra essa doutrina, alegando não se ver «que o regime da anulabilidade, aplicável aos casos em que é reconhecível a essencialidade do elemento sobre que o declarante errou, se mostre verdadeiramente inadequado para as hipóteses de reconhecimento ou, quando menos, de reconhecibilidade do próprio erro».

B. Quanto à interpretação das declarações de vontade

10. Passemos à matéria da interpretação dos negócios jurídicos.
Também neste capítulo o novo Código Civil perfilhou inteiramente a orientação geral desenhada e defendida em *Erro e Interpretação*, assim como a quase totalidade das soluções que, seguindo essa linha, ali se davam por válidas (cfr. *supra*, n.º 5).
As declarações de vontade são interpretadas objectivamente. O intérprete deve atribuir à declaração o sentido que o declaratário tenha podido deduzir do comportamento do declarante. Para este efeito, ele há-de todavia considerar, não o que o declaratário haja realmente entendido, mas o que um declaratário hipotético — um terceiro dotado de inteligência e diligência normal, colocado na posição do real declaratário — teria podido (e devido) entender.
Estas ideias não se limitam a aflorar nos novos textos legais, antes se encontram claramente traduzidas no art. 236.º, n.º 1. A alusão aí feita ao comportamento do declarante — «(...) o sentido que um declaratário normal (...) possa deduzir do comportamento do declarante (...)» — não pode significar outra coisa senão que o teor da declaração, a fórmula oral ou escrita de que o declarante se serviu para exprimir o seu pensamento, deve ser integrada pelo conjunto das circunstâncias de facto — quer anteriores à emissão da declaração de vontade, quer concomitantes dela — que sejam de molde a fazer luz sobre as verdadeiras intenções do autor. Com a condição, porém, é evidente, de se tratar de circunstâncias de que o declaratário *real* tenha tomado conhecimento — ou de que um declaratário *normal* se teria apercebido.

11. Aí temos, pois, como o Código perfilhou, no seu núcleo fundamental, a teoria da *impressão do destinatário*. Mas sem deixar de lhe introduzir expressamente a correcção e o aditamento que em *Erro e Interpretação* já preconizáramos.

É assim que, segundo o art. 236.º, n.º 1, *in fine*, o sentido objectivo da declaração (focada esta da perspectiva do declaratário, nos termos referidos) não prevalecerá, se o declarante «não puder razoàvelmente contar com ele». Em tal hipótese, com efeito, não seria justo forçar o autor da declaração a responder pelo sentido objectivo dela. E se a declaração não vale com este sentido, nem pode decerto valer com qualquer outro, outra solução não resta senão a de a considerar *nula* (não simplesmente anulável). O Código não enuncia expressamente a solução, mas ela não é de molde a suscitar, cremos, qualquer dúvida consistente.

Por outro lado, o ponto de vista do declaratário hipotético deverá ser abandonado se o declaratário real apreendeu, no comportamento declarativo ou através dele (apesar da impropriedade dos meios de expressão utilizados), a verdadeira intenção do declarante: art. 236.º, n.º 2. Prevalece, portanto, sobre o sentido objectivo da declaração o *sentido subjectivo comum*.

Não diz o Código qual a sorte da declaração negocial na hipótese de declarante e declaratário a entenderem em sentidos diversos, não sendo, porém, nenhum deles o sentido objectivo, conforme o critério do art. 236.º, n.º 1. Cremos, no entanto, que a invalidade da declaração neste tipo de casos não pode pôr-se sèriamente em dúvida. Em dúvida só poderá pôr-se a espécie ou natureza da invalidade que aí se produza. Em nosso modo de ver, e pelas razões que acima indicámos (n.º 5, *in fine*), deverá entender-se que é de verdadeira nulidade que se trata.

12. Também a solução que apontámos quanto aos negócios *formais* recebeu expressamente a chancela do legislador. Sem dúvida, a doutrina geral perfilhada não deixa de ser válida aí, mas com uma importante restrição: «Nos negócios formais não pode a declaração valer com um sentido que não tenha um mínimo de correspondência no texto do respectivo documento, ainda que imperfeitamente expresso.» Tal o preceito do art. 238.º, n.º 1.

Mas logo o n.º 2 do artigo vem restringir o alcance desta limitação, ao dispor: «Esse sentido pode, todavia, valer, se corresponder à vontade real das partes e as razões determinantes da forma do negócio se não opuserem a essa validade».

Constitui delicado problema o saber se, nos negócios jurídicos formais, a vontade *real e concordante* das partes só pode relevar se tiver achado qualquer expressão no documento, ou se pode valer mesmo sem isso. O Código seguiu aqui uma posição intermédia, para a qual se colhe nos trabalhos preparatórios esta justificação: Em princípio, a relevância da vontade real e concordante das partes está absolutamente dependente, nos negócios formais, de ela ter encontrado um mínimo de expressão no texto da declaração formalizada. Mas essa relevância pode admitir-se mesmo para além deste limite, contanto que não contrarie as razões que justamente determinaram a exigência do formalismo para o negócio de que se trate. «Assim se poderá, sem embargo das graves incertezas que a solução comporta, chegar aos resultados mais justos e razoáveis» ([1]).

13. Falta só, para terminar este breve confronto, apurar se as conclusões a que chegámos em matéria de contratos gratuitos e de testamentos (*supra,* n.º 8) estão ou não consagradas no Código actual.

É indubitável que sim. Quanto aos contratos *gratuitos,* porque nenhuma restrição ou reserva faz a lei a tal respeito, devendo, portanto, entender-se que a orientação geral nela consagrada é aplicável a esses negócios. Quanto aos *testamentos,* porque o problema da interpretação destes negócios jurídicos é objecto de uma disposição especial de lei, o art. 2187.º, que determina: «1. Na interpretação das disposições testamentárias observar-se-á o que parecer mais ajustado com a vontade do testador, conforme o contexto do testamento. — 2. É admitida prova complementar, mas não surtirá qualquer efeito a vontade do testador que não tenha no contexto um mínimo de correspondência, ainda que imperfeitamente expressa».

O Código acolheu, portanto, a doutrina segundo a qual o sentido decisivo das declarações testamentárias é o correspondente à vontade real do testador (sentido subjectivo do declarante). Note-se que no

---

([1]) RUI DE ALARCÃO, *Interpretação e integração dos negócios jurídicos, Bol.* cit., n.º 84, Observação III ao art. 4.º (do anteprojecto).

quadro do art. 2187.º a disposição mais significativa não é, decerto, a do n.º 1.º. Esta disposição corresponde pràticamente à do art. 1761.º do Código antigo, norma essa que, por si só, não fornecia grandes subsídios para a solução do problema, visto como se tornava possível atribuir-lhe o único alcance de estabelecer que toda a disposição contida em declaração testamentária deve entender-se no sentido que parecer mais conforme com a vontade do testador, tal como essa vontade resulte do conjunto das disposições por ele feitas, do todo harmónico do testamento (cfr. *supra,* pág. 232). Ora um preceito legal que se suponha portador deste único sentido é evidente que não resolve o problema, pois é sempre a vontade real do declarante que a interpretação procura no texto da declaração interpretada. O que importa é saber se o sentido subjectivo do declarante prevalece, mesmo quando não coincida com o sentido objectivo (ou com um dos sentidos objectivos) da declaração. O que importa — por outras palavras — é apurar se ao intérprete é possível utilizar elementos estranhos ao puro contexto do testamento para determinação da vontade (relevante) do testador, ainda que tais elementos consistam em circunstâncias não reconhecíveis para os interessados ao tempo da abertura da declaração testamentária.

O art. 1761.º do Código antigo não esclarecia este ponto, como também o não esclarece o n.º 1 do art. 2187.º do Código actual. Mas o n.º 2 do artigo dissipa a dúvida, porque admite formalmente a chamada prova complementar ou extrínseca, com a única ressalva de que nenhum efeito surtirá a vontade do testador que não tenha no contexto um mínimo de correspondência, ainda que imperfeitamente expressa. Portanto, o intérprete deverá socorrer-se, para captar a verdadeira intenção do testador, não só do que resulte do próprio texto do documento, mas ainda de quaisquer elementos nele não referidos. Só que nesta hipótese o resultado último da sua investigação será irrelevante, se de todo não puder conciliar-se com o contexto da declaração testamentária.

Parece, pois, não poder duvidar-se de que em relação aos testamentos o Código actual perfilha a perspectiva da teoria subjectiva. Tanto mais porquanto já era esta a concepção geralmente tida por válida nos últimos tempos, em face dos textos do Código de 1867.

II

Selecção da bibliografia sobre o erro e a interpretação dos negócios jurídicos (nomeadamente dos testamentos) posterior à 1.ª edição deste livro.

A bibliografia abrange quer *trabalhos monográficos* quer *obras gerais*, e refere-se apenas à família de direitos *romano-germânica*.

A. Bibliografia portuguesa

ANTUNES VARELA: *Ineficácia do testamento e vontade conjectural do testador*, 1950.
BARBOSA DE MAGALHÃES: *A distinção entre matéria de facto e de direito em processo civil, a interpretação dos negócios jurídicos e a competência do Supremo Tribunal de Justiça*, 1958 (Sep. do *Jornal do Foro*, ano 20, 1956).
MANUEL DE ANDRADE: *Interpretação duma cláusula testamentária — e algumas considerações gerais sobre a teoria da interpretação dos testamentos*, 1952.
RUI DE ALARCÃO: *Interpretação e integração dos negócios jurídicos*, 1959 (Sep. do *Bol. Min. Just.*, n.º 84).
RUI DE ALARCÃO: *Breve motivação do anteprojecto sobre o negócio jurídico na parte relativa ao erro, dolo, coacção, representação, condição e objecto negocial*, 1964 (Sep. do cit. *Bol.*, n.º 138).
MOTA PINTO: *Observações ao regime do Projecto de Código Civil sobre o erro nos negócios jurídicos*, 1966 (Sep. da *Rev. de Dir. e Est. Soc.*, XIII, n.ºs 1-2).
MOTA PINTO: *Apontamentos sobre o erro na declaração e os vícios da vontade no novo Código Civil*, na *Rev. Dir. e Est. Soc.*, XIV, 1-2, pp. 106 ss.
CUNHA GONÇALVES: *Princípios de direito civil luso-brasileiro*, vol. I, 1951.
CABRAL DE MONCADA: *Lições de direito civil, Parte Geral*, 3.ª ed., vol. II, 1959.
MANUEL DE ANDRADE: *Teoria geral da relação jurídica*, vol. II, 1960.
GALVÃO TELLES: *Dos contratos em geral*, 3.ª ed., 1965.

B. Bibliografia francesa

E. CALLATAY: *Études sur l'interprétation des conventions*, 1947.
J. CHESTIN: *La notion d'erreur dans le droit positif actuel*, 1963.
PLANIOL et RIPERT: *Traité pratique de droit civil français*, 2.ª ed., t. VI, (P. ESMEIN), 1952.
MARTY et RAYNAUD: *Droit civil*, t. II, vol. I, 1962.

C. Bibliografia italiana

A. DE CUPIS: *La scusabilità dell'errore nei negozi giuridici*, 1939.
A. VERGA: *Errore e responsabilità nei contratti*, 1941.
G. OPPO: *Profili dell'interpretazione oggettiva del negozio giuridico*, 1943.
BETTI: *Interpretazione delle legge e degli atti giuridici*, 1949.
L. MOSCO: *Principi sulla interpretazione dei negozi giuridici*, 1952.
P. RESCIGNO: *Interpretazione del testamento*, 1952.
M. CASELLA: *Il contratto e l'interpretazione*, 1961.
P. BARCELLONA: *Profili della teoria dell'errore nel negozio giuridico*, 1962 (v. também, do mesmo A., um estudo sobre o erro no direito privado, in Enciclopedia del Diritto, vol. XV, 1966, pp. 246 ss.).
V. PIETROBON, *L'errore nella dottrina del negozio giuridico*, 1963.
G. AMORTH: *Errore e inadempimento nel contratto*, 1967.
CARIOTA-FERRARA: *Il negozio giuridico nel diritto privato italiano*, s/d.
BETTI: *Teoria generale del negozio giuridico*, 3.ª impressão, corrigida, da 2.ª ed., 1960.
SCONAMIGLIO: *Contratti in generale*, 2.ª ed., 1967.

D. Bibliografia alemã

A. MANIGK: *Das Rechtswirksame Verhalten*, 1939.
H. BRAUER: *Der Eigenschaftsirrtum (Eigenschaftsirrtum und Fehlspekulation)*, 1941.
H. BROX: *Die Einschränkung der Irrtumsanfechtung*, 1960.
M. DREXELIUS: *Irrtum und Risiko*, 1964 (estudo de direito comparado).
B. KEUK: *Der Erblasserwille post testamentum und die Auslegung des Testaments*, 1965.
A. LÜDERITZ: *Auslegung von Rechtsgeschäften*, 1966.
ENNECCERUS-NIPPERDEY: *Allgemeiner Teil des bürgerlichen Rechts*, t. II, 15.ª ed., 1960.
W. FLUME: *Das Rechtsgeschäft*, 1965.
LEHMANN-HÜBNER: *Allgemeiner Teil des bürgerlichen Gesetzbuches*, 16.ª ed., 1966.

E. Bibliografia de outros países

B. Terribilini: *Dall'error in substantia alla cifra 4 dell'articolo 24 del Codice Svizzero delle Obbligazioni*, 1950.
Jordano Barea: *Interpretación del testamento*, 1958 (direito espanhol).
Berner Kommentar: t. VI, 1 (H. Becker), 1941 (direito suíço).
M. Albaladejo: *El negocio jurídico*, 1958 (direito espanhol).
F. Gschnitzer: *Allgemeiner Teil des bürgerlichen Rechts*, 1966 (direito austríaco).
F. de Castro y Bravo, *El negocio jurídico*, 1967 (direito espanhol).